普通高等教育交通类专业系列教材

汽车发动机原理

主　编　吴　明　任勇刚
副主编　邢世凯　付建国　李春荣
主　审　郭英男

机械工业出版社

本书系统地介绍了汽车发动机的工作原理、性能以及技术进展情况等。其主要内容包括：工程热力学基础、发动机的性能指标、发动机的换气过程、燃料与燃烧、车用发动机废气涡轮增压、柴油机混合气的形成与燃烧、汽油机混合气的形成和燃烧、发动机电控技术、发动机特性和发动机的排放与噪声等。本书注重理论与实践的结合，加强了针对性与应用性，旨在培养学生的技术应用能力。

本书为高等学校车辆工程、交通运输以及相关专业本科生专业课教材，也可供从事汽车以及汽车发动机设计、制造等方面工作的研究人员与工程技术人员参考。

图书在版编目（CIP）数据

汽车发动机原理/吴明，任勇刚主编. —北京：机械工业出版社，2012.11（2024.4重印）

普通高等教育交通类专业系列教材

ISBN 978-7-111-40364-7

Ⅰ.①汽… Ⅱ.①吴…②任… Ⅲ.①汽车-发动机-理论-高等学校-教材 Ⅳ.①U464

中国版本图书馆 CIP 数据核字（2012）第 266694 号

机械工业出版社（北京市百万庄大街22号 邮政编码100037）
策划编辑：赵海青 责任编辑：赵海青 版式设计：霍永明
责任校对：陈 越 封面设计：姚 毅 责任印制：常天培
北京机工印刷厂有限公司印刷
2024年4月第1版第6次印刷
184mm×260mm·13.5印张·328千字
标准书号：ISBN 978-7-111-40364-7
定价：35.00元

电话服务　　　　　　　　　网络服务
客服电话：010-88361066　　机 工 官 网：www.cmpbook.com
　　　　　010-88379833　　机 工 官 博：weibo.com/cmp1952
　　　　　010-68326294　　金 书 网：www.golden-book.com
封底无防伪标均为盗版　　机工教育服务网：www.cmpedu.com

普通高等教育交通类专业系列教材

汽车发动机原理

主　编　吴　明　任勇刚
副主编　邢世凯　付建国　李春荣
主　审　郭英男

机械工业出版社

本书系统地介绍了汽车发动机的工作原理、性能以及技术进展情况等。其主要内容包括：工程热力学基础、发动机的性能指标、发动机的换气过程、燃料与燃烧、车用发动机废气涡轮增压、柴油机混合气的形成与燃烧、汽油机混合气的形成和燃烧、发动机电控技术、发动机特性和发动机的排放与噪声等。本书注重理论与实践的结合，加强了针对性与应用性，旨在培养学生的技术应用能力。

本书为高等学校车辆工程、交通运输以及相关专业本科生专业课教材，也可供从事汽车以及汽车发动机设计、制造等方面工作的研究人员与工程技术人员参考。

图书在版编目（CIP）数据

汽车发动机原理/吴明，任勇刚主编. —北京：机械工业出版社，2012.11（2024.4重印）

普通高等教育交通类专业系列教材

ISBN 978-7-111-40364-7

Ⅰ.①汽… Ⅱ.①吴…②任… Ⅲ.①汽车-发动机-理论-高等学校-教材 Ⅳ.①U464

中国版本图书馆 CIP 数据核字（2012）第 266694 号

机械工业出版社（北京市百万庄大街22号　邮政编码100037）
策划编辑：赵海青　责任编辑：赵海青　版式设计：霍永明
责任校对：陈　越　封面设计：姚　毅　责任印制：常天培
北京机工印刷厂有限公司印刷
2024年4月第1版第6次印刷
184mm×260mm·13.5 印张·328 千字
标准书号：ISBN 978-7-111-40364-7
定价：35.00元

电话服务　　　　　　　网络服务
客服电话：010-88361066　机　工　官　网：www.cmpbook.com
　　　　　010-88379833　机　工　官　博：weibo.com/cmp1952
　　　　　010-68326294　金　书　网：www.golden-book.com
封底无防伪标均为盗版　机工教育服务网：www.cmpedu.com

前 言

随着汽车工业的发展，社会对汽车类人才的需求不断增加，设置"车辆工程"、"汽车服务工程"、"交通运输"等专业的院校越来越多。汽车人才的培养方案必须依据科学技术迅猛发展、学科交叉和专业淡化的大背景，注重拓宽理论基础和专业方向，突出创造能力和创新意识。为此，编者认真总结了近年来的课堂教学经验，对当代国内外汽车发动机在理论方面的新概念及工程实践方面的新技术进行合理筛选，力图以科学性、先进性、系统性和实用性为宗旨编写此书。

本书增加了"工程热力学基础"部分，从工程热力学角度分析了汽车发动机热功转换的基本规律、燃烧与传热基本原理。全书紧密结合发动机性能指标这一主线，通过分析发动机各工作过程中影响性能指标的诸多因素，从中找到提高汽车发动机整机性能的一般规律和基本途径。

为满足上述专业的教学需要，编者在教材编写中以加强针对性和应用性为原则，使知识结构脉络清楚，层次分明，突出本科特色。其特点：理论紧密联系汽车类专业实际，基本内容讲透，一般内容从简；反映当代科技发展水平与高新技术；采用国家最新的专业术语、实验规范、国家标准；尽力拓宽教材适应面，尽力做好与后续课程的衔接；每章后附复习思考题。

本书的编写人员有吴明、任勇刚、邢世凯、付建国、李春荣、王洪亮、陈霞、刘小芳、钟明利、初立东。

本书由吴明、任勇刚任主编，邢世凯、付建国、李春荣任副主编，吉林大学汽车工程学院博士生导师郭英男教授担任主审。郭教授在审稿过程中提出了大量的宝贵意见，在此表示衷心感谢！

编　者

目 录

前言
第一章 工程热力学基础 ················· 1
第一节 工质的热力状态 ··············· 1
第二节 热力学第一定律 ··············· 3
第三节 气体的基本热力过程 ············· 7
第四节 热力学第二定律及卡诺循环 ·········· 11
第五节 发动机的理想循环 ·············· 13
复习思考题 ··················· 18

第二章 发动机的性能指标 ················ 19
第一节 四冲程发动机的实际循环 ··········· 19
第二节 发动机的指示指标 ·············· 22
第三节 发动机的有效指标 ·············· 24
第四节 机械损失与机械效率 ············· 26
第五节 提高发动机有效效率的途径 ·········· 30
第六节 目前国内汽车发动机发展现状及未来趋势 ····· 35
复习思考题 ··················· 38

第三章 发动机的换气过程 ················ 39
第一节 四冲程发动机的换气过程 ··········· 39
第二节 四冲程发动机的充量系数 ··········· 42
第三节 提高发动机充量系数的措施 ·········· 46
第四节 二冲程发动机的换气过程 ··········· 51
复习思考题 ··················· 56

第四章 燃料与燃烧 ··················· 57
第一节 发动机燃料及使用特性 ············ 57
第二节 燃烧热化学 ················· 65
第三节 燃烧的基本理论 ··············· 67
复习思考题 ··················· 72

第五章 车用发动机废气涡轮增压 ············· 73
第一节 发动机增压技术概述 ············· 73
第二节 废气涡轮增压器的基本结构及工作原理 ······ 76
第三节 废气涡轮增压系统的类型 ··········· 80
第四节 废气涡轮增压对发动机性能的影响 ······· 81
第五节 汽油机增压 ················· 87
复习思考题 ··················· 88

第六章 柴油机混合气的形成与燃烧 ············ 89
第一节 燃油喷射与雾化 ··············· 89
第二节 柴油机燃烧过程 ··············· 96

第三节　柴油机混合气形成和燃烧室 …………………………………… 100
　　第四节　使用因素对燃烧过程的影响 …………………………………… 110
　　复习思考题 ……………………………………………………………… 113
第七章　汽油机混合气的形成和燃烧 ………………………………………… 114
　　第一节　汽油机的燃烧过程 ……………………………………………… 114
　　第二节　影响燃烧过程的因素 …………………………………………… 120
　　第三节　汽油机燃烧室 …………………………………………………… 123
　　复习思考题 ……………………………………………………………… 132
第八章　发动机电控技术 ……………………………………………………… 133
　　第一节　柴油机电控喷射系统 …………………………………………… 133
　　第二节　汽油机电控喷射系统 …………………………………………… 145
　　复习思考题 ……………………………………………………………… 161
第九章　发动机特性 …………………………………………………………… 162
　　第一节　发动机工况和性能指标分析式 ………………………………… 162
　　第二节　发动机速度特性 ………………………………………………… 165
　　第三节　发动机负荷特性 ………………………………………………… 169
　　第四节　柴油机的调速特性 ……………………………………………… 173
　　第五节　发动机万有特性 ………………………………………………… 176
　　第六节　车用发动机的匹配 ……………………………………………… 179
　　复习思考题 ……………………………………………………………… 182
第十章　发动机的排放与噪声 ………………………………………………… 184
　　第一节　发动机排放污染及防治 ………………………………………… 184
　　第二节　发动机噪声污染及防治 ………………………………………… 199
　　复习思考题 ……………………………………………………………… 203
常用符号表 ……………………………………………………………………… 205
参考文献 ………………………………………………………………………… 207

第一章 工程热力学基础

热力学是研究热能性质及其转换规律的科学。工程热力学是热力学的一个分支，它着重研究与热力工程有关的热能和机械能相互转换的规律。在阐明两条基本定律的基础上，分析热力工程中有关热力过程及热力循环，从理论上研究提高热功转换的有效途径。

本章仅就工程热力学基础知识作简要阐述，为学习汽车发动机原理提供必要的理论基础和分析计算方法。

第一节 工质的热力状态

热力学中把主要研究对象的物体总称为热力系统；把热力系统外面与热功转换过程有关的其他物体称外界；热力系统和外界的分界面称为边界。通常把实现热功转换的工作物质称为工质。把供给工质热量的高温物质称为高温热源；而把吸收工质放出热量的冷却介质或环境称为低温热源；热力系统通常就是由热力设备中的工质所组成，而高温热源、低温热源和其他物体等则组成外界。

若一个热力系统和外界只可能有能量（热能、机械功等）交换而无物质交换，称为闭口系。若一个热力系统和外界既可能有能量交换，同时又有物质交换，称为开口系。

一、工质的基本状态参数

热力学中把工质所处的某种宏观状况称为工质的热力状态。发动机依靠工质热能转换为机械能的过程，在宏观上表现为气体本身状态发生变化的过程。工质的热力状态常用物理量来描述，这些物理量称为状态参数。常用的状态参数有三个，即压力、温度和质量体积（比容），这三个可以测量的物理量称为基本状态参数。

1. 压力 p

气体对单位面积容器壁所施加的垂直作用力称为压力。按照分子运动论，气体的压力是大量分子向容器壁面撞击的统计量。压力的单位为 Pa，工程上常用 kPa 与 MPa。

容器内气体压力的大小有两种不同的表示方法：一种是指气体施于容器壁上压力的实际数值，称为绝对压力，符号为 P；另一种是测量时压力计的读数，称为表压力，符号为 P_B。

由图 1-1 可知，表压力是绝对压力高出于当时当地的大气压力 P_0 的数值。其关系式为

$$P = P_0 + P_B$$

如果容器内气体的绝对压力低于外界大气压力时，表压力为负值，仅取其数值，称为真空度，记作 P_C，即

$$P = P_0 - P_C$$

表压力、真空度都只是相对于当时当地的大气压力而言的，真空度的数值越大，说明越接近绝对真空。只

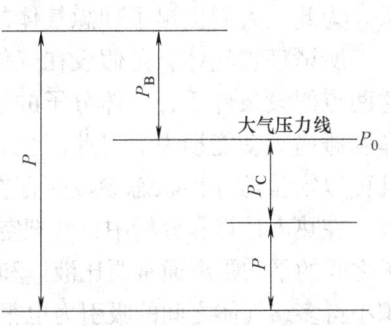

图 1-1 表压力、真空度与绝对压力的关系

有绝对压力才是真正说明气体状态的状态参数。

2. 温度 T

温度表示气体冷热的程度。按照分子运动论，气体的温度是气体内部分子不规则运动激烈程度的量度，是与气体分子平均速度有关的一个统计量。气体的温度越高，表明气体分子的平均动能越大。

热力学温度 T 的单位为 K，是国际单位制中的基本单位，选取水的三相点温度为基本定点温度，规定其温度为 273.16K，1K 等于水的三相点热力学温度的 1/273.16。国际单位制允许使用摄氏温度 t，其关系式为

$$T = t + T_0$$
$$T_0 = 273.16\text{K}$$

在一般工程计算中，把 T_0 取作 273K 已足够精确。摄氏温度每一度间隔与热力学温度每一度间隔相等，但摄氏温度的零点比热力学温度的零点高 273.16K。热力学温度不可能有负值。

3. 质量体积 v

质量体积是单位质量的物质所占有的容积，即

$$v = \frac{V}{m}$$

式中　v——质量体积，m^3/kg；

V——容积，m^3；

m——质量，kg。

质量体积的倒数称为密度。密度是指单位容积的物质所具有的质量。其计算公式为

$$\rho = \frac{m}{V}$$

式中　ρ——密度，kg/m^3。

二、理想气体的状态方程

实际气体分子本身具有体积，分子间存在相互作用力，分子持续不断地做无规则的热运动，分子数目庞大。因此，实际气体的热力性质的研究非常复杂，即压力 p、质量体积 v、温度 T 之间的关系一般比较复杂。但是，通过大量实验发现，当密度比较小，也就是质量体积较大的时候，处于平衡状态的气态物质的基本状态参数之间将近似的保持一种简单关系。为此，人们提出了理想气体的模型。

所谓理想气体，是假设在气体内部，其分子不占体积，分子间又没有吸引力的气体。在这两点假设条件下，气体分子的运动规律极大地简化了，分子两次碰撞之间为直线运动，且弹性碰撞无动能损失。对此简化后的物理模型，不但可以定性地分析气体某些热力现象，而且可以定量地导出状态参数间存在的简单函数关系。

在热力计算和分析中，常把空气、燃气和烟气等气体都近似地看做理想气体。因为气体分子之间的平均距离通常要比液体和固体的大得多，所以，气体分子本身的体积比气体所占的容积小得多，气体之间的吸引力也很小。通常把实际气体近似地看做理想气体来进行各种热力计算，其结果极其相似。所以，对理想气体性质的研究，在理论上和实际上都是很重要的。

根据分子运动论和对理想气体的假定，结合实验所得的一些气体定律，并综合表示成理

想气体状态方程式（或称克拉贝隆方程式）。对于 1kg 理想气体，其状态方程为

$$pv = RT$$

对于 m kg 理想气体，总容积 $V = mv$，其状态方程为

$$pV = mRT$$

式中　R——气体常数。R 的数值决定于气体的种类，$J/(kg \cdot K)$。

对于 1mol（摩尔）质量的理想气体，其状态方程为

$$R_m = \frac{pV_m}{T}$$

式中　R_m——通用气体常数，$J/(mol \cdot K)$，对于任何理想气体，数值相同；
　　　V_m——摩尔体积，m^3/mol。

理想气体状态方程式反映了理想气体三个基本状态参数间的内在联系，$F(p, v, T) = 0$，只要知道其中两个参数，就可以通过该方程求出第三个参数。

三、工质的比热容

所谓比热容，就是单位量的物质温度升高（或降低）1K 时所吸收（或放出）的热量。用 c 表示，单位为 $J/(kg \cdot K)$，其定义式为

$$c = \frac{dq}{dT} \text{或} c = \frac{dq}{dt}$$

1mol 物质的热容量为摩尔热容，以 C_m 表示，单位为 $J/(mol \cdot K)$。标准状态下 $1m^3$ 物质的热容称为体积热容，以 C' 表示，单位为 $J/(m^3 \cdot K)$，三者之间的关系为

$$C_m = Mc = 0.0224141 C'$$

式中　M——气体的分子量。

四、工质的内能

内能就是工质内部分子和原子运动的动能和分子间的位能的总和。根据气体分子运动学说，分子在不断地作不规则的平移运动，这种运动的动能是温度的函数。如果是多原子分子，则还作旋转运动与振动，这些能量也是温度的函数。此外，分子之间有作用力存在，因此分子间还具有位能，它决定于分子间的平均距离即决定于质量体积。

在工程热力学中，工质的内能用 u 表示，单位是 J/kg 或 kJ/kg。根据分子运动论，分子的动能与工质的温度有关；分子间的位能主要与分子间的距离有关，即工质占据的体积有关。因此，工质的内能是温度和体积的函数。则有 $u = f(T, V)$；对理想气体，分子间无吸引力，分子位能不存在，其内能仅有气体内部动能，因此理想气体的内能是温度的单值函数。则有

$$\Delta u = u_2 - u_1 = f(T_2 - T_1)$$

第二节　热力学第一定律

一、热力过程及其功量

热力过程是指热力系统从一个状态向另一个状态变化时所经历的全部状态的总和。热力系统从一个平衡（均匀）状态连续经历一系列（无数个）平衡的中间状态过渡到另一个平

衡状态，这样的过程称为内平衡过程。否则便是内不平衡过程。在热力学中，常用两个彼此独立的状态参数构成坐标图，例如以压力 p 为纵坐标、质量体积 v 为横坐标组成的坐标图（简称压容图）来进行热力学分析，如图 1-2a 所示。

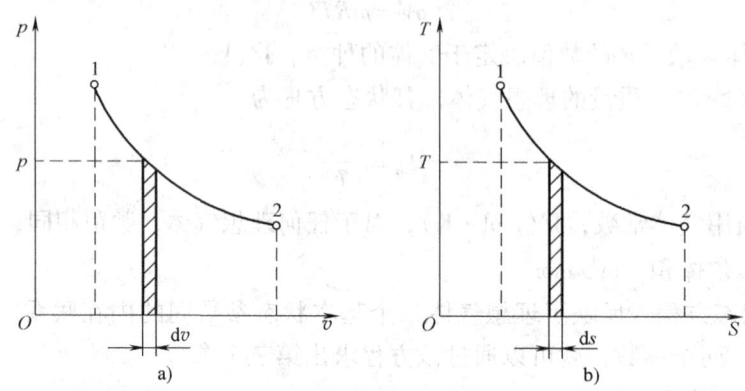

图 1-2　可逆过程的 p-v 图和 T-S 图

图中 1、2 分别代表 (p_1, v_1)、(p_2, v_2) 两个独立的状态参数所确定的两个平衡状态；1-2 曲线代表一个内平衡过程。如果工质由状态 1 变化到状态 2 所经历的不是一个内平衡过程，则该过程无法在 p-v 图上表示，仅可标出 1、2 两个平衡点。

热量 q 与功量 W 一样同是过程量，它们有同一性，对比起来分析，系统与外界发生热量交换时，起动力作用的是温度 T，没有温差就不可能发生实际的传热，在极限的情况下，系统与外界发生热量交换的温差为无穷小时，则属于可逆的传热过程。显而易见，有一个状态参数，它的变化可以判断热量的正负，并且与功量相仿可以构成类似的表达式和坐标图，并在类似的坐标图上用一块面积来图示热量。这个状态参数就是熵。

熵是一个导出的状态参数，它的定义式为

$$ds = dq/T$$

式中　dq——可逆过程中系统与外界交换的微元热量；

　　　T——可逆过程时的温度（可逆过程中工质与外界的温度随时间保持相等）。

熵的定义：熵的增量等于系统在可逆过程中交换的热量除以传热时的绝对温度所得的商。

质量为 1（单位为 kg）的工质的熵 s 的单位是（J/kg·K）。质量为 m（单位为 kg）的工质的熵 S 的单位是（J/k），$S = ms$。

同功量的图示相仿，也可用两个独立的状态参数 T、S 构成的状态图来表示热量。在 T-S 图上的一点表示一个平衡状态，一条曲线表示一个可逆过程，如图 1-2b 的曲线 1-2。

$$dq = Tds$$
$$q = \int_1^2 Tds = 面积 12S_2S_1$$

因此 T-S 图上曲线 1-2 下的面积表示该过程中的传热量 q 的大小，故 T-S 图又称为"示热图"，它在热工分析中有重要的功用。

对于质量为 m（单位为 kg）的工质的热量 Q，可按下式计算：

$$Q = m\int_1^2 T\mathrm{d}s = \int_1^2 T\mathrm{d}S$$

可逆过程：假设系统经历平衡过程1—2，由状态1变化到状态2，并对外做膨胀功 W，如图1-2所示。如果外界给以相同大小的压缩功 W 使系统从状态2反向循着原来的过程曲线经历完全相同的中间状态回复到原来的状态1，外界也回复到原来的状态，即没有得到功，也没有消耗功，这样的平衡过程称为可逆过程。

只有无摩擦、无温差的平衡过程才有可逆性，即可逆过程就是无摩擦、无温差的平衡过程。

可逆过程是没有任何损失的理想过程，实际的热力过程既不可能是绝对的平衡过程，又不可避免地会有摩擦。因此，可逆过程是实际过程的理想极限。今后我们所讨论的主要是可逆过程。

二、热力学第一定律

热力学第一定律的实质就是能量守恒及转换定律用于热能和其他能量形态转换关系时的表述。能量守恒与转换定律是自然界的一个基本规律。它指出：自然界中一切物质都具有能量。能量既不可能被创造，也不可能被消灭，只能从一种形式转变为另一种形式。转换中能量的总量保持不变。这是长期以来人们生产实践的总结，而不是从任何其他的定律导出的，而且在生产和科学的实践中，它还在不断地得到证实和丰富。热力学第一定律说明：热能作为一种能量形态，可以和其他能量形态相互转换，转换中能量的总量守恒。

在各种能量转换中，热能和机械能的转换在人类生产的历史上始终受到极大的关注，要想得到机械能就必须花费热能或其他能量。那种幻想不花费能量就能产生机械能的企图都不可避免地归于失败。因而热力学第一定律也常表述为：不花费能量就可以产生功的第一类永动机是不可能制造成的。

热力学第一定律是能量转换与守恒定律在热力系统中的具体应用。它主要表达：工质经历受热做功的热力过程时，工质从外界接受的热量、工质因受热膨胀而对外界所做出的功、同时工质内部储存或付出的能量三者之间必须保持收支上的平衡，否则就不符合能量守恒的原则。因此在介绍热力学第一定律解析式之前，对功、热量作必要的介绍。

1. 功

图1-3表示质量为1（单位为kg）的工质封闭在气缸内进行一个可逆过程的膨胀做功情况。设活塞截面面积为 A（m^2），工质作用在活塞上的力为 pA，活塞被推进一微小距离 $\mathrm{d}x$，在这期间，工质的膨胀极小，工质的压力近乎不变，因而工质对活塞做的功为

$$\mathrm{d}w = pA\mathrm{d}x = p\mathrm{d}v$$

对可逆过程1—2，工质由状态1膨胀到状态2所做的膨胀功为

$$w = \int_{v_1}^{v_2} p\mathrm{d}v$$

如果已知工质的初、终态参数，以及过程1—2的函数关系 $p=f(v)$，则可求得工质的膨胀功 w，其数值等于 p-v 图上过程曲线1—2下面所包围的面积。因此压容图也称为示功图。由图可见，膨胀功不仅与状态改变有关。而且与状态

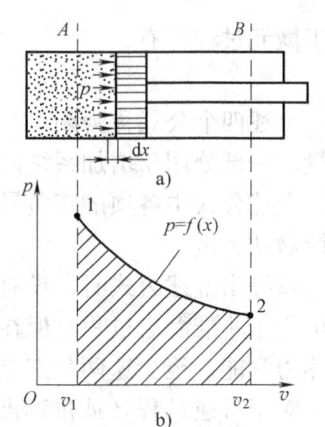

图1-3 气体在气缸中所做的功

变化所经历的过程有关。

若气缸中的工质为 m（单位为 kg），其总容积为 $V=mv$，膨胀功为

$$W = mw\int_{v_1}^{v_2} pmdv = \int_{v_1}^{v_2} pdV$$

当工质不是膨胀，而是受到外界压缩时，则是外界对工质做功。这时 dV 成为负值，算出的 W 也是负值，负的膨胀功实际上表明工质接受了外界的压缩功。

2. 热量

热量和功一样不是热力状态的参数，而是工质状态改变时对外的效应，即传递中的能量。因此不能说："工质在该状态下具有多少热量。"

热量和功的根本区别在于：功是两个物体间通过宏观的运动发生相互作用而传递的能量；热量则是两物体间通过微观的分子运动发生相互作用而传递的能量。

按习惯，规定外界加给系统的热量为正，而系统放给外界的热量为负。国际单位制规定功 W 和热量 Q 的单位都用焦耳（J）。

三、能量平衡方程

热力学第一定律的能量方程就是系统变化过程中的能量平衡方程式，是分析状态变化过程的根本方程式。

在实际热力学过程中，许多系统都是闭口系统，图 1-4 所示的气缸活塞系统是一个典型的闭口系统。

通常该系统的宏观动能和宏观位能均无变化，系统能量的增量仅为内能增量 ΔU。设工质由平衡状态 1 变化到平衡状态 2 的状态变化过程中从外界吸取的热量为 Q，对外所做的膨胀功为 W，则该闭口系统的热力学第一定律表达式为

$$Q - W = \Delta U$$

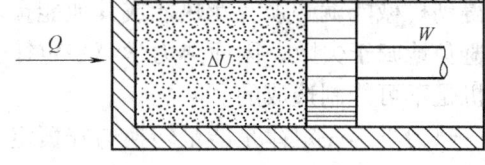

图 1-4　闭口系统示意图

即

$$Q = \Delta U + W$$

对于单位质量的工质，有

$$q = \Delta u + w$$

对于微元过程，有

$$dq = du + dw$$

上述四个公式称为闭口系统能量方程式。它们说明：闭口系统在热力过程中从外界接受热量，一部分用于增加系统的内能，另一部分用于对外界做功。

上述公式中各项的正负号规定：系统吸热为正，放热为负；系统对外做功为正，外界对系统做功为负。

在导出上述公式时，没有对过程进行的条件作任何规定，故公式既可用于准静态过程，又可用于非准静态过程。但在用于非准静态过程时，为了能确定初始状态及终了状态下系统的热力学能，至少这两状态应该是平衡状态。

对于可逆过程（或准静态过程）为

$$W = \int_1^2 pdV$$

或
$$w = \int_1^2 p\mathrm{d}v$$

第三节 气体的基本热力过程

发动机的工作是靠热力循环进行的，每个热力循环都是由相当复杂的热力过程所构成的。为了分析研究的方便，可以近似地利用几个特殊的热力过程来代替那些复杂的过程。在工程热力学中，主要典型的热力过程有定容过程、定压过程、定温过程、绝热过程和多变过程。

研究热力过程的任务是确定工质在过程中的变化规律，即求得过程方程式，给出过程曲线，并计算其过程热量、功量及内能的变化，写出过程中初态、终态参数的关系式。

一、定容过程

工质的容积保持不变的过程称为定容过程。一定量的气体在刚性密闭容器中加热或冷却时质量体积保持不变。

1. 过程方程式

定容过程方程式为
$$v = 常数$$

2. 基本状态参数间关系

根据过程方程式和理想气体状态方程式，定容过程初态、终态基本状态参数间的关系为
$$v_1 = v_2$$
$$\frac{T_2}{T_1} = \frac{p_2}{p_1}$$

3. 功量和热量计算

因为理想气体的内能是温度的单值函数，所以理想气体所经历的任何过程都有
$$\Delta u = \int_1^2 c_v \mathrm{d}T$$

由 $v = $ 常数，$\mathrm{d}v = 0$，则定容过程中气体的膨胀功为零，即
$$w = \int_1^2 p\mathrm{d}v = 0$$

定容过程中工质吸入（或放出）的热量可根据热力学第一定律第一解析式得出
$$q = \Delta u + w = \Delta u + 0 = c_v \Delta T = c_v(T_2 - T_1)$$

4. 定容过程在 p-v 图上与 T-S 图上的表示

定容过程在 p-v 图上为一条垂直于 v 轴的直线，如图 1-5 所示。1→2 为定容吸热过程，1→2′为定容放热过程。在 T-S 图上，过程曲线是一条指数函数曲线。

二、定压过程

工质压力保持不变的过程称为定压过程。

1. 过程方程式

定压过程方程式为

$$p = 常数$$

2. 基本状态参数间的关系

根据过程方程式及理想气体状态方程式，定压过程初态、终态基本状态参数间的关系为

$$p_1 = p_2$$
$$\frac{T_2}{T_1} = \frac{v_2}{v_1}$$

3. 功量和热量计算

由于 $p = 常数$，所以定压过程对外做的膨胀功为

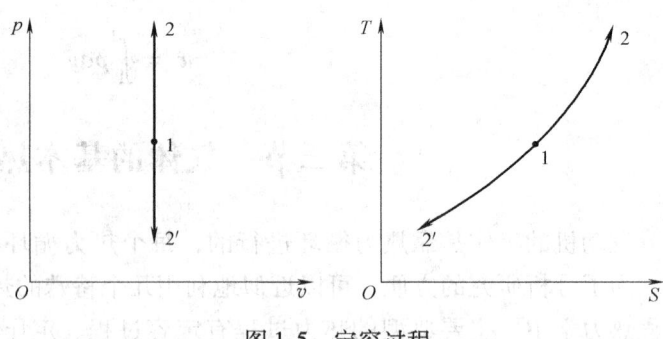

图 1-5　定容过程

$$w = \int_1^2 p\mathrm{d}v = p(v_2 - v_1)$$

定压过程供给的热量为

$$q = c_p \Delta T = c_p(T_2 - T_1)$$

根据热力学第一定律 $q = \Delta u + w$ 及理想气体状态方程式 $pv = RT$，经整理，得

$$c_p = c_v + R$$

4. 定压过程在 $p\text{-}v$ 图上与 $T\text{-}S$ 图上的表示

如图 1-6 所示，定压过程线在 $p\text{-}v$ 图上为一平行于 v 轴的直线。在 $T\text{-}S$ 图上，过程曲线也是一条指数函数曲线，对于定压过程，由于理想气体 $c_p > c_v$，所以在 $T\text{-}S$ 图上，定容线斜率大于定压线斜率，过同一状态点的定压线较定容线平坦。

1→2 为工质吸收的热量用于内能的增加和对外输出功；1→2′过程为放出的热量来自内能的减少和消耗外功。

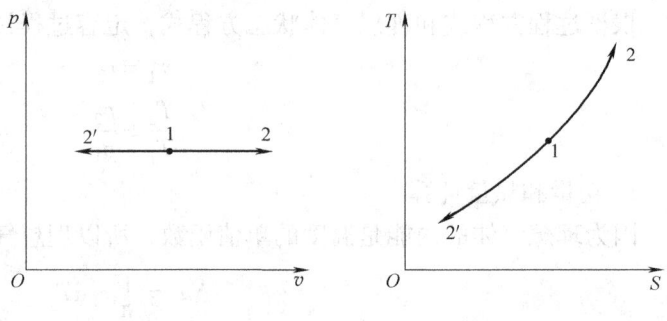

图 1-6　定压过程

三、定温过程

工质温度保持不变的过程称为定温过程。

1. 过程方程式

定温过程方程式为

$$pv = 定值$$

2. 基本状态参数间关系

根据过程方程式和理想气体状态方程式，定温过程初态、终态基本状态参数间的关系为

$$T_1 = T_2$$
$$\frac{v_1}{v_2} = \frac{p_2}{p_1}$$

或
$$w = \int_1^2 p\mathrm{d}v$$

第三节　气体的基本热力过程

发动机的工作是靠热力循环进行的，每个热力循环都是由相当复杂的热力过程所构成的。为了分析研究的方便，可以近似地利用几个特殊的热力过程来代替那些复杂的过程。在工程热力学中，主要典型的热力过程有定容过程、定压过程、定温过程、绝热过程和多变过程。

研究热力过程的任务是确定工质在过程中的变化规律，即求得过程方程式，给出过程曲线，并计算其过程热量、功量及内能的变化，写出过程中初态、终态参数的关系式。

一、定容过程

工质的容积保持不变的过程称为定容过程。一定量的气体在刚性密闭容器中加热或冷却时质量体积保持不变。

1. 过程方程式

定容过程方程式为
$$v = 常数$$

2. 基本状态参数间关系

根据过程方程式和理想气体状态方程式，定容过程初态、终态基本状态参数间的关系为
$$v_1 = v_2$$
$$\frac{T_2}{T_1} = \frac{p_2}{p_1}$$

3. 功量和热量计算

因为理想气体的内能是温度的单值函数，所以理想气体所经历的任何过程都有
$$\Delta u = \int_1^2 c_v \mathrm{d}T$$

由 $v =$ 常数，$\mathrm{d}v = 0$，则定容过程中气体的膨胀功为零，即
$$w = \int_1^2 p\mathrm{d}v = 0$$

定容过程中工质吸入（或放出）的热量可根据热力学第一定律第一解析式得出
$$q = \Delta u + w = \Delta u + 0 = c_v \Delta T = c_v(T_2 - T_1)$$

4. 定容过程在 p-v 图上与 T-S 图上的表示

定容过程在 p-v 图上为一条垂直于 v 轴的直线，如图 1-5 所示。1→2 为定容吸热过程，1→2′为定容放热过程。在 T-S 图上，过程曲线是一条指数函数曲线。

二、定压过程

工质压力保持不变的过程称为定压过程。

1. 过程方程式

定压过程方程式为

p = 常数

2. 基本状态参数间的关系

根据过程方程式及理想气体状态方程式，定压过程初态、终态基本状态参数间的关系为

$$p_1 = p_2$$
$$\frac{T_2}{T_1} = \frac{v_2}{v_1}$$

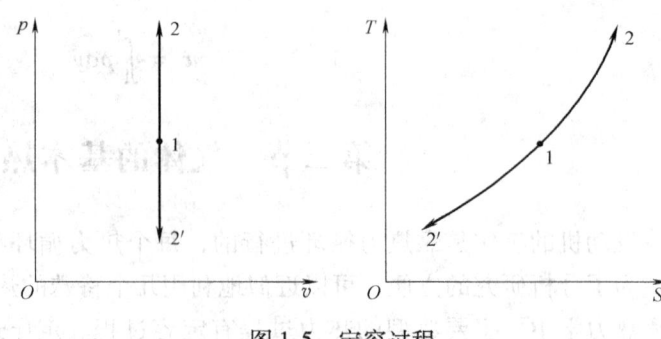

图 1-5 定容过程

3. 功量和热量计算

由于 p = 常数，所以定压过程对外做的膨胀功为

$$w = \int_1^2 p dv = p(v_2 - v_1)$$

定压过程供给的热量为

$$q = c_p \Delta T = c_p(T_2 - T_1)$$

根据热力学第一定律 $q = \Delta u + w$ 及理想气体状态方程式 $pv = RT$，经整理，得

$$c_p = c_v + R$$

4. 定压过程在 p-v 图上与 T-S 图上的表示

如图 1-6 所示，定压过程线在 p-v 图上为一平行于 v 轴的直线。在 T-S 图上，过程曲线也是一条指数函数曲线，对于定压过程，由于理想气体 $c_p > c_v$，所以在 T-S 图上，定容线斜率大于定压线斜率，过同一状态点的定压线较定容线平坦。

1→2 为工质吸收的热量用于内能的增加和对外输出功；1→2′过程为放出的热量来自内能的减少和消耗外功。

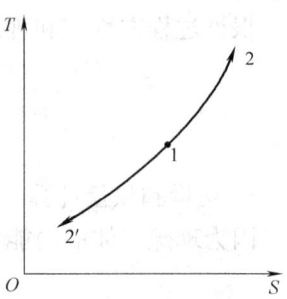

图 1-6 定压过程

三、定温过程

工质温度保持不变的过程称为定温过程。

1. 过程方程式

定温过程方程式为

$$pv = 定值$$

2. 基本状态参数间关系

根据过程方程式和理想气体状态方程式，定温过程初态、终态基本状态参数间的关系为

$$T_1 = T_2$$
$$\frac{v_1}{v_2} = \frac{p_2}{p_1}$$

3. 功量和热量计算

根据过程方程式，定温过程的膨胀功为

$$w = \int_1^2 p\mathrm{d}v = \int_1^2 \frac{RT}{v}\mathrm{d}v = RT\ln\frac{v_2}{v_1}$$

4. 定温过程在 p-v 图与 T-S 图上的表示

如图 1-7 所示，在 p-v 图上定温过程为一等边双曲线，在 T-S 图上，定温过程为一水平线。其中，$1\rightarrow 2$ 代表定温吸热过程，$1\rightarrow 2'$ 代表定温放热过程。

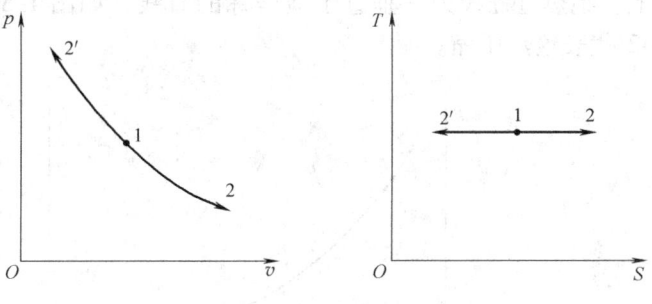

图 1-7　定温过程

四、绝热过程

系统和外界间不发生热量交换时，系统状态变化所经历的过程称为绝热过程。当绝热过程是没有功耗散现象的准静态过程时，有 $\mathrm{d}q = 0$。

即该过程为定熵过程，绝热可逆过程的熵保持不变，称为定熵过程。

1. 过程方程式

绝热过程的特征为 $\mathrm{d}q = 0$，$q = 0$。对于可逆绝热过程，由热力学第一定律得

$$\mathrm{d}q = \mathrm{d}u + \mathrm{d}w = 0$$

而 $\mathrm{d}v = c_v\mathrm{d}T$，$\mathrm{d}w = p\mathrm{d}v$，所以 $c_v\mathrm{d}T + p\mathrm{d}v = 0$，而 $T = \dfrac{pv}{R}$ 所以

$c_v\mathrm{d}\left(\dfrac{pv}{R}\right) + p\mathrm{d}v = 0$；整理后得 $\dfrac{c_v + R}{c_v}\cdot\dfrac{\mathrm{d}v}{v} + \dfrac{\mathrm{d}p}{p} = 0$，而 $\dfrac{c_v + R}{c_v} = k$，其中 k 为等熵指数。

所以 $k\dfrac{\mathrm{d}v}{v} + \dfrac{\mathrm{d}p}{p} = 0$；积分后得 $k\ln v + \ln p =$ 常数，即 $\ln pv^k =$ 常数。

$$pv^k = 常数$$

2. 基本状态参数间关系

根据过程方程式和理想气体状态方程式，初态、终态基本状态参数间的关系为

$$\frac{p_2}{p_1} = \left(\frac{v_1}{v_2}\right)^k$$

$$\frac{T_2}{T_1} = \left(\frac{p_2}{p_1}\right)^{\frac{k-1}{k}}$$

$$\frac{T_2}{T_1} = \left(\frac{v_1}{v_2}\right)^{k-1}$$

3. 功量和热量计算

对于绝热过程，$q = 0$，根据热力学第一定律，过程的膨胀功为

$$w = -\Delta u = u_1 - u_2$$

热量交换为

$$q = 0$$

内能变化为
$$\Delta u = C_v \Delta T = c_v (T_2 - T_1)$$

4. 绝热过程在 p-v 图与 T-S 图上的表示

从过程方程式 $pv^k =$ 定值，可以看出，在 p-v 图上，绝热过程线为一高次双曲线，在 T-S 图上，绝热过程线为一垂直于横坐标的直线，如图1-8所示，其中，1→2 代表绝热膨胀，1→2′代表绝热压缩。

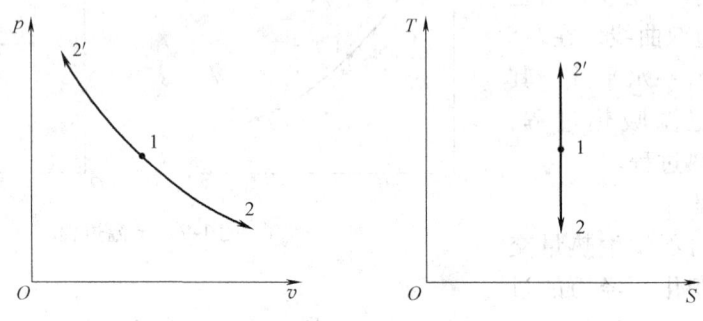

图 1-8　绝热过程

五、多变过程

1. 多变过程的定义及过程方程式

前面讨论的四种典型热力过程，在过程中均有工质某一状态参数保持不变或者与外界无热量交换。而在实际热机中，工质的状态参数都有显著变化，并且与外界有热量交换。这时它们不能简化为上述四种典型热力过程。通过研究发现，许多过程可以近似地用下面的关系式描述：

$$pv^n = 定值$$

式中　n——多变指数，理论上 n 可以是 $-\infty \sim +\infty$ 的任何一个实数。

满足这一规律的过程就称为多变过程，上式即为多变过程的过程方程式。

不同的多变过程，具有不同的 n 值，多变过程可以有无穷多种。当多变指数为某些特定的值时，多变过程便表现为相应的典型热力过程：

（1）当 $n = 0$ 时，$p =$ 定值，为定压过程。
（2）当 $n = 1$ 时，$pv =$ 定值，为定温过程。
（3）当 $n = k$ 时，$pv^n =$ 定值，为绝热过程。
（4）当 $n = \pm\infty$ 时，$v =$ 定值，为定容过程。

2. 多变过程中状态参数的变化规律

比较多变过程的过程方程式与绝热过程的过程方程式，可以发现，两方程的形式相同，所不同的是指数，因此只要将绝热指数 k 换成多变指数 n，绝热过程的初态、终态关系式就可用于多变过程。即

$$\frac{p_2}{p_1} = \left(\frac{v_1}{v_2}\right)^n$$

$$\frac{T_2}{T_1} = \left(\frac{p_2}{p_1}\right)^{\frac{n-1}{n}}$$

$$\frac{T_2}{T_1} = \left(\frac{v_1}{v_2}\right)^{n-1}$$

3. 多变过程在 p-v 图与 T-S 图上的表示

在 p-v 图与 T-S 图上，从同一初态点出发画出四种基本热力过程的过程线，如图 1-9 所示。然后通过比较过程线的斜率，可以看出多变过程线的分布规律。

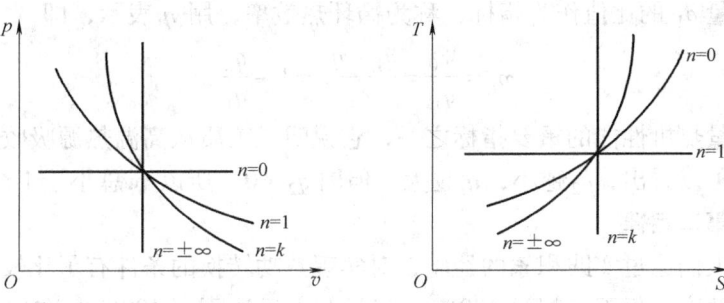

图 1-9 多变过程

在 p-v 图上多变过程线的分布规律为：从定容线出发，n 由 $-\infty \to 0 \to +\infty$，按顺时针方向递增。

为了分析多变过程的热量转换和交换，需要确定过程中的功和热量的正负值。这些可根据多变过程和四条典型过程线的相对位置来判断。

膨胀功的正负是以定容线为分界的。在 p-v 图上，过同一初态点的多变过程，若过程线位于定容线右侧，则 $w>0$；反之 $w<0$。在 T-S 图上，若过程线位于定容线右下方，则 $w>0$。

热量 q 的正负是以绝热线为分界的。在 p-v 图上，过同一初态点的多变过程，若过程线位于绝热线的右上方，则 $q>0$；过程线位于绝热线的左下方，$q<0$。

由于理想气体的内能是温度的单值函数，所以，Δu 的正负取决于 ΔT 的正负。ΔT 的正负是以定温线为分界的。在 p-v 图上，过同一初态点的多变过程，若过程线位于等温线右上方，则 $\Delta T>0$，即 $\Delta u>0$，若过程线位于定温线上方，则 $\Delta T>0$；反之 $\Delta T<0$。

第四节 热力学第二定律及卡诺循环

一、热力循环及其热效率

1. 热力循环

通过工质的热力状态变化过程，可以把热能转化为机械能而做功。但仅仅依靠任何一个过程，都不可能连续不断地做功。为了连续不断地将热转换为功，必须在工质膨胀做功以后，经过某种压缩过程，使它回复到初始状态，以便重新膨胀做功。这种使工质经过一系列变化，又回到初始状态的全部过程，称为热力循环。如图 1-10 所示的 1→2→3→4→1 过程就形成了一个热力循环。

热力循环可分为正向循环和逆向循环。把热能

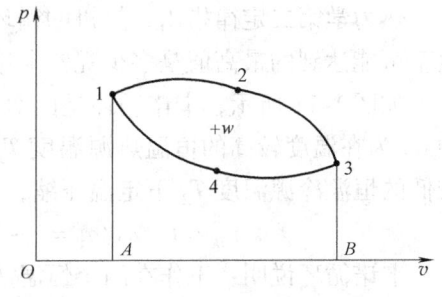

图 1-10 热力循环图

转变为机械功的循环称为正向循环（或热机循环）。如图1-10中的1→2→3→4→1过程就构成了正向循环；依靠消耗机械功而将热量从低温热源传向高温热源的循环，称为逆向循环（或热泵循环）。如图1-10中的1→4→3→2→1过程就构成了逆向循环。

2. 热效率

为了评价热力循环在能源利用方面的经济性，通常采用热力循环的净功W_0与工质从高温热源接受的热量q_1的比值作为指标，称为循环热效率，用η_t表示，即

$$\eta_t = \frac{W_0}{q_1} = \frac{q_1 - q_2}{q_1} = 1 - \frac{q_2}{q_1}$$

热效率是衡量热机性能的重要指标之一，它说明了工质从高温热源吸收的热量有多少转换为功，从上式可以看出，q_2越小，η_t越大，但因$q_2 \neq 0$，所以η_t总小于1。

二、热力学第二定律

长期以来，人们通过实践积累的经验，对实现热功转换的条件有了比较深刻的认识，发现任何热机的热效率不仅不能超过100%，实际上永远达不到100%，在这个事实的基础上总结的出热力学第二定律，已被确定为自然界中另一条客观规律。

热力学第二定律有许多种表达式，其实质都完全一致，即都是说明实现某些具体热功转换过程的必要条件的，以下两种说法具有普遍意义。

（1）根据长期制造热机的经验总结出：为了连续地获得机械功，必须有两个热源，热机工作时，从高温热源取得热量，把其中一部分转变为机械功，把另一部分热量传给低温热源。因此这种表达方式是，不可能创造出只从热源吸热做功而不向冷源放热的热机，或者说单热源机是不存在的。

从单一热源不断吸取热量而将它全部转变为机械功的热机称为第二类永动机，因此又可以表述为第二类永动机是不可能实现的。

（2）根据长期制造制冷机的经验总结出：不管利用什么机器，都不可能不付出代价地实现把热量由低温物体转移到高温物体。于是热力学第二定律又可以表示为"热量不可能自发地从冷物体转移到热物体"。

热力学第二定律表明，连续获得机械功，至少有两个热源，即高温热源和低温热源。工质从高温热源取得热量，把其中一部分转变为机械功，另一部分热量传给低温热源。不可能只利用一个高温热源，如从单一热源（如以海洋、大气或大地作为单一热源）不断吸取热量，全部转变为机械功。

三、卡诺循环及应用

热力学第二定律指出，热机的循环热效率不可能达到100%，那么，在一定条件下，热效率可能达到的最高值是多少呢？卡诺循环就回答了这个问题，如图1-11所示。

如图1-11所示，卡诺循环是由两个定温过程和两个绝热过程交错组成的可逆循环。其中ab为在温度较高的恒温热源温度T_1下定温膨胀，吸热q_1；bc为绝热膨胀；cd为在温度较低的恒温冷源温度T_2下定温压缩，放热q_2；da为绝热压缩。卡诺循环的热效率η_{tk}为

$$\eta_{tk} = 1 - q_2/q_1 = 1 - T_2(S_b - S_a)/T_1(S_c - S_d) = 1 - T_2/T_1$$

卡诺循环说明：工作在两个恒温热源之间的循环，不管采用什么工质，如果是可逆的，其热效率为$1 - T_2/T_1$；如果是不可逆的，其热效率恒小于$1 - T_2/T_1$，即以卡诺循环的热效

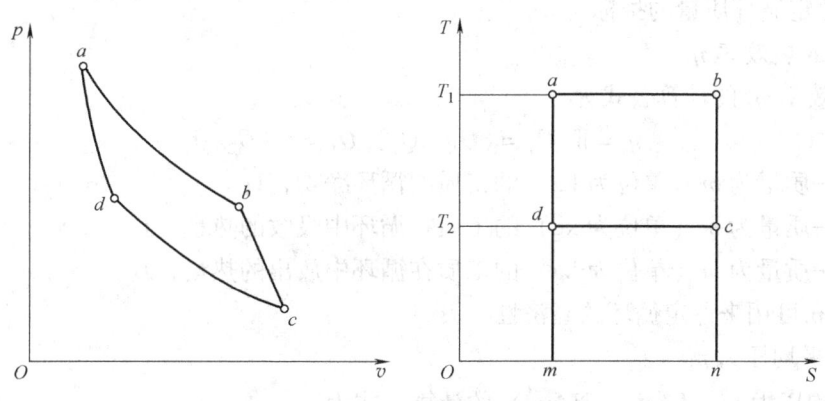

图 1-11 正向卡诺循环

率为最高。

卡诺循环告诉我们,两个给定热源之间的所有热力循环,以卡诺循环的热效率为最高,一切实际的循环都是不可逆循环,因此实际循环的热效率必小于相同热源条件下卡诺循环的热效率,所以提高热效率的途径是尽量减少过程的不可逆性,使实际循环尽量接近卡诺循环。卡诺定理还指出,两个给定热源之间所有的卡诺循环的热效率相等,与工质的性质无关,因此影响热效率的基本因素仅仅是热源的温度。提高热效率的另一基本途径是提高高温热源的温度 T_1,降低低温热源的温度 T_2,为了提高热效率,现代热机就是沿着这条途径发展的。

第五节　发动机的理想循环

一、发动机工作循环的简化与评价

(一) 发动机工作循环的简化

发动机的实际工作循环是由进气、压缩、燃烧、膨胀及排气等五个过程所组成的,在气缸内进行非常复杂的物理化学变化,其影响因素也很复杂(第二章中将阐述)。为了便于研究,在工程热力学中通常将发动机实际工作循环加以抽象简化,忽略次要因素的影响,概括为由几个基本热力过程所组成的理想循环,研究这些理想循环,可以指明提高发动机经济性和动力性的方向。

通常按以下条件进行简化:

(1) 假设工质是在闭口系统中进行热力循环,不考虑进、排气过程,并忽略气体流动阻力的影响。

(2) 假设压缩与膨胀过程是绝热过程,忽略气缸壁传热、摩擦及漏气等热损失。

(3) 假设以定容过程、定压过程或先定容后定压过程向工质加热以代替燃烧过程;工质的放热过程则视为定容过程。

(4) 以空气作为循环中的工质并假设其为理想气体,其比热容视为定值,忽略变比热容的影响。

(5) 忽略实际过程中的各种损失,把循环的每一过程都假定为可逆过程。

（二）评定循环质量的指标

1. 循环的热效率 η_t

循环热效率 η_t 的计算公式为

$$\eta_t = W/Q_1 = (Q_1 - Q_2)/Q_1 = 1 - Q_2/Q_1$$

式中　W——质量为 m（单位为 kg）的工质的循环净功，J；

　　　Q_1——质量为 m（单位为 kg）的工质在循环中吸收的热量，J；

　　　Q_2——质量为 m（单位为 kg）的工质在循环中放出的热量，J。

热效率 η_t 可用来评定循环的经济性。

2. 循环平均压力 p_t

循环平均压力 p_t（J/m³ 或 N/m²）的计算公式为

$$p_t = W/v_s$$

式中　v_s——气缸工作容积，m³。

循环平均压力表示单位气缸工作容积所做的循环功，用来评定循环的动力性。

二、发动机的理论循环模式

（一）混合加热循环

混合加热循环又称萨巴德循环，高速柴油机的燃烧过程基本上由定容燃烧和定压燃烧两个阶段组成，故其工作循环可以理想化为混合加热循环。

图 1-12 所示为混合加热循环的 p-v 图，该循环由五个可逆过程组成：1→2 为绝热压缩过程；2→3 为定容加热过程，吸热量为 Q_{1v}；3→4 为定压加热过程，吸热量为 Q_{1p}；4→5 为绝热膨胀过程；5→1 为定容放热过程，放热量为 Q_2。

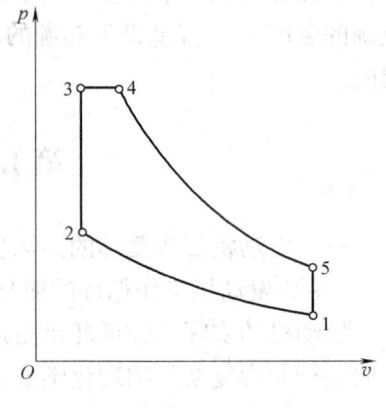

图 1-12　混合加热循环

1. 混合加热循环的热效率

根据热力学公式，可得

$$\eta_t = 1 - \frac{1}{\varepsilon_c^{k-1}} \cdot \frac{\lambda_p \rho_0^k - 1}{\lambda_p - 1 + k\lambda_p(\rho_0 - 1)}$$

式中　ε_c——压缩比；

　　　λ_p——压力升高比；

　　　ρ_0——预胀比；

　　　k——绝热指数。

2. 混合加热循环的平均压力

根据热力学公式，可得

$$p_t = \frac{\varepsilon_c^k}{\varepsilon_c - 1} \cdot \frac{p_1}{k-1}[(\lambda_p - 1) + k\lambda_p(\rho_0 - 1)]\eta_t$$

式中　p_1——压缩始点气缸内压力。

当 $\rho_0 = 1$ 时为等容加热循环；$\lambda_p = 1$ 时为等压加热循环。

（二）定容加热循环

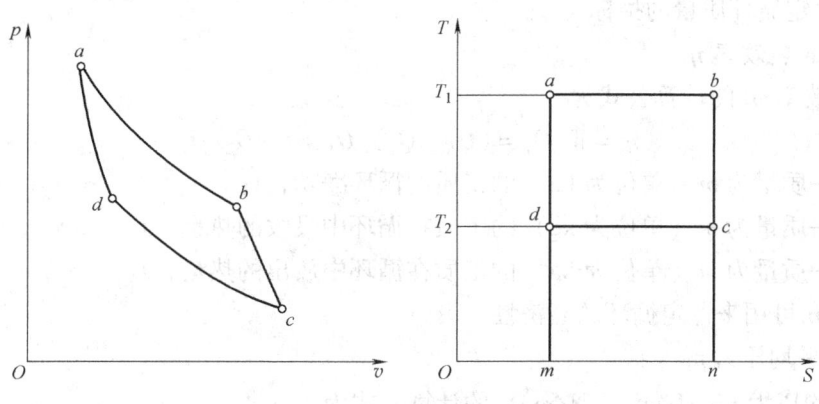

图 1-11 正向卡诺循环

率为最高。

卡诺循环告诉我们，两个给定热源之间的所有热力循环，以卡诺循环的热效率为最高，一切实际的循环都是不可逆循环，因此实际循环的热效率必小于相同热源条件下卡诺循环的热效率，所以提高热效率的途径是尽量减少过程的不可逆性，使实际循环尽量接近卡诺循环。卡诺定理还指出，两个给定热源之间所有的卡诺循环的热效率相等，与工质的性质无关，因此影响热效率的基本因素仅仅是热源的温度。提高热效率的另一基本途径是提高高温热源的温度 T_1，降低低温热源的温度 T_2，为了提高热效率，现代热机就是沿着这条途径发展的。

第五节　发动机的理想循环

一、发动机工作循环的简化与评价

（一）发动机工作循环的简化

发动机的实际工作循环是由进气、压缩、燃烧、膨胀及排气等五个过程所组成的，在气缸内进行非常复杂的物理化学变化，其影响因素也很复杂（第二章中将阐述）。为了便于研究，在工程热力学中通常将发动机实际工作循环加以抽象简化，忽略次要因素的影响，概括为由几个基本热力过程所组成的理想循环，研究这些理想循环，可以指明提高发动机经济性和动力性的方向。

通常按以下条件进行简化：

（1）假设工质是在闭口系统中进行热力循环，不考虑进、排气过程，并忽略气体流动阻力的影响。

（2）假设压缩与膨胀过程是绝热过程，忽略气缸壁传热、摩擦及漏气等热损失。

（3）假设以定容过程、定压过程或先定容后定压过程向工质加热以代替燃烧过程；工质的放热过程则视为定容过程。

（4）以空气作为循环中的工质并假设其为理想气体，其比热容视为定值，忽略变比热容的影响。

（5）忽略实际过程中的各种损失，把循环的每一过程都假定为可逆过程。

（二）评定循环质量的指标

1. 循环的热效率 η_t

循环热效率 η_t 的计算公式为

$$\eta_t = W/Q_1 = (Q_1 - Q_2)/Q_1 = 1 - Q_2/Q_1$$

式中　W——质量为 m（单位为 kg）的工质的循环净功，J；

　　　Q_1——质量为 m（单位为 kg）的工质在循环中吸收的热量，J；

　　　Q_2——质量为 m（单位为 kg）的工质在循环中放出的热量，J。

热效率 η_t 可用来评定循环的经济性。

2. 循环平均压力 p_t

循环平均压力 p_t（J/m^3 或 N/m^2）的计算公式为

$$p_t = W/v_s$$

式中　v_s——气缸工作容积，m^3。

循环平均压力表示单位气缸工作容积所做的循环功，用来评定循环的动力性。

二、发动机的理论循环模式

（一）混合加热循环

混合加热循环又称萨巴德循环，高速柴油机的燃烧过程基本上由定容燃烧和定压燃烧两个阶段组成，故其工作循环可以理想化为混合加热循环。

图 1-12 所示为混合加热循环的 p-v 图，该循环由五个可逆过程组成：1→2 为绝热压缩过程；2→3 为定容加热过程，吸热量为 Q_{1v}；3→4 为定压加热过程，吸热量为 Q_{1p}；4→5 为绝热膨胀过程；5→1 为定容放热过程，放热量为 Q_2。

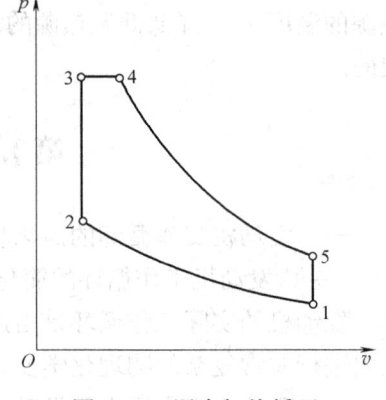

图 1-12　混合加热循环

1. 混合加热循环的热效率

根据热力学公式，可得

$$\eta_t = 1 - \frac{1}{\varepsilon_c^{k-1}} \cdot \frac{\lambda_p \rho_0^k - 1}{\lambda_p - 1 + k\lambda_p(\rho_0 - 1)}$$

式中　ε_c——压缩比；

　　　λ_p——压力升高比；

　　　ρ_0——预胀比；

　　　k——绝热指数。

2. 混合加热循环的平均压力

根据热力学公式，可得

$$p_t = \frac{\varepsilon_c^k}{\varepsilon_c - 1} \cdot \frac{p_1}{k-1}[(\lambda_p - 1) + k\lambda_p(\rho_0 - 1)]\eta_t$$

式中　p_1——压缩始点气缸内压力。

当 $\rho_0 = 1$ 时为等容加热循环；$\lambda_p = 1$ 时为等压加热循环。

（二）定容加热循环

汽油机中混合气燃烧迅速，气缸内温度、压力增长很快，可以认为其燃烧过程基本上是在容积不变的条件下进行的，即可简化为定容加热循环。图 1-13 所示为定容加热循环 p-v 图，对比混合加热循环和定容加热循环可发现，当混合加热的膨胀比 $\rho_0=1$ 时，就得到定容加热循环，所以定容加热循环可以看作混合加热循环的一个特例。该循环包括四个可逆过程：1→2 为绝热压缩过程；2→3 为定容加热过程，加热量为 Q_1；3→4 为绝热膨胀过程；4→1 为定容放热过程，放热量为 Q_2。

（三）定压加热循环

高增压和低速大型柴油机中，由于受燃烧最高压力的限制，大部分燃料是在上止点后压力基本上一定的情况下燃烧，其工作循环可以理想化为定压加热循环。

定压加热循环 p-v 图如图 1-14 所示，可以发现，当混合加热循环中压力升高比 $\lambda_p=1$ 时，就成为定压加热循环，故定压加热循环也可看作混合加热循环的一个特例，该循环由四个可逆过程组成：1→2 为绝热压缩过程；2→3 为定压加热过程，加热量为 Q_1；3→4 为绝热膨胀过程；4→1 为定容放热过程，放热量为 Q_2。

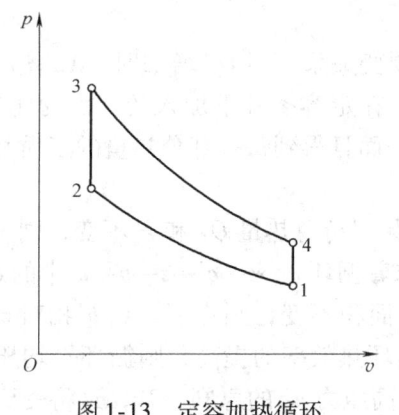
图 1-13 定容加热循环

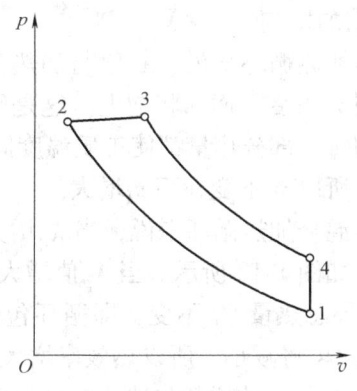
图 1-14 定压加热循环

三、发动机理想循环的分析与比较

（一）理想循环影响因素的分析

根据前面导出的三种循环的 η_t 和 p_t 公式，可以分析循环参数 ε_c、λ_p、ρ_0 和绝热指数 k 对循环热效率 η_t 和平均压力 p_t 的影响。

1. 压缩比 ε_c

由三种循环的 η_t 式可见，随着 ε_c 增大，η_t 都提高，提高 ε_c 可提高循环平均吸热温度，降低循环平均放热温度，扩大循环温差，增大膨胀比，如图 1-15 所示，当两循环最高温度相同时，ε_c 高的循环 a→c'→z'→b'→a 比低的循环 a→c→z→b→a 具有较大的平均吸热温度和较低的平均放热温度，所以前者 η_t 较高。

图 1-16 所示表示定容加热循环热效率 η_t 随压缩比 ε_c 而变的情况。由图可见，在压缩比 ε_c 较低时，随 ε_c 的提高，t_t 增长很快，但在 ε_c 较大时，再提高 ε_c 则效果就很小了。

2. k 值的影响

绝热指数 k 对热效率 η_t 的影响如图 1-17 所示，随着 k 值增大 η_t 将提高。k 值取决于工质的性质，不同的工质有不同的 k 值，一般取空气的 $k=1.45$，当燃料与空气的混合气加浓时，即混合气体中燃料蒸气较多，k 值将降低，因而 η_t 也将降低。反之当燃料与空气的混合

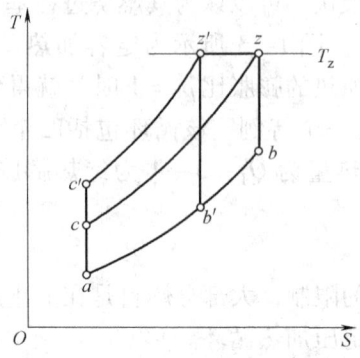

图 1-15 最高温度相同时，提高压缩比 ε_c 对循环的影响

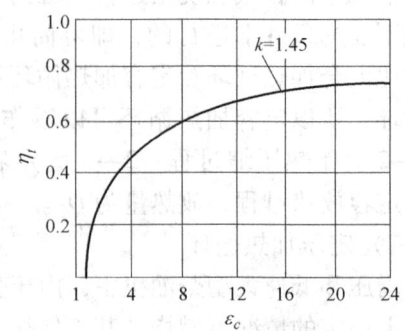

图 1-16 定容加热循环热效率 η_t 与压缩比 ε_c 的关系

气体变稀时，k 值增大，η_t 将提高，理想循环中比热容是为定值，则 k 也为定值，不随温度变化，实际循环中则有变化比热容的影响。

3. λ_p 值的影响

对定容加热循环来说，λ_p 值与加热量 Q_1 有顺变关系。当 Q_1 增加时，λ_p 增大，当 ε_c 保持不变，则 η_t 不变，而 p_t 将增大。这是因为 Q_1 是在定容条件下加入的，因为比热为定值，则所加入的每一部分热量都使工质温度同样升高，而且得到每一部分热量的工质都具有同样的膨胀比，所以 η_t 不变，而 p_t 增大。

然而对混合加热循环来说，当 λ_p 增大时，如果保持总热量 Q_1 和 ε_c 不变，则 η_t、p_t 都将随之增大。如图 1-18 所示。当 λ_p 值增大时，意味着循环 $a \to c \to c' \to z \to b \to a$ 中的定容线 $c-c'$ 延长。如果总热量 Q_1 不变，即循环包围的净热面积不变，则点 z'、点 b' 相对 z 点 b 点左移，相应地 Q_2 将减小，所以热效率增大，由于循环热效率的提高，则循环平均压力 p_t 也将增大。但是 λ_p、ε_c 的增长将造成最高温度 T_z、最高压力 p_z 的急剧上升，这将受到材料耐热性和强度的限制以及燃烧方面的限制。

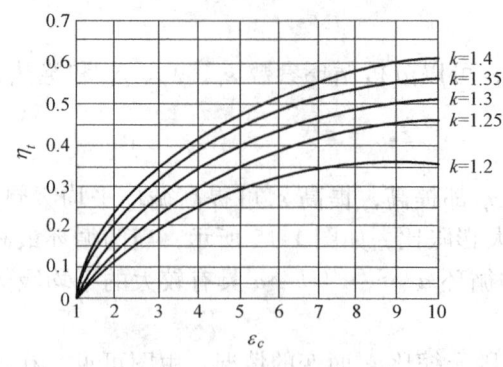

图 1-17 η_t 与 k、ε_c 的关系

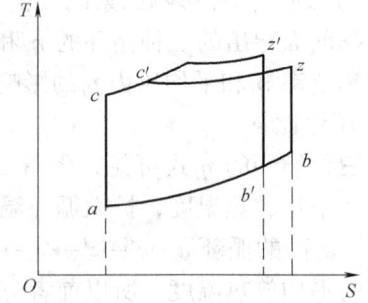

图 1-18 λ_p、ρ_0 对 η_t、p_t 的影响

4. ρ_0 值的影响

在定压加热循环中，当压缩比 ε_c、绝热指数 k 保持不变，ρ_0 值与 Q_1 值有顺变关系。当 Q_1 值增加时，ρ_0 值增大。由定压加热循环的热效率 η_t 和平均压力 p_t 的公式可知：热效率 η_t 将降低，循环平均压力 p_t 将增大。

在混合加热循环中，当压缩比 ε_c、绝热指数 k、加热量 Q_1 保持不变时，ρ_0 值增大意味着定压加热值 Q_{1p} 增大，则定容加热 Q_{1v} 值将相应减少，从混合加热循环的热效率 η_t 公式可见 η_t 将降低。是因为 ρ_0 值的增大意味着定压加热值 Q_{1p} 增大。而 Q_{1p} 是在工质膨胀比不断下降的过程中加入的，其做功的机会相应减少，因而热效率 η_t 降低，随着 η_t 的降低，在 Q_1 不变的情况下则循环功 W 减少，因而循环的平均压力 p_t 也将降低。

（二）三种理想循环热效率的比较

由以上分析可知，ε_c、λ_p 越高，ρ_0 越低，则三种理想循环的 η_t 就越高，现在根据不同的工作条件，对三种理想循环的 η_t 进行比较，其目的是找出一定条件下，哪种理想循环热效率最高。

1. 当初态相同，加热量 Q_1 及压缩比 ε_c 分别相等时

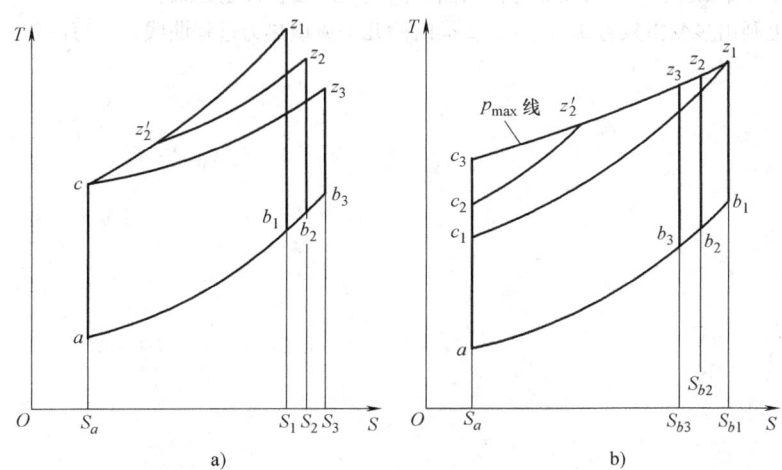

图 1-19 加热量相同时，三种理想循环的比较

如图 1-19a 所示，$a \to c \to z_1 \to b_1 \to a$ 为定容加热循环，$a \to c \to z_3 \to b_3 \to a$ 为定压加热循环，$a \to c \to z_2' \to z_2 \to b_2 \to a$ 为混合加热循环。由于 ε_c 相同，三种循环的绝热压缩线 $a-c$ 重合；由于 Q_1 相等，在 $T\text{-}S$ 图上的面积 $s_a c z_1 s_1 s_a$ 与面积 $s_a c z_2' z_2 s_2 s_a$、面积 $s_a c z_3 s_3 s_a$ 相等，三种循环的放热量 Q_2 不相等，即

$$Q_{2p} > Q_{2m} > Q_{2v}$$

式中 Q_{2p}——定压放热；

Q_{2m}——混合放热；

Q_{2v}——定容放热。

则 $\eta_{tv} > \eta_{tm} > \eta_{tp}$

由此可见：在吸热量 Q_1 及压缩比 ε_c 相同的情况下，三种循环中，定容加热循环热效率 η_t、平均压力 p_t、循环最高压力 $p_z(p_{max})$ 均提高；而定压加热循环 η_t、p_t、p_z 的均最低；欲提高混合加热循环的热效率 η_{tm}，应增加混合加热循环的定容部分。

2. 当吸热量 Q_1 及循环最高压力 $p_z(p_{max})$ 分别相同时

由图 1-19b 可看出，各种循环的放热量为

$$Q_{2v} > Q_{2m} > Q_{2p}$$

则
$$\eta_{tp} > \eta_{tm} > \eta_{tv}$$

由此说明：在吸热量 Q_1 及循环最高压力 p_z 相同时，定压加热循环的 η_t 及 p_t 最高，但计算表明，在 p_z 很高时，对于定压加热循环的 η_t 及 p_t 都没有特别的作用。

对于高增压柴油机，因受零件强度的限制，必须限制其循环最高压力，根据以上比较所得的结论可知，为了得到较高的热效率，按定压加热循环工作。

复习思考题

1. 何谓工程热力学？工程热力学中把研究的对象称为什么？
2. 何谓理想气体？什么是理想气体状态方程？
3. 热力学第一定律的内容是什么？热力学第二定律的实质是什么？
4. $p\text{-}v$ 图被称为什么图？$T\text{-}S$ 图被称为什么图？曲线下的面积代表什么？
5. 在 $p\text{-}v$ 图上画出多变指数为 0、1、k、$\pm\infty$ 时的几个典型热力过程曲线，并写出其过程方程式。

第二章 发动机的性能指标

发动机性能指标是评价发动机性能好坏的各种物理量的总称，主要包括动力性指标（如功率、转矩、平均压力等）和经济性指标（如热效率、燃油消耗率等），此外还有运转性能、工作可靠性、结构工艺性等指标。

按照建立体系的基础不同，发动机的性能指标可分为两大类：指示性能指标和有效性能指标。指示性能指标是以气缸内工质对活塞所做的功为基础建立起来的性能体系，用于评定发动机实际工作循环进行的质量好坏。有效性能指标是以发动机曲轴输出功率为基础的性能指标，以评定发动机整机性能的好坏。

第一节 四冲程发动机的实际循环

一、发动机实际循环

四冲程发动机的实际循环是由进气、压缩、燃烧、膨胀、排气五个热力过程组成。通常用气缸内的气体压力 P 随质量体积 v（或曲轴转角 θ）而变化的图形（称为示功图）来表示工质在气缸中的实际工作情况，如图 2-1 所示。

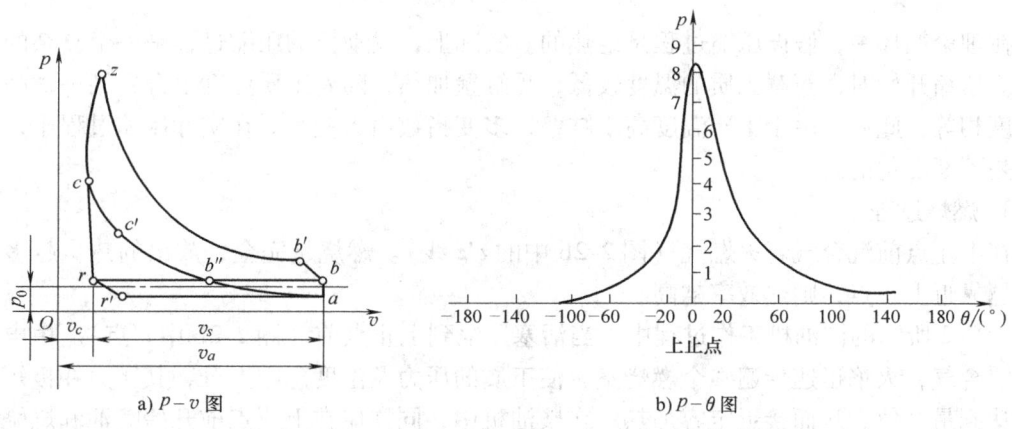

a) $p-v$ 图　　　　　　　　　b) $p-\theta$ 图

图 2-1　四冲程发动机的 $p-v$ 图和 $p-\theta$ 图

1. 进气过程

进气过程是指充量进入气缸的过程（图 2-1a 中 $rr'a$ 线）。在进气过程中，进气门开启，排气门关闭，活塞由上止点向下止点移动。

由于上一循环的残余废气，排气终了时气缸内压力 P_r 高于大气压力 P_0，随着活塞下行，首先是残余废气膨胀，压力由 P_r 下降到低于大气压力 P_0。在压力差的作用下，新鲜气体被吸入气缸。由于进气系统存在阻力，进气终了的压力 P_a 仍低于大气压力 P_0。进气终了气体因为受到高温零件和残余废气的加热，其温度 T_a 总是高于大气温度 T_0。

2. 压缩过程

活塞在气缸内压缩工质的过程,即为压缩过程(图 2-1a 的 $ac'c$ 线)。压缩过程进、排气门均关闭,活塞从下止点向上止点移动,缸内工质受压后温度和压力不断上升,压缩过程的目的是增大工作过程的温差,使工质获得最大限度的膨胀比,提高循环热效率,同时为着火燃烧创造有利条件。工质被压缩的程度用压缩比 ε_c 表示,即

$$\varepsilon_c = \frac{V_a}{V_c} = \frac{V_c + V_s}{V_c} = 1 + \frac{V_s}{V_c}$$

式中 V_a——气缸总容积,m^3;

V_c——气缸压缩容积,m^3;

V_s——气缸工作容积,m^3。

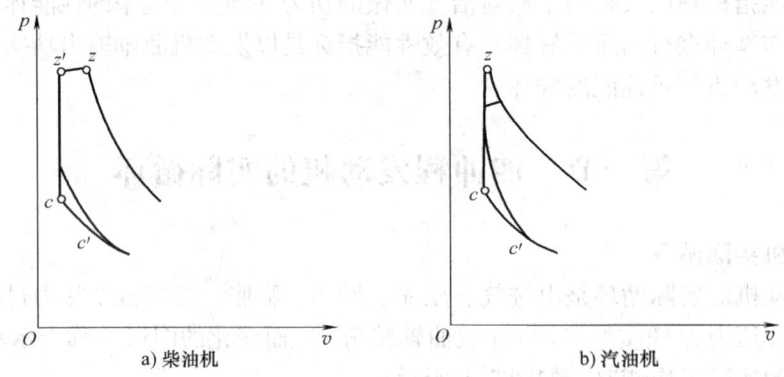

图 2-2 发动机实际循环的燃烧过程

在理论循环中,假设压缩过程是绝热的。实际上,发动机的压缩过程是一个复杂的多变过程。压缩开始时,新鲜工质的温度较低,受缸壁加热,随着工质温度上升,某一瞬间与缸壁温度相等,此后,由于工质温度高于缸壁,多变指数由大变小。在实际压缩过程中,多变指数是不断变化的。

3. 燃烧过程

在上止点前混合气着火燃烧(图 2-2b 中的 $c'z$ 线)。燃烧越完全,放出的热量越多,放热时越靠近上止点,则热效率越高。

图 2-2 所示的汽油机工作过程中,当活塞压缩到上止点前(图 2-2b 中 c' 点)。由电火花点燃混合气,火焰迅速传遍整个燃烧室,使工质的压力及温度急剧上升,其压力在极短的时间内达到最高值,从而接近定容加热。在柴油机中,同样应在上止点前开始喷油和燃烧。燃烧开始时,燃烧速度很快,而气缸容积变化很小,工质温度、压力剧增,接近定容加热(图 2-2a 中 cz' 段)。随后是边喷油边燃烧,燃烧速度慢,且随着活塞下移,气缸容积增大,气缸压力升高不大,而温度继续升高,接近等压加热(图 2-2a 中 $z'z$ 段)。

在实际燃烧过程中,不仅有散热损失、燃烧不完全损失,而且由于燃烧需要一定时间,因此还存在非瞬时燃烧损失。

4. 膨胀过程

膨胀过程是燃烧后的高温、高压气体在气缸内膨胀,推动活塞由上止点向下止点移动而做功的过程(图 2-1a 中的 zb 线)。随着气缸容积增大,气体的压力、温度迅速下降。

膨胀过程与压缩过程情况相似,不仅有散热损失、漏气损失,还有补燃和高温热分解。

因此膨胀过程也是一个多变过程，多变指数是不断变化的。膨胀过程初期，由于补燃，工质被加热高于工质向壁面的散热，到某一瞬时，对工质的加热量与工质向缸壁的散热量相等，此后，工质向缸壁散热高于补燃对工质的加热，整个过程多变指数数值由小变大。

5. 排气过程

排气过程如图 2-1a 所示中的 $b'br$ 曲线。在膨胀过程末期，活塞接近下止点（图 2-1a）中的 b' 时排气门开启，废气高速排出。当活塞由下止点向上止点移动时，缸内废气继续排出，直到排气门关闭，排气过程结束。由于排气系统的阻力，排气终了时的压力高于大气压力。

排气终了的温度高低，则标志着排给冷源热量的多少，因此常作为检查发动机工作状态的技术参数。如发动机工作过程不良，热功转换效率低，则排气终了温度偏高于正常值。

二、发动机实际循环与理论循环比较

发动机的实际循环存在许多不可避免的损失，使其不可能达到理论循环的热效率和平均压力数值。为了改善实际循环，有必要分析两种循环之间的差异和引起各项损失的原因。

现以非增压四冲程发动机为例进行讨论，可以看出发动机的实际循环与理想循环有很大差别。实际循环存在各种损失，如图 2-3 所示。

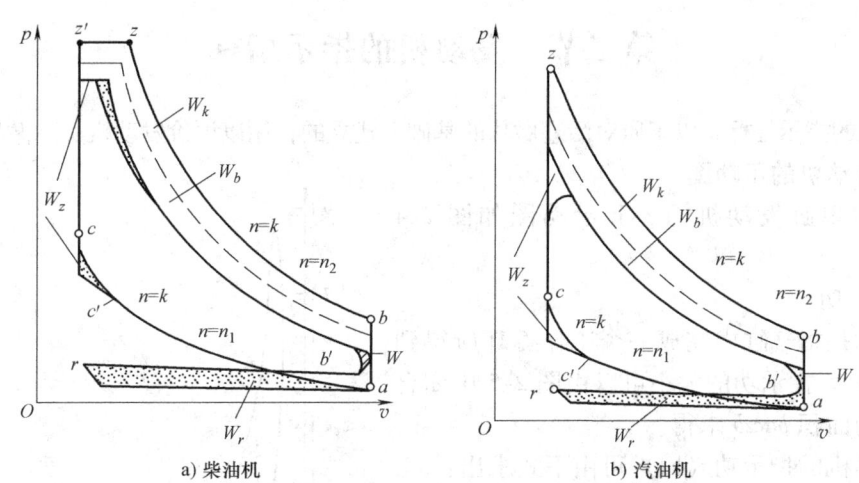

图 2-3 发动机实际循环与理想循环的差别

W_k—实际工质影响引起损失　W_b—传热、流动损失　W_r—换气损失

W_z—非瞬时燃烧和补燃损失　W—提前排气损失

1. 换气损失（$W_r + W$）

为使循环重复进行，必须更换工质，由此而消耗的功称为换气损失，如图 2-3 中包括因工质流动和克服进、排气系统阻力所消耗的功 W_r，和因排气门提前开启使膨胀后期有用功减少而形成的损失（称为提前排气损失，图中面积 W 所示）。理想循环中忽略换气过程，并假设排气过程为定容放热。

2. 燃烧损失（W_z + 不完燃烧损失 + 高温热分解损失）

实际循环中燃料燃烧需要一定时间，因此点火或喷油必须在上止点之前，并且燃烧还延续到膨胀行程初期，由此产生的损失分别称为非瞬时燃烧损失和补燃损失，如图中 W_z 部分。

此外还有不完全燃烧损失和高温热分解引起的损失，均使实际循环的最高压力和最高温度下降，膨胀功减少。

3. 实际工质影响引起损失（W_k）

实际循环中，工质的成分及数量都是变化的，比热容也非定值，是随着温度上升而增大，由于燃料燃烧，工质发生物理与化学变化，并且在整个工作过程中，还有漏气损失，因此引起工质的成分和数量都发生变化。受此影响使实际循环的示功图要比理想循环小，其损失功为 W_k。

4. 传热、流动损失（W_b）

在实际循环中，工质与燃烧室壁、气缸壁面之间，始终存在着热交换，其压缩与膨胀过程不是绝热的，由此而产生的损失称为传热损失，如图中 W_b 所示。

由上述讨论可知，理想循环是把发动机的实际工作过程简化成工质的基本热力工程组成的循环，是最简单的空气标准循环。而实际循环由于存在着各种损失，因此实际循环的指示功比理想循环的指示功要小。实际循环的热效率也小于理想循环的热效率。

研究实际循环与理想循环的差异，可找出各项损失原因，探求改善实际循环和提高热量有效利用的途径。

第二节　发动机的指示指标

发动机的指示指标是以工质对活塞做功的基础上建立的，用以评价发动机实际循环的好坏。

一、发动机的示功图

四冲程单缸发动机的 $p\text{-}V$ 示功图如图 2-4 所示。

1. 指示功

指示功是指气缸内完成一个工作循环所得到的有用功 W_i。指示功的大小可以由图 2-5 中闭合曲线包围的面积 $baczb$ 求得。

则发动机的指示功（kJ）可由下式求出：
$$W_i = ab A_i$$

式中　A_i——示功图中指示功面积，mm^2；
　　　a——示功图纵坐标比例尺，kPa/mm；
　　　b——示功图横坐标比例尺，mm^3/mm。

2. 平均指示压力

指示功反映了发动机在一个工作循环中获得的有用功数量，它除了与循环中热功转换的有效程度有关外，还与气缸容积大小有关。为了比较不同气缸工作容积的发动机循环的热功转换有效程度，引入平均指示压力的概念。

平均指示压力 p_{mi}（kPa）是指单位气缸工作容积所做的指示功，即
$$p_{mi} = W_i / V_s$$

显然，平均指示压力 p_{mi} 越大，表示发动机的工作循环进行的越好，气缸工作容积利用

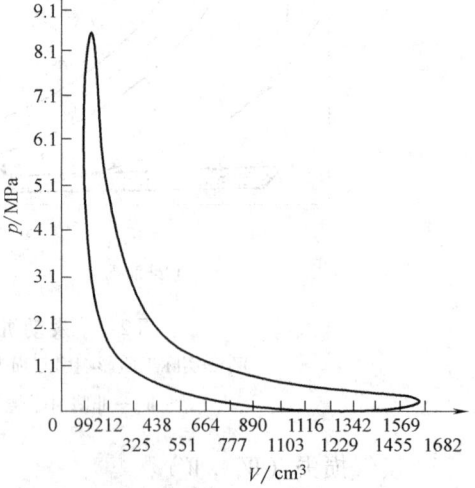

图 2-4　四冲程单缸发动机的 $p\text{-}V$ 示功图

程度越高。

设活塞顶面积为 $A(m^2)$，活塞行程为 $s(m)$，由上式可求的指示功（kJ）为

$$W_i = p_{mi}V_s = p_{mi}As$$

因此，平均指示压力 p_{mi} 可以设想为一个恒定的压力作用在活塞顶上，推动活塞移动一个行程所做的功等于循环的指示功，如图 2-5 所示。

p_{mi} 值的一般范围：柴油机 $686 \sim 981$ kPa；汽油机 $784 \sim 1180$ kPa。

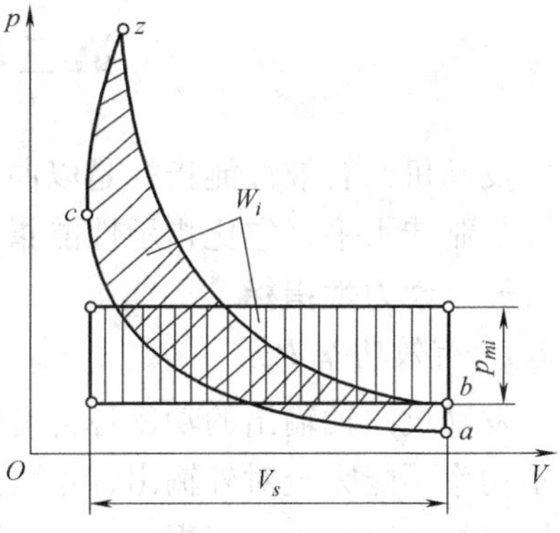

3. 指示功率

发动机在单位时间内所做的全部指示功，称为发动机的指示功率，用 P_i 表示。一台发动机的气缸数为 i，每缸工作容积为 V_s，转速为 n（r/min），平均指示压力为 p_{mi}（kPa），则每缸、每循环工质的指示功（kJ）为

$$W_i = p_{mi}V_s$$

发动机的指示功率（kW）（i 个气缸每秒所做的指示功）为

图 2-5　指示功与平均指示压力

四冲程发动机：
$$P_i = \frac{iW_in}{2 \times 60} = \frac{ip_{mi}V_sn}{120}$$

二冲程发动机：
$$P_i = \frac{iW_in}{60} = \frac{ip_{mi}V_sn}{60}$$

如果 τ 表示发动机行程数，（四行程 $\tau = 4$；二行程 $\tau = 2$），以上两式可合并为

$$P_i = \frac{ip_{mi}V_sn}{30\tau}$$

如气缸工作容积 V_s 以 L 为单位时，则指示功率（kW）可表示为

$$P_i = \frac{ip_{mi}V_sn}{30\tau} \times 10^{-3}$$

4. 指示燃油消耗率

单位指示功所消耗的燃油量，称为指示燃油消耗率，通常以每千瓦小时指示功的耗油量表示。当测量的发动机的指示功率为 p_i(kW)，每小时耗油量为 B(kg/h) 时，则指示燃油消耗率 b_i[g/kW·h] 为

$$b_i = \frac{1000B}{p_i}$$

指示燃油消耗率是评定发动机实际循环的经济性指标，b_i 越小，表示循环过程中做 1kW·h 的功所消耗的燃油量越小，发动机的经济性越好。

b_i 值的大致范围：柴油机 $170 \sim 200$[g/(kW·h)]；汽油机 $230 \sim 340$[g/(kW·h)]。

5. 指示热效率

指示热效率是发动机实际循环的指示功与所消耗燃料的热量之比，即

$$\eta_{it} = W_i/Q_1$$

式中　Q_1——为得到指示功 W_i（kJ）所消耗燃料的热量，kJ。

1kW·h 的功等于 3.6×10^3 kJ，消耗的热量为 $b_i H_u \times 10^{-3}$ (kJ)，H_u 为燃料低热值 (kJ/kg)，则指示热效率为

$$\eta_{it} = 3600/(b_i H_u \times 10^{-3}) = 3.6 \times 10^6/(b_i H_u)$$

η_{it} 值的一般范围：柴油机 0.43～0.50；汽油机 0.25～0.40。

第三节 发动机的有效指标

发动机的有效性能指标是以曲轴输出功率为基础的指标，用来评价发动机的整机性能和设计与制造水平，它比指示性能指标更有实用价值。

一、动力性指标

1. 有效功率 P_e

发动机曲轴输出的功率称为有效功率，可由发动机台架实测的数据计算出来。发动机的指示功率不能完全对外输出，不可避免的存在损失。在从活塞到曲轴输出端的传递过程中，所损失的功率称为机械损失功率。发动机的有效功率 P_e 即为指示功率 P_i 与机械损失功率 P_m 之差。即

$$P_e = P_i - P_m$$

2. 有效转矩 T_{tq}

由发动机曲轴输出的转矩，称为有效转矩。它与有效功率、发动机转速之间的关系如下：

$$P_e = T_{tq} \frac{2\pi n}{60} \times 10^{-3} = \frac{T_{tq} n}{9550}$$

或

$$T_{tq} = 9550 \frac{P_e}{n}$$

式中　P_e——发动机的有效功率，kW；

　　　T_{tq}——发动机输出转矩，N·m；

　　　n——发动机转速，r/min。

3. 平均有效压力 p_{me}

发动机单位气缸工作容积输出的有效功，称为平均有效压力。与平均指示压力相似，平均有效压力可看作是一个假想的、平均不变的压力作用在活塞顶上，使活塞移动一个行程所做的功等于每循环所做的有效功。平均有效压力是发动机动力性的一个很重要的参数，有效功率与平均有效压力之间有下列关系：

$$P_e = \frac{p_{me} V_s i n}{30\tau} = \frac{T_{tq} n}{9550}$$

四冲程发动机 ($\tau = 4$)：
$$P_e = \frac{p_{me} V_s i n}{120} \times 10^{-3}$$

二冲程发动机 ($\tau = 2$)：
$$P_e = \frac{p_{me} V_s i n}{60} \times 10^{-3}$$

由上式得

$$p_{me} = \frac{30P_e\tau}{V_s in} \times 10^3$$

还可得

$$p_{me} = \frac{30T_{tq}}{9550V_s i} \times 10^3 = 3.14\frac{T_{tq}\tau}{V_s i}$$

对于某特定发动机其行程数 τ、气缸工作容积 V_s(L)、缸数 i 均为定值，故对气缸工作容积总和 $(V_s i)$ 一定的发动机而言，平均有效压力 p_{me} 与有效转矩 T_{tq} 成正比。p_{me} 值越大，对外输出的功越多，转矩越大。所以平均有效压力是发动机重要的动力性能指标。可用发动机台架试验测得外特性上标定工况的有效功率或有效转矩并可求出平均有效压力值。

p_{me} 值的一般范围：汽油机 588~1170kPa；柴油机 588~980kPa。

4. 转速 n 和活塞平均速度 C_m

提高转速，能增加单位时间做功次数，这对于一定容积和质量的发动机来说，动力性得以提高。但提高转速就会使活塞平均速度增大，因为增加了由惯性力引起的载荷，使磨损加剧。随着材料与润滑技术的改善，活塞平均速度将呈增长的趋势。

二、经济性指标

1. 有效热效率

有效热效率是指发动机输出的有效功 W_e(kJ) 与所消耗的燃油的热量 Q_1(kJ) 之比，即

$$\eta_{et} = \frac{W_e}{Q_1} = \frac{W_i\eta_m}{Q_1} = \eta_i\eta_m = \frac{3.6 \times 10^6}{b_e H_u}$$

式中 η_{et}——机械效率。

2. 有效燃料消耗率 b_e

单位有效功（1kW·h）的燃油消耗量（g），称为发动机的燃油消耗率，又称耗油率，用 b_e 表示。如测得发动机在某一工况下稳定运转时的燃油消耗量为 B(kg/h) 和有效功率为 P_e(kW)，则燃油消耗率 [g/(kW·h)] 为

$$b_e = \frac{1000B}{P_e}$$

有效燃油消耗率是评定发动机经济性的重要指标。b_e 越小，表示发动机经济性越好。

三、发动机强化程度

1. 升功率

升功率 P_L 的定义是：在标定工况下，发动机每升气缸工作容积所发出的有效功率。即发动机的标定功率 P_{eB} 与总工作容积 iV_s 之比（kW/L）。即

$$P_L = \frac{P_{eB}}{iV_s}$$

或

$$P_L = \frac{P_{eB}n}{30\tau} \times 10^{-3}$$

式中 P_{eB}——发动机的标定功率，kW；
  i——气缸数；
  V_s——气缸的工作容积，L。

可见 P_L 的大小与平均有效压力 p_{me} 和转速的乘积成正比。提高 P_L 的主要措施是提高平均有效压力和发动机转速。

P_L 值的大致范围：汽油机 22~51.5(kW/L)；柴油机 11~26(kW/L)。

2. 比质量

比质量是发动机的质量与标定功率 P_{eB} 之比（kg/kW），即

$$m_e = \frac{m}{P_{eB}}$$

m_e 值的范围：汽油机 1.5~4kg/kW；柴油机 4~9kg/kW。

当发动机的质量一定时，标定功率值越大，比质量越小，则发动机强化程度越高。

升功率及比质量是从发动机有效功率的角度衡量气缸工作容积和发动机质量利用的有效程度以及结构紧凑性，都是重要的强化性指标。由于汽车发动机要求质量小，功率大，所以希望发动机的升功率大，比质量小。

3. 强化系数

用平均有效压力与活塞平均速度的乘积即 $p_{me}C_m$ 表示。强化系数越大，则发动机强化程度越高。

四、发动机其他性能评定指标

发动机除要求具有良好的动力性、经济性和较高的强化程度外，还必需具有良好的排气清净性、较低的噪声度、较小的振动和可靠的低温起动性。

1. 排气品质

发动机排放的有害气体会污染大气环境，危害人类健康与动植物生长，受到各国日趋严格的排放法规限制。

2. 噪声

汽车产生噪声污染对人和环境影响很大。发动机噪声是汽车的主要噪声源。噪声是一种较大的公害必须严格限制。

3. 起动性

发动机的起动性能是其质量的重要考核指标之一，尤其是对柴油机。我国有关标准规定，在不采用特殊低温起动措施的条件下，汽油机在 -10℃、柴油机在 -5℃的环境温度下，接通起动机 15s 时间以内，发动机应能顺利起动，自动运转。

第四节 机械损失与机械效率

一、机械损失功率与机械效率

发动机气缸内产生的指示功率在通过发动机曲轴输出之前，要损失掉一部分，因此，实际输出的功率，称为有效功率。指示功率与有效功率之差称为机械损失功率。机械损失主要包括如下部分。

1. 摩擦损失

摩擦损失是指在活塞将获得的指示功经连杆、曲轴向外传递过程中因摩擦而消耗的功。这些损失包括活塞、连杆、曲轴、凸轮机构等处轴承和摩擦副的摩擦损耗；各运动件高速运动时和空气之间的摩擦损失等。这一部分损失占总损失的 62%~75%，其中活塞组与缸壁

的摩擦损失占 42%～50%。

2. 驱动附件的损失

这里所说的附件是指为保证发动机工作所必不可少的部件总成，如冷却水泵（风冷发动机为风扇）、燃油泵、机油泵、调速器、发电机和风扇等。驱动附件的损失占总损失的 12%～17%。

3. 泵气损失

泵气损失的概念前面已做过阐述，它是四冲程发动机在排气和进气过程中，工质流动时消耗的功。

4. 驱动压气机和扫气泵的损失

机械增压柴油机的压气机和一般二冲程发动机的扫气泵都由曲轴驱动做功。

二、机械效率的测定

有效功率与指示功率之比称为机械效率。

$$\eta_m = \frac{P_e}{P_i}$$

比较精确地测定机械损失功率的数值，寻求降低机械损失的途径，对发展新的发动机或改进已有发动机都是十分重要的，而要精确地测出机械损失功率却是比较困难的。目前常用的测量方法主要有示功图法、倒拖法、灭缸法及油耗线法。这些方法都只能近似地求出其数值，并各有其局限性与不足之处。

1. 示功图法

测取发动机示功图，并求出平均指示压力 p_{mi}。另外根据示功器读数，求出 p_{me}，则两者之差即该工况下发动机的平均机械损失压力。

由此方法所得的试验结果的准确程度主要取决于示功图的准确程度。此外在多缸发动机中，各缸存在着一定的不均匀性，而在试验中一般只测一个气缸的示功图，并用以代表其他各缸的数据，这也要产生一定的误差。此方法常用于单缸机的测试。

2. 倒拖法

倒拖法是将发动机与电力测功机相连接，当发动机在给定工况下稳定运行时，待冷却液、润滑油温度都达到正常数值后，先测定 P_e。然后切断发动机的供油，并立即将电力测功机转换为电动机，以原转速倒拖发动机空转，并保持相同的冷却液温度与润滑油温度不变，这时，在电力测功机上读出的倒拖功率，即为给定工况下发动机的机械损失功率 P_m，而后根据 $P_e + P_m = P_i$，求出 P_i 值。

在具有电力测功机的条件下，倒拖法被认为是求机械损失功率最为迅速和最为简便的方法，也认为是求 P_i 最简便的方法。但是倒拖法并不能精确地测定 P_m 或 P_i，尽管尽力做到冷却液温度、油温保持不变，但由于发动机在着火运转和不着火倒拖的情况下，其摩擦损失和泵气损失两者存在较大的差别。着火运转时活塞、活塞环、曲轴轴承的摩擦损失要大一些，停火倒拖时要小一些；着火运转时由于有高温、高压的废气自排气阀急速地排出，排气行程的背压低一些，因而泵气损失小一些，在停火倒拖时，自排气阀排出的是空气，温度低，密度大，排出的速度低，使排气背压高一些，泵气损失也大些；加之柴油机在拖动状态下，压缩及膨胀过程中工质的传热损失，压缩线和膨胀线不能重合，也增加了一部分损失。所以，得出的数值比实际值高出很多，甚至可比实际数值高出 15%～20%。

因此，在使用倒拖法测量发动机的机械损失功或机械损失功率时，对于采用空气旋流较低的直接喷射式燃烧系统的柴油机，可以从测得的 p_m 中减去 0.0137MPa，对于采用空气旋流较高、压缩比较高以及分隔式燃烧系统的柴油机，可以从测得的 p_m 值中减去 0.0343MPa，这样得到的 p_m 值比较接近实际数值。

倒拖法在多缸高速小型发动机上是最常用的方法。但对大功率柴油机而言，因拖动电流大，不经济，故通常不采用它。

3. 灭缸法

灭缸法也就是各缸轮流断油（断火）法。当多缸发动机与测功机连接并在给定工况下稳定运转后，用测功机测出其有效功率 P_e。以柴油机为例，在喷油泵齿条位置固定不变（即向每缸供油量不变）的情况下，停止向某一气缸供油，柴油机的转速下降，这时要迅速调整测功器的负荷，使柴油机转速迅速恢复到原来的转速，再测量此缸断油后柴油机的有效功率 P'_e，$P_e - P'_e$ 之差即为断油气缸的指示功率 (P_i)，即断油气缸的指示功率 $(P_i)_x$ 为

$$(P_i)_x = (P_e - P'_e)_x$$

如此，从第一缸起顺序将各缸断油，求出各缸的指示功率，它们的总和就是柴油机的整机指示功率 P_i，即

$$P_i = \sum_{x=1}^{i} (P_e - P'_e)_x$$

式中　x——被断油气缸的序数；
　　　i——气缸数目。

灭缸法系在一缸上断油，倒拖法则在所有缸上同时断油，两种方法有相似之处，但灭缸法更接近于实际情况，测量精确度高于倒拖法。不过，造成倒拖法测量误差的原因，在灭缸法中同样存在。同时，由于灭缸将影响排气压力脉冲和改变了总的排气能量，所以对废气涡轮增压柴油机采用灭缸法是不适宜的。

4. 油耗线法

油耗线法是一种简便易行的方法，它对单缸、多缸、非增压柴油机都可应用。由于这种测量方法是在转速不变的情况下进行的负荷特性试验，所以又称负荷特性法。根据发动机的负荷特性试验所取得的数据，在坐标纸上画出以每单位时间的整机油耗量为纵坐标，以有效功率或平均有效压力为横坐标的油耗曲线。这一油耗曲线在低负荷接近空载时是直线形。顺着直线部分向纵坐标方向作延伸线，并与横坐标线的零点左方相交，如图 2-6 所示。从坐标零点到这一交点的长度（用横坐标上相同的比例尺计算），即近似地代表机械损失功率 W_m 或平均机械损失有效压力 p_{mm}。但是，并不是所有柴油机的油耗线都完全是直线，油耗线不完全是直线是油耗线法的弱点。

用油耗线法测量机械损失功率是基于这样一种假定：就是发动机的机械损失功率或机械损失压力以及指示热效率是仅随转速的变化而变化，而与负荷的变化无关。因此，在进行负荷特性试验时，发动机转速保持不变，不论负

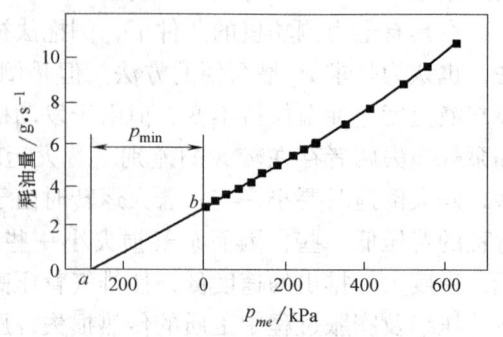

图 2-6　确定机械损失的油耗线法

荷如何增减，发动机的机械损失功率或机械损失压力都保持不变。

这一方法的准确度取决于能否找到曲线的真实规律而进行拟合。柴油机中、低负荷段的曲线接近一条直线，而汽油机则难以确定准确的方程，所以此法不适用于汽油机。

总结上述方法后，不难看出：

（1）倒拖法只适于在具有电力测功机的试验台架上使用。由于大转矩的电力测功机还很少，所以一般中、大型柴油机都无法应用倒拖法。汽油机由于转矩小，试验条件具备，加之压缩比较小，所以多用倒拖法。但汽油机较少用灭缸法，不仅是由于灭缸后进、排气的干扰，还因为实用操作中，一缸灭火而不停油，很不安全。

（2）小型柴油机可用灭缸法，也可用倒拖法。使用中应注意测试的精度。油耗线法则多在自然吸气机型的生产、调试中应用，作为产品质量监控的手段。

（3）废气涡轮增压机型无法使用倒拖法与灭缸法，因为它们都破坏了增压系统的正常工作。油耗线法也仅在低增压（$p_b<0.15\text{MPa}$）机型中应用。至于高增压机型，除示功图法外，尚无其他良策。

三、影响机械效率的因素

发动机的运转因素、结构因素以及机内外的状态条件都对机械效率 η_m 值有不同程度的影响。现就影响较大的因素分述如下。

1. 转速（活塞平均速度）的影响

所有机型的机械效率都随转速或活塞平均速度的上升而下降。这是因为在负荷不变而转速上升时：

（1）各摩擦副相对速度增加，摩擦阻力加大。

（2）曲柄连杆活塞等运动件的惯性力加大，活塞侧压力及轴承负荷上升，摩擦阻力加大。

（3）泵气损失加大。

（4）辅助机械的摩擦阻力和所需功率增加。

（5）缸内压力上升，引起摩擦阻力加大，但由于某些相位时，作用于活塞的缸内压力与惯性力有相互抵消作用，情况较为复杂。

上述各项因素都使机械效率随转速上升而呈下降趋势，其总效果如图 2-7 曲线所示。这正是单靠提高转速来强化发动机输出功率的做法受到限制的主要原因之一。

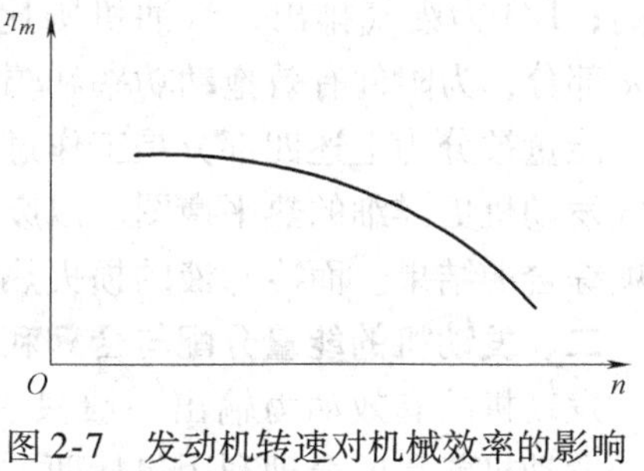

柴油机机械效率一般比汽油机稍低，这是因为柴油机压缩比高，运动件质量大，以致缸内压力和惯性力都偏高之故。

2. 负荷的影响

根据机械效率的定义，$\eta_m = 1 - P_m/(P_e + P_m)$，必然是负荷 P_e 越小，η_m 越低。怠速时 $\eta_m = 0$。虽然负荷减小时，缸内压力下降，会使活塞及轴承摩擦阻力下降，但比之前者的影响几乎可以略去。

图 2-7 发动机转速对机械效率的影响

图 2-8 所示为一般发动机的机械效率 η_m 随负荷 P_e 的变化的曲线。由图看出，低负荷的 η_m 值很低。因此，降低机械损失具有十分重要的意义。

增压机型与非增压的原型相比，虽然 P_m 值因气缸压力上升以及增压器的机械损失而略有增加，但因 P_e 值上升很多，η_m 值仍比原型高。由此推论。增压中冷使进气温度下降，P_e 上升更大，η_m 会更高。

3. 润滑条件的影响

零件相对运动的摩擦损失占总机械损失的大部分，因此，改善机械相对运动面上的润滑条件对机械效率有很大影响。

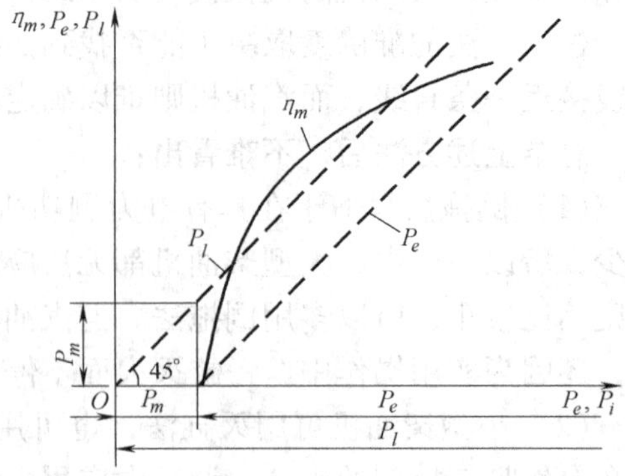

发动机的润滑系统除执行减摩功能外，还可防止零件磨损，加强气缸的密封性，清除发动机内杂质以及对活塞等高温零件进行额外冷却。这些对维持发动机长期、正常的运行，都有重要的作用。

图 2-8 发动机机械效率 η_m 随负荷的变化曲线

机油的粘度是影响机械效率最重要的润滑因素。发动机在冷起动和低温状况下运行时，不允许粘度过高；而在机油已充分暖热时也不允许粘度过低，以免破坏零件表面的油膜而出现干摩擦状态，同时也避免气密状态的恶化。而增大机油消耗量。

保持发动机正常的冷却液温度和油温以及保持正常的传热条件，对保持机油合适的粘度很有关系。正常冷却液温度受沸点限制，一般以 80～95℃ 为宜；正常机油温度则在 85～110℃ 范围内为宜，高品质机油可允许在更高温度下工作。

发动机机油选用的原则是在保证各种环境和工况均能可靠润滑的前提下，尽量选用低粘度的机油以减小摩擦损失，改善起动性能。

第五节　提高发动机有效效率的途径

一、发动机的能量平衡

发动机燃料的总能量在完全燃烧放热的条件下，标定工况时宏观的流向及比例如图 2-9 所示。由图看出，汽油机与柴油机略有差别，总体上约 1/3 为有效动力输出，柴油机比汽油机高；1/3 为废气排出，汽油机则比柴油机略高；1/3 为冷却系统带走的热量；其余小于 10% 部分，为附件有效拖动功率和辐射等额外消耗。

能量被分为上述四部分是工作过程中各种能量流向最终汇集的结果。图 2-10 则是自然吸气发动机更详细的热平衡图。以废气排出的热量 4 为例，它实际上是 3、a、b、c、e 这些分项综合的结果。而冷却液的损失热量 6，则是 5、c、d、b、f 的综合影响。

二、发动机的能量分配与合理利用

发动机的有效动力输出一般只占燃料总能量的 1/3，另有 2/3 的能量散失在机外。因此，发动机能量的合理利用包括两方面的意思，即进一步提高有效效率 η_{et} 和机外散失能量的再利用。关于发动机的能量转换效率问题，首先讨论能量利用的现状。

若以燃料总能量为 100% 计，则在考虑各种影响因素后，能量利用效率将依次下降到 η_{et} 为止。如图 2-11 中，某四冲程自然吸气柴油机的能量利用率递减图为例，说明其所经历各环节的物理意义和数值范围。

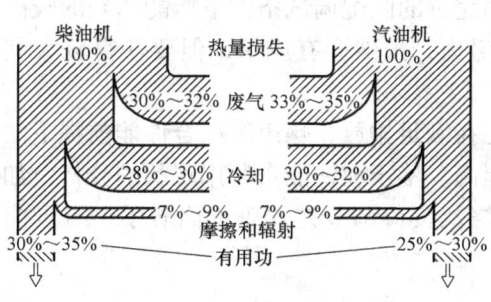

图2-9 汽油机和柴油机的能量流向及比例

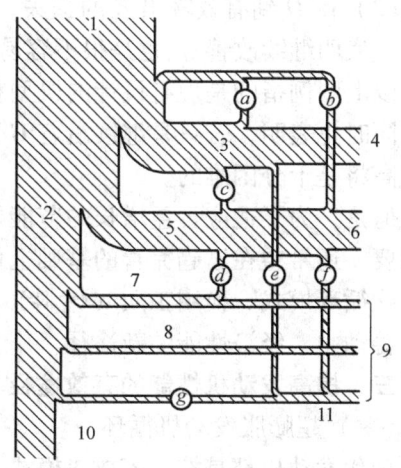

图2-10 发动机热平衡图
1—燃料的能量 2—指示输出功率 3—燃气能量 4—排气损失 5—传到气缸壁上的热量 6—冷却液损失 7—发动机本身的摩擦 8—辅助机构驱动摩擦 9—摩擦和辐射损失 10—有效输出功率 11—辐射热
a—从残余废气回收的热量 b—由气缸壁传给进气的热量 c—从废气传给冷却液的热量 d—摩擦热中传给冷却液的热量 e—排气系统散出的辐射热 f—从冷却系统和水套壁向外的辐射热 g—从曲轴箱和其他非冷却部件向外的辐射热

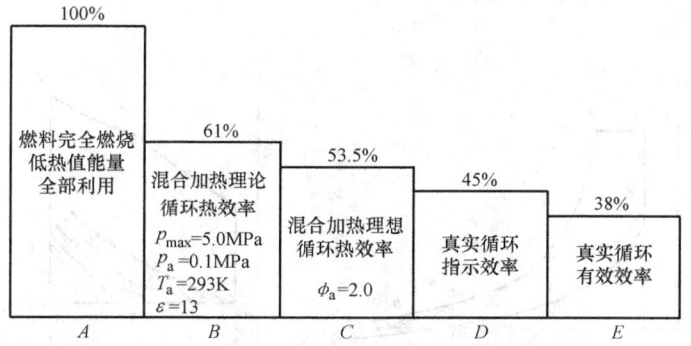

图2-11 某四冲程自然吸气柴油机能量利用率递减图例

由 A 到 E 共五个阶段,各阶段条件见框图中说明。由图2-11可知:

(1) 由 A 到 C 出现46.5%的能量损失。在循环模式改变时,这些损失值无法改变。

理论循环 B 之效率值是理论最高值。由 A 到 B 效率的下降,取决于理论的平均加热和放热温度;由 B 到理想循环 C 的损失是考虑真实工质特性所付出的代价,不依人的意志为转移。

(2) 由 C 到指示效率 D 的损失,可由相对热效率 η_{et} 值来反映,表示了真实动力循环趋于理想循环的完满程度。

（3）由 D 到有效输出 E 的损失，则由机械效率 η_m 来反映。此处 $\eta_m = 84\%$，已达较高水平，表明继续改善 η_m 也是很不容易的。

以上图例指的是现有设计的机型在正常燃烧和完善的匹配调试条件下所能达到的较高水平。同时也表明，若只是继续沿着 C 到 E 的方向努力，虽然会有成果，但要获得较大突破和提高将是十分困难的。

但是，为了适应日益增长的节能要求，特别是在满足排放、噪声等综合性能前提下的节能需要，还希望在已趋完善的基础上作进一步的提高。鉴于上述能量利用现状的分析，如果在变化循环模式、换用工质（燃料）以及改变燃烧及负荷调节方式等方面着手，有可能找到改善动力、经济性能的新途径。

三、提高发动机性能的有效途径

（一）超膨胀发动机循环

现代发动机都是按定容放热模式上作的。定容放热线如图 2-12 上的 ba 所示。如果能改为定压放热模式，即将图上的绝热膨胀线 zb 延为 zb'，再按 $b'a$ 进行定压放热回到压缩始点 a，则会增加图示 $bb'ab$ 面积大小的有效功量或热量，使 η_t 提高。这种循环称为 Atkinson 循环，是一种增大膨胀体积的超膨胀发动机循环。

由于 Atkinson 循环的膨胀行程增加过大，无法实现，人们开发了另一种具有混合放热模式的超膨胀发动机循环——Mill（米勒）循环的机型。如图 2-12 所示，若将绝热膨胀线适当延长到 b''，按 $b''a''$ 进行定容放热，再按 $a''a$ 进行定压放热回到压缩始点 a，这种模式就是米勒循环。米勒循环的实质是膨胀比大于压缩比，如图 2-12 中，$\varepsilon_c = (V_c + V_s'')/V_c > \varepsilon = (V_c + V_s)/V_c$ 获得图示 $bb''a''ab$ 面积大小的超膨胀功量而使 η_t 上升。它的 η_t 提高幅度小于 Atkinson 循环，视定容、定压放热比例而定。米勒循环实用时并不要求增大活塞行程，因为这样做在现生产中是难于实现的。而是根据实际情况，灵活控制进气终点，达到该工况实现米勒循环的功效。

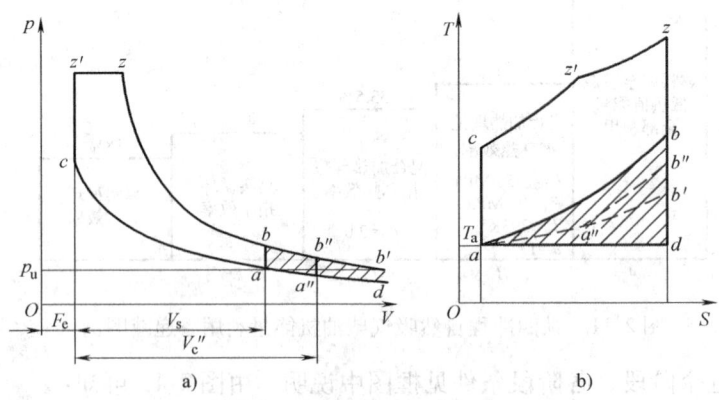

图 2-12 超膨胀理论循环的示功图及示热图

1. 汽油机米勒循环的应用

汽油机米勒循环主要用于改善中、低负荷的经济性能。自然吸气机型低负荷时的示功图如图 2-13 所示，原机型泵气损失功由实线所示的封闭面积 *area* 表示。如果能加大节气门开度，甚至取消节气门，而又维持原工况进气量不变的话，则进气门只需开到 a' 点即可。如

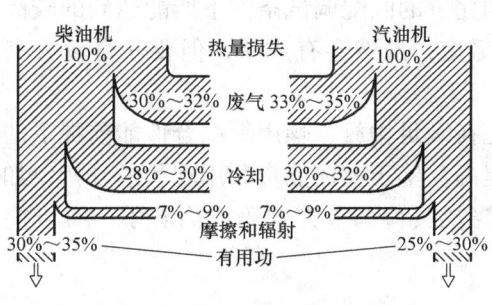

图 2-9 汽油机和柴油机的能量流向及比例

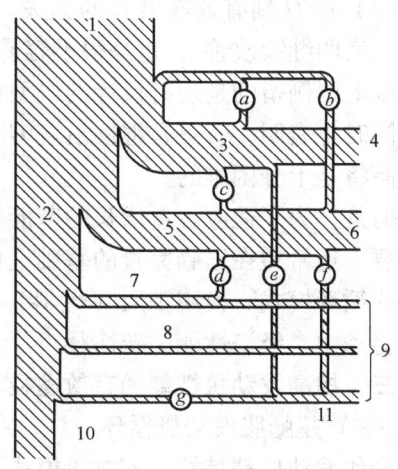

图 2-10 发动机热平衡图
1—燃料的能量 2—指示输出功率 3—燃气能量 4—排气损失 5—传到气缸壁上的热量 6—冷却液损失 7—发动机本身的摩擦 8—辅助机构驱动摩擦 9—摩擦和辐射损失 10—有效输出功率 11—辐射热
a—从残余废气回收的热量 b—由气缸壁传给进气的热量 c—从废气传给冷却液的热量 d—摩擦热中传给冷却液的热量 e—排气系统散出的辐射热 f—从冷却系统和水套壁向外的辐射热 g—从曲轴箱和其他非冷却部件向外的辐射热

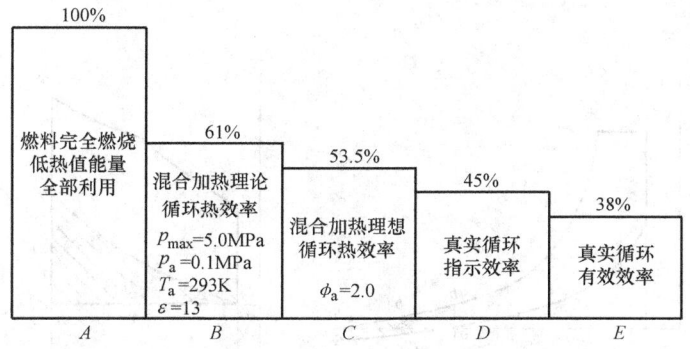

图 2-11 某四冲程自然吸气柴油机能量利用率递减图例

由 A 到 E 共五个阶段,各阶段条件见框图中说明。由图 2-11 可知:

(1) 由 A 到 C 出现 46.5% 的能量损失。在循环模式改变时,这些损失值无法改变。

理论循环 B 之效率值是理论最高值。由 A 到 B 效率的下降,取决于理论的平均加热和放热温度;由 B 到理想循环 C 的损失是考虑真实工质特性所付出的代价,不依人的意志为转移。

(2) 由 C 到指示效率 D 的损失,可由相对热效率 η_{et} 值来反映,表示了真实动力循环趋于理想循环的完满程度。

(3) 由 D 到有效输出 E 的损失，则由机械效率 η_m 来反映。此处 $\eta_m = 84\%$，已达较高水平，表明继续改善 η_m 也是很不容易的。

以上图例指的是现有设计的机型在正常燃烧和完善的匹配调试条件下所能达到的较高水平。同时也表明，若只是继续沿着 C 到 E 的方向努力，虽然会有成果，但要获得较大突破和提高将是十分困难的。

但是，为了适应日益增长的节能要求，特别是在满足排放、噪声等综合性能前提下的节能需要，还希望在已趋完善的基础上作进一步的提高。鉴于上述能量利用现状的分析，如果在变化循环模式、换用工质（燃料）以及改变燃烧及负荷调节方式等方面着手，有可能找到改善动力、经济性能的新途径。

三、提高发动机性能的有效途径

（一）超膨胀发动机循环

现代发动机都是按定容放热模式上作的。定容放热线如图 2-12 上的 ba 所示。如果能改为定压放热模式，即将图上的绝热膨胀线 zb 延到 zb'，再按 $b'a$ 进行定压放热回到压缩始点 a，则会增加图示 $bb'ab$ 面积大小的有效功量或热量，使 η_t 提高。这种循环称为 Atkinson 循环，是一种增大膨胀体积的超膨胀发动机循环。

由于 Atkinson 循环的膨胀行程增加过大，无法实现，人们开发了另一种具有混合放热模式的超膨胀发动机循环——Mill（米勒）循环的机型。如图 2-12 所示，若将绝热膨胀线适当延长到 b''，按 $b''a''$ 进行定容放热，再按 $a''a$ 进行定压放热回到压缩始点 a，这种模式就是米勒循环。米勒循环的实质是膨胀比大于压缩比，如图 2-12 中，$\varepsilon_c = (V_c + V_s'')/V_c > \varepsilon = (V_c + V_s)/V_c$ 获得图示 $bb''a''ab$ 面积大小的超膨胀功量而使 η_t 上升。它的 η_t 提高幅度小于 Atkinson 循环，视定容、定压放热比例而定。米勒循环实用时并不要求增大活塞行程，因为这样做在现生产中是难于实现的。而是根据实际情况，灵活控制进气终点，达到该工况实现米勒循环的功效。

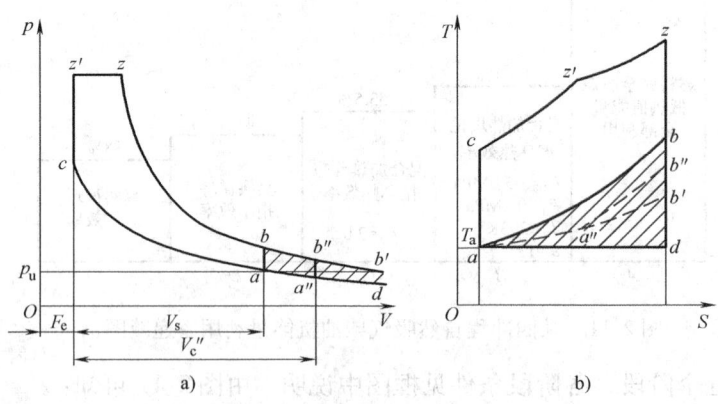

图 2-12 超膨胀理论循环的示功图及示热图

1. 汽油机米勒循环的应用

汽油机米勒循环主要用于改善中、低负荷的经济性能。自然吸气机型低负荷时的示功图如图 2-13 所示，原机型泵气损失功由实线所示的封闭面积 $area$ 表示。如果能加大节气门开度，甚至取消节气门，而又维持原工况进气量不变的话，则进气门只需开到 a' 点即可。如果此措施成为可能，则此时的泵气功将减少为图上剖面线所示的封闭面积，而工况的 η_{et} 值将得到提高。因为节气门开大和进气时间缩短这双重因素都使进气损失大为下降。进气门在 a' 点关闭后，活塞继续下行，绝热膨胀到 a 点，再进行常规的动力过程，膨胀到 b 点后进行排气。这样的循环就是米勒循环。因为，由 a' 点决定的实际压缩比已小于由 b 点确定的膨胀比。

实现米勒循环的关键是可变进气门技术，当代发动机电控技术的发展使得这一技术成为可能。已有一些国外企业开发出了汽油机的米勒循环机型投入市场使用。

2. 柴油机米勒循环的应用

图 2-14 是美国 Nordberg 公司开发的应用米勒循环的增压中冷柴油机换气过程的示功图。原机增压比 $\pi_k = 1.4$，中冷后进气温度为 38℃。其示功图见图示实线。若将增压比提高到 $\pi_k = 2.0$，则在相同进气量条件下，进气门将提前到 a' 点关闭。其示功图见图示虚线，剖面线所示面积为此时所做的泵气正功。不难看出这是按米勒循环在工作。

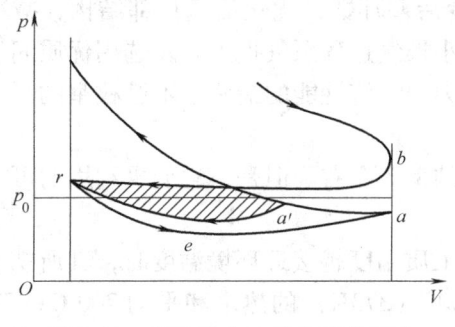

图 2-13 汽油机中、低负荷实现米勒循环的示功图

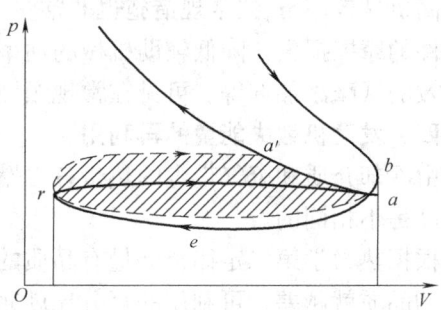

图 2-14 增压中冷柴油机应用米勒循环时的换气过程示功图

由于 a' 到 a 的绝热膨胀使得进气温度进一步降低到 10℃，相当于加强中冷的效果，可以再增大进气量。采用上述措施后可使功率增加 15%。

（二）汽油机向稀燃和缸内直喷的发展

传统汽油机经济性能低于柴油机的原因：一是汽油机预制均匀混合气的点火、火焰传播的燃烧方式，易导致"爆燃"，限制了压缩比的提高；二是预制均匀混合气的方式使空燃比过浓，负荷越低越浓，造成部分燃料的不完全燃烧；三是节气门负荷量调节的方式，加大了进气阻力，泵气损失增大。

为此，首先开展了均质混合气"稀燃"的研究。"稀燃"就是让汽油机在更稀空燃比条件下工作，其首要目的是解决排放问题，同时也改善了经济性能。

单纯均质混合气所允许变稀的范围毕竟有限，为此，又开展了层状进气稀燃的研究。即进气压缩终了，使燃烧室内混合气浓度分层分布，火花塞附近是适于点火的较浓混合气，而其他部位则较稀，这样，平均空燃比就会进一步变稀。

为了彻底解决易于"爆燃"和"负荷量调节"的本质缺陷，近年来更进行了缸内直喷汽油机的开发研究。此方式类似柴油机，在压缩终了向缸内直喷汽油，负荷质调节；但为了解决汽油自燃性能差的矛盾，仍沿用火花点火。这样将柴油机和汽油机的优点相结合，使得汽油机的经济性能接近了柴油机的水平。

（三）汽、柴油机的电子控制与可变技术

米勒循环和缸内直喷技术之所以能够实现，重要原因是出于有了电控技术的缘故。这反过来说明，电控技术的出现，不仅能够进行各种参数的最佳匹配，达到全工况性能的综合优化，而且也使过去原理上已证实，但难以实现的很多可变技术成为现实。这里包括：可变压缩比、可变配气相位与气门升程、可变缸内旋流、可变进气管长度以及可变增压涡轮喷嘴截面等。电控可变技术的结合为提高 η_{et}，改善综合性能，开辟了一条新的道路。

（四）提高有效热效率的常规途径

以上介绍的提高有效热效率 η_{et} 的新途径，反映了当前发动机开发、研究的新的深度。但并不意味着一些常规的措施已不起作用。相反，现实产品的设计、开发和使用中，并不都能达到已有的最佳水平，还要求在燃烧匹配、性能优化、降低机械损失诸多环节，进行更实际、更深入细微的工作，这恰恰是大多数发动机技术人员最经常从事的工作。

在改善有效热效率 η_{et} 的常规措施方面，有关循环参数选择、工质特性等因素的影响已在前文分析过了；有关进、排气和燃烧及混合气组织的问题，在后续章节中要逐一提到。至于提高机械效率 η_m 的常规措施也非常多，包括减少活塞环数，优化活塞裙部结构，减小各运动件的摩擦损失；降低辅助机械的功率消耗；减小换气过程泵气损失以及选用优质润滑剂和有效的减摩添加剂等。可见在常规领域，改善动力、经济性能的措施是不胜枚举的。

四、发动机散失能量的再利用

由冷却介质和废气带走的热量各占燃料总能量的 1/3 左右。但是，它们再利用的可能性和幅度是不相同的。

根据热力学第二定律，能量有品质的差别。当工质温度越接近环境温度时，其所携带的热能的品质就越差，可利用的百分比就越低。以 100℃（373K）的热水和平均 700℃（973K）的废气为例，在 20℃（293K）的环境温度下，最大可利用的百分比，热水仅为 21.4%，废气则可达 69.9%。两者有 3 倍以上差别，因此人们更关注废气能量的利用。

1. 废气涡轮增压

增压的主要目的是加大进气充量，提高输出功率。高温、高速的废气进入增压器的涡轮机后，低温、低速排出，废气的动能转化为涡轮机的机械功，用以驱动压气机，提高发动机的进气压力，同时，由于增压机一般做泵气正功，再加上机械效率 η_m 的相对提高，整机 η_{et} 将有较大增长。如果增压后对较热的空气再进行冷却，降低其进气温度，则输出功率将进一步增大、排放、噪声等性能均有所改善。这种被称为"增压中冷"的技术，是当前很重要的一个发展方向。

2. 复合式发动机

增压器排出的废气中所含的热能还可以直接利用动力涡轮反馈回发动机曲轴而增大输出功率。这就是复合式发动机，如图 2-15 所示。

3. 低散热发动机

20 世纪 70 年代以来，国外有少数厂家或研制机构进行了研制低散热柴油机（最初称为绝热发动机）的努力。其初衷是想利用陶瓷材料使燃烧室及排气系统周边高度隔热，减少冷却损失而增大输出功率。

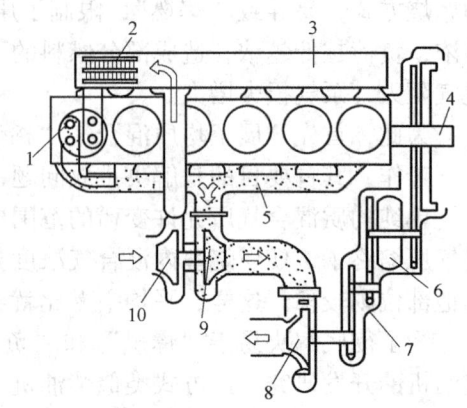

图 2-15　复合式发动机原理示意图
1—气缸　2—中冷器　3—进气歧管　4—输出轴
5—排气歧管　6—液力耦合器　7—齿轮系
8—动力涡轮　9—涡轮　10—压气机

但是隔热显然能降低冷却损失，却不可能获得明显的功率增益。这是因为，从热力循环的观点，冷却系统带走的相当部分热量实质上应归于向低温热源放出的热量范围之内。这部分能量不由冷却系统带走，就会改由废气排出，而不是直接提高输出功率。根据计算，全部绝热后非增压机型的 η_{it} 值仅可能提高 4%~6%，主要原因是绝热之后提高了缸内燃烧温度，相应提高了热量的"质量"以及免除了冷却系统功率消耗的缘故。考虑到实际上不可能做到 100% 的绝热，再加上绝热后使进气温度上升，充量系数降低等因素，绝热发动机实际输出的增加受限。

原来由冷却系统散走的热量如果相当部分改由废气携带出，可以增大废气总的可利用能量。如果相应地将低散热技术与涡轮增压和复合式发动机相结合，充分利用废气的可用能，可以使 η_{et} 值提高到 0.48~0.54 的高值。

实际上，由于陶瓷件达不到发动机工作所要求的高可靠性，以及燃烧室内温度过高所带来的一些工作过程恶化的影响难以消除，目前仅有日本的一个公司还在进行着陶瓷加气隙隔热的大型预燃室式柴油机的研究。

4. 低品位热量的利用

被加热的冷却液和增压中冷（气冷）后的热空气的能量品质较低，只适用于供热。冬季驾驶室及客车车厢内的供暖可直接利用这些能量。船用大型柴油机也可利用热交换器进行回热利用，但能量利用率不高，设备也很庞大。

第六节　目前国内汽车发动机发展现状及未来趋势

一、发动机现状

（1）发动机产销逐年增长，生产集中度明显提高。中汽协的有关数据显示，2010 年全年，我国累计产销汽车发动机 1690.95 万台和 1702.59 万台，比 2009 年分别增 27.44% 和 29.73%。按发动机细分市场划分，2010 年全年，我国车用柴油机累计产销 393.55 万台和 399.27 万台，比 2009 年分别增长 25.03% 和 30.36%。

（2）轿车发动机以外资、合资品牌为主。因历史原因，我国的轿车发动机大多是改革开放后从引进、合资开始起步的。这其中包括一汽与德国大众、上汽与德国大众、上汽与美国通用、广汽与法国标致、东风与雪铁龙、一汽与日本丰田、广汽与本田、长安与美国福特、东风与日产、一汽与马自达、北京与现代以及北京与奔驰等。而自主品牌，如奇瑞、吉利、长城、江淮、华晨等企业，基本都是 2000 年以后发展起来的，与 20 世纪 90 年代先后进入中国市场的跨国汽车巨头相比，明显晚了一些时间。因此，不论从技术还是产量上，与外资品牌相比，自主品牌都存在着差距。目前，轿车发动机，外资、合资品牌约占 70% 的市场份额，自主品牌轿车发动机约占 30% 的市场份额。

（3）自主品牌轿车发动机产量、技术有所提高。从中汽协的统计数据看，2010 年国内汽车企业共销售轿车 949.43 万辆，同比增长 27%。其中，自主品牌轿车共销售 293.3 万辆，同比增长 32.28%，占轿车销售总量的 30.89%。自主品牌企业的轿车产销量不但逐年有明显增长，而且发动机技术水平也有了大幅度提高。

（4）商用车发动机以自主品牌为主。目前，在中国商用车发动机市场，80% 以上的发动机为自主品牌，自主发动机企业是绝对的主角，这和中国汽车工业起步初期首先上马载货汽车有直接关系。20世纪50年代初期，一汽吸收、借鉴前苏联嘎斯中型载货汽车技术，成功开发了解放牌中型载货汽车，当时中国已具备小批量制造载货汽车发动机能力。之后不久，济南黄河、湖北二汽等企业开发的中型及重型发动机也先后形成了批量。2010年，国内商用车产销分别为436.76万辆和430.41万辆，同比分别增长28.19%和29.9%。国内自主企业制造的商用车发动机销量接近400万台，比2009年增长了30%。自主品牌商用车发动机技术水平在改革开放后有了大幅度提升。20世纪五六十年代，国内商用车发动机开发以仿制为主，80年代改革开放后，随着引进技术、消化吸收，国内商用车发动机制造水平逐步提高，目前一汽、东风、玉柴、锡柴、潍柴、杭发和上柴等企业的商用车发动机制造技术，已接近或达到了世界先进水平。

二、未来趋势

汽车发动机决定了汽车的品质，是汽车的核心。打造优良的汽车发动机成了提升汽车品质品牌的关键。国内无论是整车企业还是专业的发动机制造企业都在加大研发力度，以求在激烈的市场上占据一席之地。外资企业也蜂拥而至，试图在前景光明的中国发动机市场分杯羹。由于石油短缺和环保的双重压力，企业纷纷投入绿色柴油机、替代燃料发动机、小型汽油机等产品的研发。高燃效、低能耗、低排放发动机的发展形成了不可阻挡的趋势。未来发动机基本有六大发展趋势。

1. 传统发动机向更节能、清洁方向发展

现代绿色柴油发动机已经成为目前实现节能环保最现实的途径之一，和主流的汽油发动机相比，它拥有出色的节能性和动力性。数据表明，柴油机的热效率可达45%，而汽油机的热效率仅为35%左右。德国联邦汽车运输管理局（KBA）对大量柴油机的测试表明，同排量绿色柴油机比汽油机节油30%~35%；而与传统的柴油发动机相比，又有着出色的舒适性和环保性，成为时尚汽车的潮流之选，目前绿色柴油机在欧洲的市场占有率已达到50%以上，且排放水平已达到欧V标准。事实上，现代绿色柴油机比主流汽油机节油30%的主要奥秘在于，它采用的是高压共轨缸内直喷技术。该技术将高压燃油直接喷射到燃烧室内形成雾化均匀的混合气，以此提升喷油的雾化效果，使其能够在短时间内完成更充分的燃烧。国内最先进的欧意德绿色柴油机搭载的博世第二代高压共轨喷射系统，已经将喷射压力从传统柴油机的60~80MPa，提高到了160MPa的水平，而通常缸内直喷汽油机的燃油喷射压力仅为12MPa左右。这不仅仅是数据上的变化，更给柴油机动力带来了全面的提升。

据了解，在高压共轨技术产生之前，柴油机采用机械的方式，燃油压力会随着发动机的转速变化而变化，极难控制。特别是在怠速状态下，燃油压力更是不稳定，所以人们会看到一些老式的柴油车在怠速状态下冒黑烟。现代绿色柴油机先进的高压共轨技术采用的是独立的高压泵技术，使得压力产生不再受转速影响，时刻都能获得理想的燃油压力，与传统柴油机相比，现代绿色柴油机有了一个实质性的飞跃。此外，现代绿色柴油机技术通过ECU控制还可以实现对燃油压力的柔性调节，使得发动机在不同工况下给出最适合的燃油压力，取得最佳的燃烧效果。

2. 小排量发动机市场渐趋走强

2010年6月，国家发改委等部门联合下发了《关于印发"节能产品惠民工程"节能汽车推广实施细则的通知》，将发动机排量在1.6L及以下、综合工况油耗比现行标准低20%左右的汽油、柴油乘用车（含混合动力和双燃料汽车），纳入"节能产品惠民工程"，在全

国范围推广。

2011年2月25日,十一届全国人大常务委员会第十九次会议表决通过了《中华人民共和国车船税法》。税法按汽车发动机排气量大小分别作了降低、不变和提高的结构性调整的税负规定。税法明确了对小排量车的支持力度。国家鼓励小排量车发展,对于国内发动机企业及众多车企的推动作用较为明显。东风日产的一位经销商表示,东风日产已有六款车型入围节能产品推广目录,消费者购车可直接获得一定补贴,对于小排量车的销售起到了刺激作用。电话咨询、亲临4S店看车和购买的消费者有所增多。上海通用以17款车型入围国家节能惠民政策补贴车型的优异成绩,成为低碳节能的厂家代表,这些车型也受到了消费者青睐。

近年来,国内汽车企业开发小排量车已经成为一种潮流。如上海大众斯柯达晶锐、广汽丰田新雅力士、北京现代瑞纳、东风雪铁龙C2、比亚迪F0、一汽丰田新威驰、长安奔奔、江淮同悦、奇瑞A3等。广汽丰田新雅力士,动力方面采用1.3L和1.6L两种排量发动机,改款后的1.6L发动机经过调校后有了更为强劲的动力。搭载了丰田独有的双VVT-i发动机,在这个价位精品小车中动力方面优势明显。北京现代瑞纳,搭载现代汽车最新CVVT发动机。经过严格的综合路况油耗测试,瑞纳1.4L自动档百公里综合油耗仅6.5L。比亚迪F0采用的全铝发动机只拥有铸铁发动机一半的重量,同时能有效地降低燃油消耗并提高驾驶操作性能,F0百公里经济油耗仅4.2L。由于一般的轿车多为前轮驱动,搭载BYD371QA全铝发动机的F0能有效降低前舱重量,使得F0转弯时更加轻便灵活,在制动时也能有效减少制动距离。

业内专家普遍认为,补贴政策及新车船税法的出台,意味着国家对小排量轿车支持力度的进一步增强,将激活消费者的购车热情,同时使小排量发动机产量迅速提升。

3. 高压共轨等技术推广速度将加快

我国在商用车领域已全面实施国Ⅲ排放标准,国Ⅳ排放标准也将很快实施。几年前,有关部门曾把国Ⅲ技术路线确定为电控泵喷油器、电控高压共轨和电控单体泵,其中电控泵喷油器主要应用于轿车柴油机领域,商用车柴油机采用的实际是后两者技术。

中国重汽电控高压共轨柴油机采用的是日本电装的高压共轨系统。有关调查显示,目前国内柴油机企业的柴油机基本都以电控高压共轨技术为主。有关检测数据表明,一辆装备了欧Ⅲ标准发动机的重型车和一辆装备了欧Ⅱ标准发动机的重型车相比,可以降低50%的氮氧化物排放量,减少40%的整体污染,同时可以减少燃料消耗5%~10%。它的排气制动系统,可使整车制动力大幅度提高,很好地解决了重型汽车下坡时制动失灵事故的发生。

4. 涡轮增压技术前景广阔

近年来,随着国际乘用车市场上越来越多的使用直喷式柴油发动机,其对于涡轮增压器的需求也大幅度上升。世界范围内(特别是欧洲汽车市场)对于直喷式柴油机的巨大需求又大大推动了涡轮增压器技术进步的进程。特别是欧洲及北美加大了对于多用途车及轻型载货汽车的排放限制,使得各国的涡轮增压器制造商不惜成本地追求更加先进的涡轮增压技术。近几年,由于中国汽车市场需求的迅速增长,结合科技进步的成果,将促使汽车行业产生新的发展。在能源危机和环境保护压力下,当代汽车发动机电子技术、涡轮增压技术水平不断提升,促进了涡轮增压器行业的迅速发展。同时,随着涡轮增压器效率的提高和匹配技术的发展,涡轮增压器技术在汽车行业得到了广泛的应用。目前,我国增压器的需求以每年

30%的速度递增。

5. 轿车柴油化不可逆转

柴油轿车节油效果显著，据专家预测，如果2020年我国轿车柴油化率从目前的1%发展到30%，当年可节约原油近3000万t，减少汽油机用油、降低石油进口依存度均在10%以上。

当前，碳排放成为国际社会关注的热点，一般情况下，汽车碳排放与燃油消耗成正比，与汽油机相比，柴油机的节油率约为30%，这意味着其碳排放比汽油机低30%左右。2010年初我国实施燃油税改革，体现了多用油多负担、少用油少负担的原则，柴油车使用成本较低的优势凸显，从而使柴油车车主受益。同时，有业内专家表示，按照汽油的价格趋势，柴油乘用车使用成本低的优势将受到更多消费者的关注。随着乘用车柴油机受重视程度越来越高，国内企业纷纷进行相关产品的开发，这些产品基本上都集成了高压共轨燃油喷射系统、废气再循环（EGR）、可变喷嘴/截面涡轮增压器等先进装置。近几年，拥有自主知识产权的乘用车柴油机先后开发成功并投放市场，使国内发展柴油乘用车具备了较好的产品基础。

6. 新能源汽车发动机市场潜力大

在能源和环保的压力下，新能源汽车无疑将成为未来汽车的发展方向。如果新能源汽车得到快速发展，以2020年中国汽车保有量1.4亿辆计算，可以节约石油3229万t，替代石油3110万t，节约和替代石油共6339万t，相当于将汽车用油需求削减22.7%。

有关专家表示，2020年以前节约和替代石油主要依靠发展先进柴油车、混合动力汽车等实现。到2030年，新能源汽车的发展将节约石油7306万t、替代石油9100万t，节约和替代石油共16406万t，相当于将汽车石油需求削减41%。届时，生物燃料、燃料电池在汽车石油替代中将发挥重要的作用。结合中国的能源资源状况和国际汽车技术的发展趋势，预计到2025年后，中国普通汽油车占乘用车的保有量将仅占50%左右，而先进柴油车、燃气汽车、生物燃料汽车等新能源汽车将迅猛发展。

复习思考题

1. 柴油机和汽油机的实际循环分别可简化为哪种理论循环，其原因是什么？
2. 四冲程发动机的实际循环是如何进行的？
3. 发动机有哪些动力性指标和经济性指标，它们的定义、意义及相互关系是什么？
4. 结合示功图比较理论循环与实际循环的差异？
5. 机械损失由哪几部分组成？
6. 发动机转速（或活塞平均速度）和负荷对机械效率有何规律性的影响？
7. 发动机由冷却介质带走的热量约占燃料总热量的1/3，如燃烧系统达到全部绝热，可否把此1/3热量变为有效功？

第三章 发动机的换气过程

发动机排出废气和充入新气（空气或可燃混合气）的全过程称为换气过程。没有换气过程，发动机不可能持续运转。而单位时间进入发动机的新鲜充量的量又决定着发动机输出功率的大小。所以换气过程既是发动机工作过程不可缺少的组成部分，也是决定发动机动力、经济性能的极为重要的环节。

第一节 四冲程发动机的换气过程

一、换气过程

四冲程发动机的换气过程包括从排气门开启到进气门关闭的整个时期，占 410°~480° 曲轴转角。换气过程由排气过程和进气过程组成，但这两个过程不完全独立而是有一段时间是重叠的。图 3-1 所示为四冲程发动机换气过程的典型曲线。

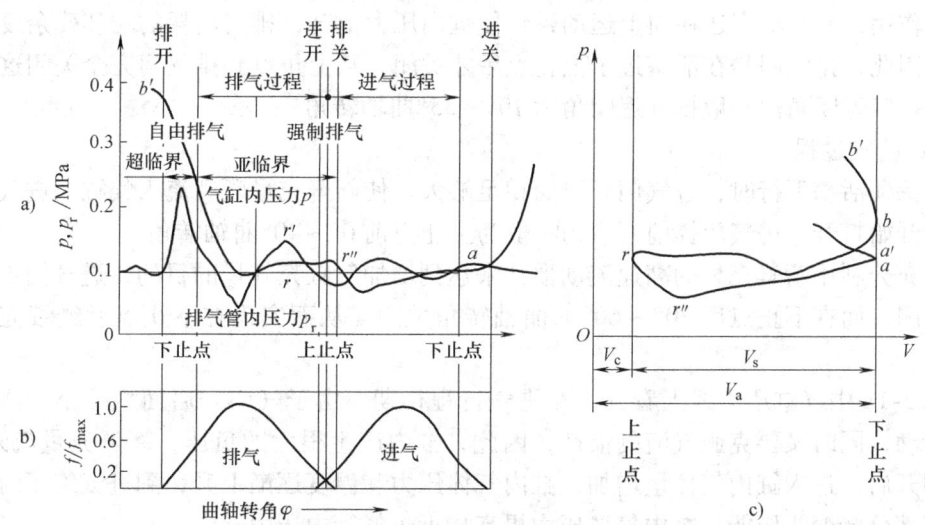

图 3-1　换气过程中气缸压力 p、排气管内气体压力 p_r 进排气门流通截面积的变化

（一）排气过程

从排气门早开点 b' 到晚关点 r''，240°~260° 曲轴转角为排气过程。这一阶段又可以细分为两个阶段。

1. 自由排气阶段

从排气门打开到气缸压力接近于排气管压力的这个时期称为自由排气阶段。由于配气机构惯性力的限制，若活塞到下止点时才打开排气门，则在气门开启的初期，排气门开度极小，废气不能通畅流出，缸内压力来不及下降，在活塞向上回行时形成较大的反压力，增加排气行程所消耗的功。所以在活塞到达下止点之前打开排气门，从排气门开启到活塞到达下止点这段曲轴转角称为排气提前角。一般排气提前角为 30°~80° 曲轴转角。

从图 3-1a 中可以看到，在排气门刚开启时气缸内废气压力很高，缸内压力与排气管压力之比往往大于临界值，排气的流动处于超临界状态，废气以声速流过排气门开启截面。在超临界排气时期内，废气流量与排气门前后的压力差无关，只决定于气缸内的气体状态和气门最小开启截面。随着废气大量流出，缸内压力迅速下降，排气的流动转入亚临界状态。到某一时刻气缸内和排气管内压力相等，自由排气阶段结束，一般在下止点后 10°～30°曲轴转角内。

在发动机高速运转时，同样的自由排气时间（以秒计）所相当的曲轴转角增大，为减少活塞推动废气所做的功，应该加大排气提前角。自由排气阶段虽然所用时间较短，但废气流速很高，排出废气量也很大，可达废气量的 60%以上。但超临界状态排气伴有特殊刺耳的噪声。

2. 强制排气阶段

这个阶段废气是由活塞上行强制推出。缸内平均压力比排气管内平均压力高 10kPa 左右。压力差值越大，气流速度越高，耗功也越多，压力差是由排气门及排气道处的阻力造成的。

强制排气阶段接近终了时，在上止点附近，废气尚有一定的流动惯性能量，可利用气流的惯性进一步排出废气。如果排气门在上止点时关闭，在上止点之前它就要开始关小，产生较大节流作用，此时活塞还在向上运动，致使缸内压力上升，排气消耗的功和残余废气量都会增加。因此，排气门是在活塞过了上止点后才关闭，从上止点到排气门完全关闭这段曲轴转角称为排气迟闭角。一般排气迟闭角为 10°～35°曲轴转角。

（二）进气过程

为了保证活塞下行时，进气门开启面积足够大，使新鲜充量顺利流入气缸，进气门在上止点前就开始打开。进气门提前开启角一般为上止点前 0°～40°曲轴转角。

为了充分利用新鲜充量的高速流动惯性来达到增加气缸充气量的目的，进气门不能在下止点时关闭，而在下止点后 20°～60°的曲轴转角关闭，从而实现在下止点后继续充气，增加进气量。

由图 3-1a 中气缸压力线上看到，在进气行程初期，由于气门开启面积很小，活塞也开始向下运动，同时又要克服气流的惯性，因此，缸内产生很大的负压，新鲜充量流入气缸。随着气门开启，进入缸内气体量增加，缸内气体压力和温度逐渐上升，到进气终了时，由于进气动能部分转变为压能，缸内气体压力提高接近进气管内压力。

（三）气门重叠和燃烧室扫气

由于排气门的迟后关闭和进气门的提前开启，所以存在进、排气门同时打开的现象，称为气门重叠。气门重叠期间进气管、气缸、排气管连通，可以利用气流的压差和惯性清除缸内残余废气，增加进气量。特别是增压发动机，其进气压力高，有一定数量的新鲜充量直接扫过燃烧室，帮助清除废气后进入排气管，扫气效果更明显。但是汽油机新鲜充量是可燃混合气，扫气会造成燃料的损失，因此，气门重叠的角度选择以新鲜充量不流入排气管为原则。而柴油机没有燃料损失问题，但气门重叠角过大，会发生气门与活塞相碰的问题。对于增压发动机，扫气的优点很多，可以适当加大气门重叠角。图 3-2 表示四冲程发动机配气角度范围（其中内圈数字为非增压发动机配气数据）。

二、排气损失

从排气门提前打开，直到进气行程开始，缸内压力到达大气压力前循环功的损失称为排气损失。它可分为自由排气损失和强制排气损失。自由排气损失（图 3-3 中面积 W）是因排气门提前打开，排气压力线从 p'_b 点开始偏离理想循环膨胀线，引起膨胀功的减少。强制排气损失（图 3-3 中面积 Y）是活塞将废气推出所消耗的功。

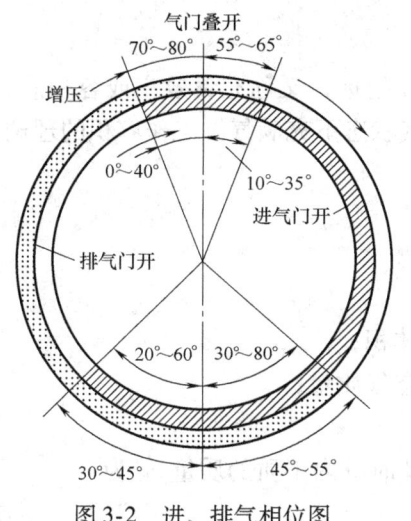

图 3-2　进、排气相位图

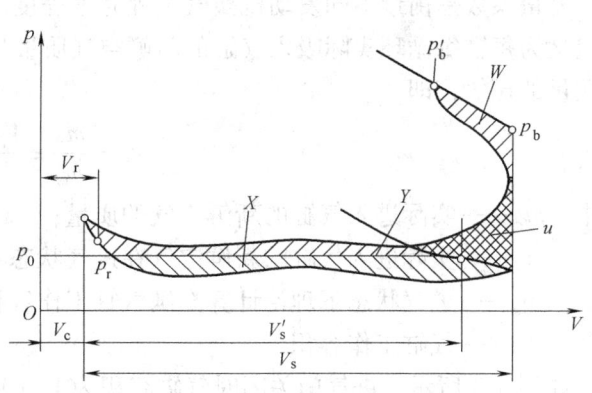

图 3-3　四冲程发动机换气损失
W—自由排气损失　Y—强制排气损失
X—进气损失　$Y+X-u$—泵气损失

如图 3-4 所示，随着排气提前角的增大，自由排气损失面积 W 增加，而强制排气损失面积 Y 减小。因而最有利的排气提前角应使面积（$W+Y$）之和为最小。当排气门开启截面小，发动机转速高时，按曲轴转角计算的实际超临界排气时期延长，为减少排气损失，应适当加大排气提前角。

减小排气系统阻力及排气门处流动损失是降低排气损失的主要办法。排气消声系统的结构和布置形式对排气阻力影响也很大，关系到排气管内的排气背压。排气背压每升高 3.39kPa，增压柴油机耗油率在各种负荷下平均增加 0.5%，而非增压柴油机平均增加 1%，因而应在不牺牲消声性能的前提下最大限度地降低排气背压，提高经济性。

三、进气损失

由于进气系统的阻力，进气过程的气缸压力低于进气管压力（非增压发动机中一般设为大气压力），损失的功相当于图 3-3 中 X 所表示的面积，称为进气损失。它与排气损失相比，相对较小。合理地调整配气定时，加大进气门的流通截面积，正确设计进气管道以及降低活塞平均速度

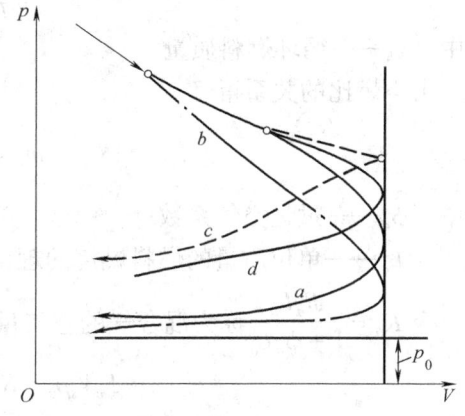

图 3-4　排气门提前角和排气损失
a—最适合　b—过早
c—过晚　d—排气门面积过小

可以减少进气损失。

排气损失与进气损失之和称为换气损失，如图 3-3 中面积（$W+X+Y$）所示。而将实际示功图中面积（$X+Y-u$）表示的损耗称为泵气损失。

第二节　四冲程发动机的充量系数

一、充量系数

充量系数是衡量不同发动机换气过程完善程度的重要指标，又称充量效率或容积效率。它定义为每缸每循环实际吸入气缸的新鲜空气质量与进气状态下充满气缸工作容积的理论空气质量的比值，即

$$\phi_c = \frac{m_a}{m_s} = \frac{V_l}{V_s}$$

式中　m_a——实际进入气缸的新鲜空气的质量；
　　　V_l——实际进入气缸的新鲜空气在进气状态下的体积；
　　　m_s——进气状态下理论计算充满气缸工作容积的空气质量；
　　　V_s——气缸工作容积。

如图 3-3 所示，进气门关闭时气缸容积为 $V'_s + V_c$，此时缸内工质的质量 m'_a 为

$$m'_a = (V_c + V'_s)\rho'_a \tag{3-1}$$

式中　ρ'_a——进气门关闭时气缸工质的密度。

假定气缸排气门关闭时关闭点体积为 V'_r，则排气门关闭时缸内工质的质量 m'_r 为

$$m'_r = V'_r \rho'_r \tag{3-2}$$

式中　ρ'_r——排气门关闭时气缸工质的密度。

由此可得每循环充入气缸的新鲜混合气质量 m_l 为

$$m_l = (V'_s + V_c)\rho'_a - V'_r \rho'_r$$

进入气缸的混合气质量为

$$m_l = m_a + g_b$$

式中　g_b——循环燃料质量。

由空燃比的关系得

$$m_a = \left(\frac{\phi_a L_o}{1 + \phi_a L_o}\right) m_l$$

式中　ϕ_a——过量空气系数；
　　　L_o——单位质量的燃料燃烧的理论空气量。

令 $K_a = \dfrac{\phi_a L_o}{1 + \phi_a L_o}$ 称为混合气的空气量比例系数，所以有

$$\phi_c V_s \rho_s = K_a [(V_c + V'_s)\rho'_a - V'_r \rho'_r]$$

式中　ρ_s——进气时大气密度。

考虑到进、排气门迟闭，令 $\xi = \dfrac{V_c + V'_s}{V_c + V_s}$，$\phi = \dfrac{V_r}{V_c}$ 则有

$$\phi_c = \frac{K_a}{(\varepsilon_c - 1)\rho_s}(\xi\varepsilon\rho_a' - \phi\rho_r')$$

假定残余废气与新鲜充量的气体常数近似相等，应用气体状态方程式 $\rho = \frac{p}{RT}$ 代入上式，则

$$\phi_c = \frac{K_a}{(\varepsilon_c - 1)} \frac{T_s}{p_s} \left(\xi\varepsilon_c \frac{p_a'}{T_a'} - \phi \frac{p_r'}{T_r'} \right) \tag{3-3}$$

式中，p、T 的下标 s、a'、r' 分别代表大气和进、排气门关闭时缸内压力和温度的状态。

为了比较不同发动机残余废气量的多少，引入残余废气系数的概念。残余废气系数 γ 是进气过程结束时气缸内残余废气量与进入气缸中新鲜空气的比值，即

$$\gamma = \frac{m_r'}{m_a} = \frac{V_r'\rho_r'}{K_a[(V_c + V_s')\rho_a' - V_r'\rho_r']} \tag{3-4}$$

二、充量系数与发动机功率、转矩的关系

充量系数与发动机功率、转矩的关系，可通过下列公式进一步看出，随着 ϕ_c 值提高，发动机的功率和转矩都得到提高。

如果将发动机的进气过程采用当时的大气状态，其理论充量为

$$\Delta G_o = \frac{p_o V_a}{RT_o}$$

每循环的实际充量为

$$\Delta G = \phi_c \Delta G_o = \frac{p_o V_a}{RT_o} \phi_c$$

1kg 燃油实际供给的空气量为 $\phi_a L_o$，实际充量为 ΔG 时应供给的循环供油量（kg）为

$$\Delta q = \frac{p_o V_a}{RT_o} \phi_c \cdot \frac{1}{\phi_a L_o}$$

式中　ϕ_a——过量空气系数；

　　　L_o——1kg 燃料完全燃烧所需的理论空气量。

每循环燃油燃烧放出的热量（kJ）为

$$Q_1 = \frac{p_o V_a}{RT_o} \phi_c \cdot \frac{H_u}{\phi_a L_o}$$

式中　H_u——燃料的低热值，kJ/kg。

每循环的指示功（kJ）为

$$W_i = Q_1 \eta_i = \frac{p_o V_a}{RT_o} \phi_c \cdot \frac{H_u}{\phi_a L_o} \eta_i$$

平均指示压力（kPa）为

$$p_{mi} = \frac{W_i}{V_a}$$
$$= \frac{p_o H_u}{RT_o} \cdot \frac{1}{\phi_a L_o} \eta_i \phi_c$$
$$= H_u \rho_o \eta_i \phi_c / \phi_a L_o \tag{3-5}$$

式中 ρ_o——气体密度，$\rho_o = \dfrac{1}{V_o} = \dfrac{p_o V_o}{RT_o}$

平均有效压力（kPa）为

$$p_{me} = p_{mi}\eta_m = \dfrac{p_o H_u}{RT_o} \cdot \dfrac{1}{\phi_a L_o}\eta_i \eta_m \phi_c$$

若在一般大气状态下，p_o/RT_o 视为常数，H_u、L_o 仅与燃烧有关，通常石油中 H_u、L_o 近乎不变，因此平均有效压力可表示为

$$p_{me} = k \dfrac{1}{\phi_a}\eta_i \eta_m \phi_c \tag{3-6}$$

式中 k——比例常数，对每种发动机均有一定的数值。

发动机的有效功率（kW）为

$$P_e = \dfrac{p_{me} i V_a n}{30\tau} \times 10^{-3}$$

$$= \dfrac{i V_a n}{30\tau} \cdot \dfrac{p_o H_u}{RT_o} \cdot \dfrac{1}{\phi_a L_o}\eta_i \eta_m \phi_c \times 10^{-3}$$

$$= \dfrac{k_1 n}{\phi_a}\eta_i \eta_m \phi_c \tag{3-7}$$

令 $k_1 = \dfrac{i V_a p_o H_u 10^{-3}}{30\tau RT_o L_o}$，$k_1$ 对每种发动机为一常数。

发动机转矩可表示为

$$T_{tq} = 9550 \dfrac{P_e}{n} = \dfrac{k_2}{\phi_a}\eta_i \eta_m \phi_c \tag{3-8}$$

令 $k_2 = 9550 k_1$，k_2 对每种发动机也是常数。

式（3-6）~式（3-8）表明，发动机的重要性能指标功率、转矩及平均有效压力与其工作过程有直接关系。当混合气变浓、发动机转速提高、充量系数加大、指示热效率提高、机械损失减小时，发动机的有效功率和转矩都将得到提高，但转速过高时，由于气体流动阻力和配气相位的影响，功率会下降。因此，提高充量系数是增大功率的有效手段。

三、影响充量系数的因素

由式（3-3）可见，影响充量系数的因素有进气（或大气）的状态、进气终了的气缸压力和温度、残余废气系数、压缩比及进排气相位角等。

1. 进气门关闭时缸内压力 p'_a

由式（3-3）可见，p'_a 对充量系数 ϕ_c 的影响较大，p'_a 值越高，ϕ_c 值越大，其计算公式为

$$p'_a = p_s - \Delta p_a$$

式中 Δp_a——气体流动时，由于进气系统阻力而引起的压降。

这种流动阻力的一般公式可写成

$$\Delta p_a = \lambda \dfrac{\rho v^2}{2}$$

式中 λ——管道阻力系数；

$$\phi_c = \frac{K_a}{(\varepsilon_c - 1)\rho_s}(\xi\varepsilon\rho_a' - \phi\rho_r')$$

假定残余废气与新鲜充量的气体常数近似相等，应用气体状态方程式 $\rho = \frac{p}{RT}$ 代入上式，则

$$\phi_c = \frac{K_a}{(\varepsilon_c - 1)} \frac{T_s}{p_s}\left(\xi\varepsilon_c\frac{p_a'}{T_a'} - \phi\frac{p_r'}{T_r'}\right) \tag{3-3}$$

式中，p、T 的下标 s、a'、r' 分别代表大气和进、排气门关闭时缸内压力和温度的状态。

为了比较不同发动机残余废气量的多少，引入残余废气系数的概念。残余废气系数 γ 是进气过程结束时气缸内残余废气量与进入气缸中新鲜空气的比值，即

$$\gamma = \frac{m_r'}{m_a} = \frac{V_r'\rho_r'}{K_a[(V_c + V_s')\rho_a' - V_r'\rho_r']} \tag{3-4}$$

二、充量系数与发动机功率、转矩的关系

充量系数与发动机功率、转矩的关系，可通过下列公式进一步看出，随着 ϕ_c 值提高，发动机的功率和转矩都得到提高。

如果将发动机的进气过程采用当时的大气状态，其理论充量为

$$\Delta G_o = \frac{p_o V_a}{RT_o}$$

每循环的实际充量为

$$\Delta G = \phi_c \Delta G_o = \frac{p_o V_a}{RT_o}\phi_c$$

1kg 燃油实际供给的空气量为 $\phi_a L_o$，实际充量为 ΔG 时应供给的循环供油量（kg）为

$$\Delta q = \frac{p_o V_a}{RT_o}\phi_c \cdot \frac{1}{\phi_a L_o}$$

式中　ϕ_a——过量空气系数；

L_o——1kg 燃料完全燃烧所需的理论空气量。

每循环燃油燃烧放出的热量（kJ）为

$$Q_1 = \frac{p_o V_a}{RT_o}\phi_c \cdot \frac{H_u}{\phi_a L_o}$$

式中　H_u——燃料的低热值，kJ/kg。

每循环的指示功（kJ）为

$$W_i = Q_1 \eta_i = \frac{p_o V_a}{RT_o}\phi_c \cdot \frac{H_u}{\phi_a L_o}\eta_i$$

平均指示压力（kPa）为

$$\begin{aligned} p_{mi} &= \frac{W_i}{V_a} \\ &= \frac{p_o H_u}{RT_o} \cdot \frac{1}{\phi_a L_o}\eta_i\phi_c \\ &= H_u\rho_o\eta_i\phi_c/\phi_a L_o \end{aligned} \tag{3-5}$$

式中 ρ_o——气体密度，$\rho_o = \dfrac{1}{V_o} = \dfrac{p_o V_o}{RT_o}$

平均有效压力（kPa）为

$$p_{me} = p_{mi}\eta_m = \frac{p_o H_u}{RT_o} \cdot \frac{1}{\phi_a L_o}\eta_i \eta_m \phi_c$$

若在一般大气状态下，p_o/RT_o 视为常数，H_u、L_o 仅与燃烧有关，通常石油中 H_u、L_o 近乎不变，因此平均有效压力可表示为

$$p_{me} = k \frac{1}{\phi_a}\eta_i \eta_m \phi_c \tag{3-6}$$

式中 k——比例常数，对每种发动机均有一定的数值。

发动机的有效功率（kW）为

$$P_e = \frac{p_{me} i V_a n}{30\tau} \times 10^{-3}$$

$$= \frac{i V_a n}{30\tau} \cdot \frac{p_o H_u}{RT_o} \cdot \frac{1}{\phi_a L_o}\eta_i \eta_m \phi_c \times 10^{-3}$$

$$= \frac{k_1 n}{\phi_a}\eta_i \eta_m \phi_c \tag{3-7}$$

令 $k_1 = \dfrac{i V_a p_o H_u 10^{-3}}{30\tau RT_o L_o}$，$k_1$ 对每种发动机为一常数。

发动机转矩可表示为

$$T_{tq} = 9550\frac{P_e}{n} = \frac{k_2}{\phi_a}\eta_i \eta_m \phi_c \tag{3-8}$$

令 $k_2 = 9550 k_1$，k_2 对每种发动机也是常数。

式（3-6）~式（3-8）表明，发动机的重要性能指标功率、转矩及平均有效压力与其工作过程有直接关系。当混合气变浓、发动机转速提高、充量系数加大、指示热效率提高、机械损失减小时，发动机的有效功率和转矩都将得到提高，但转速过高时，由于气体流动阻力和配气相位的影响，功率会下降。因此，提高充量系数是增大功率的有效手段。

三、影响充量系数的因素

由式（3-3）可见，影响充量系数的因素有进气（或大气）的状态、进气终了的气缸压力和温度、残余废气系数、压缩比及进排气相位角等。

1. 进气门关闭时缸内压力 p'_a

由式（3-3）可见，p'_a 对充量系数 ϕ_c 的影响较大，p'_a 值越高，ϕ_c 值越大，其计算公式为

$$p'_a = p_s - \Delta p_a$$

式中 Δp_a——气体流动时，由于进气系统阻力而引起的压降。

这种流动阻力的一般公式可写成

$$\Delta p_a = \lambda \frac{\rho v^2}{2}$$

式中 λ——管道阻力系数；

ρ——进气状态下气体的密度，kg/m^3；

v——管道内气体流速，m/s。

Δp_a 主要取决于各段管道阻力系数 λ 和气体流速 v。若 λ 大和 v 高时，Δp_a 增加，使 p'_a 下降。

进气门是整个进气系统截面最小、流速最大的地方，因此也是进气阻力的重要部分。发动机转速 n 升高，气体流速增加，Δp_a 显著加大（呈平方关系），使 p'_a 迅速下降。

汽车发动机的使用特点是转速和负荷都不断地在宽广的范围内变化。例如，当汽车沿阻力降低的道路行驶，汽油机节气门开度保持一定时，车速会不断增加。由于发动机曲轴转速增高，气流速度加大，p'_a 迅速下降。

而负荷变化时，柴油机和汽油机进气门关闭时缸内压力 p'_a 的变化不同。柴油机 p'_a 基本不随负荷变化，汽油机 p'_a 随负荷变化显著。p'_a 随使用工况（转速、负荷）的变化，也影响充量系数的变化，进而影响了发动机的使用性能。

2. 进气门关闭时缸内气体温度 T'_a

进气门关闭时，缸内气体温度 T'_a 高于进气状态温度 T_s。引起 T'_a 升高的原因是新鲜充量进入发动机与高温零件接触而被加热，新鲜充量与高温残余废气混合而被加热。T'_a 值越高，充入气缸工质密度越小，充量系数越低。因此，在条件允许的情况下应力求降低 T'_a 值。

当负荷不变而转速增加时，由于新鲜充量与缸壁等接触时间短，壁面等传至空气的热量减少，所以 T'_a 稍有下降。当转速不变而增加发动机负荷时，因为缸壁温度升高，使进气门关闭时缸内气体温度 T'_a 有所上升。

3. 残余废气系数 γ

气缸中残余废气增多会使燃烧恶化，使充量系数下降。对发动机经济性能和排放性能亦有影响。

进、排气门的重叠角大、压缩比高，γ 值下降，故一般柴油机 γ 值较低。γ 的一般范围：

（1）四冲程非增压柴油机为 0.03~0.06。

（2）四冲程增压柴油机为 0.0~0.03。

（3）四冲程汽油机为 0.06~0.16。

排气终了时废气压力 p_r 高，说明残余废气密度增加，γ 上升，充量系数下降。与进气过程同理，p_r 主要决定于排气系统特别是排气门处的阻力，而且转速越高，气体流动阻力越大，p_r 越高。

汽油机在低负荷运转时，因节气门开度变小，新鲜充量减少，γ 大大增加，稀释可燃混合气，使燃烧过程缓慢，易造成汽油机低负荷工作不稳定和经济性变差。当前电控汽油发动机普遍采用废气再循环技术。根据不同的运行状态，发动机电子控制单元控制再循环废气的量，使 γ 在一定范围内变化，从而控制尾气中氮氧化合物的含量。

4. 进排气相位角

由于进气门迟闭而使 $\xi<1$，新鲜充量的容积减小，但进气时 p'_a 值却可能因气流惯性而有所增加。合适的配气相位应该考虑 $\xi p'_a$ 具有最大值。

5. 压缩比

压缩比 ε_c 增加，燃烧室容积减小，残余废气的相对量随之减少，因此充量系数有所增加。

6. 进气状态

进气温度 T_d 升高，进气压力 p_d 下降均会使进入气缸充量的密度减小，绝对进气量减少。但是，由式（3-3）可知，充量系数是在同一进气状态下的相对值。进气温度 T_d、进气压力 p_d 变化一般对充量系数影响不大。

第三节　提高发动机充量系数的措施

一、降低进气系统的阻力

发动机的进气系统（非增压发动机）是由空气滤清器、进气管、进气道和进气门所组成。减少各段通路对气流的阻力可以有效提高充量系数。

（一）减少进气门处的流动损失

在整个进气系统中，进气门处的通过断面最小，而且截面变化大，因此流动损失大部分集中于此。

1. 进气马赫数 M

进气马赫数 M 是进气门处气流平均速度 v_m 与该处声速 a 之比 $\left(M = \dfrac{v_m}{a}\right)$，它是决定气流性质的重要参数。$M$ 反映气体流动对充量系数的影响，是分析充量系数的一个特征数。

进气门处气流平均速度 v_m 定义为实际进入气缸的新鲜空气与进气门有效时间截面值 $F(t)$ 之比。即

$$v_m = \frac{\phi_c V_s}{F(t)}$$

$$F(t) = \mu_m F_m(t)(t_e - t_c) = \mu_m F_m(t)(\theta_e - \theta_c)\frac{1}{6n}$$

式中　μ_m——进气门开启期间的平均流量系数；
$F_m(t)$——进气门平均开启面积；
t_c、t_e——进气门开、关时间；
θ_c、θ_e——进气门开、关角度。

$$M = \frac{V_s \phi_c}{a\mu_m F_m(t)(t_e - t_c)} = \frac{6V_s \phi_c n}{a\mu_m F_m(t)(\theta_e - \theta_c)} \tag{3-9}$$

$$M \propto \frac{FC_m}{a\mu_m F_m(t)(\theta_e - \theta_c)} \propto \left(\frac{D}{d}\right)^2 \frac{C_m}{a\mu_m(\theta_e - \theta_c)} \tag{3-10}$$

式中　F——活塞面积；
C_m——活塞平均速度；
D、d——活塞、进气门直径。

如图 3-5 所示，大量试验结果表明，当 M 超过一定数值时，M 在 0.5 左右充量系数便急剧下降。M 是决定气流性质、影响充量系数的重要参数，应使 M 在最高转速时不超过一定数值。M 受气门大小、形状、升程规律、进气相位等因素影响。

2. 减少气门处流动损失

由式（3-5）、式（3-6）得知，增大气门相对通过面积，提高气门处流量系数以及合理

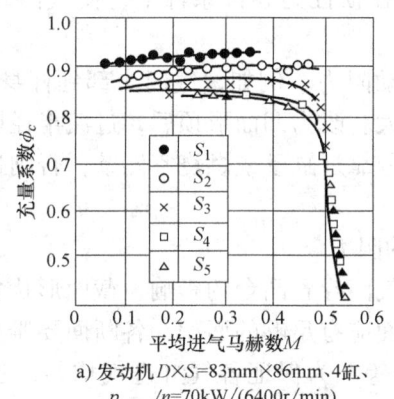 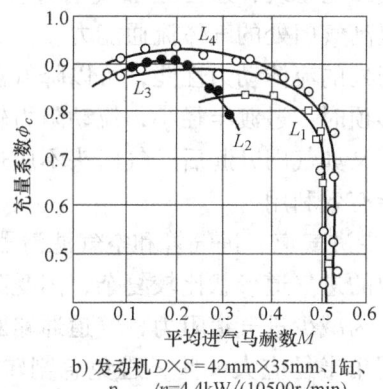

a) 发动机 $D×S$=83mm×86mm、4缸、p_{eman}/n=70kW/(6400r/min)

b) 发动机 $D×S$=42mm×35mm、1缸、p_{eman}/n=4.4kW/(10500r/min)

图 3-5 充量系数与平均进气马赫数 M 的关系

L_1、L_2…及 S_1、S_2…不同进气门角度及面积值

的配气相位是限制 M 值、提高充量系数的主要方法。

增大进气门直径可以扩大气流通路截面积，提高充量系数。目前在两气门（一进、一排）结构中，进气门直径可达活塞直径的 45%～50%，气门和活塞面积之比为 0.2～0.25。通常牺牲排气门直径来加大进气门直径，一般进气门直径比排气门直径大 15%～20%。不过排气门直径也不能过分缩小，否则会导致排气损失和残余废气量增加。高速发动机可采用较小的行程缸径比 S/D，气缸直径相对增大，使得气门直径有可能增大，因而使进气能力相对增加，进气马赫数 M 下降，从而提高充量系数。

增加气门的数目，采用三气门结构（二进、一排），四气门结构（二进、二排），甚至五气门结构（三进、二排），这些都是增大进气门流通面积，降低排气损失的有效措施。此外，在汽油机上，四气门的燃烧室紧凑，可增加压缩比，二个气道能适当改变进气气流扰动状况，改善部分负荷的性能，提高了燃油经济性。在某些高比功率赛车上，其功率可提高 70%，转矩可提高 30%（图 3-6）。另外，四气门结构能减少排气阻力，降低泵气损失。但它结构相对复杂，造价较高。

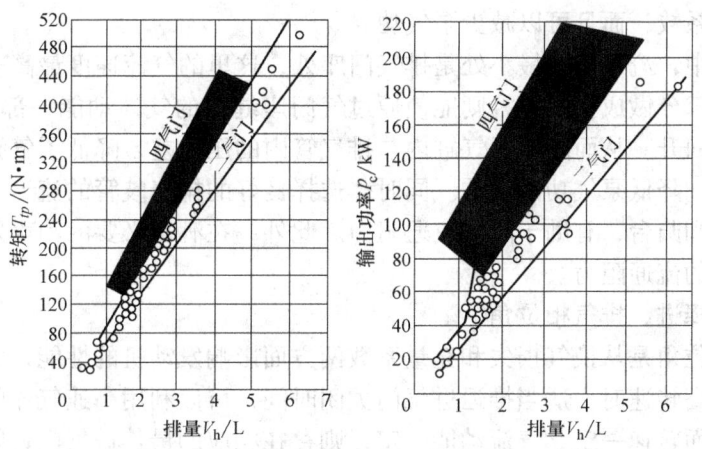

图 3-6 现代汽油机的排量、转矩和输出功率

改进配气凸轮型线，适当增加气门升程，在惯性力容许条件下，使气门开闭的尽可能快，都可以提高气门处的气体流通能力。

改善气门处的流体动力性能，可以降低流动阻力。例如，气门头部到杆身的过渡形状，当采用平面形顶时，过渡半径小，流动阻力较大。改为凹面形顶后，过渡半径增大，有利于气体的流动。又如气门升起后，气门头不应过分靠近缸壁或燃烧室侧壁，否则过于接近壁面部分通道不能有效利用。

（二）减少进气道、进气管和空气滤清器的阻力

气缸盖内的进气道形状比较复杂，因受到气门导管凸台的影响，截面形状急剧改变，进气阻力增大。为减少进气道阻力，气道通路断面应有足够的面积，各断面要避免突变。进气道内部过渡圆角半径应大一些，避免急剧转弯等。为保证各气缸进气均匀，各缸进气管独立，长度尽可能一致。进气管的整体走势和内壁断面形状要满足使新鲜充量在气缸中形成涡流的要求。

空气滤清器阻力随结构的不同而变化。油浴式滤清器的原始阻力对小功率发动机小于 0.98kPa；对中等以上功率发动机则大于 0.98kPa；随着使用时间增加，阻力可增至 2.99kPa。采用微孔纸质滤芯的原始阻力不大于 0.39kPa，但积尘以后阻力可增到 3.9~5.9kPa。必须在保证滤清效果的前提下，尽可能减小空气滤清器的阻力。例如加大通过截面，改进滤清性能，设计、制造低阻高效滤清器等。在使用中要经常清洗滤清器，特别要避免油污堵塞纸芯并及时更换滤芯等。

二、减少对进气充量的加热

新鲜充量在吸入过程中，受到进气管、进气道、气门、气缸壁和活塞等一系列零件的加热，引起温度升高。温度升高的大小与许多因素有关，如发动机转速与负荷、冷却液温度和气体本身的温度等。从结构方面来看，进、排气管在缸体两侧分开布置，可以避免或减少排气管对进气的加热，有利于提高充量系数。柴油机和现代高速汽油机，为获得较高充量系数而采用进、排气管分两侧布置的方案。为了减少进气被加热的程度，有的发动机的进气歧管采用工程塑料制成。

三、降低排气系统流通阻力

降低排气系统流通阻力，使气缸内废气压力 p_r 下降，这不仅可以减少残余废气系数 γ，有利于提高充量系数，而且可以减少泵气功。

在排气系统中，流通截面最小处是排气门座处，这里的气流速度最高，压力差最大。如果将排气道的一部分做成扩压形，则能使通过气门座缝隙的气体动能一部分转化为压力能，使压力获得明显回升。从而降低了气缸内与排气管内的压力差，降低了气缸内废气压力，达到提高充量系数和降低泵气功的目的。同时，选择良好的排气歧管的流形，避免排气道内截面突变、急转弯和凸台，有助于降低流通阻力。此外，在满足必要的消声效果要求下，应尽可能降低消声器的流通阻力。

四、合理选择进、排气相位角

进、排气相位角是从换气损失和充量系数两方面影响发动机的性能，为获得较好的充气效果，特别是在高转速时，适当推迟进气门关闭时间，可以利用高速气流的惯性来增加每循环气缸充气量。而转速一定、气流动能一定，则存在相应的最佳进气门迟闭角度。

传统发动机的配气正时是不能改变的，此时，充量系数在某一转速下达到最大值，也就

是在这一转速下工作时，能最好地利用气流惯性充气。当转速高于此转速时，气流惯性增加，而进气门迟闭角不变，就使一部分本来可以利用气流惯性进入气缸的气体被关在气缸之外，加之转速上升，流动阻力增加，所以使充量系数下降。当转速低于此转速时，气流惯性减小，又可能使一部分气体被推回进气管，充量系数也下降。

利用气门可变正时技术则可在全部转速范围内提高充量系数。在进气行程中，进气管内由于活塞下行产生的向下压力波到达进气门即将反射的瞬间，关闭进气门，可以较好地利用这种惯性增压。实验表明，当发动机转速增高时，这种压力波的波峰随曲轴转速的变化向曲轴转角增大的方向推移。优化气门正时可以提高充量系数，当发动机转速增高时，推迟进气门关闭可以充分利用进气充气的惯性增压效应，提高转矩；低转速时，进气充气惯性增压效应减弱，为保证最大有效压缩比，不再推迟进气门关闭。这样可以使发动机在高、低转速时均获得较高的充量系数。

五、谐振进气与可变进气歧管

谐振进气和可变进气歧管都是利用进气管的动态效应来提高充量系数。进气管的动态效应是指进气管中气体流动是变化的，这种压力波在管道中是周期性传播的，合理设计进气管长度、直径等进气系统参数可以改变进气压力波，以增加充量系数，改善转矩特性，这已在车用发动机上得到验证。

进气管压力波动对充量系数的影响主要决定于下止点后到进气门关闭这一期间，进气管靠近气缸一端压力变化情况。进气门打开初期，由于活塞向下运动以及气流惯性，气缸内产生很大的负压（即真空度），进气管内也产生很大负压，新鲜充量从进气管的外端流入。同时从气缸中传出膨胀波，通过气门、气道沿进气管向开口端传播。当膨胀波到达开口端后，又从开口端向气缸方向反射回压缩波。此压缩波反射到气缸后，使气缸内的压力上升。如果进气管的长度适当，使从膨胀波发出到压缩波回到气缸处所经过的时间，正好与进气门从开启到关闭所需的时间配合，即压缩波到达气缸时，进气门正好处于关闭前夕，则能把较高压力的空气关在气缸内，得到增压效果，这种效应是本循环的波动效应。反之若进气管的长度不适当，进气门关闭时，压力不是处于波峰位置而是在波谷，即到达气门时的不是压缩波而是膨胀波，那么就会降低气缸压力，得到相反的结果。

当进气门关闭后，进气管里的气柱还在继续波动，对下一个进气循环的进气量有影响，这一影响称为前面循环波动效应。进气门关闭时，进气管内流动的空气因急速停止而受到压缩，在进气门处产生压缩波，向进气管的开口端（即入口端）传播。当压缩波传到管端时，将要产生反射波，由于这种边界条件（开口、管外压力不变）的作用，反射波的性质与入射波的性质相反，即为膨胀波，该波向进气门处传播，到达进气门处时，若气门尚未打开，则其边界条件为封闭型（速度为0），那么在气门处的反射波的性质与入射波的性质相同，即为膨胀波，此膨胀波向进气管的管端传播，在开口端再次反射时，反射波为压缩波，又向进气门处传播。这样周而复始，气波在进气管中来回传播，进气门处的压力也时高时低，形成压力波动。如果使正压力波与下一循环的进气过程重合，就能使进气终了时压力升高，因而提高充量系数。如与负压力波重合，气门关闭时压力便会下降，充量系数降低。

压力波动的固有频率 f_0 为

$$f_0 = \frac{a}{4L}$$

式中　　a——进气管内声速，m/s；

　　　　L——进气管长度，m。

当发动机转速为 $n(\text{r/min})$ 时，进气频率 f_n 为

$$f_n = \frac{n}{60 \times 2} = \frac{n}{120}$$

用 q 来表示波动次数，则有

$$q = \frac{f_o}{f_n} = \frac{30a}{nL}$$

上式说明进气管压力波动的固有频率和发动机进气频率之间的配合关系。

当 $q = 1\frac{1}{2}$、$2\frac{1}{2}$……时，下一次气门开启期间正好与正的压力波相重合，使充量系数增加。当 $q = 1$、2……时，进气频率与压力波动频率合拍，下一次气门开启期间与负的压力波重合，使充气量减少。本次循环的压力波动衰减小、振幅大，而前面循环压力波动是经过多次反射后的波，衰减大、振幅小，如图3-7所示。

汽车发动机工作转速范围宽广。转速不同，理想的进气管长度不同，一般高转速用较短进气管，低转速所需进气管较长。传统的进气管常常是只能满足在某一常用的转速区域运转时，进气动态效果较佳。

谐振进气系统利用一定长度和直径的进气歧管与一定容积的谐振室，在特定的转速下产生大幅值压力波，从而增加进气。在此基础上，随转速变化控制谐振室接入进气道，可以在特定的高、低两个转速阶段，利用进气管的动态效应来提高充量系数。

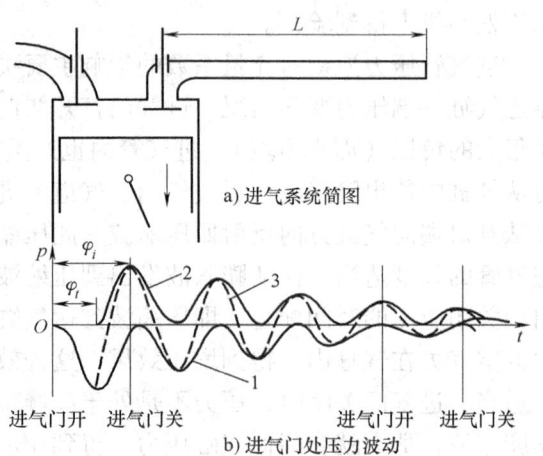

图3-7　进气管内压力波动
1—吸气波　2—反射波　3—合成波
φ_i—进气持续角　φ_t—曲轴转角　L—进气管长度

随着电子控制技术的发展，出现了可变进气歧管。图3-8所示为一种可变进气歧管的结构。当发动机低速运转时，发动机电子控制单元5发出指令，转换阀控制装置4关闭转换阀3，这时空气经空气滤清器1和节气门2沿着细长的进气歧管流进气缸。弯曲细长的进气歧管提高了进气速度，气流的动能增大，使进气量增多。当发动机转速增高时，转换阀开启，空气通过空气滤清器和节气门直接进入粗短的进气歧管。粗短的进气歧管进气阻力小，也使进气量增多。

另一种可变进气歧管如图3-9所示。其每个歧管有一长一短两个进气通道。根据发动机转速的高低，通过旋转阀2控制空气流经哪一个通道。当发动机在中、低速运转时，旋转阀2将短进气通道1封闭，空气沿长进气通道3经进气道进入气缸。当发动机高速工作时，旋转阀2使长进气通道3短路，将长进气通道也变为短进气通道。空气同时经两个短进气通道进入气缸。

是在这一转速下工作时,能最好地利用气流惯性充气。当转速高于此转速时,气流惯性增加,而进气门迟闭角不变,就使一部分本来可以利用气流惯性进入气缸的气体被关在气缸之外,加之转速上升,流动阻力增加,所以使充量系数下降。当转速低于此转速时,气流惯性减小,又可能使一部分气体被推回进气管,充量系数也下降。

利用气门可变正时技术则可在全部转速范围内提高充量系数。在进气行程中,进气管内由于活塞下行产生的向下压力波到达进气门即将反射的瞬间,关闭进气门,可以较好地利用这种惯性增压。实验表明,当发动机转速增高时,这种压力波的波峰随曲轴转速的变化向曲轴转角增大的方向推移。优化气门正时可以提高充量系数,当发动机转速增高时,推迟进气门关闭可以充分利用进气充气的惯性增压效应,提高转矩;低转速时,进气充气惯性增压效应减弱,为保证最大有效压缩比,不再推迟进气门关闭。这样可以使发动机在高、低转速时均获得较高的充量系数。

五、谐振进气与可变进气歧管

谐振进气和可变进气歧管都是利用进气管的动态效应来提高充量系数。进气管的动态效应是指进气管中气体流动是变化的,这种压力波在管道中是周期性传播的,合理设计进气管长度、直径等进气系统参数可以改变进气压力波,以增加充量系数,改善转矩特性,这已在车用发动机上得到验证。

进气管压力波动对充量系数的影响主要决定于下止点后到进气门关闭这一期间,进气管靠近气缸一端压力变化情况。进气门打开初期,由于活塞向下运动以及气流惯性,气缸内产生很大的负压(即真空度),进气管内也产生很大负压,新鲜充量从进气管的外端流入。同时从气缸中传出膨胀波,通过气门、气道沿进气管向开口端传播。当膨胀波到达开口端后,又从开口端向气缸方向反射回压缩波。此压缩波反射到气缸后,使气缸内的压力上升。如果进气管的长度适当,使从膨胀波发出到压缩波回到气缸处所经过的时间,正好与进气门从开启到关闭所需的时间配合,即压缩波到达气缸时,进气门正好处于关闭前夕,则能把较高压力的空气关在气缸内,得到增压效果,这种效应是本循环的波动效应。反之若进气管的长度不适当,进气门关闭时,压力不是处于波峰位置而是在波谷,即到达气门时的不是压缩波而是膨胀波,那么就会降低气缸压力,得到相反的结果。

当进气门关闭后,进气管里的气柱还在继续波动,对下一个进气循环的进气量有影响,这一影响称为前面循环波动效应。进气门关闭时,进气管内流动的空气因急速停止而受到压缩,在进气门处产生压缩波,向进气管的开口端(即入口端)传播。当压缩波传到管端时,将要产生反射波,由于这种边界条件(开口、管外压力不变)的作用,反射波的性质与入射波的性质相反,即为膨胀波,该波向进气门处传播,到达进气门处时,若气门尚未打开,则其边界条件为封闭型(速度为0),那么在气门处的反射波的性质与入射波的性质相同,即为膨胀波,此膨胀波向进气管的管端传播,在开口端再次反射时,反射波为压缩波,又向进气门处传播。这样周而复始,气波在进气管中来回传播,进气门处的压力也时高时低,形成压力波动。如果使正压力波与下一循环的进气过程重合,就能使进气终了时压力升高,因而提高充量系数。如与负压力波重合,气门关闭时压力便会下降,充量系数降低。

压力波动的固有频率 f_0 为

$$f_0 = \frac{a}{4L}$$

式中 a——进气管内声速,m/s;

L——进气管长度,m。

当发动机转速为 n(r/min)时,进气频率 f_n 为

$$f_n = \frac{n}{60 \times 2} = \frac{n}{120}$$

用 q 来表示波动次数,则有

$$q = \frac{f_o}{f_n} = \frac{30a}{nL}$$

上式说明进气管压力波动的固有频率和发动机进气频率之间的配合关系。

当 $q = 1\frac{1}{2}$、$2\frac{1}{2}$……时,下一次气门开启期间正好与正的压力波相重合,使充量系数增加。当 $q = 1$、2……时,进气频率与压力波动频率合拍,下一次气门开启期间与负的压力波重合,使充气量减少。本次循环的压力波动衰减小、振幅大,而前面循环压力波动是经过多次反射后的波,衰减大、振幅小,如图3-7所示。

汽车发动机工作转速范围宽广。转速不同,理想的进气管长度不同,一般高转速用较短进气管,低转速所需进气管较长。传统的进气管常常是只能满足在某一常用的转速区域运转时,进气动态效果较佳。

谐振进气系统利用一定长度和直径的进气歧管与一定容积的谐振室,在特定的转速下产生大幅值压力波,从而增加进气。在此基础上,随转速变化控制谐振室接入进气道,可以在特定的高、低两个转速阶段,利用进气管的动态效应来提高充量系数。

随着电子控制技术的发展,出现了可变进气歧管。图3-8所示为一种可变进气歧管的结构。当发动机低速运转时,发动机电子控制单元5发出指令,转换阀控制装置4关闭转换阀3,这时空气经空气滤清器1和节气门2沿着细长的进气歧管流进气缸。弯曲细长的进气歧管提高了进气速度,气流的动能增大,使进气量增多。当发动机转速增高时,转换阀开启,空气通过空气滤清器和节气门直接进入粗短的进气歧管。粗短的进气歧管进气阻力小,也使进气量增多。

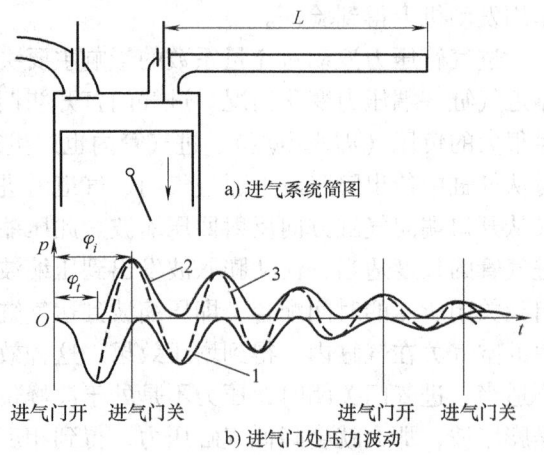

图3-7 进气管内压力波动
1—吸气波 2—反射波 3—合成波
φ_i—进气持续角 φ_t—曲轴转角 L—进气管长度

另一种可变进气歧管如图3-9所示。其每个歧管有一长一短两个进气通道。根据发动机转速的高低,通过旋转阀2控制空气流经哪一个通道。当发动机在中、低速运转时,旋转阀2将短进气通道1封闭,空气沿长进气通道3经进气道进入气缸。当发动机高速工作时,旋转阀2使长进气通道3短路,将长进气通道也变为短进气通道。空气同时经两个短进气通道进入气缸。

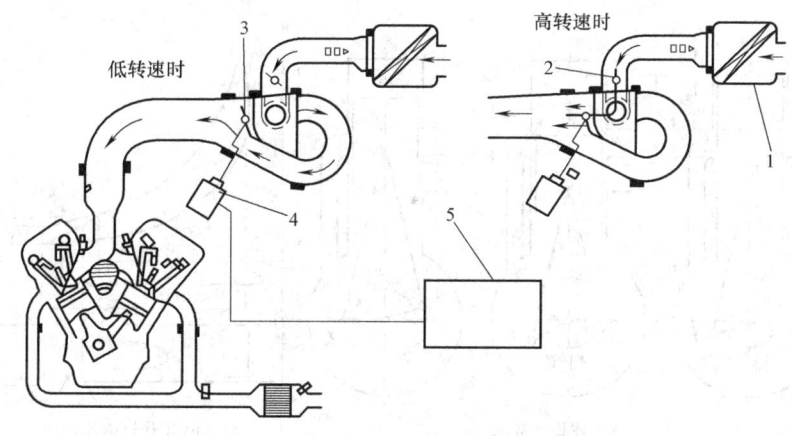

图 3-8 进气管长度可变系统

1—空气滤清器 2—节气门 3—转换阀 4—转换阀控制装置 5—发动机电子控制单元

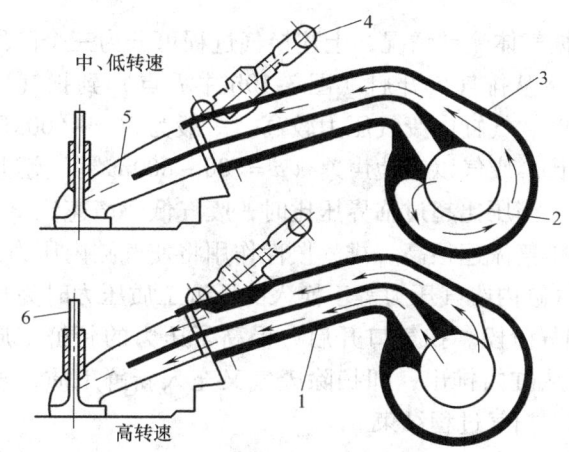

图 3-9 双通道可变进气歧管

1—短进气道 2—旋转阀 3—长进气通道 4—喷油器 5—进气道 6—进气门

第四节 二冲程发动机的换气过程

二冲程发动机是曲轴旋转一圈，即活塞上下两个行程完成一个工作循环。它与四冲程发动机的不同之处在于换气过程，二冲程发动机换气过程比四冲程发动机所占转角小，在整个换气过程中，靠废气能量排出废气，并利用曲轴箱或单独的扫气泵将新鲜工质压入气缸，排出缸内废气。二冲程发动机组织好换气过程是获得良好工作指标的关键。

一、二冲程发动机的换气过程

曲轴箱扫气二冲程发动机，在工作气缸下部开有排气口 1 和扫气口 2，如图 3-10 所示。

当燃烧-膨胀过程开始，活塞从上止点向下运动直至下止点前活塞顶部开启排气口，膨胀过程即告结束。排气行程开始（图 3-10b 中 b 点），直到活塞至下止点后，返回上行到其顶部遮闭排气口的整个期间，即示功图 bdb' 曲线为二冲程发动机的换气过程，大约曲轴转角

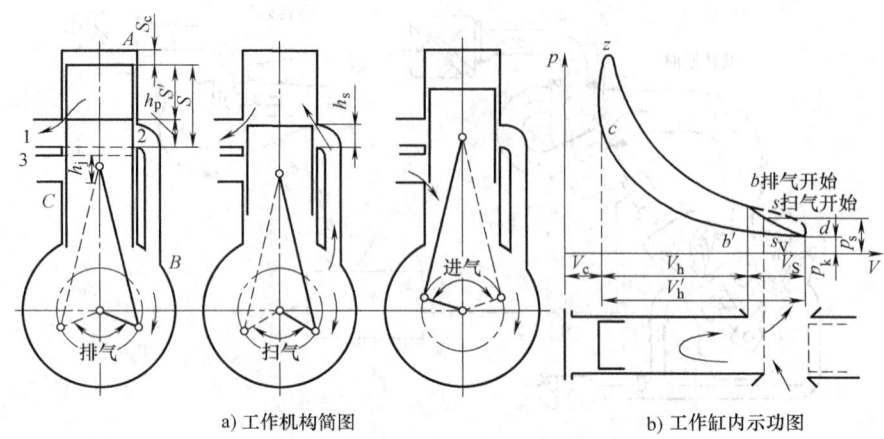

a) 工作机构简图　　　　　　b) 工作缸内示功图

图 3-10　曲轴箱扫气二冲程发动机工作过程
1—排气口　2—扫气口　3—进气门

130°~150°内完成。根据气体流动情况，上述换气过程可分为三个阶段：

（1）自由排气阶段。从排气口开启（图3-10b 中 b 点）到扫气口开启，新鲜工质开始进入气缸。排气口开启时，气缸内废气压力较高，一般为300~600kPa，排气管内压力与缸内压力之比低于临界压比，废气以当地声速（a = 700~800m/s）流过排气口，进入排气道，此时缸内压力迅速下降，当压比超过临界压比时，废气低于声速流出，处于亚临界状态。在自由排气的后期，由于排气流速很高，排气惯性作用将使气缸内压力急剧下降，甚至出现真空（负压）。通常认为气缸内废气压力等于换入的新鲜工质压力时为自由排气的结束。

（2）强制排气和扫气阶段。扫气口开启，提高了压力的新鲜工质进入气缸，并利用进入气体的压力强制废气从缸内排出，即扫除废气又充入新鲜工质，直至活塞到下止点后返回，上行将扫气口遮闭，扫气过程结束。

（3）额外排气阶段。在扫气口关闭之后，排气口还开着，这时由于活塞上行的排挤和废气气流的惯性，而继续排出废气或新鲜工质与废气的混合气，直至排气口关闭（图3-10b 中 b 点）为止。这时，可以充分利用废气气流的惯性来排除缸内的废气以提高充气效率。

二冲程发动机的扫气方式除了曲轴箱扫气之外，还可以使用单独的扫气泵，强制从扫气孔进气。增压二冲程发动机则可直接由压气机来扫气。从以上对二冲程发动机机换气过程的描述，可得知它同四冲程发动机有下述不同的性能特点：

（1）二冲程发动机进、排气重叠时期（扫气期）可长达换气时期的70%~80%，而换气过程总延续角又比四冲程发动机小得多。以上两点表明，二冲程发动机换气时间短，新鲜充量与废气又长期掺混，所以换气质量不高，残余废气系数 γ 较大，又容易出现新气流失。

（2）二冲程发动机由于下止点前65°~75°就开始排气，所以膨胀做功到此基本终止（只保持低压做功段）。这一点相当于有效工作行程减小，再加之扫气要耗费较多的能量，所以其指示热效率明显低于四冲程发动机，燃油消耗率较高。

（3）二冲程发动机变工况运行时，换气过程变化较大，容易出现偏离优化匹配状态，所以二冲程发动机变工况运行时的性能较差。

（4）二冲程汽油机由于扫气时新鲜混合气的逸出，不仅使经济性变差，也使HC排放量增多。

以上性能特点表明,二冲程发动机虽然单位时间的做功次数比四冲程发动机多了一倍,但其动力性能只增大 50%~70%,而其燃油消耗率反而高出 20%~30%;加之碳氢化合物排放、噪声、动态特性和热负荷等性能都有一定差距,所以二冲程发动机在大型低速船舶和电站机组中使用较多,在要求比功率高而结构简单的摩托车、艇以及小型通用动力机械上二冲程发动机也有所应用,而汽车发动机中则用得较少。

二、扫气系统的基本方案

二冲程发动机主要有三种不同形式的扫气系统或换气方案。

1. 横流换气型

二冲程发动机最早的换气形式,如图 3-11 所示。扫气口与排气口在气缸圆周下部的两侧对置,为了达到理想的气体流动方向,使换气充分,排气口、扫气口的中心线与圆周方向及气缸中心线方向均有倾斜角。

横流换气系统主要的缺点是:气缸内有较大的废气死角(图 3-11 中 A),气流不稳定,形成涡流,扫气气流容易形成短路流出排气口(图 3-11 中 B)。且扫气口比排气口早关,产生额外排气,造成缸内新鲜充量损失。此外,气缸和活塞受热不均,易变形。并且在扫气压力作用下,使活塞推向排气口一侧,活塞组产生单边磨损。

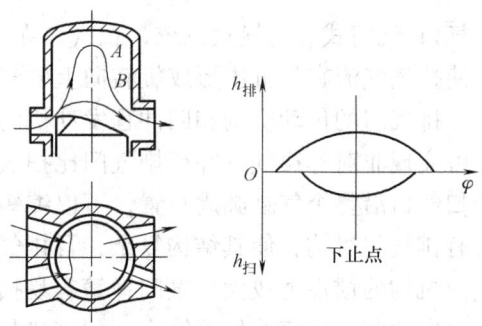

图 3-11 横流扫气形式以及气口开启高度 h 随曲轴转角 φ 的变化关系

2. 回流换气型

如图 3-12 所示,扫气口与排气口不对置,而往往位于气缸同侧,扫气口双向倾斜,使扫气气流首先扫过活塞顶,然后顺着气缸壁沿轴线回转 180°,扫除废气,流向位于扫气口同侧上方的排气口。它部分地克服了横流扫气中新鲜充量短路现象,扫气效果比横流扫气好。并且具有结构简单、制造方便的优点。但扫气口、排气口同在一侧,气道布置比较困难。

在小型柴油机中,扫气口两个,排气口一个,简称"三口回流扫气"。它实质上是回流扫气和横流扫气的复合方式,属于回流扫气的一种变型。

3. 直流换气型

直流换气型如图 3-13 所示。它的主要特点是,扫气气流沿气缸轴线由下向上运动,并流过整个气缸断面,新鲜工质与废气的掺混较少,换气质量高。

直流换气中又分为气口-气门式(图 3-13a)和对向活塞式(图 3-13b)两种形式。

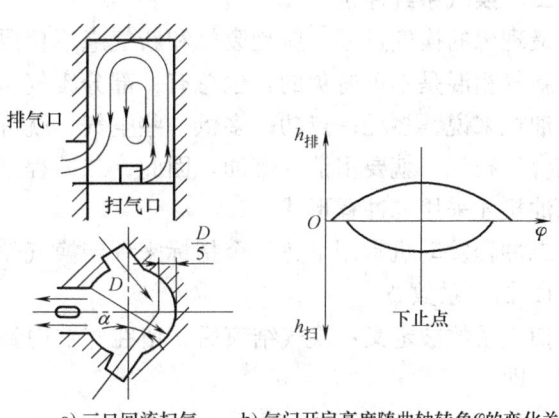

a) 三口回流扫气　　b) 气门开启高度随曲轴转角 φ 的变化关系

图 3-12 回流扫气

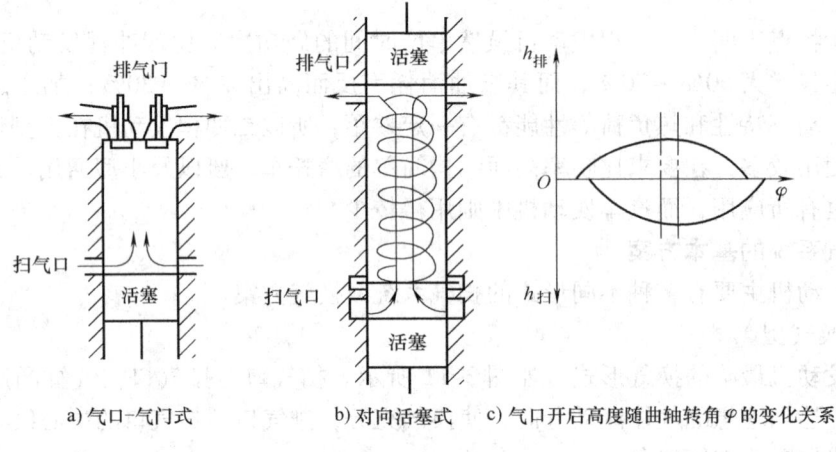

a) 气口-气门式　　b) 对向活塞式　c) 气口开启高度随曲轴转角 φ 的变化关系

图 3-13　直流扫气

气口-气门式直流换气系统，扫气口在气缸下部圆周均匀分布，并与气缸半径成一定角度。使扫气气流在气缸内形成旋转向上的气旋，避免与废气相混，并将废气从顶部的排气门推出。排气门的传动机构和四冲程发动机的气门传动机构相似，由于排气门受凸轮轴定时控制，可实现非对称换气，并使排气门比扫气口早关，避免了新鲜工质损失，实现过后充气。由于扫气口沿整个气缸圆周布置，可以缩短孔高，减少了行程损失。该换气方式的缺点在于装置有排气门机构，使其结构复杂，且排气门的开闭频率比同转速四冲程发动机大一倍，因而气门机构的惯性力较大，气门弹簧容易损坏。

对向活塞式直流换气系统中，扫气口与排气口分别布置在气缸的两端，扫气口与排气口的启闭由相反方向运动的两活塞分别控制。这种发动机也称对置活塞式发动机，两个活塞分别通过两套曲轴-连杆机构传递功率，并由齿轮传动机构联动。

通常排气口端的曲轴比扫气口端的曲轴超前 9°～15°，以使排气口比扫气口先开启，早关闭，造成过后充气。排气活塞领先，使其输出功率大于扫气活塞输出功率，领先角越大，两个活塞输出功率之差越大，一般排气活塞输出功率为整机功率的 60%～70%。其缺点是上下曲轴的传动机构较为复杂，整机高度尺寸增大，且缸套热负荷较高。

三、换气系统评价

最理想的换气过程，应是废气和新气毫不相混，扫气气流将废气全部挤出。事实上，废气与新气相混是不可避免的，也总有一部分废气留在气缸内，而一部分新气由排气口逸出。对柴油机来说，多耗一点功，多供一些空气，就可使废气清除得更为彻底；而汽油机是用油气混合气扫气，就要多消耗燃油。因此，二冲程发动机多用在柴油机上，而汽油机只有小功率汽油机才采用二冲程形式。

二冲程发动机常用下述三个指标来评定换气效果。

1. 扫气系数 ϕ_s

扫气系数被定义：换气结束后，留在气缸内新鲜充量的质量 m_1 与缸内工质总质量 m_0 之比值，即

$$\phi_s = \frac{m_1}{m_0} = \frac{m_1}{m_1 + m_r} = \frac{1}{1+\gamma}$$

式中　　m_r——残余废气量；

　　　　γ——残余废气系数。

这一指标直接反映了废气清除的好坏，也就是扫气质量的好坏。ϕ_s越大，扫气效果越好。一般情况下，ϕ_s的值在0.8～0.95，具体与扫气方案、发动机运转工况等有关。

2. 过量扫气系数（给气比）ϕ_b

过量扫气系数的定义为：每循环由扫气孔流出的新鲜充量的质量m_k与按气缸排量计算的理论充量的质量m_s'的比值。m_s'可按大气压力p_0或扫气压力p_k来计算。两种m_s'是不一样的，换算时应加以注意。其计算公式为

$$\phi_b = m_k/m_s'$$

这一指标反映了每循环消耗新气量的多少。ϕ_b过大，表示耗气量多，压气机消耗功多，对二冲程汽油机也意味着经济性下降。但是ϕ_b过小，必然影响扫气系数，也是不合理的。

3. 充量系数ϕ_c

充量系数ϕ_c定义与四冲程发动机相同。主要反映了整个进气过程组织的好坏。

理想的二冲程发动机换气过程应使ϕ_s、ϕ_c加大，而ϕ_b值适中。

扫气系数ϕ_s既与扫气形式紧密相关，也与扫气量（给气比ϕ_b）关系密切。图3-14所示是不同扫气形式下，ϕ_s随ϕ_b的变化关系曲线。可见直流扫气的效果最佳，而横流扫气的效果最差。

二冲程发动机的ϕ_b值的影响因素，除与四冲程发动机相同的外，扫气质量（ϕ_s值）和行程损失的大小也都有很大的影响。

目前，车用二冲程发动机主要参数的大致范围是：扫气压力$p_k=0.125\sim0.196$MPa；过量扫气系数（给气比）$\phi_b=1.25\sim1.50$（曲轴箱换气时为0.5～0.9）。

扫气系数ϕ_s的范围：直流扫气为0.8～0.95，回流扫气为0.8～0.9，曲轴箱换气为0.72～0.80。

四、影响扫气效率的因案

1. 扫气方式

如图3-14所示，直流扫气的扫气效率最高，回流次之，横流最低。

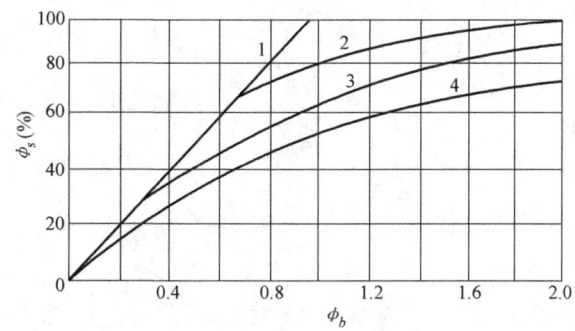

图3-14　各种扫气形式的扫气效率
1—完全扫气　2—直流式扫气　3—回流式扫气　4—横流式扫气

2. 扫气压力

当过量扫气系数一定时，扫气压力越高，扫气流的扰动越强，越容易出现扫气短路使扫

气效率降低，尤其是在横流扫气时，下降的更加剧烈。

3. 行程缸径比 S/d

行程缸径比加大时，直流扫气的扫气效率略有提高，而回流扫气和横流扫气的扫气效率则减小，特别是横流扫气的扫气效率下降显著。因此，对气口扫气式二冲程发动机不适宜采用长行程。

4. 转速

由于扫气泵在高转速时扫气压力较高而使扫气效率下降。缸径与转速的乘积 dn 越大，扫气越困难。因此对直流扫气的要求为 $dn \leq 28000\text{mm/min}$；回流扫气的要求为 $dn \leq 140000\text{mm/min}$。

5. 扫气排气系统

扫气排气系统主要指排气管的长度和直径的影响。排气管的长度适当减小，管内的压力波动会使扫气时排气的背压降低，从而改善换气质量。因此排气管做得粗而短。

复习思考题

1. 为什么发动机进气门迟后关闭、排气门提前开启？提前与迟后的角度与哪些因素有关？
2. 四冲程发动机换气过程包括哪几个阶段，这几个阶段是如何界定的？
3. 影响充量系数的主要因素有哪些？
4. 提高发动机工作转速，从换气方面会遇到哪些阻碍因素，如何克服？
5. 什么是进气管动力效应，怎样利用它来提高充量系数？
6. 什么叫进气马赫数？它对充量系数有什么影响？
7. 二冲程发动机换气过程包括哪几个阶段？这几个阶段是如何界定的？
8. 二冲程发动机换气系统基本形式是什么？
9. 评价二冲程发动机换气系统质量的参数？
10. 影响二冲程发动机扫气效率的因素有哪些？

式中 m_r——残余废气量；
　　　γ——残余废气系数。

这一指标直接反映了废气清除的好坏，也就是扫气质量的好坏。ϕ_s 越大，扫气效果越好。一般情况下，ϕ_s 的值在 0.8~0.95，具体与扫气方案、发动机运转工况等有关。

2. 过量扫气系数（给气比）ϕ_b

过量扫气系数的定义为：每循环由扫气孔流出的新鲜充量的质量 m_k 与按气缸排量计算的理论充量的质量 m'_s 的比值。m'_s 可按大气压力 p_0 或扫气压力 p_k 来计算。两种 m'_s 是不一样的，换算时应加以注意。其计算公式为

$$\phi_b = m_k/m'_s$$

这一指标反映了每循环消耗新气量的多少。ϕ_b 过大，表示耗气量多，压气机消耗功多，对二冲程汽油机也意味着经济性下降。但是 ϕ_b 过小，必然影响扫气系数，也是不合理的。

3. 充量系数 ϕ_c

充量系数 ϕ_c 定义与四冲程发动机相同。主要反映了整个进气过程组织的好坏。

理想的二冲程发动机换气过程应使 ϕ_s、ϕ_c 加大，而 ϕ_b 值适中。

扫气系数 ϕ_s 既与扫气形式紧密相关，也与扫气量（给气比 ϕ_b）关系密切。图 3-14 所示是不同扫气形式下，ϕ_s 随 ϕ_b 的变化关系曲线。可见直流扫气的效果最佳，而横流扫气的效果最差。

二冲程发动机的 ϕ_b 值的影响因素，除与四冲程发动机相同的外，扫气质量（ϕ_s 值）和行程损失的大小也都有很大的影响。

目前，车用二冲程发动机主要参数的大致范围是：扫气压力 p_k = 0.125~0.196MPa；过量扫气系数（给气比）ϕ_b = 1.25~1.50（曲轴箱换气时为 0.5~0.9）。

扫气系数 ϕ_s 的范围：直流扫气为 0.8~0.95，回流扫气为 0.8~0.9，曲轴箱换气为 0.72~0.80。

四、影响扫气效率的因素

1. 扫气方式

如图 3-14 所示，直流扫气的扫气效率最高，回流次之，横流最低。

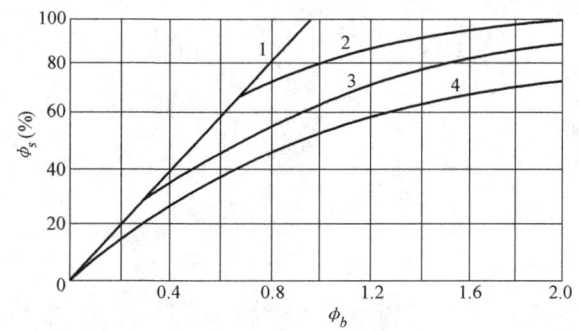

图 3-14　各种扫气形式的扫气效率
1—完全扫气　2—直流式扫气　3—回流式扫气　4—横流式扫气

2. 扫气压力

当过量扫气系数一定时，扫气压力越高，扫气流的扰动越强，越容易出现扫气短路使扫

气效率降低，尤其是在横流扫气时，下降的更加剧烈。

3. 行程缸径比 S/d

行程缸径比加大时，直流扫气的扫气效率略有提高，而回流扫气和横流扫气的扫气效率则减小，特别是横流扫气的扫气效率下降显著。因此，对气口扫气式二冲程发动机不适宜采用长行程。

4. 转速

由于扫气泵在高转速时扫气压力较高而使扫气效率下降。缸径与转速的乘积 dn 越大，扫气越困难。因此对直流扫气的要求为 $dn \leqslant 28000\mathrm{mm/min}$；回流扫气的要求为 $dn \leqslant 140000\mathrm{mm/min}$。

5. 扫气排气系统

扫气排气系统主要指排气管的长度和直径的影响。排气管的长度适当减小，管内的压力波动会使扫气时排气的背压降低，从而改善换气质量。因此排气管做得粗而短。

复习思考题

1. 为什么发动机进气门迟后关闭、排气门提前开启？提前与迟后的角度与哪些因素有关？
2. 四冲程发动机换气过程包括哪几个阶段，这几个阶段是如何界定的？
3. 影响充量系数的主要因素有哪些？
4. 提高发动机工作转速，从换气方面会遇到哪些阻碍因素，如何克服？
5. 什么是进气管动力效应，怎样利用它来提高充量系数？
6. 什么叫进气马赫数？它对充量系数有什么影响？
7. 二冲程发动机换气过程包括哪几个阶段？这几个阶段是如何界定的？
8. 二冲程发动机换气系统基本形式是什么？
9. 评价二冲程发动机换气系统质量的参数？
10. 影响二冲程发动机扫气效率的因素有哪些？

第四章 燃料与燃烧

燃料与燃烧是汽车发动机发展中的永恒话题。早期车用发动机燃烧过程的研究一直是以追求其最佳的动力性和经济性为目标。进入21世纪以来，节能与环保已经成为汽车发展的两大主题，尤其汽车排放污染所造成的大气环境恶化成了重大社会问题。为此，人类不惜牺牲动力性和经济性指标，努力降低汽车发动机排放污染。为了满足现代社会需求，使用最佳的燃料、不断完善汽车发动机的燃烧过程，是当前车用发动机的主要研究课题。

发动机工作过程中，缸内工质的成分和比例不断变化，这些不断变化的混合物对发动机的各种性能以及燃烧工作模式有着巨大的影响。不同燃料的理化特性很大程度上决定着混合气的形成、着火燃烧以及发动机的负荷调节方式，即对汽车动力性能、经济性能产生影响。同时也影响到有害排放物的成分和数量，即对排放性能造成影响。只有对汽车发动机燃料与燃烧特性深入分析与研究，才能不断地完善车用发动机的综合性能。

第一节 发动机燃料及使用特性

作为汽车发动机的燃料，应具备资源丰富、保证供应充足、其理化特性适应发动机燃烧及车辆行驶综合性能的要求，并能满足排放法规要求，续驶里程长、储运安全方便等特点。

到目前为止，由于资源、成本及使用性能方面等的优势，车用发动机还是以使用石油制品的液体燃料为主，一时还不能为其他燃料所完全替代。所以汽油、柴油习惯上被称为汽车发动机的常规燃料，而其余则被称为代用燃料。

一、发动机燃料

车用发动机以汽油和柴油为基本燃料，汽油、柴油并非单一成分和结构的物质，都是几百种有机物（绝大部分为单烃）的混合物。汽油主要由5~11个碳原子的烷烃、环烷烃和烯烃组成，其沸点在205℃以下。柴油主要是16~23个碳原子，沸点为170~370℃的烃类混合物，通常从原油中分馏出来之后，即可直接使用。表4-1所示为烃分子中碳原子数的影响，表4-2所示为烃燃料的分类、成分及结构。

表4-1 烃分子中碳原子数的影响

碳原子数	沸点	品种	相对分子质量	理化性质的变化趋势
1~4	常温	石油气	16~58	随碳原子数的增加黏度增大、蒸发性变差、化学安定性减小、自燃性增加、点燃难度加大
5~11	50~200℃	汽油	95~120	
11~19	180~300℃	煤油	100~180	
16~23	250~360℃	轻、重柴油	180~200	
23以上	360℃	渣油	220~280	

二、燃料的使用特性

汽车发动机燃料的特性和指标非常多，对其燃烧和运转产生重要影响的包括自燃性能、蒸发性能、燃烧热值、安全环保性等主要性能。

表 4-2　常用烃燃料的分类、成分及结构

类别	化学通式	结构特点	结构	性质
烷烃	C_nH_{2n+2}	C原子间单键相连；链状排列，饱合烃		呈饱和的开链式结构，含碳原子越高，结构越不紧凑，常温下化学性质比较稳定，但热稳定性比较低，在高温下易分解，是柴油燃料的良好成分
烯烃	C_nH_{2n}	C原子间链状排列；其中一个为双键相连；不饱和烃		非饱和开链式结构，有一个双价键，它比烷烃难于自行发火，是汽油中抗爆性好的成分，但常温下化学安定性差，在长期储存中易于氧化生成胶质
环烷烃	C_nH_{2n}	C原子间单键相连；环状排列；饱和烃		饱和的环状分子结构，不易分裂，热稳定性和自发火的温度均比直链烷烃为高。环烷烃多的燃油适宜作为汽油机燃料，不适宜作柴油机燃料，环烷烃与烷烃都是石油的重要组成部分
芳香烃	C_nH_{2n-6}	6个C原子环状排列；单、双键交替相连形成"苯核"以苯核为基础的不饱和烃	苯　　α—甲基萘	基本化合物是苯，所有芳香烃都含有苯基的成分。在石油中含量较少，分子结构紧固，热稳定性比脂肪烃及环烷烃均高，在高温下分子不易破裂，化学安定性较前者为高，是汽油中良好的防爆剂

（一）汽油

汽油性能的优劣对汽油机的工作影响很大，因此它必须满足一定的要求。汽油应具备的主要性能有抗爆性、蒸发性、氧化安定性及清净性等。

1. 抗爆性

抗爆性是汽油的重要使用指标，它是指汽油在发动机气缸内燃烧时抵抗爆燃的能力，用辛烷值表示。在爆燃燃烧时，汽油机功率下降、油耗增加、零件过热，严重时还会使受力零件损坏。因此，汽油机不允许在这种情况下继续工作。

辛烷值是代表点燃式发动机燃料抗爆性的一个约定数值，在规定条件下的标准发动机通过和标准燃料进行比较来测定，采用和被测定燃料具有相同的抗爆性的标准燃料中异辛烷的体积百分比来表示。

在一台专用的可改变其压缩比的单缸试验机上，用被测定的汽油作为燃料，在一定的条件下运转，改变试验机的压缩比，直至其产生标准强度的爆燃燃烧，然后，在同样的压缩

比下，换用由一定比例的异辛烷（一种抗爆燃燃烧能力很强的碳氢化合物，规定它的辛烷值为100）和正庚烷（一种抗爆燃燃烧能力极弱的碳氢化合物，规定它的辛烷值为0）混合而成的标准燃料，在相同的条件下运转，不断改变标准燃料中异辛烷和正庚烷的比例，直到单缸试验机产生与被测汽油相同强度的爆燃燃烧时为止。此时，标准燃料中含异辛烷的百分数就是被测汽油的辛烷值。例如，某汽油辛烷值为95，表示这种燃料的抗爆燃燃烧的能力与95%异辛烷和5%正庚烷混合而成的标准燃料相同。可见，汽油的辛烷值越高，它的抗爆燃燃烧能力越强。

测定汽油的辛烷值可以采用不同的试验方法，常用的为马达法与研究法。

马达法辛烷值是以较高的混合气温度（一般加热至149℃）和较高的发动机转速（一般为900r/min）的苛刻条件为其特征的实验室标准发动机测得的辛烷值。它表示汽油在发动机常用工况下低速运转时的抗爆能力的好坏。

研究法辛烷值是以较低的混合气温度（一般不加热）和较低的发动机转速（一般为600r/min）的中等苛刻条件为其特征的实验室标准发动机测得的辛烷值。它表示汽油在发动机重负荷条件下高速运转的抗爆能力的好坏。

马达法规定的试验转速及进气温度比研究法高，所以马达法辛烷值低于研究法辛烷值。一般采用研究法辛烷值来确定汽油的抗爆性。如要比较全面表示抗爆性时，同时标出马达法和研究法的辛烷值，也可用抗爆指数来衡量，抗爆指数是马达法和研究法辛烷值的算术平均值。

2. 蒸发性

汽油只有从液态蒸发成为汽油蒸气，并与一定比例的空气混合成为可燃混合气后，才能在汽油机中燃烧。在现代汽油机中，可燃混合气形成的时间很短。因此，汽油蒸发性的好坏，对形成的混合气质量将有很大影响。

汽油的蒸发性用汽油蒸发量为10%、50%、90%时所对应的温度来评定。分别称为10%馏出温度、50%馏出温度、90%馏出温度。汽油的蒸馏试验如图4-1所示。将一定数量的汽油放在蒸发器内加热，使之按一定速度蒸发，然后将蒸发出来的汽油蒸气通过冷凝器冷凝成液体，并用量筒测量其体积，当量筒中冷凝的汽油量为被试验汽油量的10%时，测出的蒸发器中汽油蒸气的温度便是10%馏出温度。用同样方法，可以得出其他几个温度。

在10%馏出温度时，从汽油中蒸发出的是低沸点、高饱和蒸气压的轻质成分。10%馏出温度低，表明汽油中所含的轻质部分低温时容易蒸发，从而有较多的汽油蒸气与空气混合形成可燃混合气，使汽油机冷机起动比较容易。因此，用10%馏出温度来评价汽油的起动品质，此温度越低，汽油的起动品质越好。

50%馏出温度的高低表明汽油中中间馏分蒸发性的好坏。此温度低，说明汽油的中间馏分容易蒸发，有利于汽油机的加速和由冷的状态很快转入工作状态。

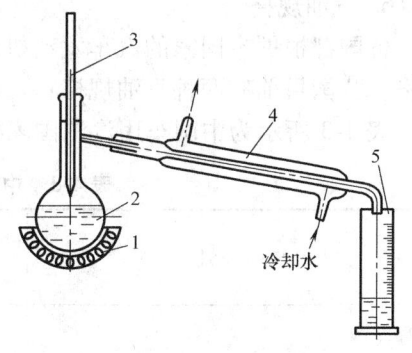

图4-1 燃料蒸馏仪
1—加热器 2—被测燃料 3—温度计
4—冷凝器 5—量筒

90%馏出温度可以表明汽油中难以蒸发的重质成

分含量。此温度高，表明汽油中不易蒸发的重质含量多。汽油中这些重质成分在混合气形成的过程中很难蒸发，它们附着在进气管和气缸壁上，将增加燃油消耗、稀释气缸壁上的润滑油和加大气缸磨损。

3. 氧化安定性

汽油抵抗大气或氧气的作用而保持其性质不发生长久性变化的能力称为氧化安定性。它直接影响汽油的储存、运输和在发动机上的应用。氧化安定性不好的汽油，易发生氧化、缩合和聚合反应，生成酸性物质和胶状物质，将导致燃料供应系统堵塞，气门关闭不严，气缸散热不良，增大爆燃倾向。

评定汽油氧化安定性的指标主要有实际胶质与诱导期。实际胶质是在规定条件下测得的汽油蒸发残渣中的正庚烷不溶部分。残留物越多，汽油的质量越差。诱导期是在规定的加速氧化条件下，油品处于稳定状态所经历的时间周期。汽油的诱导期越长，其氧化和形成胶质的倾向就越小，汽油的化学安定性越好。

提高汽油安定性的措施：其一可通过采用新的炼制工艺，使易氧化的活泼的烃类及非烃类尽量减少；其二是在汽油中添加抗氧防胶剂和金属钝化剂。

4. 防腐性

汽油的防腐性是指汽油阻止其相接触的金属被腐蚀的能力。汽油机的燃料供给系统是由许多金属零件组成的，如果汽油中含有元素硫、活性硫化物、水溶性酸和水溶性碱等，会对金属产生腐蚀作用。在国家标准中，对汽油的腐蚀性有严格的要求。汽油防腐性一般用硫含量、铜片腐蚀试验、水溶性酸或碱、酸度试验等指标来评定。

5. 清净性

汽油的清净性是指汽油中是否含有机械杂质和水分。机械杂质和水分会造成油路堵塞、磨损加剧等严重后果。炼油厂炼制出的成品汽油中是不含机械杂质与水分的，但在储运及使用过程中，汽油不可避免地受到外界污染，使得机械杂质及水分进入汽油中。

电喷发动机最常发生的问题是在进气系统和喷油器上产生沉淀物，其主要原因是汽油中不稳定的化合物，例如不饱和烯烃和二烯烃，以及添加剂带入的低分子量化合物等。为了经常保持进气系统的清洁，充分发挥汽油喷射的优点，可向汽油中加入汽油清净剂。它是一种具有清净、分散、抗氧、破乳和防锈性能的多功能复合添加剂。

6. 汽油规格

各国都根据本国家的汽车发动机结构特点、使用条件、石油炼制水平来制定本国的汽油规格。我国目前有两种汽油规格：一种是车用汽油的国家标准，另一种是无铅汽油的行业标准。表4-3所示为中国车用汽油国家标准，2011-5-12发布并实施。

表4-3 中国车用汽油（GB 17930—2011）

项目		质量指标			试验方法
		90	93	97	
抗爆性 研究法辛烷值(RON) 抗爆指数(RON + MON)/2	不小于 不小于	90 85	93 88	97 92	GB/T 5487 GB/T 503　GB/T 5487
铅含量/(g/L)	不大于	0.005			GB/T 8020

（续）

项　目		质量指标			试验方法
		90	93	97	
馏程 10％蒸发温度/℃ 50％蒸发温度/℃ 90％蒸发温度/℃ 终馏点/℃ 残留量（体积分数）/（％）	不高于 不高于 不高于 不高于 不大于	70 120 190 205 2			GB/T 6536
蒸气压/kPa 11月1日至4月30日 5月1日至10月31日	不大于 不大于	88 72			GB/T 8017
硫含量（质量分数）/（％）	不大于	0.015			SH/T 0689
水溶性酸和碱		无			GB/T 259
机械杂质及水分		无			目测
甲醇含量（质量分数）/（％）	不大于	0.3			SH/T 0663

（二）柴油

柴油主要用于压燃式发动机（柴油机），其中轻柴油在高速柴油机上使用。

1. 自燃性

在无外源点火的条件下，柴油与空气组成的可燃混合气是靠活塞压缩而自行着火的性质称为自燃性。使其自行着火的最低温度称为柴油的自燃点。柴油的自燃性用十六烷值来衡量，十六烷值高，自燃性好。

柴油的自燃性是与一种标准燃料进行比较来加以评定的。标准燃料是正十六烷和 α-甲基萘的混合物。正十六烷自燃性最好，作为自燃性好的标准，其十六烷值定为100。α-甲基萘最不易自燃，作为自燃性差的标准，定其十六烷值为0。柴油的自燃性通常介于正十六烷与 α-甲基萘之间。将上述两种成分按不同比例混合，可得出不同十六烷值的标准燃料，其十六烷值为该混合物中正十六烷所占的体积百分数。如果某柴油与某种标准燃料的自燃性相同，则该标准燃料的十六烷值即为该柴油的十六烷值。将柴油与标准燃料进行比较的试验方法和设备，由国家标准加以规定。

十六烷值过高或过低的柴油，都对柴油机的性能或工作产生不利影响。十六烷值过高，喷入燃烧室的柴油来不及与空气充分混合就着火，使燃油不能得到完全的燃烧，造成排气冒黑烟，柴油机的经济性降低。十六烷值过低则使柴油机工作粗暴，起动也较困难。因此，柴油的十六烷值通常规定在适中的范围，一般高速柴油机采用十六烷值为40~65的柴油。

2. 雾化和蒸发性

柴油的雾化和蒸发性是反映柴油由液态变为气态的能力。柴油的蒸发性好，混合气形成速度就快，就能适应高速柴油机燃烧时间短的要求，容易完全燃烧，油耗低、排污少；但蒸发性过高，则会使全部柴油迅速燃烧，缸内压力急剧升高，柴油机工作粗暴，在储运和使用过程中因柴油蒸气太多而不安全，因此对柴油的蒸发性有严格的要求。馏程、运动粘度、密度、闪点都是与雾化和蒸发性有关的油品指标。

柴油的馏程指柴油蒸馏过程中馏出一定百分数所处的温度，即在试验室将柴油加热，分别测定其蒸发量为50%、90%、95%的馏出温度。馏程中50%蒸发温度越低，柴油中的轻质成分就越多，表明柴油的蒸发性越好，越有利于可燃混合气的形成和燃烧，柴油机就易于起动。90%和95%溜出温度标志柴油中所含难以蒸发的重馏分的数量，馏出温度越高，柴油燃烧就越不完全，易产生积炭。柴油中重质馏分少，可以提高发动机的动力性和经济性。

柴油的粘度是柴油重要的物理性能之一，是表示其稀稠程度及流动性的指标。它影响燃油的喷雾质量、过滤性及在油道中的流动性。粘度过高，柴油的喷雾质量差，使燃烧过程恶化，柴油机的功率和经济性能降低；粘度过低，柴油易通过喷油泵柱塞偶件和喷油器针阀偶件之间的间隙泄漏出，使供油量不准确。此外，低粘度的柴油，在上述精密偶件的摩擦表面上不易形成油膜，使其润滑不良而加速磨损，缩短使用寿命。柴油粘度随温度而变化，温度越高，粘度越低，故应选择合适的粘度。

柴油加热后，柴油蒸气与外界的空气混合形成混合气。当混合气与火焰接触发生闪火的最低温度称为闪点，闪点越高，表明燃油在储存、运输和使用中越不易着火而引起火灾，即越安全。同时为了控制柴油蒸发性不致太强，国际中规定了柴油的闪点应不低于某一温度。

3. 硫含量

硫是柴油中的有害成分，天然地存在于原油中，硫和硫化物在燃烧时易生成二氧化硫，遇到气缸内的蒸气或水分就会形成亚硫酸，腐蚀零件，而且排放到大气中的硫化物也极易与水分结合形成酸雨，给环境带来危害；柴油中硫的腐蚀作用，严重地影响到柴油机零件的使用寿命；同时，又是造成排气颗粒的主要原因之一。各国标准中对硫含量提出了严格的要求，甚至是零含量。

4. 安定性

安定性是指柴油在运输、储存和使用过程中应保持其外观颜色、组成和使用性能不变的能力。影响安全性的因素主要是柴油中所含的不安定组分，它们是二烯烃、烯烃和环烷芳香烃。

5. 低温流动性

柴油的低温流动性直接关系到柴油机供油系统能否向喷油器正常供油的问题。低温时，柴油中的石蜡成分会析出而使柴油的流动性变差，特别是寒冷地区，析出来的石蜡可能堵塞柴油滤清器，使发动机起动不良，甚至运转中熄火。因此，车用柴油的低温流动性十分重要。是柴油机能否在低温下正常工作的基本保证。评价柴油低温流动性的指标有三个：凝点、浊点和冷滤点。

（1）柴油失去流动性而开始凝固的温度称为凝点。当柴油接近凝点时，流动性已很差，不但喷雾恶化，而且供油也很困难，柴油机无法正常工作。柴油凝点的高低影响柴油在低温下的使用、装卸和运输，我国的轻柴油就是按照凝点划分牌号的。表4-4车用柴油技术要求和试验方法（GB 19147—2009）为目前执行的标准，该标准中柴油的牌号分为10号、5号、0号、-10号、-20号、-35号、-50号柴油，它们的凝点分别为10℃、5℃、0℃、-10℃、-20℃、-35℃、-50℃。柴油的凝点越低，在低温下的转运越顺利，在柴油机燃料供给系统中的泵送性越好。但柴油的凝点与柴油的低温使用性能没有直接的对应关系，即柴油的凝点不能作为柴油可以使用的最低温度，柴油的凝点要比环境温度低4~10℃才能保证使用。

(续)

（2）柴油的浊点。柴油在凝固之前，随着温度下降，先析出石蜡小结晶使柴油变得混浊，在试验室条件下进行测定，当柴油混浊到与标准物相同时的温度即为浊点。柴油达到浊点后虽未失去流动性，但在燃料供给系统中石蜡小结晶容易造成油路堵塞，使供油量减少以致逐步中断供油。

（3）柴油的冷滤点。这是近些年来引入的一个新指标。由于柴油流动改进剂的广泛采用，使柴油的凝点和浊点之间的温差变大，柴油即使在浊点以下、凝点以上工作也能顺利地通过柴油机的滤清装置，保证正常供油。因此，如果为保证柴油机在低温下能正常工作，用柴油的浊点限制柴油的最低使用温度，就会限制柴油的使用范围，这是不合理的。这样就引入了这个被称为冷过滤堵塞点，简称冷滤点的新指标。柴油的冷滤点是这样确定的：让被测柴油在规定的试验条件下，以一定的压力通过363目的不锈钢滤网，在逐渐降低柴油温度时，柴油的通过量会逐渐下降，当1min通过滤网的柴油量不足20mL时，此时的柴油温度就是它的冷滤点。大量的工程车辆使用试验证明，冷滤点与柴油在柴油机上实际能够使用的最低温度有良好的对应关系，且不管柴油是否添加柴油流动改进剂，故可用柴油的冷滤点作为根据，按柴油机的使用气温来选用柴油。一般柴油的冷滤点比其凝点高 4~6℃。

表4-4 国家车用柴油（Ⅲ）技术要求

项目		质量指标						试验方法
		5号	0号	-10号	-20号	-35号	-50号	
氧化安定性（以总不溶物计）/(mg/100mL)	（不大于）	2.5						SH/T 0175
硫含量①/(mg/kg)	不大于	350						SH/T 0689
酸度（以KOH计）/(mg/100mL)	不大于	7						GB/T 258
10%蒸余物残炭②（质量分数）(%)		0.3						GB/T 268
灰分（质量分数）(%)	不大于	0.01						GT/T 508
铜片腐蚀（50℃,3h）/级	不大于	1						GT/T 5096
水分③（体积分数）(%)	不大于	痕迹						GB/T 260
机械杂质④		无						GB/T 511
润滑性 校正磨痕直径（60℃）/μm		460						SH/T 7065
多环芳烃含量⑤（质量分数）(%) 不大于		11						SH/T 0606
运动黏度（20℃）/(mm²/s)		3.0~8.0		2.5~8.0		1.8~7.0		GB/T 265
凝点/℃	不高于	5	0	-10	-20	-35	-50	GB/T 510
冷滤点/℃	不高于	8	4	-5	-14	-29	-44	SH/T 0248
闪点（闭口）/℃	不低于	55		50		45		GB/T 261
着火性⑥（需满足下列要求之一） 十六烷值 十六烷指数	不小于 不小于	49 46		46 46		45 43		GB/T 386 SH/T 0694

(续)

项目	质量指标						试验方法
	5号	0号	-10号	-20号	-35号	-50号	
馏程： 50%馏出温度（℃）不高于 90%馏出温度（℃）不高于 95%馏出温度（℃）不高于	300 355 365						GB/T 6536
密度⑦（20℃）/（kg/m³）	810~850			790~840			GB/T 1884 GB/T 1885
脂肪酸甲酯⑧（体积分数）（%） 不大于	1.0						GB/T 23801

① 也可采用 GB/T 380、GB/T 11140、GB/T 17040 进行测定，结果有异议时，以 SH/T 0689 方法为准。
② 也可采用 GB/T 17144 进行测定，结果有异议时，以 GB/T 268 方法为准。若车用柴油中含有硝酸酯型十六烷值改进剂，10% 蒸余物残炭的测定，应用不加硝酸酯的基础燃料进行。车用柴油中是否含有硝酸酯型十六烷值改进剂的检验方法见附录 B。
③ 可用目测法，即将试样注入 100mL 玻璃量筒中，在室温（20℃±5℃）下观察，应当透明，没有悬浮和沉降的水分。结果有异议时，按 GB/T 260 测定。
④ 可用目测法，即将试样注入 100mL 玻璃量筒中，在室温（20℃±5℃）下观察，应当透明，没有悬浮和沉降的水分。结果有异议时，按 GB/T 511 测定。
⑤ 也可采用 SH/T 0806 进行测定，结果有异议时，以 SH/T 0606 方法为准。
⑥ 十六烷指数的计算也可采用 GB/T 11139。结果有异议时，以 GB/T 386 方法为准。
⑦ 也可采用 SH/T 0604 进行测定，结果有异议时，以 GB/T 1884 和 GB/T 1885 方法为准。
⑧ 脂肪酸甲酯应满足 GB/T 20828 要求。

三、代用燃料及应用

伴随着汽车保有量的增多，一方面汽车发动机需要消耗大量的燃料，有限的石油资源却日益枯竭，使传统石油燃料的供需矛盾加剧；另一方面，汽车有害排放物对城市环境的污染越来越严重，汽车排放已成为城市大气最主要的污染源。为了保护环境及解决日益严重的能源危机，不断改进传统发动机的同时，人类也在积极开发新能源，寻找代用燃料。

1. 代用燃料分类

（1）代用燃料按物态区分可分为气体代用燃料、液体代用燃料两类。

1）气体代用燃料：包括压缩天然气、液化石油气等，其他有氢气、沼气、煤气等。此外，某些化工产品的气体燃料，如二甲基醚可用作柴油机代用燃料。

2）液体代用燃料：包括甲醇、乙醇和某些动植物油及可燃的化工液体副产品。

（2）代用燃料按化学成分区分可分为除汽油、柴油之外的烃燃料和含氧燃料两类。

1）除汽油、柴油之外的烃燃料主要成分是碳和氢。碳、氢含量适中时多为液体。碳分子数减少多为气体，如甲烷、天然气、液化石油气等。

2）含氧燃料：含氧燃料成分中，除碳和氢外，还含有一定比例的氧。甲醇、乙醇以及动植物油等都是含氧燃料。

2. 代用燃料与汽油、柴油理化性质的比较

代用燃料能否在汽车上得到应用，受到其理化特性、安全与环保特性、价格、供给等因素的影响。表 4-5 所示为各种代用燃料与汽油、柴油理化性质的比较。

表 4-5 各种代用燃料与汽油、柴油理化性质的比较

理化性质	柴油	汽油	生物柴油	压缩天然气	液化石油气	甲醇	乙醇	二甲醚
分子式	C10~C21 碳氢化合物	C5~C12 碳氢化合物	不同的油和脂	主要成分 CH_4	C_3H_8 + C_4H_{10}	CH_3OH	C_2H_5OH	CH_3OCH_3
沸点/℃	180~360	45~205	182~338	-162	—	64.7	78	-24.9
辛烷值(RON)	20~30	70~97	—	130	102~105	111	108	
十六烷值	40~55	15	>48	低	低	3~5	8	>55
自燃温度/℃	≈250	420	—	650	440~500	465	426	235
化学计量空燃比	14.3	14.8~15.1	13.8	16.4	15.53	6.45	9.0	8.9
着火极限(%)	1.4~7.6	1.0~6.0	—	5.0~13.9	2.4~9.5	7.3~36.9	4.3~19	3.4~18
低热值/MJ·kg^{-1}	42.5~44.4	43.97	38.41	50	46.42	20.26	27.20	27.60
蒸发热/kJ·kg^{-1}	250	297	—	—	—	1101	862	410
密度/kg·m^{-3}	860	679	880	—	506	779	725	660

第二节 燃烧热化学

燃料燃烧是指燃料中的可燃成分与空气中的氧发生氧化发热的过程。完全燃烧是指燃料中的可燃成分都燃烧成氧化物。若燃烧产物中没有氧气的完全燃烧称为完善燃烧。

发动机在实际工作中,应按不同的工况获得不同浓度的可燃混合气,以满足使用的要求。当汽油、柴油在发动机气缸内燃烧时,若空气多,燃油少,则气缸工作容积没有得到充分利用,发动机的动力性差;若空气少,燃油多,则燃料不能完全燃烧,动力性、经济性与排放性差。那么 1kg 燃料完全燃烧需要多少空气,这是燃烧热化学要解决的首要问题。其次,发动机工作时,燃烧前是新鲜空气、燃料和上一循环残留在气缸内的残余废气,燃烧后是燃烧产物。那么,分析燃烧前后工质成分与数量的变化情况,则是燃烧热化学要解决的第二个问题。

一、燃料燃烧反应

(一) 燃料热值和混合气热值

1. 燃料热值

单位量的燃料完全燃烧时所释放出的热量称为燃料的热值。单位为 kJ/kg。完全燃烧是指某化合物被氧气全部氧化,其中 C 生成 CO_2,其他元素生成高级氧化物,H 生成 H_2O。在高温的燃烧产物中,水以蒸汽形式存在,水的汽化潜热不能被利用,只有待冷却之后才能释放出来。当生成的水(H_2O)为液态时,称为高热值(H_0);当生成的水(H_2O)为气态时所发出的热量,称为低热值(H_μ)。低热值比高热值小,其差值为水蒸气的汽化潜热。无论是汽油机还是柴油机,燃料在气缸中燃烧生成的水(H_2O)均为气态,所以车用发动机燃料燃烧所用到的热值都是低热值。其计算公式为

$$H_\mu = H_0 - wr$$

式中　H_0——高热值，kJ/kg；
　　　H_μ——低热值，kJ/kg；
　　　w——单位质量燃烧产物中水的含量，%；
　　　r——水蒸气的汽化潜热，kJ/kg。

2. 混合气热值

当气缸工作容积和进气条件一定时，每循环加给工质的热量取决于单位体积可燃混合气的热值，而不单单决定于燃料热值。

可燃混合气的热值是指燃料的低热值与单位燃料形成可燃混合气数量之比，以 H_m（kJ/kmol）来表示。其计算公式为

$$H_m = \frac{H_\mu}{\phi_a L_0 + \frac{1}{M_T}}$$

式中　H_m——混合气热值；
　　　ϕ_a——过量空气系数；
　　　L_0——理论空气量；
　　　M_T——燃料分子量。

由此可见，当发动机排量和进气条件一定时，每循环加给工质的热量取决于单位可燃混合气的热值，即取决于燃料的热值和过量空气系数值，而不仅仅是燃料的热值。

（二）燃料燃烧化学反应方程式

发动机燃料的主要成分为碳和氢，此外还含有少量的氧、硫等杂质。这些成分及化合物的燃烧可用以下化学反应方程式予以表示。

1. 碳完全燃烧

反应化学方程式为　　　　　　$C + O_2 \longrightarrow CO_2$
反应时的数量关系为　1kmol C + 1/12kmol O_2 = 1/12kmol CO_2

2. 氢完全燃烧

反应化学方程式为　　　　　　$2H_2 + O_2 \longrightarrow H_2O$
反应时的数量关系为　1kmol H_2 + 1/2kmol O_2 = 1/2kmol H_2O

3. 硫完全燃烧

反应化学方程式为　　　　　　$S + O_2 \longrightarrow SO_2$
反应时的数量关系为　1kmol S + 1/32kmol O_2 = 1/32kmol SO_2

4. 碳氢化合物（气态）完全燃烧

反应化学方程式为　$C_mH_n + (m + n/4)O_2 = m\,CO_2 + n/2\,H_2O$
反应时的数量关系为　1kmol C_mH_n + 1/(12m + 2n)O_2 = 1/(12m + 2n)CO_2
　　　　　　　　　　+ 1/(12m + 2n)H_2O

二、理论空气量

理论空气量（L_0）是指1kg燃料完全燃烧所必需的最低空气量。理论空气量的计算是根据燃料中可燃成分完全燃烧的化学反应方程式及燃料与空气的组成成分而进行的。

燃油中的主要成分是碳（C）、氢（H）、氧（O），其他成分数量很少，计算时可略去

不计。若以质量成分表示 1kg 燃料中各元素的含量，则 $g_C + g_H + g_O = 1$。式中，g_C、g_H、g_O 分别为 1kg 燃料的 C、H、O 的质量成分。

1kg 燃料完全燃烧时所需的最少空气量，称为理论空气量。

汽油的平均质量成分：$g_C = 0.855$；$g_H = 0.145$；$g_O = 0$。

柴油的平均质量成分：$g_C = 0.870$；$g_H = 0.126$；$g_O = 0.004$。

如 1kg 燃油中含有氧为 g_O kg 或 $g_O/32$ kmol，则每千克燃油完全燃烧时需要的理论氧气量为 $g_C/12 + g_H/4 - g_O/32$（kmol）或 $2.667 g_C + 8 g_H - g_O$（kg）。

燃料所需的氧气来自空气，空气中的主要元素是氧（O）和氮（N）。按体积计，空气中氧约占 21%、氮约占 79%；按质量计，氧约占 23%，氮约占 77%。

按照化学反应的当量关系，可求出 1kg 燃油完全燃烧所需的理论空气量 L_0 为

摩尔的量 $\qquad L_0 = \dfrac{1}{0.21}\left(\dfrac{g_C}{12} + \dfrac{g_H}{4} - \dfrac{g_O}{32}\right)$（kmol/kg 燃油）

质量 $\qquad L_0 = \dfrac{1}{0.23}\left(\dfrac{8}{3}g_C + 8g_H - g_O\right)$（kg/kg 燃油）

三、过量空气系数与空燃比

理论上使燃油完全燃烧，所需的空气量等于理论空气量。实际上，为了满足不同的使用要求，供给的空气量总是大于或小于理论空气量。为了评定发动机工作过程中所用空气数量的多少，引入过量空气系数的概念。发动机工作过程中，燃烧 1kg 燃油实际供给的空气量（L）与理论空气量（L_0）之比，称为过量空气系数，用 ϕ_a 表示，即 $\phi_a = L/L_0$。

过量空气系数是发动机工作过程的一个重要参数。过量空气系数 $\phi_a > 1$ 时，称为稀混合气；$\phi_a < 1$ 时，称为浓混合气；$\phi_a = 1$，即实际空气量与理论空气量相等，称为标准混合气。过量空气系数的大小与发动机的类型、混合气形成方式、燃料种类、发动机工况和功率调节的方法有关。因此，过量空气系数是反映混合气形成和完善程度及整机性能的一个重要参数，在保证完全燃烧的前提下，应力求使过量空气系数小一些。

除了用过量空气系数表示混合气浓度以外，也可用燃烧时空气量与燃料量的比例，即空燃比 α 来表示。空燃比 α = 空气流量/燃料流量。空燃比即每千克燃料燃烧时实际供给空气量的千克数。汽油理论上完全燃烧时的空燃比为 $\alpha \approx 14.9$，即标准混合气；$\alpha < 14.9$ 时为浓混合气；$\alpha > 14.9$ 的为稀混合气。

第三节　燃烧的基本理论

发动机运转性能的优劣很大程度上取决于燃烧过程的完善程度。由于在燃烧过程中，工质的形成和燃烧的进行连在一起且又互相渗透，两者又都受燃烧室中局部的化学及物理参数变化的影响，因而增加了复杂性。燃烧过程是一个间断性的，又是在很短暂的时间内完成的过程，就目前所掌握的观察技术，很难对燃烧室中燃烧过程的中间机理作出准确的测量和观察。在进行的一系列实验中，由于实验条件与发动机的实际运转条件相差太大，其结果也不能直接用于发动机。因此，在发动机的燃烧机理中，目前还存在着一些不同的意见，而且还有一些没有搞清楚的问题。下面就较为清楚的部分和公认的看法作一些简单的介绍。

一切燃烧过程都由着火和燃烧两个阶段组成。着火阶段是物质燃烧的准备阶段，是着火的物理和化学的准备过程。所谓物理准备过程是燃烧经过雾化、受热蒸发并与空气形成可燃混合气等项准备；所谓化学准备过程则包括可燃混合气形成后，在自燃以前发生的焰前氧化过程，氧化反应的速度很低，压力和温度均无明显升高。在此缓慢氧化的过程中，可燃混合气逐渐积累起热量或活化中心，自身加速了反应进行的速度，最后出现火焰使混合物的燃烧转入第二阶段。

使可燃混合物进入燃烧的第二阶段，有两种方法：

（1）利用点火系统向可燃混合物增加能量，迫使可燃混合物着火燃烧，这种着火方式称为强迫着火或点燃。它是在可燃混合气内的某一局部用火源引燃相邻一层的混合气之后形成的燃烧波自动地传播到混合气其余部分。显然，点燃包括用火源在局部引燃和继之而来的火焰传播两个阶段。所使用的点火热源可以是电火花、电热丝、炽热物体和点火火焰等。

（2）自燃着火。所谓自燃，即依靠自身缓慢的化学反应逐渐积累热量或活化中心完成着火的过程。着火后，可燃混合物释放出的能量足以使燃烧过程自行继续下去，不需要外部供给任何能量。

一、着火方式及着火机理

（一）着火机理

所谓着火，是指可燃混合气在一定的压力、温度和浓度条件下，其氧化反应速度突然加速，以至出现火焰的现象。按化学动力学的观点，着火机理可分为热自燃机理和链锁自燃机理两类。

1. 热自燃

在着火的准备阶段，混合气进行着氧化过程，放出热量。放热的同时，由于温差的原因，会对周围介质散热。若化学反应所释放出的热量大于所散失的热量，混合气的温度升高，进而促使混合气的反应速率和放热速率增大。这种相互促进，最终导致极快的反应速率而着火。这就是热自燃，或称热爆。

实际工况下，着火和燃烧都是在有限的容器内进行的，反应所放出的热量总有一部分要通过容器壁传给窗口外的介质。这就不仅会使反应物的温度降低，而且造成容器内各处反应物的温差。由于各处的温度不同，各点反应速率与浓度也不同。这样，在反应系统中的各部分，不仅有化学反应和热交换，而且有物质交换，这就使问题复杂化。

相同条件下的可燃混合物的发火点可以不相同，它不是一个固定值，而是随散热条件而异，若散热条件固定不变，就只有一个不变的自燃温度。若混合气体的温度达到或超过这个温度时，可燃混合物就会发生热爆现象。与此自燃温度相适应的外界温度和压力分别称为临界温度和临界压力。在一定的临界压力下，只要外界温度低于临界温度，混合物就不会发生热爆。当压力提高时，由于在同一反应温度下的放热量增加了，因而相应的自燃温度就较低，反之则较高。同样，在一定的临界温度下，只要压力低于临界压力，混合物就不会发生热爆，而压力高于临界值量则会发生热爆。

2. 链锁反应

按链锁理论的观点，认为使反应自动加速不一定要依靠热量的积累使大量分子活化，通

过链锁反应逐渐积累活化中心的方法也能使反应自动加速，直至着火。所谓链锁反应是这样的化学反应，其中一个活化作用能引起很多基本反应，即反应链。整个反应过程如下：引导反应（发链反应）——→反应链（链的继续反应或链的传递）——→断链反应（链的中断即活化中心的死亡）。以最简单的氢燃烧为例来说明链锁反应。化学反应方程为

$$2H_2 + O_2 \longrightarrow 2H_2O$$

实际上，其反应具有如下过程：

① $H_2 \longrightarrow 2H$

② $H + O_2 \longrightarrow OH + O$

③ $O + H_2 \longrightarrow OH + H$

④ $OH + H_2 \longrightarrow H_2O + H$

⑤ $H + H + M \longrightarrow H_2 + M$

⑥ $H + OH + M \longrightarrow H_2O + M$

⑦ $H + O + M \longrightarrow OH + M$（M——惰性气体分子）

上述反应中，①为发链反应；②~④为链反应，其中②、③为支链反应，④为延链反应。这种一环扣一环，借助活性很强的活性中心，如游离原子 H、O 和游离基 OH 发展的连续反应过程，称为链式反应。由于分子间碰撞等原因，由较不活性分子产生活性很强的活性中心，称为发链反应，如反应①，也可通过 $H_2 + O_2 \longrightarrow OH + OH$ 产生必需的活性物质。反应②、③所产生的 OH、O、H 多于消耗，使活性中心越来越多，活性中心按几何级数增加，反应速率随之剧增，可引起爆炸。这种通过链式反应引起的爆炸，称为链爆炸，在相对温度较低时也能实现。活性中心与惰性气体分子 M 的碰撞相对较慢，加上冷壁面的碰撞作用等，导致活性中心减少或消灭的过程（活性中心的复合），称为断链反应，如反应⑤~⑦。

由于初始物比较稳定，引导反应进行较慢，只有在高温下才能自行着火。因此，在燃料链爆炸前，必然经过一个反应量逐渐积累的阶段，这个阶段称为诱导期或着火落后期（柴油机中称为滞燃期）。

燃烧是一个相当复杂的过程，至今还不能完全详细描述。实际燃烧过程中，不可能有纯粹的热自燃或纯粹的链锁自燃存在。事实上，两者是同时存在而且相互促进的。可燃混合气的自行加热不仅加强了热活化，而且也加强了每个链锁反应的基元反应；在低温时，链锁反应的进行则可使系统逐渐加热，从而也加强了分子的热活化。所以，不能用单一的着火机理来解释自燃着火，有些可用热自燃理论来说明，有些则需要用链锁理论来解释。一般来说，在高温下，热自燃是着火的主要原因。而在低温时则支链反应是着火的主要原因。

（二）可燃混合气的着火

1. 着火界限

发动机气缸内可燃混合气的着火，要受到混合气温度、压力和浓度的限制。

当温度小于极限温度时，若浓度一定，压力再高或压力保持一定值时，不管浓度如何，两者均不能着火。这一极限温度称为着火的温度界限。当浓度一定时，温度越高，混合气着火对压力的要求就越低。

若缸内压力小于极限压力时，若浓度一定时，温度再高或温度保持一定值时，不管浓度如何，也都不会着火。这一极限压力称为着火的压力极限。

当混合气过浓或过稀时，不管压力与温度多高，都不会着火。所以浓度界限又有贫油界

限与富油界限之分。在一定的燃油品质和压力下，混合气能够着火的浓度范围随温度的升高而扩大。

2. 高温单阶段着火过程

根据对碳氢燃料着火的研究表明，在 900～1200K 属高温单级着火，而在 600K 以下为低温多级着火。高温单级着火是在高温下碳氢燃油分子的碳氢键发生热裂化产生活化中心（自由原子和自由基等），这些活化中心加速链反应，又促使温度升高，更加速了燃油分子的裂化，最终达到着火自燃。高温单阶段着火其先决条件是要有一个温度大于 1200K 的热源，这在柴油机燃烧室中是难以实现的。而汽油机的着火就是高温单阶段着火方式。混合气在压缩过程中，已经进行了一定的化学反应。当火花塞跳火的瞬间，一方面在火花塞电极附近形成局部高温，使可燃混合气温度急剧上升，可高达几千摄氏度以上。另一方面在高温作用下，燃油分子直接分裂成大量的自由原子和自由基，如 CH 等，作为发链反应的活化中心，迅速开展自行加速的链反应，放热速度远大于散热速度，则温度迅速上升达到热爆炸。因为划分不出由链反应引起的起始反应的自动加速和由热所引起的自动加温两者的界限，在火花塞跳火后经一短暂的着火延迟期即可出现明显的热火焰，故称其为高温单阶段着火。而自燃常在温度最高点发生。因而高温单阶段着火常是点燃式发动机着火方式。如图 4-2 所示，当某一点着火后，再以火焰传播方式向外扩展。

3. 低温多级着火过程

柴油机的着火为低温多阶段着火。在柴油机中压缩终点温度不能使碳氢燃油分子发热而达到热自燃的目的。而是经历从冷焰→蓝焰→热焰的多级着火过程，如图 4-7 所示。柴油机喷油时缸内温度为 500～700℃。在这种情况下，不可能直接得出链反应开始时所需要的自由原子和自由基。在着火落后期的短暂时间里，反应之所以能进展得这样迅速，是由于燃料和空气进行了低温

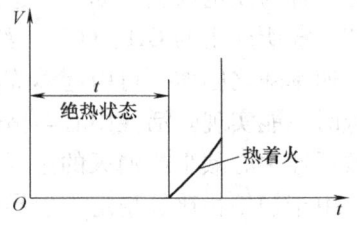

图 4-2 高温单级着火过程

多阶段反应的结果。在接近压缩终了时，将燃油喷入气缸而形成混合气，在温度较高处，燃油分子在压缩温度与压力下与氧分子接触，开始氧化，产生不完全的氧化过程，但反应缓慢，压力没有明显变化，先产生活性较大的碳氢基（R），然后产生活性较大的过氧基（ROO），在经历一段时间后，由于热量积累，使反应加剧，从而使过氧基进一步反应产生过氧化物（ROOH）和甲醛（HCHO）等有机化合物中间产物，其浓度随链反应的扩展而逐渐增加，当过氧化物达到临界温度时，反应物中积累了大量发光的甲醛分子，就产生一种微弱的火光，呈淡青色，形同火舌，其热量不多，不会引起混合气燃烧，因此也称为冷焰。冷焰发出辐射光，以辐射强度表示冷焰强度。在冷焰阶段只释放出燃料热量的 5%～10%，混合气压力不变，而温度略有上升。此时的反应称为一阶段反应。由于冷焰阶段产生和积聚大量的甲醛使链反应继续进行，经一段时间后，由于缸内温度、压力上升，当达到一定的临界浓度时，在一定的温度下甲醛分解生成 CO、O、H、OH 等活化中心，同时发出淡蓝色的辉光，从而得名蓝色火焰。缸内温度、压力明显升高，并有热量积累，称为二阶段反应。蓝焰的产物是 CO，其反应深度比冷焰深，烃类会裂解成各种不同深度的裂解产物，高分子烃裂解成为低分子烃，长链裂解成短链，有支链的或支链较多的烃裂解成无支链或少支链的烃等。但仍属不完全燃烧，CO_2 生成量不多。

由于在冷焰与蓝焰阶段中放出了一定的热量，同时又有活化中心浓度的自积聚。从而使反应过程热量的自积累与反应速度的自加速，当这两者达到足够高度时，在极短时间内产生爆炸性燃烧，使蓝焰阶段中的 CO 燃烧成 CO_2 并放出大量的热量与发出明亮的光，出现橘黄色热火焰，而称为热焰。即产生燃油自燃，温度和压力急剧升高，这种热火焰的出现称为三阶段反应。是否生成大量的 CO_2，是热焰区别于蓝焰的主要标志。着火过程与温度和浓度有关，整个焰前反应时间之和，称为着火延迟期或着火过程（如图 4-3 中 $t_1 + t_2 + t_3$ 之和），这就是低温多阶段着火。

二、发动机的燃烧方式

燃烧过程中往往伴有复杂的传热、传质、化学反应和流动现象。发动机的燃烧方式有如下三种形式：

（1）同时爆炸燃烧。均匀混合气在燃烧室内的燃烧前后一瞬间，燃烧室内只有一个相。燃烧前是正在进行焰前反应的可燃混合气相，燃烧后是燃烧产物相。

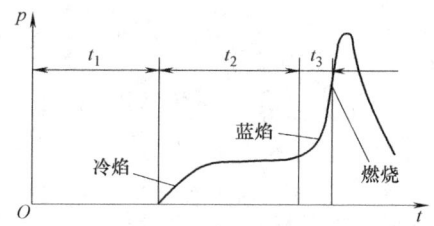

图 4-3　低温多级着火过程

（2）预混合燃烧。在着火或点火燃烧之前，燃料与空气已预先混合成气相的可燃混合气的燃烧称为预混合燃烧。其混合气着火时，即形成球状火焰中心。呈平滑球形表面的火焰面，以一定的法向速度向未燃混合气推进，直至传播到整个燃烧室。火焰面通过后的绝大部分混合气已燃烧完毕，成为燃烧产物，即火焰面将已燃与未燃物清楚地分开。预混合燃烧中，均匀混合气的过量空气系数是一个常数，着火极限和火焰速度均与压力温度和过量空气系数有关。由于火焰前锋的推移，使燃烧传播到整个燃烧室内，燃烧室内压力各处基本一致，而温度各不相同，在燃烧期间，燃烧室内存在未燃混合气相和燃烧产物相两个相。

（3）扩散燃烧。扩散燃烧是指燃料与空气在燃烧前没有预先混合好，而是边混合、边燃烧的燃烧现象。燃烧室内产生自燃后，空气和燃料从各个方向连续导入，在反应过程中通过扩散、混合，混合气各处的过量空气系数都不同。当燃料与空气混合，燃烧并产生了燃烧产物后，必须设法将燃烧产物带走，并防止它将燃料与空气隔开，所采用的方法是组织空气与燃料的相对运动。在燃烧期间，燃烧室内将同时存在可燃气体相、空气相和燃烧产物相三个相。

预混合燃烧与扩散燃烧的区别：预混合燃烧中，可燃混合气在进入燃烧以前就完全混合好。在多数场合中，燃烧过程同时受控于化学动力学及传热与扩散作用，燃烧速度极快。在扩散燃烧中，燃料与氧化剂在燃烧开始前还没有完全混合好，或者完全没有混合。而在燃烧过程中，靠燃料与氧化剂的相互扩散、混合而成为混合剂，因而可燃混合气的混合和燃烧是同时进行的。由于化学反应速度远远大于气流速度、扩散速度和混合速度，因此在扩散燃烧过程中，控制燃烧速度的主要因素是燃料和氧化剂的扩散速度而不是化学反应速度。燃料和氧化剂在火焰前锋上是按化学当量比混合的，这就是扩散燃烧的共性。

传统的化油器式燃油供给系统汽油机的点火燃烧就是预混合燃烧的典型。而电控燃油喷射式汽油机是选用热扩散来实现火焰传播，即热扩散促使化学链锁反应推进火焰传播，而火焰传播速率远远高于混合气形成速率；压燃式柴油机的初始燃烧，由于在着火延迟期内部混合气均匀混合，属于预混合燃烧，燃烧后期主要依靠燃油蒸气和氧气的扩散现象促进混合气形成，燃烧速率决定于混合气形成速率，属于扩散燃烧。

复习思考题

1. 汽油、柴油的性能指标有哪些？
2. 为什么说柴油机的着火过程是低温多阶段着火？汽油机的着火过程是高温单阶段着火？
3. 汽车发动机的代用燃料有哪些，各有什么特点？
4. 汽车发动机燃烧的基本理论有哪些？

第五章 车用发动机废气涡轮增压

第一节 发动机增压技术概述

发动机增压是指利用各种方法提高发动机进气压力，增大进气充量，以达到增大输出功率的目的。目前，车用柴油机几乎都采用增压技术，车用汽油机也越来越多地采用增压技术。发动机增压技术的成熟，使车用发动机的动力性、经济性与排放性都有了很大的改善。

一、增压概念及衡量指标

1. 增压概念

车用发动机增压技术就是增压器将空气或可燃混合气进行压缩，提高进气压力（密度），由此增加气缸单位体积进气量的一项措施。

2. 理论依据

为了提高发动机的有效功率，由公式

$$P_e = p_{me} V_s in/30\tau \times 10^{-3}$$

可知，通过下列方法提高发动机的单机功率：

（1）改变发动机结构参数，增大发动机排量，即增大气缸直径 D、活塞行程 S，增加气缸数 i，减少冲程数 τ 等。

（2）提高发动机转速 n。

（3）提高发动机平均有效压力 p_{me}。

上述方法中，加大发动机结构参数，将受到自重及安装位置的限制。发动机转速的提高受到活塞平均速度的限制，因机械效率 η_m 和充量系数 ϕ_c 随活塞平均速度的提高而下降。实践证明，提高发动机的平均有效压力是提高发动机功率最经济有效的方法。其关系式为

$$p_{me} \propto \eta_{it} \eta_m \phi_c \rho_s / \phi_a$$

故减小过量空气系数 ϕ_a，提高充量系数 ϕ_c，增加进入气缸的充量密度 ρ_s 等均可提高发动机的平均有效压力。

车用发动机增压就是增加进入发动机气缸的充量密度 ρ_s，从而提高发动机平均有效压力，达到提高发动机功率、改善燃油经济性能和排放性能的目的。

3. 衡量指标

（1）增压比。增压后气体压力 p_k 与增压前气体压力 p_0 之比，用 π_k 表示，即

$$\pi_k = p_k/p_0$$

（2）增压度。发动机增压后增长的功率与增压前的功率之比，用 ϕ_k 表示，即

$$\phi_k = (P_{e-k} - P_{e-0})/P_{e-0} = P_{e-k}/P_{e-0} - 1$$

二、增压的分类

1. 按增压比分类

根据增压比的不同，发动机增压可分为低增压、中增压、高增压和超高增压等。

(1) 低增压 $\pi_k = 1.3 \sim 1.6$，对应的 $p_{me} = 700 \sim 1000 \text{kPa}$。
(2) 中增压 $\pi_k = 1.6 \sim 2.5$，对应的 $p_{me} = 1000 \sim 1500 \text{kPa}$。
(3) 高增压 $\pi_k > 2.5$，对应的 $p_{me} > 1500 \text{kPa}$。
(4) 超高增压 $\pi_k > 4.5 \sim 5.5$，对应的 $p_{me} = 2500 \sim 3500 \text{kPa}$ 以上。

2. 按压气机驱动方式分类

根据驱动压气机方式的不同，发动机增压可分为机械增压、气波增压和废气涡轮增压三种。

(1) 机械增压。机械增压系统如图 5-1 所示。发动机曲轴通过齿轮变速器或其他类型传动装置直接驱动压气机，由此实现对进气的压缩。机械增压的优点是能有效提高发动机功率，与涡轮增压相比，其低速增压效果好。缺点是由于驱动增压器需消耗发动机的功率，故机械损失增加，燃油消耗率比非增压发动机略高。

(2) 气波增压。气波增压系统如图 5-2 所示。由曲轴驱动一个特殊的转子，在转子中废气直接与空气接触，利用高压废气的脉冲气波（膨胀波与压缩波），迫使空气在不与废气混合的情况下受到压缩，以提高进气压力。气波增压器结构简单，加工方便，工作温度不高，不需要耐热材料，也无需冷却。与废气涡轮增压相比，其低速转矩特性和加速性较好。但是，气波增压体积大，噪声水平高，安装位置受到一定的限制，所以在车用发动机上很少采用。

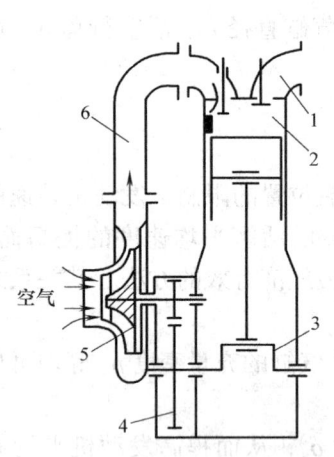

图 5-1 机械增压系统
1—排气管 2—气缸 3—曲轴
4—齿轮副 5—压气机 6—进气管

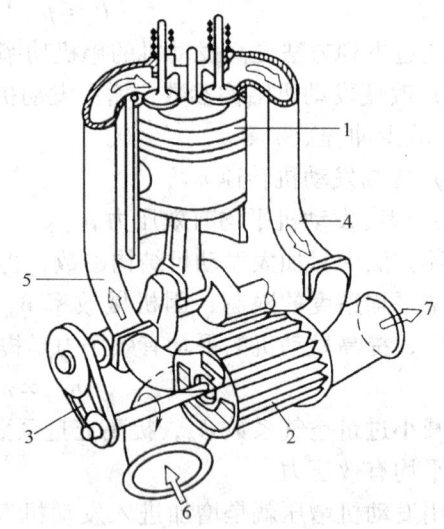

图 5-2 气波增压系统
1—发动机 2—转子 3—带轮传动 4—高压排气
5—高压空气 6—低压空气 7—低压排气

(3) 废气涡轮增压。废气涡轮增压系统如图 5-3 所示。发动机排出的具有一定能量的废气进入涡轮并膨胀做功，废气涡轮的全部功率用于驱动与涡轮机同轴旋转的压气机工作叶轮，在压气机中将新鲜空气压缩后再送入气缸。废气涡轮增压由于利用了废气能量，故发动机经济性比机械增压和非增压发动机都好，并可大幅度地降低有害气体的排放和噪声水平。废气涡轮增压低转速时增压效果不明显，起动性和加速性变差，热负荷和机械负荷有一定程

度增加。

上述三种增压方式中,废气涡轮增压是目前车用发动机上应用最广的增压方式。但随着发动机强化程度的不断提高,以及节能与排放法规要求的日趋严格,为了获得更好的增压效果,常采用多种增压方式加以组合。主要采用复合增压和双级增压两种形式。

(1) 复合增压。复合增压是指不同增压方式的组合。

1) 废气涡轮增压与机械增压组合。由于废气涡轮增压过度依赖发动机的转速,特别是在低转速时转矩特性不佳,机械增压在高转速会过多消耗发动机功率。所以废气涡轮增压和机械增压都有着各自的缺陷,而这两种增压方式的优缺点又是互补的。由废气涡轮增压和机械增压组成的复合增压系统就是利用这两种增压性能优缺点的互补性开发的双增压系统。全球畅销车型大众高尔夫 1.4LTSI 即采用此类复合增压系统。

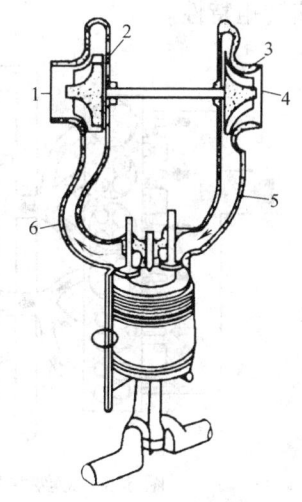

图 5-3 废气涡轮增压系统
1—排气口 2—涡轮机 3—压气机
4—进气口 5—进气管 6—排气管

2) 废气涡轮增压与废气动力涡轮组合。对于增压度较高的发动机,废气能量除驱动废气涡轮增压器外,尚有多余的能量用于驱动低压废气动力涡轮,该动力涡轮通过齿轮变速器及液力耦合器与发动机输出轴连接,将多余的功回送给曲轴。根据动力涡轮回收废气能量的方式不同,该类型的复合增压系统又可分为串联前复合增压、串联后复合增压及并联复合增压三种方式,如图 5-4 所示。

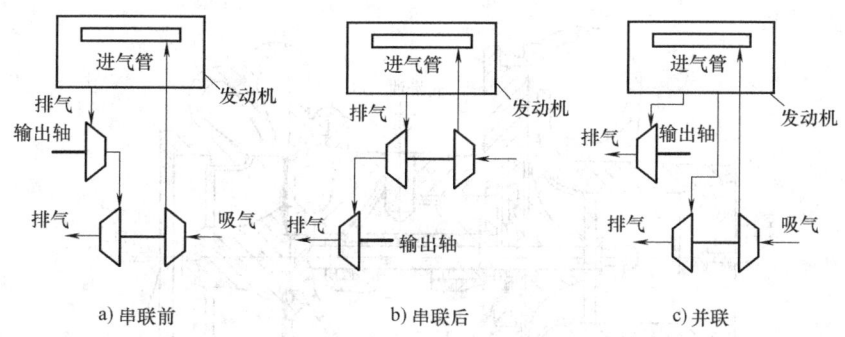

图 5-4 废气涡轮增压与废气动力涡轮组合

(2) 双级增压。双级增压是指利用两个废气涡轮增压器来提高增压效果的增压方式。

1) 双级并列增压。按照多缸发动机的工作顺序,将排气管分为两组,采用相同的废气涡轮增压器,如图 5-5 所示。与多缸发动机采用一个增压器相比,双级并列增压所流过废气涡轮的排气流量减小一半,所以可采用小型增压器,以改善涡轮增压器的瞬态响应特性。双级并列增压还可避免出现各缸排气干涉的现象。

2) 双级直列增压。由一个小型增压器和一个大型增压器组成,如图 5-6 所示。中、高速时打开进气切换阀和排气切换阀,此时,小型增压器涡轮的进出口压力相等,所以自动停止工作,排气流向大型增压器,使增压发动机在高效率区进行匹配,以提高发动机的经济性。低速时关闭进气切换阀和排气切换阀，使小型增压器工作，以提高低速增压效果，改善低速转矩特性。

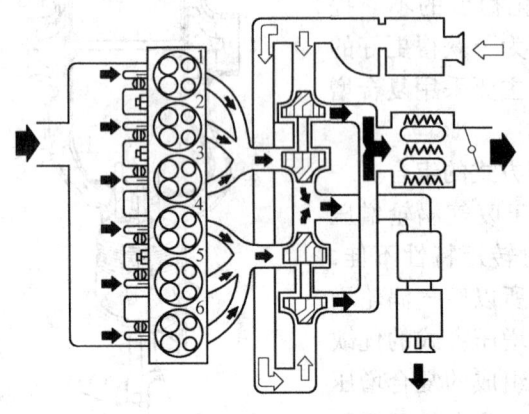

图 5-5 双级并列增压系统

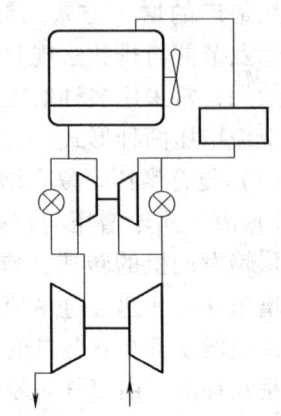

图 5-6 双级直列增压系统

第二节 废气涡轮增压器的基本结构及工作原理

废气涡轮增压器按废气在涡轮机中的不同流动方向分为径流式和轴流式两类，一般车用发动机多采用径流式涡轮增压器，以适应发动机高转速及较高响应性能的要求。

径流式涡轮增压器由离心式压气机、径流式涡轮机、中间体三个主要部分，以及润滑系统、冷却系统、密封装置和支承装置等组成，如图 5-7 所示。为了使增压器和发动机良好地匹配，需要掌握压气机和涡轮机的工作原理、特性曲线及其影响因素。

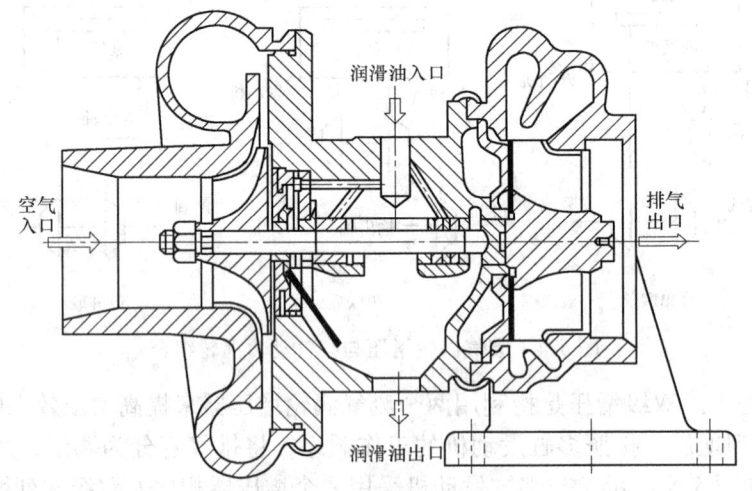

图 5-7 径流式涡轮增压器

一、离心式压气机

1. 基本结构

离心式压气机的结构如图 5-8 所示，主要由进气道 1、叶轮 2、无叶式扩压管 3 及蜗壳 4

等组成。

2. 工作原理

当涡轮驱动压气机旋转时，空气沿收敛形的轴向进气道略有加速地进入叶轮，压力和温度略有下降。在离心力的作用下，气流沿着叶片之间形成的通道，从叶轮中心流向叶轮周边，从旋转的叶轮得到能量，致使空气的流速、压力和温度均有较大的提高。此后进入扩压管，扩压管是一个断面渐扩的通道，气流进入后速度降低，压力和温度进一步升高，气流将在叶轮中得到的动能在扩压管中转变为压力能。压气机蜗壳的

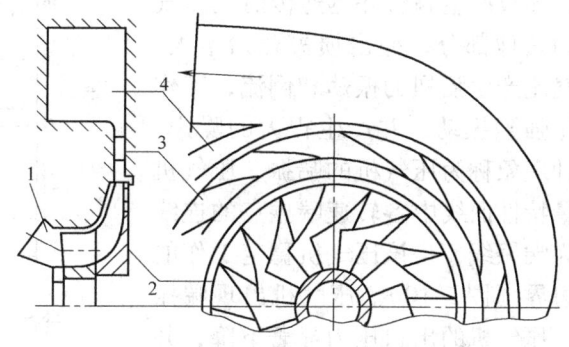

图 5-8 离心式压气机结构
1—进气道 2—叶轮 3—扩压管 4—蜗壳

作用是收集从扩压管流出的空气，并将其引向压气机出口。在蜗壳中，空气流速有所降低，空气的动能继续转变为压力能。总之，空气流经压气机的各个通道后，将涡轮机传给压气机叶轮的大部分机械功转变为空气流的压力能，如图 5-9 所示。

3. 压气机的主要参数

（1）增压比：$\pi_k = p_k/p_0$。

（2）压气机流量：每秒流经压气机的质量流量 q_{mb}（kg/s）或容积流量 V_0（m³/s）。

（3）压气机绝热效率：压气机将外界 1kg 空气绝热压缩所做的功 h_{ad-k} 与压缩 1kg 空气实际消耗的功 h_k 之比，即

$$\eta_{ad-k} = h_{ad-k}/h_k$$

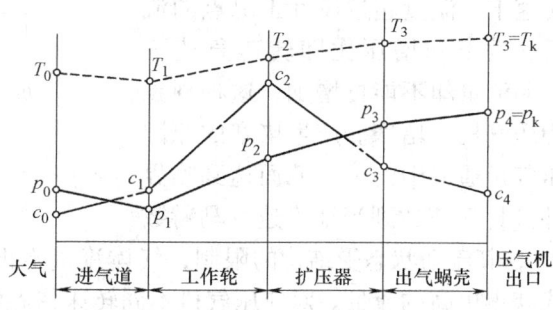

图 5-9 压气机中气流参数的变化

（4）压气机转速：由于压气机与涡轮机同轴旋转，因此压气机的转速就是涡轮机的转速，每分钟可达到几万转，甚至十几万转。

4. 压气机的特性

压气机特性是指压气机在不同转速下的压比、效率与空气流量之间的关系。

（1）压气机的流量特性。压气机的流量特性表示在相同压气机转速 n_k 时，压气机增压比 π_k 和绝热效率 η_{ad-k} 随压气机流量 q_{mb} 的变化关系。通常以增压比 π_k 为纵坐标、流量 q_{mb} 为横坐标、转速 n_k 为参变量，以等绝热效率曲线的形式绘制压气机流量特性曲线，由此表示在各种工况下压气机主要工作参数之间的相互关系。压气机的流量特性曲线由试验测得，如图 5-10 所示。

由图可知，压气机一般在设计工况流量下增压比达到最大值，其他工况时，无论流量减少还是增大，增压比均会降低。压气机绝热效率大小与增压比有关，故增压比随流量的变化特性，决定了绝热效率随流量的变化趋势。

（2）压气机的喘振。在压气机转速一定的条件下，当流量小于某一数值后，在叶片或

扩压管入口处出现气流与壁面分离现象，导致产生涡流并迅速传播到压气机的其他部分，撞击损失开始增大，使气流产生强烈的振荡和倒流，工作叶轮强烈振动，并产生很大的噪声，这种现象称为压气机的喘振。压气机流量特性曲线中各转速喘振点的连线称为喘振线，是该压气机稳定工作的左边界（图5-10）。压气机出现喘振后，压气机的出口压力显著下降，并伴随着很大的压力波动，这样，不仅达不到预期的压力升高效果，严重时反而还会损坏压气机的零件，故使用中应注意避免压气机在喘振条件下工作。

（3）压气机的堵塞。在某一压气机转速下，流量超过设计工况点的流量后，效率和增压比随转速急速下降，而流量却不能再增加，这种现象称为压气机的堵塞。产生堵塞的原因是压气机通道中的某个截面达到临界条件（即流速达到当地声速，马赫数

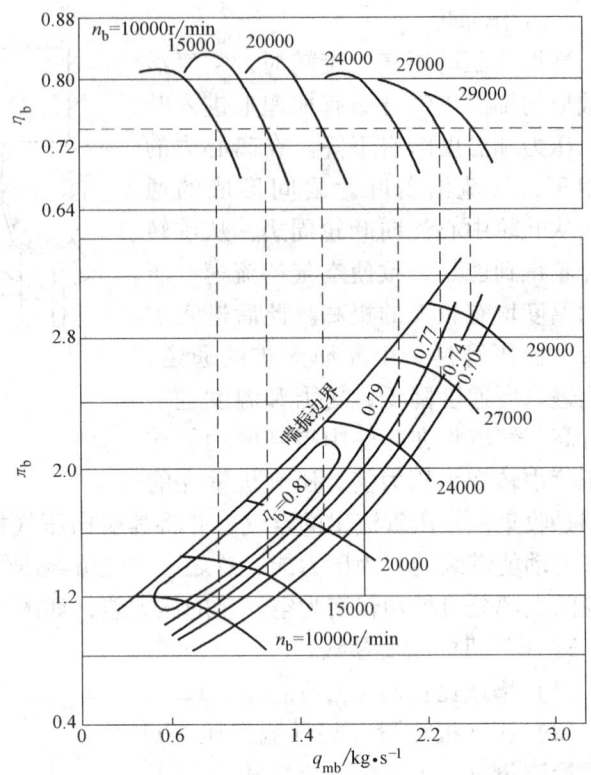

图5-10 压气机的流量特性曲线

为1），其流动状态受结构的限制，气体流量不再增加，此时，只能通过提高压气机转速的方式获得更高的流量。对应压气机不同转速临界状态的气体流量称为堵塞流量，它也是该转速下压气机所对应的最大流量，一般当压气机的绝热效率下降到55%时就认为发生了堵塞。各转速下发生堵塞点的连线即为压气机稳定工作的右边界。

综上所述，离心式压气机的工作特点是在高转速时易发生堵塞，在低转速时易引起喘振。因此，在设计时应设法保证压气机具有宽广的工作范围。

（4）压气机通用特性。上述压气机特性曲线中的参数都是在一定的大气状态下测得的，因此，压气机特性曲线受大气环境条件的影响差异很大，压气机的特性曲线就需要进行相应的调整，否则无法使用，这无疑会带来很大的不便。为解决这一问题，常应用相对的折合参数概念，把试验时测的上述参数根据气流动力相似理论换算成标准大气状态（1atm = 101.33kPa、标准大气温度 = 298K）下的参数值，绘制不受环境条件变化影响的压气机通用特性曲线。

二、径流式涡轮机

1. 基本结构

径流式涡轮机的结构如图5-11所示，主要由蜗壳1、喷管2、叶轮3及出气道4等组成。

2. 工作原理

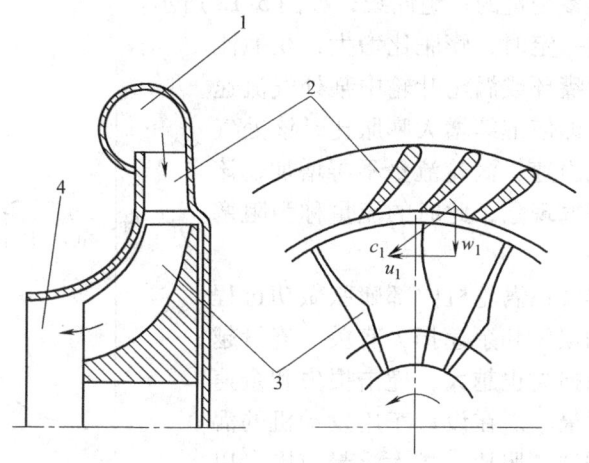

图 5-11 径流式涡轮机结构
1—蜗壳 2—喷管 3—叶轮 4—出气道

径流式涡轮机蜗壳的进口与发动机的排气管相连接，发动机排气在蜗壳 1 的引导下进入叶片式喷管 2。因为喷管是由相邻叶片构成的渐缩形流道，故排气流过喷管时降温、降压、膨胀、增速，排气的压力能转变为动能。从喷管流出的高速气流冲击叶轮 3，在叶片所形成的渐缩形流道中继续膨胀做功，进而推动叶轮旋转。排气离开叶轮时仍具有一定的速度，还有一部分动能未能在涡轮机中得到完全的利用，这部分动能损失称为余速损失。气流参数在涡轮机中的变化如图 5-12 所示。

3. 涡轮机的主要参数

(1) 涡轮机膨胀比。涡轮机膨胀比是代表气体在涡轮中具有做功能力的重要参数，定义为涡轮进口气体滞止压力 p_T^* 与涡轮出口气体静压力 p_0' 之比，即 $\pi_T = p_T^*/p_0'$。

(2) 气体质量流量。气体质量流量 q_{mT} 是指单位时间内通过涡轮的气体质量。在涡轮增压发动机中，若无放气和泄漏存在时，通过涡轮的气体质量流量等于压气机质量流量和发动机燃烧的燃料质量流量之和。

(3) 涡轮机效率。涡轮机中废气的能量转换为机械功的有效程度，常用涡轮机效率来表示，即

$$\eta_T = W_T/H_T$$

式中 W_T——涡轮机轴上的有用功；
H_T——废气所拥有的能量，即可用焓降。

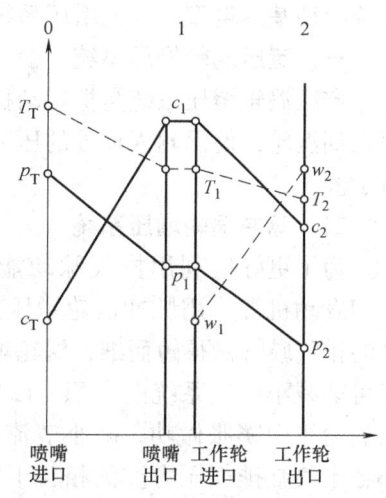

图 5-12 涡轮机中气流参数的变化

据统计，涡轮机效率 $\eta_T = 0.65 \sim 0.85$。

(4) 涡轮机转速。涡轮机转速与压气机转速相等，通称为涡轮增压器转速。

4. 涡轮机的特性

涡轮机特性曲线是指涡轮机膨胀比 π_T、排气流量 q_{mT}、涡轮转速 n_T 及涡轮机效率 η_T 之间的变化关系。同样根据相似原理，涡轮机通用特性曲线是以相似流量为横坐标，膨胀比为

纵坐标，相似转速为参变量的一组曲线，如图 5-13 所示。

由图可知，转速一定时，膨胀比增大，相似流量也随之增大，当喷嘴环或涡轮叶轮中某处气流速度达到当地声速后，即使继续增大膨胀比，该处气流速度仍维持在当地声速，涡轮流量不再增加，该现象称为涡轮机的阻塞现象，此时的流量称为阻塞流量。

涡轮机效率与排气在涡轮机内部膨胀做功过程中的撞击损失、流动损失和余速损失有关。流量越大、流速越高，流动损失也越大，撞击损失和余速损失在设计工况点时最小。在设计车用发动机的涡轮机时，应尽可能增加膨胀比，扩大流量范围，以保证大排气流量时不至于出现阻塞现象，以免增加发动机的排气阻力而使发动机性能恶化；低速小排气流量时，有足够的涡轮效率和转速，以驱动压气机工作。

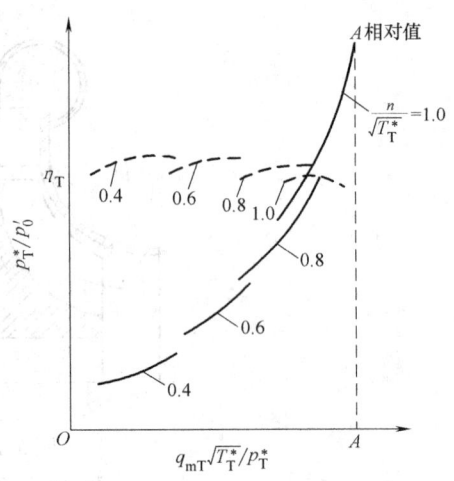

图 5-13 涡轮机通用特性曲线

第三节 废气涡轮增压系统的类型

根据排气能量的利用方式不同，废气涡轮增压可分为定压涡轮增压系统和脉冲涡轮增压系统两种基本类型，其他增压系统都是由这两种基本类型演变而来。

一、定压涡轮增压系统

定压涡轮增压系统是把发动机所有的排气预先收集到一个体积足够大的稳压箱内，然后引入到涡轮，使涡轮入口处的压力不受各缸排气压力脉动的影响，保持相对稳定，如图5-14所示。

二、脉冲涡轮增压系统

为了更好地利用排气脉动能量，改善增压效果，车用发动机常采用脉冲涡轮增压系统。其特点是把各缸的排气歧管做得短而细，涡轮增压器尽量靠近气缸，尽可能减小排气系统的容积，以便排气能够迅速地进入涡轮机中膨胀做功，减小节流损失。同时，为了减小各个气缸排气压力波的相互干扰，常用几根排气歧管将相邻发火气缸的排气相互隔开，以保证同一根排气管内没有其他气缸同时排气，如图 5-15 所示。在脉

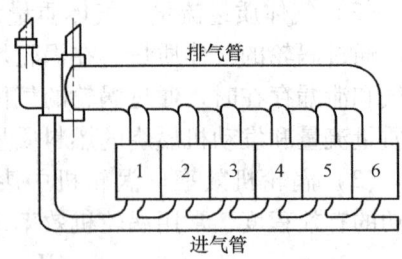

图 5-14 定压涡轮增压系统

冲涡轮增压系统中，涡轮处在排气压力波动较大的条件下工作，所以该系统也称为变压涡轮增压系统。

三、定压涡轮增压系统和脉冲涡轮增压系统的比较

（1）废气能量的利用效果。由于脉冲涡轮增压系统部分地利用了排气脉冲能量，所以定压涡轮增压系统在有效利用排气能量方面不如脉冲涡轮增压系统。特别是在低速时，采用

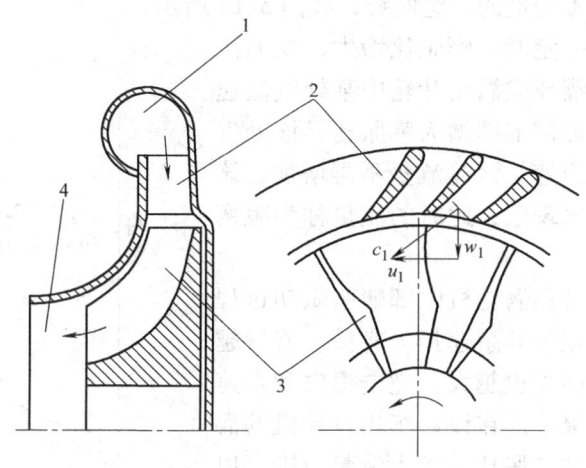

图 5-11 径流式涡轮机结构
1—蜗壳 2—喷管 3—叶轮 4—出气道

径流式涡轮机蜗壳的进口与发动机的排气管相连接，发动机排气在蜗壳 1 的引导下进入叶片式喷管 2。因为喷管是由相邻叶片构成的渐缩形流道，故排气流过喷管时降温、降压、膨胀、增速，排气的压力能转变为动能。从喷管流出的高速气流冲击叶轮 3，在叶片所形成的渐缩形流道中继续膨胀做功，进而推动叶轮旋转。排气离开叶轮时仍具有一定的速度，还有一部分动能未能在涡轮机中得到完全的利用，这部分动能损失称为余速损失。气流参数在涡轮机中的变化如图 5-12 所示。

3. 涡轮机的主要参数

（1）涡轮机膨胀比。涡轮机膨胀比是代表气体在涡轮中具有做功能力的重要参数，定义为涡轮进口气体滞止压力 p_T^* 与涡轮出口气体静压力 p_0' 之比，即 $\pi_T = p_T^*/p_0'$。

（2）气体质量流量。气体质量流量 q_{mT} 是指单位时间内通过涡轮的气体质量。在涡轮增压发动机中，若无放气和泄漏存在时，通过涡轮的气体质量流量等于压气机质量流量和发动机燃烧的燃料质量流量之和。

（3）涡轮机效率。涡轮机中废气的能量转换为机械功的有效程度，常用涡轮机效率来表示，即

$$\eta_T = W_T/H_T$$

式中 W_T——涡轮机轴上的有用功；
H_T——废气所拥有的能量，即可用焓降。

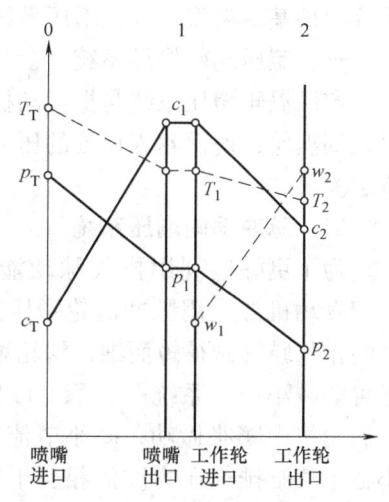

图 5-12 涡轮机中气流参数的变化

据统计，涡轮机效率 $\eta_T = 0.65 \sim 0.85$。

（4）涡轮机转速。涡轮机转速与压气机转速相等，通称为涡轮增压器转速。

4. 涡轮机的特性

涡轮机特性曲线是指涡轮机膨胀比 π_T、排气流量 q_{mT}、涡轮转速 n_T 及涡轮机效率 η_T 之间的变化关系。同样根据相似原理，涡轮机通用特性曲线是以相似流量为横坐标，膨胀比为

纵坐标，相似转速为参变量的一组曲线，如图 5-13 所示。

由图可知，转速一定时，膨胀比增大，相似流量也随之增大，当喷嘴环或涡轮叶轮中某处气流速度达到当地声速后，即使继续增大膨胀比，该处气流速度仍维持在当地声速，涡轮流量不再增加，该现象称为涡轮机的阻塞现象，此时的流量称为阻塞流量。

涡轮机效率与排气在涡轮机内部膨胀做功过程中的撞击损失、流动损失和余速损失有关。流量越大、流速越高，流动损失也越大，撞击损失和余速损失在设计工况点时最小。在设计车用发动机的涡轮机时，应尽可能增加膨胀比，扩大流量范围，以保证大排气流量时不至于出现阻塞现象，以免增加发动机的排气阻力而使发动机性能恶化；低速小排气流量时，有足够的涡轮效率和转速，以驱动压气机工作。

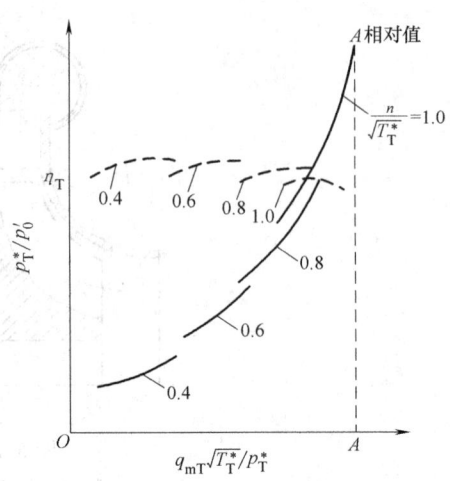

图 5-13　涡轮机通用特性曲线

第三节　废气涡轮增压系统的类型

根据排气能量的利用方式不同，废气涡轮增压可分为定压涡轮增压系统和脉冲涡轮增压系统两种基本类型，其他增压系统都是由这两种基本类型演变而来。

一、定压涡轮增压系统

定压涡轮增压系统是把发动机所有的排气预先收集到一个体积足够大的稳压箱内，然后引入到涡轮，使涡轮入口处的压力不受各缸排气压力脉动的影响，保持相对稳定，如图5-14 所示。

二、脉冲涡轮增压系统

为了更好地利用排气脉动能量，改善增压效果，车用发动机常采用脉冲涡轮增压系统。其特点是把各缸的排气歧管做得短而细，涡轮增压器尽量靠近气缸，尽可能减小排气系统的容积，以便排气能够迅速地进入涡轮机中膨胀做功，减小节流损失。同时，为了减小各个气缸排气压力波的相互干扰，常用几根排气歧管将相邻发火气缸的排气相互隔开，以保证同一根排气管内没有其他气缸同时排气，如图 5-15 所示。在脉冲涡轮增压系统中，涡轮处在排气压力波动较大的条件下工作，所以该系统也称为变压涡轮增压系统。

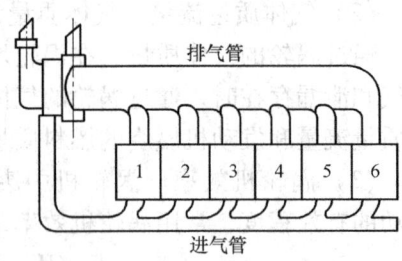

图 5-14　定压涡轮增压系统

三、定压涡轮增压系统和脉冲涡轮增压系统的比较

（1）废气能量的利用效果。由于脉冲涡轮增压系统部分地利用了排气脉冲能量，所以定压涡轮增压系统在有效利用排气能量方面不如脉冲涡轮增压系统。特别是在低速时，采用

脉冲涡轮增压系统增压效果比较明显。

（2）发动机的加速性能。因脉冲涡轮增压系统比定压涡轮增压系统的排气管容积小，当发动机负荷改变时，废气的压力波就会立刻发生变化，并很快传递到涡轮机，从而改变增压器转速，适应负荷变化的要求。因此，脉冲涡轮增压系统的加速响应特性比定压涡轮增压系统好。

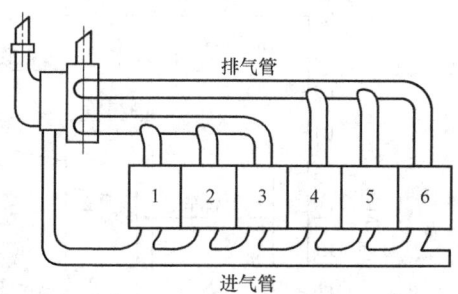

图 5-15　脉冲涡轮增压系统

（3）发动机气缸内的扫气作用。在发动机扫气期间，脉冲涡轮增压系统排气管压力 p_T 正处于波谷，因此即使在部分负荷工况，仍能保持足够的扫气压力差 $p_b - p_T$，以保证气缸有良好的扫气，达到提高充量系数、减小燃烧室内高温零件热负荷的目的。而在定压涡轮增压系统中，由于排气管内压力波动小，扫气压力差大为减小，不容易保证气缸内的扫气。

（4）增压系统的结构。与定压涡轮增压系统相比，脉冲涡轮增压系统的尺寸较大，而且排气管的结构也比较复杂。

（5）增压器的效率。从涡轮机的效率来看，脉冲涡轮增压系统的平均绝热效率比定压涡轮增压系统略低。这主要是因为脉冲涡轮增压系统存在较大的流动损失、撞击损失和部分进气损失。

四、增压系统的选择

增压系统的选择原则：低增压时选用脉冲涡轮增压系统，高增压时选用定压涡轮增压系统。车用发动机大部分时间在部分工况下工作，对转矩特性和加速性能要求较高，所以多采用脉冲涡轮增压系统。

第四节　废气涡轮增压对发动机性能的影响

一、废气涡轮增压对发动机动力性能、经济性能的影响

1. 废气涡轮增压对发动机动力性能的影响

在排量和发动机质量基本不变的条件下，增压使输出功率大幅度提高，比质量、升功率和平均有效压力指标显著改善，动力性能大大提高，如图 5-16 所示。

2. 废气涡轮增压对发动机经济性能的影响

车用发动机增压后，要对喷油、进气和燃烧等系统重新进行性能匹配，以保证不低于自然吸气原机的燃烧效率和循环热效率。实际上，增压机型的机械效率提高了，这是由于总机械损失功率变化不大，而有效功率大幅上升的结果。增压发动机大都做泵气正功，这会使指示效率提高。再加上增压后，标定工况的过量空气系数都要加大（变稀），这是因为热负荷、机械负荷加大及进气量增多后应采取的措施。以上这些使增压发动机相对原有自然吸气发动机的经济性能得到明显改善，如图 5-17 所示。

二、废气涡轮增压对发动机其他性能的影响

1. 排放性能改善

发动机增压后，由于进气量增加，过量空气系数变大，混合气变稀，使高负荷时的烟

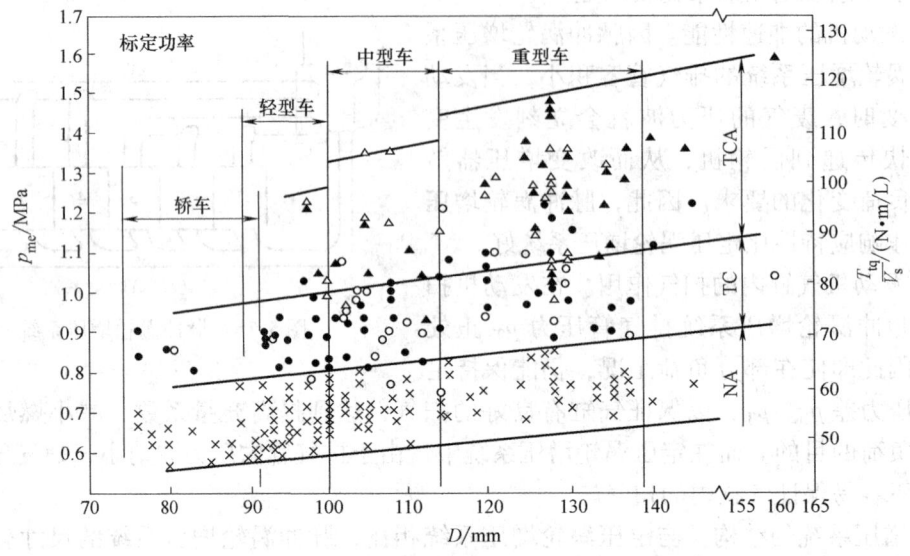

图 5-16 增压与非增压发动机动力性能的比较
NA—自然吸气　TC—涡轮增压　TCA—涡轮中冷增压

度、排气中的一氧化碳（CO）及碳氢化合物（HC）都有所下降，有害成分排放量仅为非增压发动机的 1/3~1/2。但增压后，由于进气温度的上升，氮氧化物（NO_x）排放量有所增加。此时，若采用增压中冷技术，即采取措施使增压后的热空气经冷却降温后再进入气缸，对减少有害排放物更为有利，NO_x 排放量也显著降低。

2. 燃烧及排气噪声降低

增压后，由于压缩压力与进气温度的增加，使燃烧的滞燃期缩短，燃烧的压力升高率降低，燃烧柔和，可以使燃烧噪声下降。与非增压发动机相比，废气能量可以在涡轮中得到

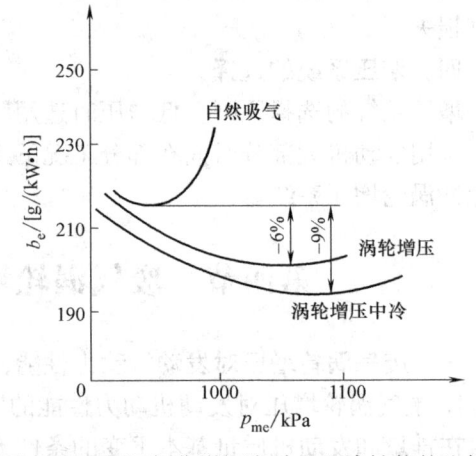

图 5-17 增压与非增压发动机经济性能的比较

进一步的利用，因而增压后发动机的排气噪声有所降低。增压柴油机总的噪声级（取决于机械噪声水平）在稳定的高负荷工况比非增压柴油机低 3.5dB（A），但在低负荷工况时，降低噪声的效果不明显。

3. 低速转矩特性下降

车用发动机是动力机械装置，要求低速时输出高转矩，而对于废气涡轮增压，由于涡轮机是流体机械，其增压能力取决于增压器的转速。增压器的转速是由发动机排出的废气所具有的能量在涡轮机上推动叶轮旋转而转换的。发动机低速时，排气流量低而能量不足，涡轮转速低致使压气机的增压效果不明显，发动机转矩增加不多，与动力机械要求的发动机转矩特性互相矛盾。

4. 瞬态响应特性变差

发动机对负荷与转速的迅速响应，对车辆行驶的安全性与经济性十分重要。在发动机工况改变时，涡轮增压器自身的惯性使其瞬态响应特性较差，从排气能量的变化到进气压力的建立需要一定的时间，不仅影响了发动机对突变负荷的加速响应特性，而且由于过渡过程拖长致使加速时排放性能和经济性能变差。

5. 起动及制动性能变差

增压发动机起动时，因无高温废气，涡轮增压器不工作，压气机也就不能正常供气，造成起动瞬时的进气压力和进气温度均不高，又因为增压发动机的压缩比较低，使起动时压缩终点的温度降低，造成着火与起动困难。

重型汽车下坡时，经常用不脱档发动机制动。按载质量配用的非增压发动机其制动力与气缸排量成正比。但增压发动机的升功率高，因此按增压发动机的功率匹配的载重汽车发动机的制动力就明显不足。

6. 热负荷与机械负荷增大

增压后，由于缸内压力及温度上升，而主要零、部件的传热面积没有改变，所以热负荷及机械负荷都大幅上升，成为进一步提高发动机性能的主要限制因素。此外，使用寿命和可靠性也将受到影响。

三、改善车用涡轮增压发动机转矩特性的措施

为了保证发动机在低速时具有较高的增压压力和较高的转矩，同时保证发动机在高速时增压压力又不致过高，防止发动机热负荷过高和涡轮增压器超速，应采取相应的技术措施改善车用涡轮增压发动机的转矩特性。

1. 降低涡轮转动惯量

（1）利用新型涡轮转子总成制造材料研发小涡轮。利用新的涡轮制造材料，减轻涡轮质量是降低涡轮增压器的转动惯量，改善车用涡轮增压发动机低速转矩特性的一项重要措施。铝钛合金作为一种新型的高温材料，密度小（$3.7 \sim 3.9 \text{g/cm}^3$，只有镍基高温合金 $7.8 \sim 8.3 \text{g/cm}^3$ 的 1/2 左右），高温强度及抗氧化性好，用于涡轮增压器可以大幅降低其转动惯量，提高其动态响应性，改善涡轮增压发动机的低速转矩特性。

（2）双级增压。双级增压可分为双级并列增压和双级直列增压，具体内容参见本章第一节。

2. 改变气体流通状态

（1）进气旁通增压系统。进气旁通增压系统是将部分增压空气返回到压气机入口或大气中，以减少进入气缸的空气量，使发动机进气压力得以适当降低，以适应发动机高速工况对增压压力的要求。但这种方式消耗了部分涡轮做的功，对增压发动机的效率会有一定的影响。

（2）排气旁通增压系统。排气旁通增压系统如图 5-18 所示，旁通阀 5 受驱动气室 6 的控制，ECU 控制的增压压力控制电磁阀 3 安装在增压器压气机出口与驱动气室之间的高压空气管中，增压压力控制电磁阀控制进入驱动气室的气体压力。ECU 将增压压力传感器 8 检测到的实际增压压力与内存的目标值进行比较，当实际增压压力低于目标时，ECU 控制的增压压力控制电磁阀搭铁回路断开，增压压力控制电磁阀关闭通往驱动气室 6 的高压空气管路 10，驱动气室驱动旁通阀 5 关闭废气旁通口，使废气流经增压器，废气涡轮增压器工作；当实际增压压力高于目标时，ECU 控制的增压压力控制电磁阀搭铁回路接通，增压压

力控制电磁阀开启通往驱动气室的高压空气管路 9，驱动气室驱动旁通阀开启废气旁通口，由于废气经旁通口排出，废气涡轮增压器停止工作。

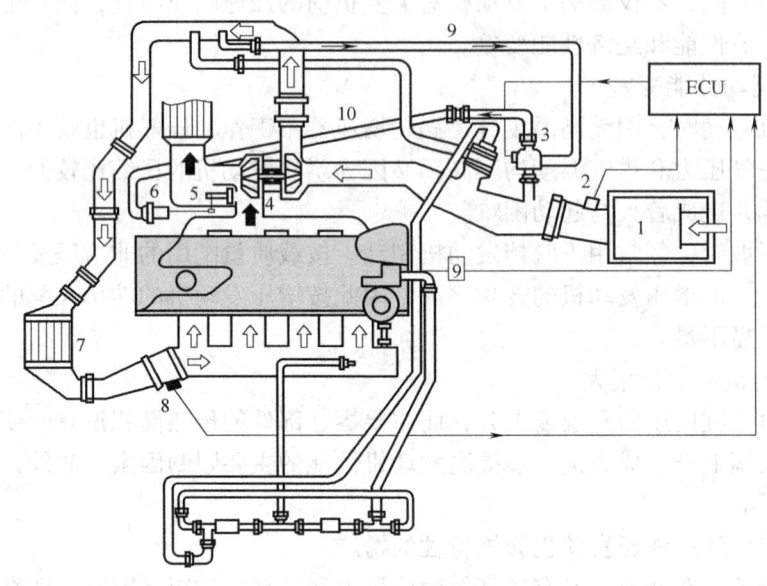

图 5-18 排气旁通增压系统
1—空气滤清器 2—空气流量计 3—增压压力控制电磁阀 4—废气涡轮增压器 5—旁通阀
6—驱动气室 7—中冷器 8—增压压力传感器 9、10—高压空气管路

排气旁通增压系统控制装置如图 5-19 所示。当增压压力控制电磁阀 8 关闭高压空气管路时，膜片 7 左侧无空气压力，膜片弹簧 6 推动膜片向左移动，并通过膜片拉 5 和控制杆 4 驱动旁通阀 3 向右关闭废气旁通口；当增压压力控制电磁阀开启高压空气管路时，来自压气机出口的高压空气作用在膜片上，使膜片压缩膜片弹簧 6 向右移动，并通过膜片拉杆 5 和控制杆 4 驱动旁通阀 3 向左开启废气旁通口。

增压压力控制电磁阀的结构如图 5-20 所示。电磁阀断电时，阀 3 被弹簧推至下端，低

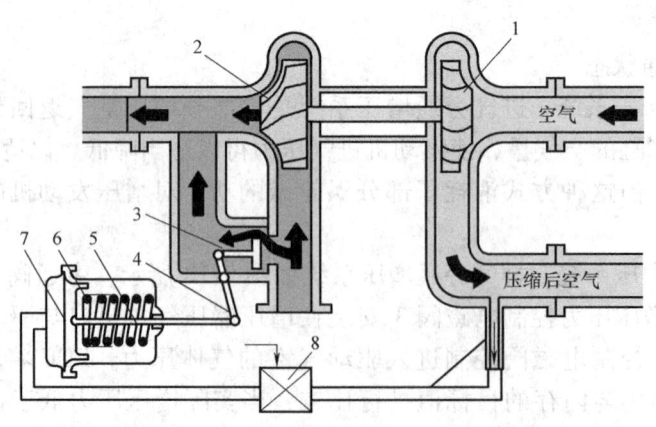

图 5-19 排气旁通增压系统控制装置
1—压气机 2—涡轮 3—旁通阀 4—控制杆
5—膜片拉杆 6—膜片弹簧 7—膜片 8—增压压力控制电磁阀

压空气侧管口 2 被关闭，而高压空气侧管口 4 与驱动气室管口 1 连通；电磁阀通电时，阀 3 被电磁力吸起，高压空气侧管口 4 被关闭，而低压空气侧管口 2 与驱动气室管口 1 连通。

在旁通阀式增压压力控制系统中，可采用占空比控制型电磁阀取代开关型电磁阀，实现增压压力的连续控制。ECU 根据发动机负荷信号和转速信号，按预存的增压压力控制模型确定此负荷和转速下的增压压力，将其与增压压力传感器检测到的实际增压压力进行比较，并根据比较结果调节电磁阀通电占空比，通过电磁阀开度的变化调节作用在驱动气室膜片上的空气压力，从而调节旁通阀的开度，实现增压压力的连续控制。

（3）可变截面涡轮增压。可变截面涡轮增压可分为可变喷嘴环流通截面涡轮增压、节流阀式涡轮增压和双蜗壳通道涡轮增压等形式。

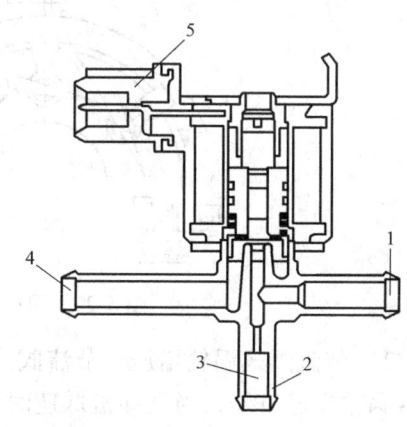

图 5-20　增压压力控制电磁阀
1—驱动气室管口　2—低压空气侧管口　3—阀
4—高压空气侧管口　5—线束插接器

1）可变喷嘴环流通截面涡轮增压。可变喷嘴环流通截面涡轮增压（VNT）如图 5-21 所示，调整环 3 安装在增压器的涡轮壳上，与可调叶片 4 和叶片轴 7 制成一体的叶片拨销 8 位于调整环相应的卡槽内，叶片轴由支撑环 9 支撑，调整环转动时，即可通过相应的卡槽驱动叶片拨销和叶片一起转动，从而改变叶片角度。控制连杆 6 通过调整环拨销 5 相应的卡槽驱动调整环转动，而控制连杆 6 的转动则由 ECU 通过电磁阀和驱动气室 2 来控制。

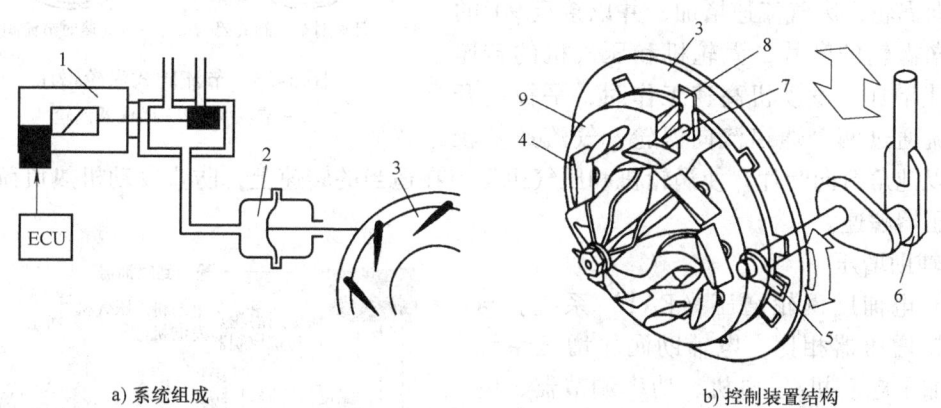

a）系统组成　　　　　　　　　b）控制装置结构

图 5-21　可变喷嘴环流通截面涡轮增压
1—控制电磁阀　2—驱动气室　3—调整环　4—可调叶片　5—调整环拨销
6—控制连杆　7—叶片轴　8—叶片拨销　9—支撑环

可变喷嘴环流通截面涡轮增压控制原理如图 5-22 所示。发动机低速时，ECU 通过电磁阀和驱动气室控制调整环转动，使可调叶片角度减小，由于废气经过可调叶片流向涡轮时的通道截面变小，使废气流速加快，而且废气冲击涡轮叶片的外边缘，也增大了涡轮驱动力矩，所以废气涡轮增压器转速较高，增压压力相对提高。反之，可调叶片角度增大时，增压压力则相对减小。

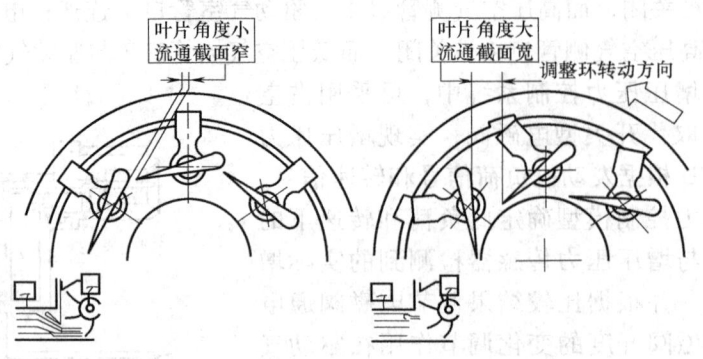

图 5-22 可变喷嘴环流通截面涡轮增压控制原理

2) 节流阀式涡轮增压。节流阀式涡轮增压控制装置如图 5-23 所示。节流阀 1 安装在增压器涡轮 2 进口处,当发动机低速时,节流阀关闭以减小涡轮进口截面,使废气流速加快,增压器转速提高,以避免低速时增压压力不足的现象。当发动机转速较高时,节流阀开启以增大涡轮进口截面,使废气流速减慢,以防止高速时增压器超速现象。节流阀的开启或关闭,由电磁阀和驱动气室来控制,其控制原理与前述旁通阀控制基本相同。

3) 双蜗壳通道涡轮增压。双蜗壳通道涡轮增压系统中,涡轮壳入口通道由壁板分隔成两个通道,然后再汇总到涡轮叶轮边缘入口处。在涡轮壳总入口处,有一个开关平板阀。发动机低速工作时,平板阀关闭,气流仅通过一个通道流向涡轮,废气流速增加,并以接近 90° 的角度冲向涡轮的叶片,涡轮机和压气机的转速能够迅速增加;发动机高速工作时,平板阀开启,气流通过两个通道流向涡轮,气流速度较低,并以钝角射向叶片,使涡轮机和压气机保持在适当的转速上,防止发动机热负荷过高和涡轮增压器超速。

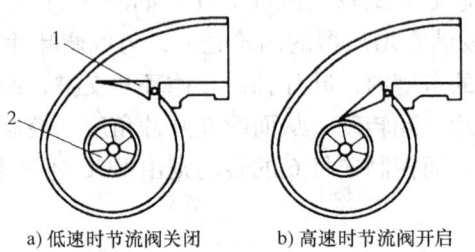

a) 低速时节流阀关闭　　b) 高速时节流阀开启

图 5-23　节流阀式涡轮增压
1—节流阀　2—增压器涡轮

3. 辅助增压

(1) 电辅助涡轮增压 (EAT) 系统。与传统涡轮增压器相比,电辅助涡轮增压系统主要增加了电动机/发电机、功率调节器、电控单元、电池及各类传感器,如图 5-24 所示。

电辅助涡轮增压系统的基本工作原理:当发动机工作在起动或加速工况时,电控单元发出控制信号,电动机起动,驱动压气机加速,蓄电池中储存的电能转化为压气机的动能,提高进气压力,满足发动机气缸燃烧所需的空气量要求。发动机转速上升到一定程度,压气机能够提供足够的空气时,电动机就可以关闭或脱开。当发动机工作在高速

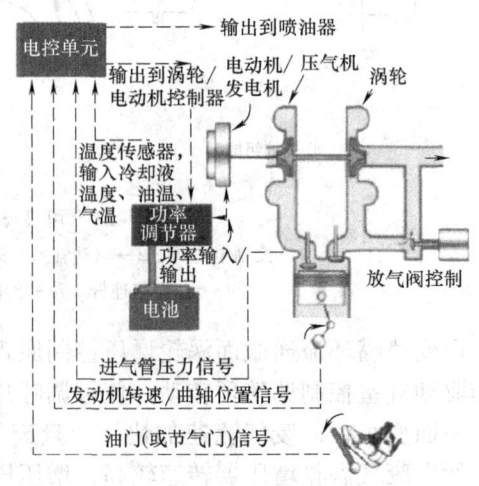

图 5-24　电辅助涡轮增压系统

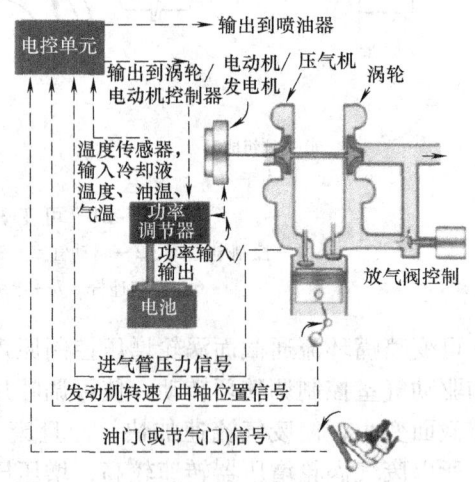

或大负荷工况时,电控单元发出控制信号,起动发电机,涡轮回收能量中的一部分通过发电机转化为电能,储存在蓄电池中。因此,发动机采用电辅助涡轮增压系统后,不但可以去掉放气阀和冒烟限制器,而且可以将两者的匹配点选在标定工况或其他经济性好的工况,通过电辅助系统改善发动机低速小负荷和加速时的燃烧,避免出现冒黑烟、排温过高等问题,从而扩大了发动机的高效、经济工作区域,同时也改善了发动机的瞬态响应特性和起动性能。

(2) 涡轮、机械双增压(TSI)系统。TSI 是 Turbo-charging(涡轮增压)、Super-charging(机械增压)和 Injection(燃油直喷)三个关键特色的首字母缩写。涡轮增压的特性是利用排放废气,增加进气效率提高动力,装置本身基本不消耗发动机动力,但是缺点是通常要发动机转速超过 2000r/min 后才介入,不利于起步加速,涡轮的惯性让加速还有一个响应时间的延迟。机械增压优点是发动机起动运转就开始介入,起步加速有力,没有涡轮的工作延迟,即时响应,缺点是通过发动机的动力输出来让增压器工作,消耗部分发动机动力。两者的结合,改善了起步加速,也具有充足的后劲,相对来说动力损耗降低到最小。

第五节 汽油机增压

从发动机排气能量的利用来看,汽油机的涡轮增压技术与柴油机没有本质的区别。但长期以来,汽油机涡轮增压技术的普及程度远不如柴油机,主要是由于两种发动机在工作过程中的不同特点所决定的。汽油机涡轮增压技术有较多的困难需要很好地解决,随着电控汽油喷射、陶瓷涡轮转子、可变截面涡轮增压器等新技术的不断出现,汽油机增压技术将会迅速发展。

一、汽油机涡轮增压技术难点

限制汽油机增压的主要技术障碍是爆燃、热负荷、增压器的特殊要求及增压发动机的动态响应特性等。

(1) 爆燃倾向加大。汽油机增压后,由于压缩终了的压力和温度增高,以及燃烧室受热零件热负荷提高等原因,爆燃倾向增大。必须采取推迟点火时刻、降低压缩比、进气中冷等相应技术措施,但会导致排温过高、热效率下降、成本增加等不利影响。所以,增压汽油机的增压比一般小于 2,功率最高增幅不超过 40%~50%,燃油经济性没有明显改善。

(2) 热负荷严重。由于汽油机的空燃比低、燃烧温度高、膨胀比小,使其排气温度要高出柴油机 200~300℃。汽油机增压后,发动机的整体温度水平提高,热负荷问题加重。同时,为避免新鲜充量的流失,扫气作用不明显,这使得增压汽油机的排气门、活塞、涡轮等处的热负荷比增压柴油机更严重。

(3) 对增压器要求更高。增压汽油机由于增压比小、热负荷高、工况变化范围广、最高转速高且变化范围大等一系列因素,要求增压器体积小、耐高温、转动惯量小,同时还要保证效率在一定的范围内,并要求有增压调节装置。所以汽油机增压器比柴油机增压器的制造难度更大,制造成本更高。

(4) 动态响应迟缓加大。增压汽油机在节气门开度突然改变时,增压器的反应将严重滞后,致使加速性能变差。

综上所述,汽油机涡轮增压技术的诸多难点,形成其推广应用的滞后与困难。但近 20 年来技术的进步使汽油机涡轮增压技术获得重大突破,装备涡轮增压汽油机的各种高性能轿车已陆续推出。

二、汽油机涡轮增压的技术措施

（1）电控技术的应用。汽油机电控技术的应用，有效地解决了其增压的诸多技术难点。电控汽油喷射系统的应用，使增压器的布置更加方便；电控放气阀控制，电控可变涡轮喷嘴环截面控制等技术的应用，可以有效地改善增压汽油机的动态特性；电控爆燃控制、电控废气再循环控制等，对防止爆燃和降低热负荷作用明显。

（2）增压压力控制系统。与柴油机相比，汽油机运转的转速范围宽，从低速到高速的流量变化范围大，涡轮增压器的特性很难完全满足各种工况的要求，可能出现高速时增压压力过高，但低速时增压压力不足的情况。采用增压压力控制系统，如进气和排气放气装置、节流控制等，可以减少涡轮入口或汽油机进口的工质质量，从而可降低增压比，避免爆燃和过高热负荷，并有利于高、低速转矩特性的控制。

（3）点火提前角的调整。汽油机增压后，由于压缩比、混合气成分、混合气压力和温度等均有变化，因此，应对点火提前角作出相应调整。增压汽油机不带中冷器时，爆燃倾向随增压压力增加而上升，对此，必须减小点火提前角或采取其他措施避免爆燃的产生。

（4）其他措施。降低压缩比，使用高辛烷值燃料，采用中间冷却混合气和向气缸喷水等技术措施均可有效避免增压汽油机爆燃的出现。增压汽油机应选用冷型火花塞，并适当缩小火花塞的间隙。制造工艺和增压器叶片材质的改进，也促进了汽油机增压技术的应用和发展。此外，对汽油机和增压器的润滑，机油散热器、中冷器、汽油机冷却系统的强化及防止增压器喘振等也应给予充分考虑。

增压汽油机的应用对提高升功率，降低比质量，改善与车辆的匹配均有重要意义。但应从车辆应用的角度出发，对增压汽油机在不同运行工况的整机性能进行进一步综合分析。

三、涡轮增压器的布置

在电控汽油喷射的汽油机上采用增压时，一般在增压器之后喷入燃油，但也有的在压气机前吸入一小部分燃油，经过压气机后改善了雾化，并降低了压气机出口温度，增加了汽油机的充量系数，但这种布置方式结构将更为复杂。一汽大众汽车公司生产的奥迪200、奥迪A61.8T、速腾1.8T、宝来1.8T等轿车的汽油发动机均已采用了废气涡轮增压技术。

复习思考题

1. 什么是增压比？什么是增压度？
2. 车用发动机增压如何分类？
3. 压气机与涡轮机的工作参数有哪些？
4. 什么是压气机喘振和压气机堵塞？
5. 定压涡轮增压系统和脉冲涡轮增压系统有何特点？
6. 废气涡轮增压对发动机性能有何影响？
7. 改善车用涡轮增压发动机转矩特性的措施有哪些？
8. 汽油机增压的技术难点有哪些？如何解决？

第六章 柴油机混合气的形成与燃烧

第一节 燃油喷射与雾化

柴油机具有热效率高、可靠性好、排气污染少和较大功率范围内的适应性等优点,因而在汽车上的应用越来越广泛。与汽油机相比,柴油机所用燃料的理化特性决定了燃料供给、着火与燃烧方式的不同。

由于柴油机所用的燃料(柴油)粘度较大,不宜挥发,必须借助喷油设备(喷油泵和喷油器等)将柴油在接近压缩行程终了的时刻,通过高压以细小的油滴形式(油滴直径为 $10\sim50\mu m$)喷入气缸,与高温高压的热空气混合,经过一系列物理化学准备,然后着火燃烧。

柴油机可燃混合气的形成时间极为短促,这就给柴油与空气的良好混合和完全燃烧带来很大困难。而且喷油与燃烧重叠,出现边燃烧、边喷油、边混合的情况。因此混合气形成过程很复杂。

一、燃料喷射系统及特性

1. 喷油系统

(1) 对喷油系统的要求。喷油系统的作用是定时、定量并按一定规律向柴油机各缸供给高压燃油,柴油机对喷油系统的要求可以概括为以下几方面:

1) 能产生足够高的喷油压力,以保证燃料良好的雾化、混合和燃烧,包括雾化质量(喷雾粒度及均匀性)和空间分布,以及与燃烧室、气流运动的匹配。

2) 实现所要求的喷油规律,以保证合理的燃烧放热规律和良好的综合性能。

3) 对于确定的柴油机运转工况(确定的转速和负荷),精确控制每个循环的喷油量,且喷油量能随工况变化自动调节,工况不变时,各循环的喷油量要一致,多缸机各缸间的喷油量和喷油时刻相同。

4) 在各种工况下避免出现异常喷射现象。

(2) 喷油系统的组成。柴油机燃油供给系统基本由柴油箱、柴油滤清器、输油泵、喷油泵、喷油器及油管等部件组成。而喷油泵和喷油器是喷油系统的主要组成部件。

2. 喷油泵

喷油泵的主要作用是定时、定量地经高压油管向各缸的喷油器周期性地供给高压燃油,常见的有直列式喷油泵(图6-1)和分配式喷油泵(图6-2)两种类型。直列式喷油泵一般以柱塞行程、分泵中心距等结构特征为基础成为系列,每个系列可以改变柱塞直径和分泵数,以适应不同柴油机的需要。分配式喷油泵广泛应用于轿车和轻型车用柴油机中,与柱塞式喷油泵相比,有以下优点:

(1) 分配泵结构紧凑,零件少,体积小,质量轻,使用中故障少,容易维修。

(2) 分配泵精密偶件加工精度高,供油均匀性好,因此不需要进行各缸供油量和供油

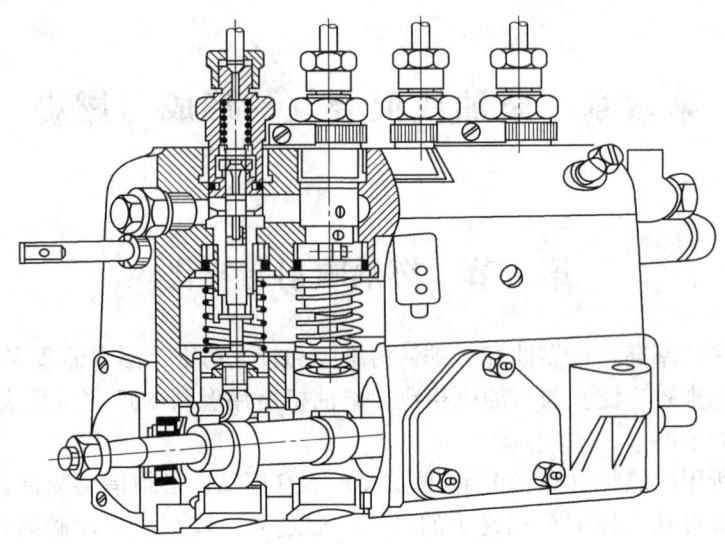

图 6-1 直列式喷油泵

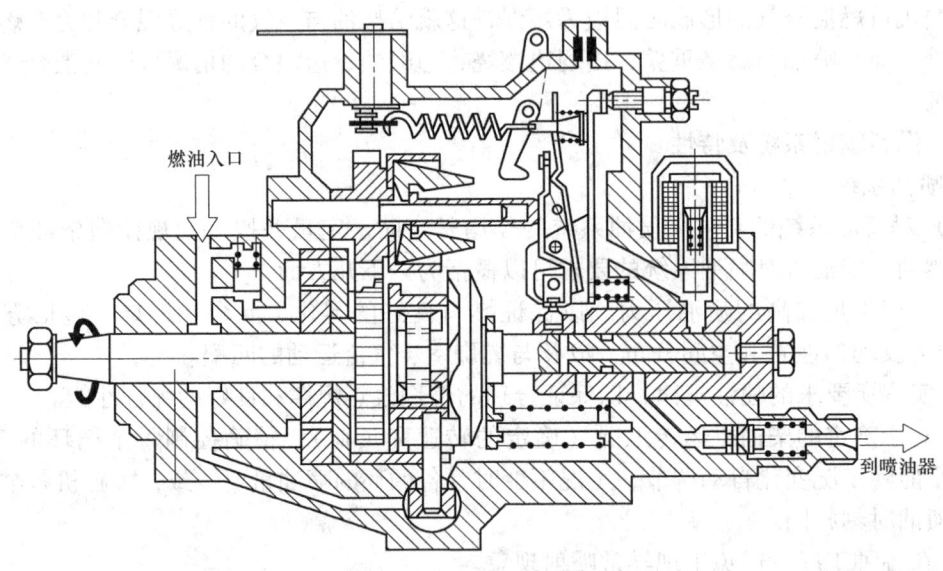

图 6-2 分配式喷油泵

定时的调整。

（3）分配泵凸轮的升程小，有利于提高柴油机转速。

因此，分配式喷油泵广泛应用于轿车和轻型车用柴油机中。但是，分配泵的运动件要靠喷油泵体内的柴油进行润滑和冷却，因此，对柴油的清洁度要求很高。

3. 喷油泵的速度特性及其校正

喷油泵油量控制机构（齿条或拉杆）位置固定，循环供油量随喷油泵转速变化的关系称为喷油泵速度特性。对于柱塞式喷油泵，当喷油泵柱塞向上运动中柱塞上端面还未完全关闭油孔时，由于流通截面很小而时间极短，被柱塞挤压的燃油来不及通过油孔流出，泵油就已经开始，结果使出油阀相对提早开启；同样，在油孔刚刚开启时，柱塞上部的燃油不能立即通过油孔流出，使出油阀相对滞后关闭，这就是油孔处的节流作用。转速越高，油孔处节流作用的影响也越大，因此，一般随着转速的上升，循环供油量呈略有增大的趋势（图6-3中的 AB 和 CD 段）。

喷油泵所固有的速度特性通常并不理想，特别对于车用柴油机，因此需要对其进行必要的校正。在较高的转速范围内，一般柴油机的充气效率随转速的上升而下降，而循环供油量随转速的上升而增大，使空气量与供油量不相匹配。若在低速 n_1 下固定供油量，则会造成高速供油量过多（图6-3中的 AB 段），使柴油机燃烧不完全而冒黑烟；若在高速 n_2 下固定供油量，则会造成低速供油量不足（图6-3中的 CD 段），使柴油机的潜力得不到充分的发挥。通过校正可以得到较理想的喷油泵速度特性（图6-3中的 AD 段）这样也将有利于提高车用柴油机适应阻力变化的能力，得到较理想的转矩特性。

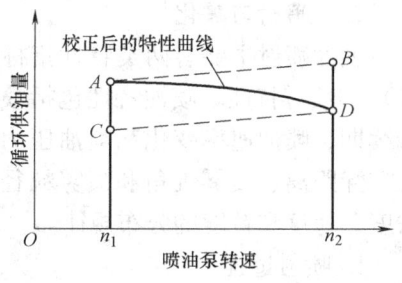

图6-3 喷油泵速度特性及校正

此外，对柴油机，特别是车用柴油机在低速、全负荷工况下，由于排气烟度的严格限制而需要采取措施对低速范围内的供油量进行相反的校正，即应使低速范围内的供油量随转速的下降而有一定的减少，这就是喷油泵速度特性的负校正。

4. 喷油器

喷油器的主要作用是将喷油泵供给的高压燃油喷入柴油机燃烧室内，使燃油雾化成微细的油粒，并按一定的要求适当地分布在燃烧室内。喷油器有孔式喷油器和轴针式喷油器两类，其头部结构如图6-4所示。

孔式喷油器一般用于直喷式燃烧室，喷孔的数目、孔径及喷射角度等设计参数要视具体的燃烧室形状和空气运动而定。一般针阀升程为0.2~0.45mm，在满足流通面积的前提下，应尽可能减小针阀升程；对缸径 $D\leqslant120$mm，又具有较强进气涡流的直喷式燃烧室，喷孔数为4~5个，孔径为0.2~0.4mm；而对较大缸径并不组织进气涡流的直喷式燃烧室，喷孔数为6~12个。孔径小可使雾化质量提高，但加工难度增加，并容易引起积炭堵塞。轴针式喷油器用于非直喷式燃烧室，有标准轴针式和节流轴针式两种。通过针阀头部在喷孔内的上下运动，可起到自洁作用防止积炭堵塞。

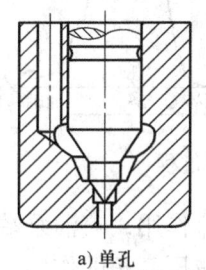 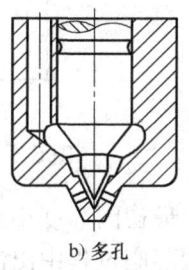 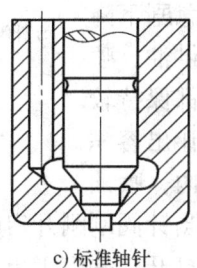 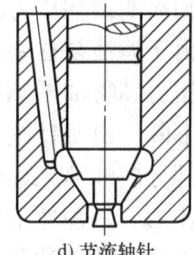

a) 单孔　　　　b) 多孔　　　　c) 标准轴针　　　　d) 节流轴针

图6-4 喷油器的头部结构

喷油器的流通特性是指喷孔流通截面积与针阀升程的关系。图6-5所示是不同喷油器的流通特性。孔式喷油器的流通截面积随针阀的上升增长最快；标准轴针式较慢；节流轴针式因针阀头部圆锥部分的节流作用，初期的流通面积最小可大大减少着火落后期中的喷油量。

二、喷射与雾化

燃油喷射主要有两类特性指标,即喷油特性(规律)和喷雾特性。喷油特性包括喷油开始时间、喷油持续期、喷油速率变化和喷油压力。喷雾特性包括油束贯穿距离、喷雾锥角和喷雾粒径,以及油束中燃油浓度、速度和粒度的分布规律。

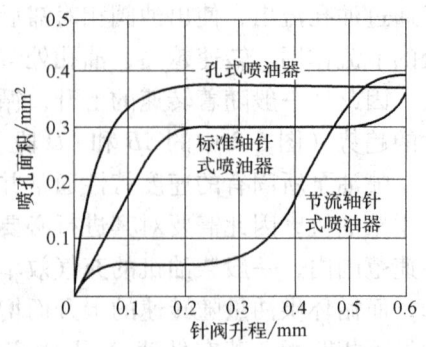

图 6-5 不同喷油器的流通特性

1. 喷射过程

喷射过程是指从喷油泵开始供油直至喷油器停止喷油的过程,整个喷射过程在全负荷工况下占 15°~40°曲轴转角。图 6-6 表示燃油喷射过程中喷油泵端压力 P_H、喷油器端压力 P_n 以及针阀升程 h 的变化过程。整个过程分为三个阶段,即喷射延迟阶段、主喷射阶段和喷射结束阶段。

(1) 喷射延迟阶段。该阶段从喷油泵的柱塞顶封闭进、回油孔的理论供油始点起到喷油器的针阀开始升起(喷油始点)为止。该阶段中在出油阀开启后,受压缩的燃油进入高压油管,产生压力波并以 1200~1300m/s 的速度沿高压油管向喷油器端传播,当喷油器端的压力超过针阀开启压力时,针阀升起,喷油开始。供油始点和喷油始点一般用供油提前角 θ_H 和喷油提前角 θ_{fj} 来表示,两者之差称为喷油延迟角。发动机转速越高以及高压油管越长,则喷油延迟角越大。

(2) 主喷射阶段。该阶段从喷油始点到喷油器端压力开始急剧下降为止。由于喷油泵柱塞持续供油,喷油泵端压力和喷油器端压力都保持较高而不下降,由于针阀上升让出容积以及一部分燃油喷入燃烧室内,喷油

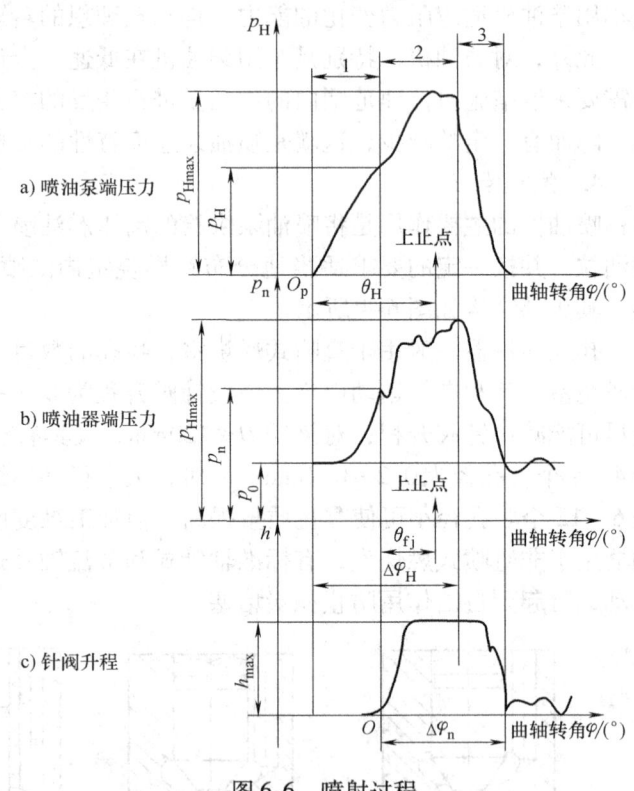

图 6-6 喷射过程

器端的压力有一短暂下降。当针阀刚刚开启时,最初因开度小有节流作用,喷油泵端压力并不立即下降;随着油孔逐渐打开,并由于出油阀落座过程中出油阀减压容积的作用,压力才急剧下降。

绝大部分燃油在主喷射阶段喷入燃烧室内,这一阶段持续的时间主要随喷油泵柱塞的有效行程(即柴油机负荷)的变化而变化。

(3) 喷油结束阶段。该阶段从喷油器端压力开始急剧下降到针阀落座停止喷油为止。由于喷油泵的回油孔打开和出油阀减压容积的卸载作用,泵端压力带动喷油器端压力急剧下

降,当喷油器端压力低于针阀开启压力时,针阀开始下降。由于喷油压力下降,燃油雾化变差,因而应尽可能缩短这一阶段,减少这一阶段的喷油量,即喷油结束阶段应干脆、迅速。

2. 供油规律与喷油规律

单位凸轮轴转角(或单位时间)由喷油泵供入高压油路中的燃油量称供油速率;单位凸轮轴转角(或单位时间)由喷油器喷入燃烧室内的燃油量称为喷油速率。

供油规律是指供油速率随凸轮轴转角(或时间)的变化关系;喷油规律是指喷油速率随凸轮轴转角(或时间)的变化关系。

图6-7给出了供油规律和喷油规律的图形。喷油规律虽然由供油规律决定,但两者之间存在明显不同,除了始点一般差别8°～12°曲轴转角之外,喷油持续时间较供油持续时间长,最大喷油速率较供油速率低,其形状有明显畸变,循环喷油量也低于循环供油量。

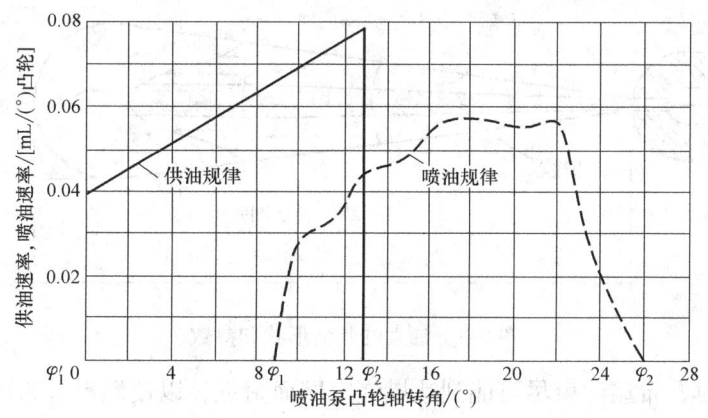

图6-7 供油规律和喷油规律

两者差别的主要原因如下:

(1)燃油的可压缩性。燃油在低压时可视为不可压缩流体,但高压(30~200MPa)时必须考虑其可压缩性。实验表明,如果开启喷油压力为25MPa,则1m长高压油管(内径为2mm)中的燃油体积缩减量相当于循环供油量的24%。如果再计开启喷油后压力急剧增高以及高压油路中还有不少高压容积,如出油阀室等,则压缩量会更多。

(2)压力波传播滞后。尽管压力波在柴油机中的传播速度高达1400m/s,但仍会造成明显的相位差。如1m高压油管在发动机转速为3000r/min时,相位差可达10°曲轴转角以上。

(3)压力波动。高压系统中压力波的往复反射和叠加会造成喷油规律与供油规律在形状上的显著差异。

(4)高压容积变化。是指高压油管的弹性变形以及出油阀和针阀两个弹性系统的影响。

由于喷油规律对燃烧放热规律有直接的影响,因而喷油规律一直是柴油机燃烧和性能优化中的重要内容。

3. 喷雾特性与雾化质量

燃油的雾化是指燃油喷入燃烧室内后被粉碎分散为细小液滴的过程。燃油的雾化可以增加与周围空气接触的蒸发表面积,加速从空气中的吸热过程和油滴的汽化过程,对混合气的形成起到了重要的作用。油滴越细小,与空气接触表面积越大。例如,假设1mL的燃油为一球体,其表面积约为483.6mm^3,若雾化直径为40μm的均匀球状油滴,油滴数目约

3×10^7 个，其总的表面积约为 $1.5 \times 10^5 \mathrm{mm}^2$，约为原来的 300 多倍。

燃油在喷油泵中被压缩后，高压油管的压力高达 20~200MPa，速度可达 100~400m/s，在高度紊流状态下从喷油器的喷孔喷入燃烧室内。燃油在高速流动中，在与燃烧室内高压空气的相对运动中及紊流的作用下，被逐步粉碎分散为直径 2~50μm 的液滴，由大小不同的液滴组成了油束。

油束的几何形状主要包括油束射程（又称贯穿距离）L 和喷雾锥角 β 或油束的最大宽度 B（图 6-8）。此外，贯穿率也是常用的参数之一。贯穿率为相对值，是指油束的贯穿距离与喷孔沿轴线到燃烧室壁距离的比值。贯穿率若大于 1，则意味着有一部分燃油喷射到了燃烧室的壁面上。

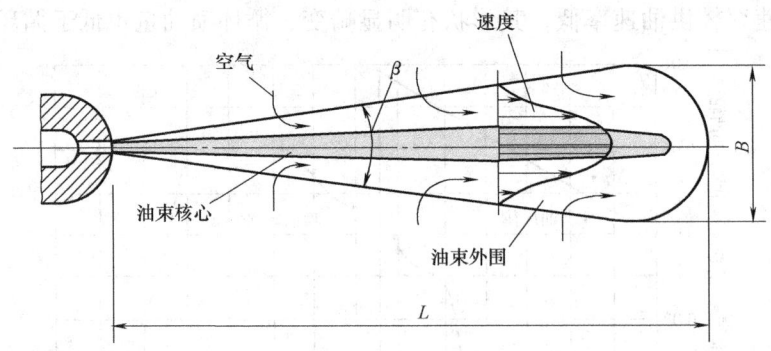

图 6-8 油束的几何形状和参数

柴油机燃烧时，希望油束尽可能到达燃烧室壁面附近，以使燃料分布区域扩大，特别是高负荷时，由于喷油过程一般要持续到着火以后，这时希望油束有足够的贯穿力，穿透火焰到达周围空气区。

对于直喷式柴油机，在静止气流或弱涡流条件下，一般贯穿率可小于 1，以避免大量燃油喷到壁面上；但在强涡流时，油束偏转，呈不规则的阿基米德螺线形，为保证油束仍能到达燃烧室壁面附近，应使贯穿率大于或等于 1。

影响油束几何形状的主要因素有喷射压力、喷油器喷孔的长度直径比和空气与燃油密度比等。一般情况下，喷雾锥角 β 过大，贯穿距离会减小；而 β 过小，则雾化程度会变差。

油束的雾化质量一般是指油束中液滴的细度和均匀度，油束核心部分液滴非常密集且液滴直径较大，液滴运动速度较高，空气少；油束外围部分则与之相反，液滴稀少且液滴直径较小，液滴运动速度低。细度可以用液滴直径来表示。液滴直径越小，意味着油束雾化得越细。

常用的评价喷雾粒径的指标有平均粒径、索特粒径和粒径分布。平均粒径即所有油粒直径的算术平均值，而索特（Sauter）粒径即索特平均直径，用 SMD 表示，是所有油粒总体积与总表面积之比，设直径为 d_i 的油粒数为 n_i，则有

$$\mathrm{SMD} = \frac{\sum d_i^3 n_i}{\sum d_i^2 n_i}$$

显然，式中分子项正比于所有油粒的总体积，而分母项正比于所有粒径表面积总和，相同循环供油量条件下，若 SMD 相同，则总表面积相同，也就是决定汽化速率及化学反应速率的物理条件基本相同。所以索特粒径是柴油机中最常用的粒径指标。一般柴油喷雾粒径在

10~50μm 范围内，则 SMD 为 20~40μm。

粒径分布则既表示了油粒大小又表示了其均匀程度。如图 6-9 所示，有三种分布曲线：1 表示油粒细而匀；3 为粗而匀；2 则不均匀。显然，1 线的总表面积最大，雾化时间最短。油粒直径大小受多种因素的影响，一般减小喷孔直径、增大喷油压力使喷射初速度增加、空气密度增大、燃油粘度和表面张力的减小等，都会使油粒直径减小。一般随喷油压力的提高，喷雾粒径变细且均匀度也提高。

图 6-10 所示为某柴油机喷雾特性的实测结果，表明了喷油压力、喷射背压和喷孔直径对喷雾特性的影响。

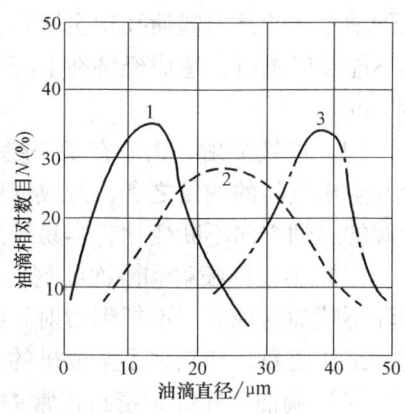

图 6-9 喷雾粒径分布的三种方式

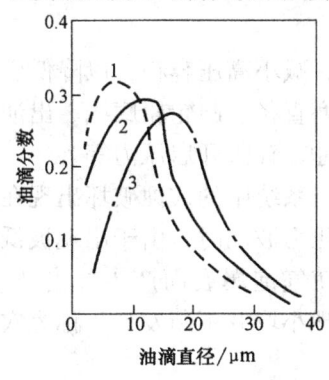 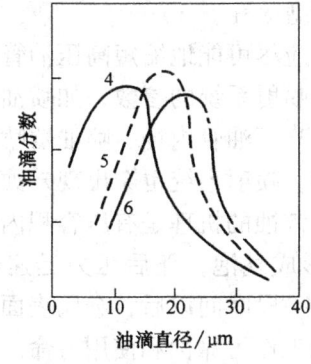 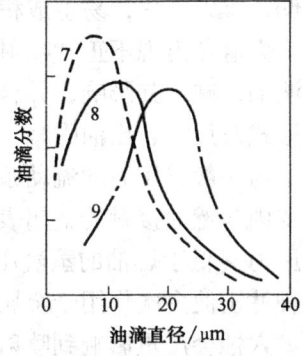

a) 不同喷油压力 p_{inj} 下的喷雾特性 （喷射背压 p_c=1MPa,喷孔直径 d=0.57mm）　　b) 不同喷射背压 p_c 下的喷雾特性，（喷油压力 p_{inj}=28MPa,喷孔直径 d=0.57mm）　　c) 不同喷孔直径 d 下的喷雾特性，（喷油压力 p_{inj}=28MPa,喷射背压 p_c=1MPa）

图 6-10 柴油机喷雾特性的实测结果

1—p_{inj}=35MPa　2—p_{inj}=28MPa　3—p_{inj}=22MPa　4—p_c=1MPa　5—p_c=0.5MPa
6—p_c=0.1MPa　7—d=0.4mm　8—d=0.57mm　9—d=0.8mm

4. 不正常喷射

喷油系统内的压力高、变化快，喷油峰值压力往往高达数十兆帕甚至 100MPa 以上，现代柴油机高压喷射系统甚至达 200MPa，而谷值压力由于出油阀减压容积的作用往往接近零以至出现真空。由此容易造成二次喷射、断续喷射、隔次喷射等异常喷射现象，常用测量针阀升程的方法来判定有无不正常喷射现象存在。图 6-11 示出了各种异常喷射时针阀升程的变化，并与正常喷射比较。

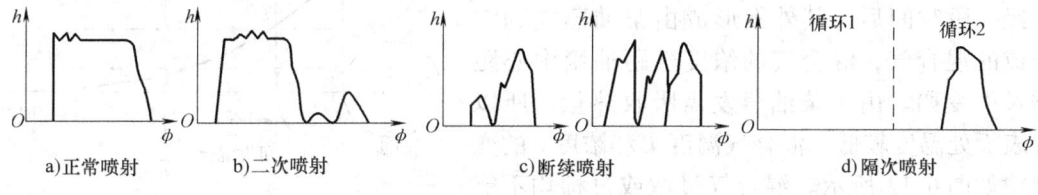

图 6-11 各种异常喷射时的针阀升程

（1）二次喷射。是指喷油器针阀落座以后，在压力波动的影响下再次升起的喷油现象。由于二次喷射是在燃油压力较低的情况下喷射的，导致这部分燃油雾化不良，燃烧不完全，炭烟增多，并易引起喷孔积炭堵塞。此外，二次喷射还使整个喷射持续时间拉长，则燃烧过程不能及时进行，造成经济性下降、零部件过热等不良后果。二次喷射易发生在高速、大负荷工况。

（2）断续喷射。由于在某一瞬间喷油泵的供油量小于从喷油器喷出的油量和填充针阀上升空出空间的油量之和，造成针阀在喷射过程中周期性跳动的现象。这时喷油泵端压力及针阀的运动方向不断变化，容易导致针阀偶件的磨损。

（3）不规则喷射和隔次喷射。供油量过小时，循环喷油量不断变动，还可能出现有的循环不喷油的现象。不规则喷射和隔次喷射易发生在柴油机怠速工况下，造成怠速运转不稳定，工作粗暴，并限制了柴油机的最低稳定转速。

（4）滴油。在针阀密封正常的情况下，喷射终了时，由于系统内的压力下降过慢，使针阀不能迅速落座，出现仍有燃油流出的现象。这种在喷射终了时流出的燃油速度及压力都很低，难以雾化，易生成积炭，堵塞喷孔。

为避免出现不正常喷射现象，应尽可能地缩短高压油管长度，减小高压容积，以降低压力波动，减小其影响，并合理选择喷射系统的参数，如喷油泵柱塞直径、凸轮轮廓线、出油阀形式及尺寸、出油阀减压容积、高压油管内径、喷油器喷孔尺寸、针阀开启压力等。

与一般有压力的流动系统一样，喷射系统也会出现穴蚀。喷射系统中的穴蚀破坏出现在系统内与燃油接触的金属表面上。穴蚀的机理是有压容积内产生压力波动时，由于出现极低的压力（低于燃油的蒸气压）而形成气泡，随后压力迅速升高使气泡爆裂而产生冲击波，这种冲击波多次作用于金属表面，一段时间以后，金属表面会出现小坑并不断发展，称为穴蚀。穴蚀会严重影响到喷射系统的工作可靠性和使用寿命。

第二节　柴油机燃烧过程

一、着火现象

在压缩过程末期，喷入气缸的柴油雾状细滴和高温高压空气产生相对运动，并被分散、加热、蒸发及扩散而与空气混合，进行着火燃烧前的一系列物理变化。同时柴油蒸气和空气进行着分解、氧化等化学反应。当这一物理化学变化过程进行到适当的时候，就自行着火燃烧。

从燃烧室中取出一个与空气处于相对静止的油滴进行分析。油滴进入空气后立即开始蒸发扩散，经一段时间后，其外围形成由柴油蒸气和空气组成的混合气，混合气的浓度随距油滴中心距离增长而变稀。由于柴油蒸发需吸收热量，所以油滴表面处温度较低。混合气温度 T 和浓度 c 的变化规律如图 6-12 所示。混合气过浓或过稀均不能着火燃烧，即有一个着火界限。必须指出，着火界限随温度的升高、物理化学变化速度的加快而有所扩大。由此可见，离油滴一定距离的地方，

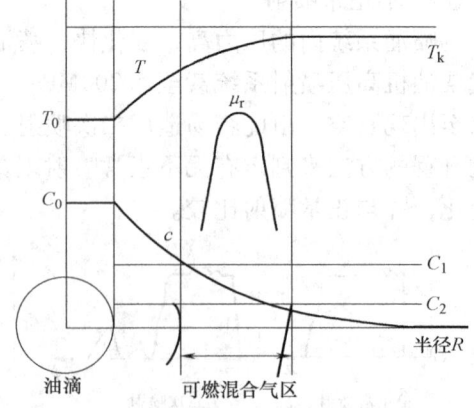

图 6-12　静止油滴周围的温度和浓度分布
T_0—蒸发温度　T_k—高温空气的温度
C_0—蒸发浓度　C_1—浓度上线　C_2—浓度下线　μ_r—燃烧速度

必然有一混合气浓度在着火界限的区域。当该区域内的混合气浓度刚好达到着火要求时,着火就由此开始。

由于燃烧室中的油滴大小不同,各处气流运动的速度也不同,因而油滴周围的温度及混合气浓度的分布极为复杂。喷注外围的油滴较小,往往在着火准备期已经蒸发完毕并向四周扩散,所以浓度较稀而不会首先着火;喷注中心部分的油滴较大而且密集,造成混合气过浓甚至处于液态,所以也不会首先着火。依此可见,首先着火处应是在喷注外围和核心之间的地区某些点。当有气流运动时,着火应发生在喷注顺气流方向一侧的前沿附近,如图6-13所示。由于温度及浓度符合着火条件的场合不止一处,因此首先着火的火源也不止一处,而是几处同时着火(多点着火)。由于柴油机各循环的喷油及温度情况不可能完全相同,因而各循环的着火地点也不一定重合。它有别于汽油机的点火。着火核心形成后,火焰向四周传播,遇到不合适混合气,火焰传播将出现中断。

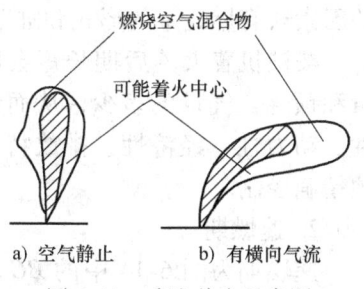

图6-13 喷注着火示意图
a) 空气静止　b) 有横向气流

二、燃烧过程的四个时期

燃烧过程可分为四个时期,即着火落后期(又称滞燃期)、速燃期、缓燃期和补燃期,如图6-14所示。

1. 着火落后期

着火落后期又称滞燃期(图6-14中的AB段),从燃油开始喷入燃烧室内(A点)至由于开始燃烧而引起压力升高使压力线明显脱离压缩线开始急剧上升的点(B点)。随压缩过程的进行,缸内空气压力和温度不断升高,在上止点附近气体温度高达600℃以上,高于燃料在当时压力下的自燃温度。在A点被喷入气缸的柴油,经历一系列复杂的物理化学过程,包括雾化、蒸发、扩散、与空气混合等物理准备阶段以及低温多阶段着火的化学准备阶段,在空燃比、压力、温度以及流速等条件合适处,多点同时着火,随着着火区域的扩展,缸内压力和温度升高,并脱离压缩线。虽然对于局部而言,物理过程和化学过程是相继进行的,但对于整体而言,物理过程和化学过程是重叠在一起的。以秒和曲轴转角为单位的着火落后期,分别用τ_i和φ_i表示。一般$\varphi_i = 80° \sim 120°$,$\tau_i = 0.7 \sim 3ms$。

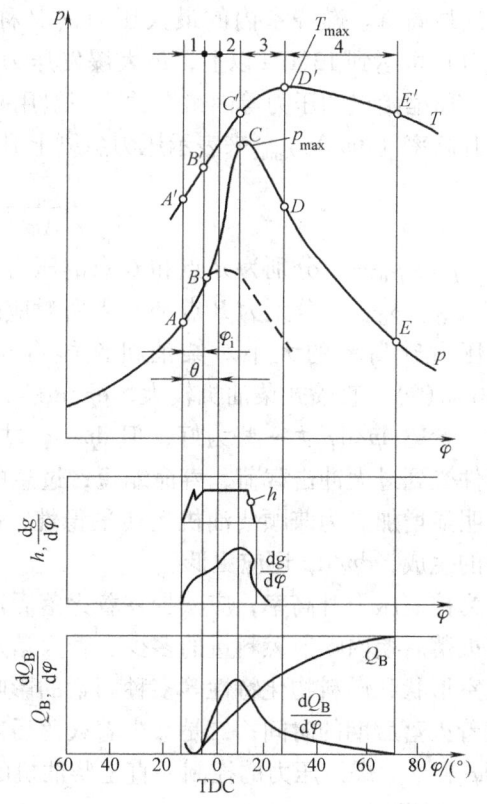

图6-14 柴油机燃烧过程、喷油速率和放热规律

影响着火落后期长短的主要因素是此时燃烧室内工质的状态。图6-15表示了对于十六烷值为56的柴油,温度与压力对着火落后期的影响。由图可见,温度越高或压力越高,则

着火落后期越短。柴油的自燃性较好（十六烷值高），着火落后期也较短。其他影响着火落后期长短的因素还有燃烧室的形式和缸壁温度等。

柴油机着火落后期长短会明显影响该阶段喷油量和预混合气量的多少，从而影响柴油机的燃烧特性、动力性、经济性、排放特性以及噪声振动，必须精确控制。

2. 速燃期

速燃期为图 6-14 中的 BC 段，即从压力脱离压缩线开始急剧上升（B 点）至达到最大压力（C 点）。速燃期内，由于在着火落后期内作好燃前准备的可燃混合气多点大面积同时着火，而且是在活塞靠近上止点时气缸容积较小的情况下发生，因此气体的温度、压力急剧升高，燃烧放热速率 $dQ_B/d\varphi$ 很快达到最高值。燃烧室内的最大压力（又称最大爆

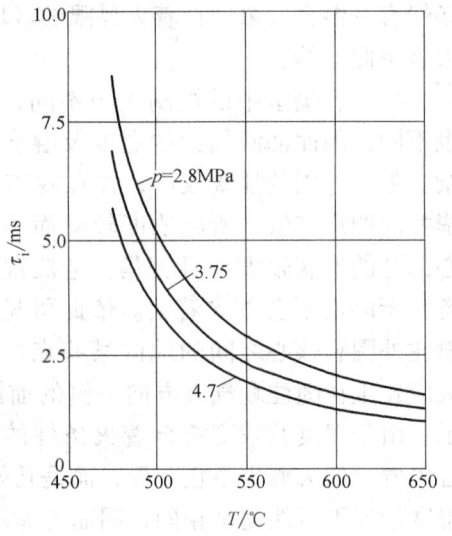

图 6-15 温度与压力对着火落后期的影响

发压力）可达到 13MPa 以上，最大爆发压力的高低除了受燃烧过程的直接影响外，还与压缩比、压缩始点的压力等因素有关。一般用平均压力升高率 $\Delta p/\Delta \varphi$ ［MPa/(°)］以及最大压力升高率 $(dp/d\varphi)_{max}$ 来表示压力急剧上升的程度。平均压力升高率定义为

$$\frac{\Delta p}{\Delta \varphi} = \frac{p_C - p_B}{\varphi_C - \varphi_B}$$

式中　　p_C、p_B——分别为 B 点和 C 点的压力；

　　　　φ_C、φ_B——分别为 B 点和 C 点所对应的曲轴转角。

压力升高率的大小对柴油机性能有至关重要的影响，一般柴油机 $dp/d\varphi = 0.2 \sim 0.6$MPa/(°)，直喷式柴油机较大，$dp/d\varphi = 0.4 \sim 0.6$MPa/(°)。从提高动力性和经济性的角度，希望 $dp/d\varphi$ 大一些为好，但 $dp/d\varphi$ 过大会使柴油机工作粗暴；噪声明显增加；运动零部件受到过大冲击载荷，寿命缩短；过急的压力升高会导致温度明显升高，使氮氧化物生成量明显增加。为兼顾柴油机运转平稳性，$dp/d\varphi$ 不宜超过 0.4MPa/(°)，而为了抑制氮氧化物的生成，$dp/d\varphi$ 还应更低。

为控制压力升高率，应减少在着火落后期内的可燃混合气的量。可燃混合气的生成量要受着火落后期内喷射燃料量的多少、着火落后期的长短、燃料的蒸发混合速度、空气运动、燃烧室形状和燃料物化特性等多种因素的影响。一般来说，这可以从两个方面来考虑：一是缩短着火落后期的时间；二是减少着火落后期内喷入的燃油或可能形成可燃混合气的燃油。$dp/d\varphi$ 和最大爆发压力的控制一直是柴油机的重要研究课题。

3. 缓燃期

缓燃期为图 6-14 中的 CD 段，即以最大压力点（C 点）至最高温度点（D 点）。一般喷射过程在缓燃期都已结束，随着燃烧过程的进行，空气逐渐减少而燃烧产物不断增多，燃烧的过程也渐趋缓慢。缓燃期的燃烧具有扩散燃烧的特征，混合气形成的速度和质量起着十分重要的作用。在这一阶段内，应采取措施使后期喷入的燃油能及时得到足够的空气，尽可能地加速混合气的形成，保证迅速而完全的燃烧，从而提高柴油机的经济性和动力性。缓燃期

必然有一混合气浓度在着火界限的区域。当该区域内的混合气浓度刚好达到着火要求时，着火就由此开始。

由于燃烧室中的油滴大小不同，各处气流运动的速度也不同，因而油滴周围的温度及混合气浓度的分布极为复杂。喷注外围的油滴较小，往往在着火准备期已经蒸发完毕并向四周扩散，所以浓度较稀而不会首先着火；喷注中心部分的油滴较大而且密集，造成混合气过浓甚至处于液态，所以也不会首先着火。依此可见，首先着火处应是在喷注外围和核心之间的地区某些点。当有气流运动时，着火应发生在喷注顺气流方向一侧的前沿附近，如图 6-13 所示。由于温度及浓度符合着火条件的场合不止一处，因此首先着火的火源也不止一处，而是几处同时着火（多点着火）。由于柴油机各循环的喷油及温度情况不可能完全相同，因而各循环的着火地点也不一定重合。它有别于汽油机的点火。着火核心形成后，火焰向四周传播，遇到不合适混合气，火焰传播将出现中断。

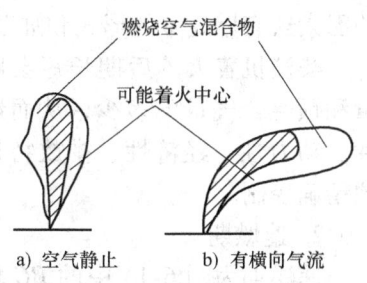

a) 空气静止　　b) 有横向气流

图 6-13　喷注着火示意图

二、燃烧过程的四个时期

燃烧过程可分为四个时期，即着火落后期（又称滞燃期）、速燃期、缓燃期和补燃期，如图 6-14 所示。

1. 着火落后期

着火落后期又称滞燃期（图 6-14 中的 AB 段），从燃油开始喷入燃烧室内（A 点）至由于开始燃烧而引起压力升高使压力线明显脱离压缩线开始急剧上升的点（B 点）。随压缩过程的进行，缸内空气压力和温度不断升高，在上止点附近气体温度高达 600℃ 以上，高于燃料在当时压力下的自燃温度。在 A 点被喷入气缸的柴油，经历一系列复杂的物理化学过程，包括雾化、蒸发、扩散、与空气混合等物理准备阶段以及低温多阶段着火的化学准备阶段，在空燃比、压力、温度以及流速等条件合适处，多点同时着火，随着着火区域的扩展，缸内压力和温度升高，并脱离压缩线。虽然对于局部而言，物理过程和化学过程是相继进行的，但对于整体而言，物理过程和化学过程是重叠在一起的。以秒和曲轴转角为单位的着火落后期，分别用 τ_i 和 φ_i 表示。一般 $\varphi_i = 80° \sim 120°$，$\tau_i = 0.7 \sim 3\text{ms}$。

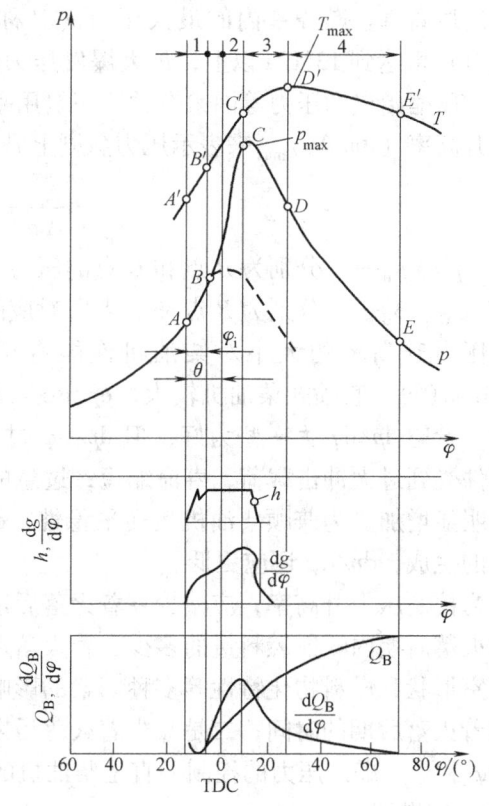

图 6-14　柴油机燃烧过程、喷油速率和放热规律

影响着火落后期长短的主要因素是此时燃烧室内工质的状态。图 6-15 表示了对于十六烷值为 56 的柴油，温度与压力对着火落后期的影响。由图可见，温度越高或压力越高，则

着火落后期越短。柴油的自燃性较好（十六烷值高），着火落后期也较短。其他影响着火落后期长短的因素还有燃烧室的形式和缸壁温度等。

柴油机着火落后期长短会明显影响该阶段喷油量和预混合气量的多少，从而影响柴油机的燃烧特性、动力性、经济性、排放特性以及噪声振动，必须精确控制。

2. 速燃期

速燃期为图 6-14 中的 BC 段，即从压力脱离压缩线开始急剧上升（B 点）至达到最大压力（C 点）。速燃期内，由于在着火落后期内作好燃前准备的可燃混合气多点大面积同时着火，而且是在活塞靠近上止点时气缸容积较小的情况下发生，因此气体的温度、压力急剧升高，燃烧放热速率 $dQ_B/d\varphi$ 很快达到最高值。燃烧室内的最大压力（又称最大爆

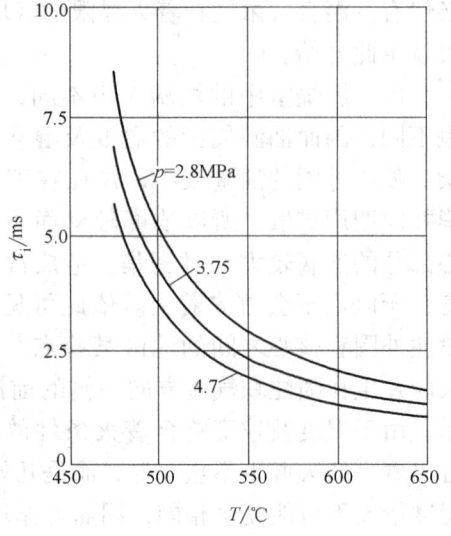

图 6-15　温度与压力对着火落后期的影响

发压力）可达到 13MPa 以上，最大爆发压力的高低除了受燃烧过程的直接影响外，还与压缩比、压缩始点的压力等因素有关。一般用平均压力升高率 $\Delta p/\Delta \varphi$ ［MPa/(°)］以及最大压力升高率 $(dp/d\varphi)_{max}$ 来表示压力急剧上升的程度。平均压力升高率定义为

$$\frac{\Delta p}{\Delta \varphi} = \frac{p_C - p_B}{\varphi_C - \varphi_B}$$

式中　　p_C、p_B——分别为 B 点和 C 点的压力；

φ_C、φ_B——分别为 B 点和 C 点所对应的曲轴转角。

压力升高率的大小对柴油机性能有至关重要的影响，一般柴油机 $dp/d\varphi = 0.2 \sim 0.6$MPa/(°)，直喷式柴油机较大，$dp/d\varphi = 0.4 \sim 0.6$MPa/(°)。从提高动力性和经济性的角度，希望 $dp/d\varphi$ 大一些为好，但 $dp/d\varphi$ 过大会使柴油机工作粗暴；噪声明显增加；运动零部件受到过大冲击载荷，寿命缩短；过急的压力升高会导致温度明显升高，使氮氧化物生成量明显增加。为兼顾柴油机运转平稳性，$dp/d\varphi$ 不宜超过 0.4MPa/(°)，而为了抑制氮氧化物的生成，$dp/d\varphi$ 还应更低。

为控制压力升高率，应减少在着火落后期内的可燃混合气的量。可燃混合气的生成量要受着火落后期内喷射燃料量的多少、着火落后期的长短、燃料的蒸发混合速度、空气运动、燃烧室形状和燃料物化特性等多种因素的影响。一般来说，这可以从两个方面来考虑：一是缩短着火落后期的时间；二是减少着火落后期内喷入的燃油或可能形成可燃混合气的燃油。$dp/d\varphi$ 和最大爆发压力的控制一直是柴油机的重要研究课题。

3. 缓燃期

缓燃期为图 6-14 中的 CD 段，即以最大压力点（C 点）至最高温度点（D 点）。一般喷射过程在缓燃期都已结束，随着燃烧过程的进行，空气逐渐减少而燃烧产物不断增多，燃烧的过程也渐趋缓慢。缓燃期的燃烧具有扩散燃烧的特征，混合气形成的速度和质量起着十分重要的作用。在这一阶段内，应采取措施使后期喷入的燃油能及时得到足够的空气，尽可能地加速混合气的形成，保证迅速而完全的燃烧，从而提高柴油机的经济性和动力性。缓燃期

结束时，柴油机燃烧室内的最高温度可达2000℃左右。

一般要求缓燃期不要过长，否则会使放热时间加长，循环热效率下降，即缓燃期不要缓燃，反应越快越好。加快缓燃期燃烧速度的关键是加快混合气形成速率。

由于不可能形成完全均匀的混合气，所以使柴油机必须在过量空气系数大于1的条件下工作，保证基本上完全燃烧的最小过量空气系数的大小随燃烧室的不同而异，在分隔室燃烧室中最小可达1.2左右。与汽油机相比，柴油机的空气利用率较低，这也是其升功率和比质量的指标较汽油机差的主要原因之一。

4. 补燃期

补燃期为图6-14中的 DE 段，即从最高温度点（D 点）至燃油基本燃烧完（E 点）。补燃期的终点很难准确地确定，一般当放热量达到循环总放热量的95%~99%时，就可以认为补燃期结束，也是整个燃烧过程的结束。由于燃烧时间短促，混合气又不均匀，总有少量燃油拖延到膨胀过程中继续燃烧。特别在高速、高负荷工况下，因过量空气系数小，混合气形成和燃烧的时间更短，这种补燃现象就更为严重。补燃期过长，缸内压力不断下降，燃烧放出的热量得不到有效利用，还使排气温度提高，导致散热损失增大，对柴油机的经济性不利。此外，还增加了有关零部件的热负荷。

因此，应尽量缩短补燃期，减少补燃所占的百分比。柴油在缸内燃烧时，总体空气是过量的，只是混合不均匀造成局部缺氧。因此，加强缸内气体运动，可以加速后燃期的混合气形成和燃烧速度，而且会使炭烟及不完全燃烧成分加速氧化。

三、燃烧放热规律

瞬时放热率是指在燃烧过程中的某一时刻，单位时间内（或1°曲轴转角内）燃烧的燃油所放出的热量；而累积放热率，是指从燃烧过程开始至某一时刻为止已经燃烧的燃油与循环供油量的比值。瞬时放热率和累积放热率随曲轴转角的变化关系，称为燃烧放热规律，如图6-16所示。燃烧放热规律影响到燃烧过程中缸内压力、温度的变化，进而影响到柴油机的性能。

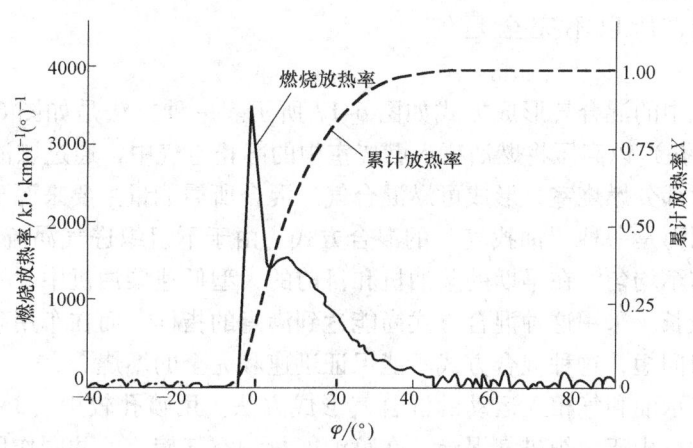

图 6-16 燃烧放热规律

由能量守恒定律可以得到，单位曲轴转角（或单位时间）内燃烧放出的热量等于单位曲轴转角（或单位时间）内缸内工质的热力学能、工质对活塞做的功和通过燃烧室壁向外传递的热量之和，即

$$\frac{dQ_B}{d\varphi} = \frac{dU}{d\varphi} + \frac{dW}{d\varphi} + \frac{dQ_W}{d\varphi}$$

式中　Q_B——燃烧放出的热量；

U——缸内工质热力学能；

W——工质对活塞做的功；

Q_W——通过燃烧室壁向外传递的热量；

φ——曲轴转角。

有了实测的示功图，在上式的基础上通过数值计算就可以求得燃烧放热规律。

第三节　柴油机混合气形成和燃烧室

一、混合气形成

（一）混合气形成基本方式

柴油机的混合气形成方式可分为两大类，即空间雾化混合与油膜蒸发混合。

1. 空间雾化混合

将燃油喷射到空间进行雾化，通过燃油与空气之间的相互运动和扩散，并从高温空气中吸热并蒸发扩散，在空间形成可燃混合气的方式称为空间雾化混合。这时，燃油与空气的相对运动速度是起主要作用的因素。相对运动速度越高，油滴与空气的摩擦和碰撞越激烈，分散后的油滴也越细小，混合气越均匀。混合气在这一过程中混有尚未蒸发汽化的液态油滴，所以不完全是气相的。

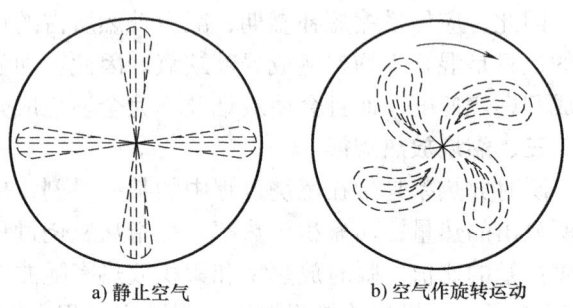

图6-17　直喷式柴油机的空间雾化混合气形成方式

a) 静止空气　　b) 空气作旋转运动

直喷式柴油机中的混合气形成方式如图6-17所示。一种方法是如图6-17a所示采用多孔喷油器（6~12孔）以高压将燃油喷入燃烧室中的静止空气中，通过燃油的高度雾化和多个油束均匀覆盖大部分燃烧室，形成可燃混合气。混合所需能量主要来源于油束，空气是被动参与混合的，因而是一种"油找气"的混合方式。由于不组织进气涡流，充量系数较高，但混合气浓度分布不均匀，在早期的柴油机和目前的大型低速柴油机中，一般过量空气系数较大，燃烧时间较长，采用这种混合方式尚能达到满意的指标。而在车用高速柴油机中，由于转速高、燃烧时间短，这种混合方式不能保证迅速和完全的燃烧。

图6-17b则表示油和气相互运动的混合气形成方法。用喷孔较少（3~5孔）的喷油器将燃油喷到空间中，由于组织进气涡流，在喷油能量和空气旋流的共同作用下，油束的扩散范围急剧扩大。这时，涡流强度与油束的匹配是十分重要的，在理想的涡流强度下，相邻油束几乎相接，以使油雾尽可能充满燃烧室。涡流太弱，油束扩散范围不够；涡流过强，上游油束的已燃气体又会妨碍下游油束前端部的燃烧，这种现象又称过强涡流。

在非直喷式燃烧室中，尽管也是空间混合方式，但采用的是两阶段混合方法，第一阶段混合时，利用压缩涡流和较低压力油束双方的能量混合，在不十分均匀的混合状态下进行着火燃烧。然后利用高温高压的燃烧气体本身的能量，在主燃烧室内进行第二阶段的混合。

还有一种撞击喷射（将燃油高速喷向壁面产生撞击），基本上也是一种空间混合方式，通过油束对不同形状壁面的撞击和反弹，使油束的分布范围扩大，在涡流的作用下，快速形成混合气。

2. 油膜蒸发混合

以球形燃烧室为代表的油膜蒸发混合方式如图 6-18 所示。燃油沿壁面顺气流喷射，将大部分燃油喷射到燃烧室壁面上，在强烈的涡流作用下形成一层油膜。在较低的燃烧室壁温控制下，油膜底层保持液态，表层油膜开始时以较低速度蒸发，加上喷油射束在空间的少量蒸发，形成少量可燃混合气。着火后，随燃烧的进行，油膜受热逐层加速蒸发，使混合气形成速度和燃烧速度加速。这一混合方式中起主要作用的因素是燃烧室壁面温度、空气相对运动速度和油膜厚度。混合气在这一过程中完全是气相的。

在空间雾化混合中，燃油的喷雾特性对混合气起决定性的作用。为提高混合气形成速度，往往要将燃料尽可能喷得很细，分布均匀。这样就会使较多的油滴受热蒸发，在着火落后期内形成大量的可燃混合气，造成燃烧初期放热率过大，压力急剧升高，工作粗暴，NO_x 排放高。但如果减小着火落后期内混合气生成量，则势必造成大量燃油在着火后的高温高压下蒸发混合，容易因空气不足而裂解成炭烟。因此，尽管空间雾化混合方式有较高的热效率，但炭烟、NO_x 和燃烧噪声均较高。

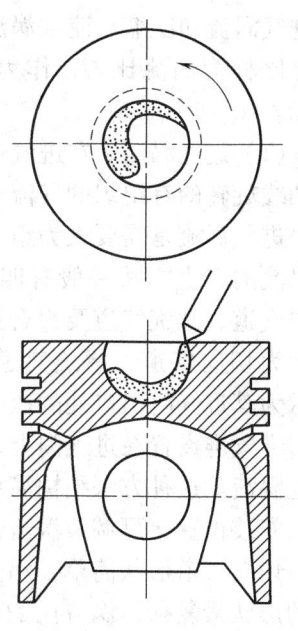

图 6-18 油膜蒸发混合方式

在油膜蒸发混合中燃烧室壁面温度和空气旋流起了主要作用。在喷入燃烧室的燃料量相同的条件下，由于油膜受热蒸发所需时间要比细小油滴长得多，加之燃烧室壁温控制较低，使油膜蒸发混合方式在着火落后期内生成的混合气量远小于空间雾化方式。随燃烧进行，在高温和火焰辐射作用下，油膜蒸发加速，使混合气生成速度加快。另外，大部分燃料是在蒸发后以气体状态与空气或高温燃气接触，可以避免空间雾化混合时常有的液态燃油高温裂解问题，使炭烟特别是大颗粒炭烟排放降低。

由于油膜蒸发混合方式存在一些难以解决的问题，主要是冷起动性能差（起动时壁温低）、随工况变化性能差别大、对涡流强度十分敏感因而工艺要求高等。所以在实际中应用不多，但它的提出打破了原来空间雾化混合概念的束缚，开阔了发动机混合气形成和燃烧的思路，具有重要的理论意义。例如，有的缸内直喷式汽油机采用了这种油膜蒸发混合方式。

柴油机中混合气形成方式是复杂和多样的，在实际柴油机中并不是单一存在的，往往是多种方式并存。以中、小型车用直喷式柴油机为例，在以空间雾化混合为主的同时，到达壁面的燃油又存在撞击和油膜蒸发混合方式；气流运动则以进气涡流为主的同时，挤流、微涡流乃至多气门时专门组织的滚流都有。

（二）缸内气流运动

发动机缸内的气流运动形式可分为涡流、挤流、滚流和湍流四种形式，被分别或组合应用于不同的燃烧系统。

1. 涡流

缸内的涡流运动一直是柴油机混合气形成的主要手段，根据形成方法不同，涡流又可分为进气涡流和压缩涡流。涡流转速与发动机转速之比称为涡流比 Ω，作为衡量涡流强度的指标。

（1）进气涡流。在进气过程中形成的绕气缸轴线旋转的有组织的气流运动，称为进气涡流。进气涡流是需要人为组织的。发动机中进气涡流的产生方法一般有四种，即用导气屏、切向气道、螺旋气道及组合进气系统。图6-19所示为切向气道、螺旋气道的原理，图6-20所示为其进气门出口处的速度分布示意图。

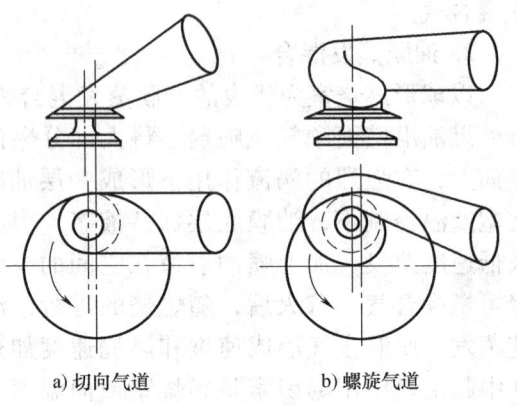

图6-19 切向气道、螺旋气道的原理

导气屏设置在进气门上，导引进气气流以不同角度流入气缸，在气缸壁面的约束配合下产生涡流。这种方法结构简单，进气道可不作特殊设计，通过改变导气屏的包角和导气屏中点的安装位置，可调节涡流强度，涡流比 $\Omega=0\sim4$，但阻力最大，一般用于试验研究用发动机。切向气道形状简单，涡流比 $\Omega=1\sim2$，适用于对涡流强度要求不高的发动机。螺旋气道的形状最复杂，涡流比 $\Omega=2\sim4$，适用于对进气涡流强度要求较高的发动机。

组合式进气系统，是指在2个进气门的发动机上，采用不同类型（例如1个切向气道和1个螺旋气道）或不同角度的两个进气道，以组合出所需要的涡流和流速分布。

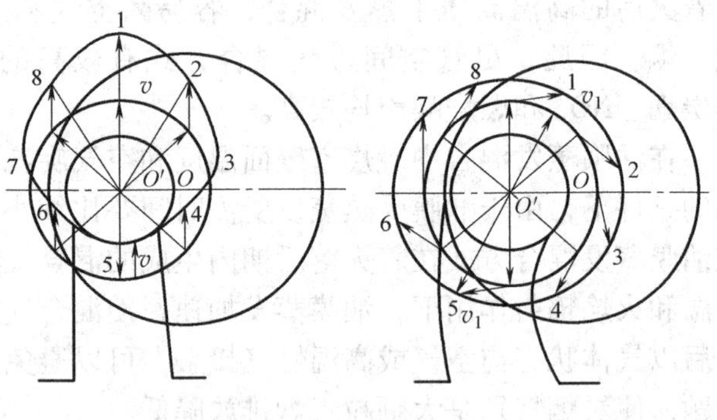

进气涡流在压缩过程中，一边旋转一边被挤入燃烧室凹坑。设进气涡流比和压缩终点时燃烧室凹坑内的涡流比分别为 Ω 和 Ω_c，根据动量守恒关系，有

$$\frac{\Omega_c}{\Omega}=\frac{D^2}{d_k^2}$$

式中 D 和 d_k——气缸直径和燃烧室凹坑入口直径。

图6-20 切向气道、螺旋气道的进气门出口处的速度分布

显然，$\Omega_c>\Omega$，即进气涡流在气缸内有一个发展过程。所以，为加速混合气的形成，不仅应注意进气涡流比 Ω 的大小，更应注意压缩终点时燃烧室内的涡流比 Ω_c，对燃烧过程影响更大的是 Ω_c 以及上止点后的涡流强度。

（2）压缩涡流。在涡流室式燃烧室中，气体在进气过程中并不产生涡流，而在压缩过程中由主燃烧室经连通道进入涡流室时，形成强烈的压缩涡流。虽然这种产生涡流的方式不

会使进气阻力增大和进气充量下降,但形成压缩涡流时会伴随着不同程度的能量损失,使循环热效率降低。

2. 挤流

挤流也是一种有效的缸内气体运动,如图 6-21 所示。在压缩过程中,当活塞接近上止点时,气缸内的空气被挤入活塞顶部的燃烧室凹坑内,由此产生挤压涡流(挤流)。当活塞下行时,凹坑内的燃烧气体又向外流到活塞顶部外围的环型空间,与空气进一步混合燃烧,这种流动又称逆挤流。

挤压涡流的强度与活塞顶部凹坑喉口直径以及活塞顶间隙有密切关系。活塞顶部凹坑喉口直径和活塞顶间隙越小,则挤压涡流的强度越大。挤压涡流(包括逆挤流)不会影响充量系数,但却有助于混合气的形成。其持续的时间较短(仅在上止点附近),强度与进气涡流相比一般较小,在混合气形成和燃烧中起到配合作用。

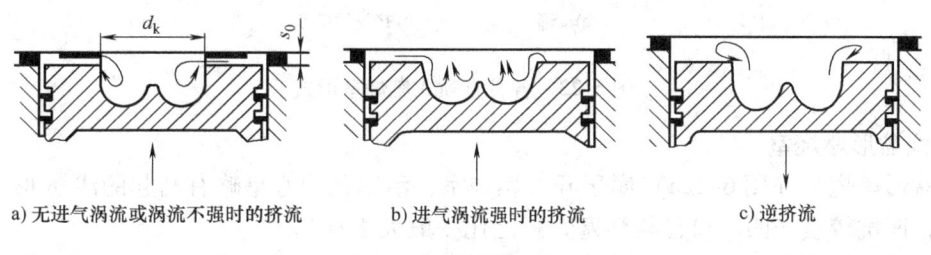

a) 无进气涡流或涡流不强时的挤流　　b) 进气涡流强时的挤流　　c) 逆挤流

图 6-21　挤流的形成

3. 湍流

在气缸中形成的无规则的小尺度气流运动称为湍流,又称微涡流。湍流可以促进燃油和空气的微混合程度,加速燃烧过程。活塞运动虽然可以自然形成湍流,但其强度较弱并且无法控制。常用的产生湍流的方式有各种形式的挤流、预燃室中由压缩生成的湍流、非回转体燃烧室中伴随涡流运动产生的边角处湍流等。

4. 滚流

在进气过程中形成的绕垂直于气缸轴线的有组织的空气旋流称为滚流,又称纵涡。滚流在压缩过程中能量衰减较少,在活塞接近压缩上止点时,大尺度的滚流被破碎成许多小尺度的涡流和湍流,可大大改善混合燃烧过程。试验表明,滚流在压缩上止点附近形成的湍流强度,可高于进气涡流产生的湍流,这一思想也被用在缸内直喷汽油机上。

各种气流运动对加速混合气的形成和燃烧有着重要的意义。但气流总会带来进气流动损失、泵气损失等,这是不利的一面。另外,大多数气流运动又存在高低速时的强度相差过大的矛盾,给发动机在宽广转速范围内良好工作带来困难。气流对各种结构参数比较敏感,难以精确控制,易造成各缸工作状态不均匀,所以在组织气流运动时,须多方面分析比较与合理折中,同时,柴油机向直喷式发展并强调高压喷射,降低对气流的要求。

二、燃烧室的类型

柴油机燃烧室可分为两大类,即直喷式燃烧室和分隔式燃烧室。

(一)直喷式燃烧室

直喷式燃烧室可根据活塞顶部凹坑的深浅分为半开式燃烧室和开式燃烧室两类。图6-22所示为有代表性的各种直喷式燃烧室的形式。开式燃烧室有浅盆形,半开式燃烧室有 ω 形、挤流缩口形、各种非回转体形、球形等。

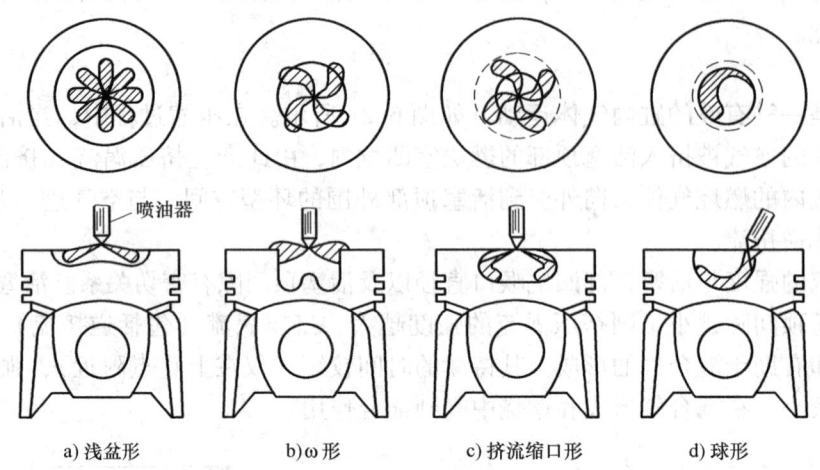

图6-22 各种直喷式燃烧室形式

1. 浅盆形燃烧室

浅盆形燃烧室（图6-22a）属于开式燃烧室，活塞顶中心呈略有凸起的浅ω形或平底的浅盆形，凹坑较浅，凹坑口径与活塞直径之比一般大于0.7。

浅盆形燃烧室中的混合气形成主要依靠燃油的喷射，因此对雾化质量，也就是对喷射系统有很高的要求。开式燃烧室采用较多喷孔数目（常见的为7~12孔）的孔式喷油器和较高的喷射压力，最大喷射压力达到100MPa以上；而一般不组织涡流或只有很弱的涡流，在混合气形成中空气运动所起的作用相对很小。混合气在燃烧室的空间内形成，避免油束直接喷到燃烧室的壁面（油束贯穿率要求小于或约等于1）。

对于浅盆形燃烧室，希望通过油束与燃烧室形状的配合，使燃油尽可能均匀地分布在整个燃烧室的空间中。所以，浅盆形燃烧室属于较均匀的空间混合方式，在着火落后期内形成较多的可燃混合气，因而最高燃烧压力和压力升高率高，工作粗暴，燃烧温度高，NO_x和排气烟度较高，噪声、振动及机械负荷较大。它的空气利用率相对较低，一般均采用增压来保证较大的过量空气系数（为1.5~2.2），以实现完善的燃烧。相反，正是由于不组织空气运动，散热损失和流动损失均小，加之雾化质量好，燃烧迅速，因而其最大优点是经济性好，容易起动。

开式燃烧室一般适用于缸径较大（≥140mm），转速较低（≤2000r/min）的柴油机，随缸径的不同，其结构形状有所不同。

2. ω形燃烧室

ω形燃烧室（图6-22b）属于半开式燃烧室，尺寸参数如图6-23所示，在活塞顶部设有较深的ω形凹坑，凹坑的中心凸起是为了帮助形成涡流以及排除气流运动很弱的中心区域的空气而设置的。一般d_k/D为0.6左右，$d_k/h=1.5~3.5$。采用4~6孔均布

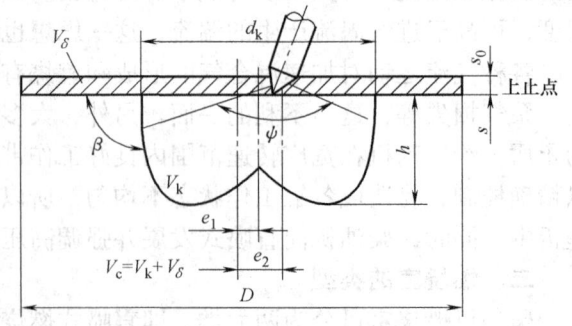

图6-23 ω燃烧室尺寸参数

会使进气阻力增大和进气充量下降,但形成压缩涡流时会伴随着不同程度的能量损失,使循环热效率降低。

2. 挤流

挤流也是一种有效的缸内气体运动,如图 6-21 所示。在压缩过程中,当活塞接近上止点时,气缸内的空气被挤入活塞顶部的燃烧室凹坑内,由此产生挤压涡流(挤流)。当活塞下行时,凹坑内的燃烧气体又向外流到活塞顶部外围的环型空间,与空气进一步混合燃烧,这种流动又称逆挤流。

挤压涡流的强度与活塞顶部凹坑喉口直径以及活塞顶间隙有密切关系。活塞顶部凹坑喉口直径和活塞顶间隙越小,则挤压涡流的强度越大。挤压涡流(包括逆挤流)不会影响充量系数,但却有助于混合气的形成。其持续的时间较短(仅在上止点附近),强度与进气涡流相比一般较小,在混合气形成和燃烧中起到配合作用。

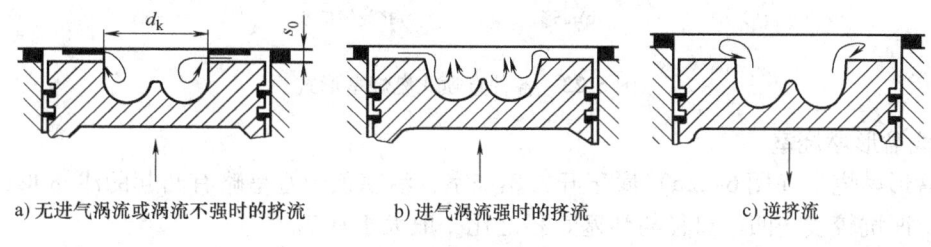

a) 无进气涡流或涡流不强时的挤流　　b) 进气涡流强时的挤流　　c) 逆挤流

图 6-21　挤流的形成

3. 湍流

在气缸中形成的无规则的小尺度气流运动称为湍流,又称微涡流。湍流可以促进燃油和空气的微混合程度,加速燃烧过程。活塞运动虽然可以自然形成湍流,但其强度较弱并且无法控制。常用的产生湍流的方式有各种形式的挤流、预燃室中由压缩生成的湍流、非回转体燃烧室中伴随涡流运动产生的边角处湍流等。

4. 滚流

在进气过程中形成的绕垂直于气缸轴线的有组织的空气旋流称为滚流,又称纵涡。滚流在压缩过程中能量衰减较少,在活塞接近压缩上止点时,大尺度的滚流被破碎成许多小尺度的涡流和湍流,可大大改善混合燃烧过程。试验表明,滚流在压缩上止点附近形成的湍流强度,可高于进气涡流产生的湍流,这一思想也被用在缸内直喷汽油机上。

各种气流运动对加速混合气的形成和燃烧有着重要的意义。但气流总会带来进气流动损失、泵气损失等,这是不利的一面。另外,大多数气流运动又存在高低速时的强度相差过大的矛盾,给发动机在宽广转速范围内良好工作带来困难。气流对各种结构参数比较敏感,难以精确控制,易造成各缸工作状态不均匀,所以在组织气流运动时,须多方面分析比较与合理折中,同时,柴油机向直喷式发展并强调高压喷射,降低对气流的要求。

二、燃烧室的类型

柴油机燃烧室可分为两大类,即直喷式燃烧室和分隔式燃烧室。

(一)直喷式燃烧室

直喷式燃烧室可根据活塞顶部凹坑的深浅分为半开式燃烧室和开式燃烧室两类。图6-22所示为有代表性的各种直喷式燃烧室的形式。开式燃烧室有浅盆形,半开式燃烧室有ω形、挤流缩口形、各种非回转体形、球形等。

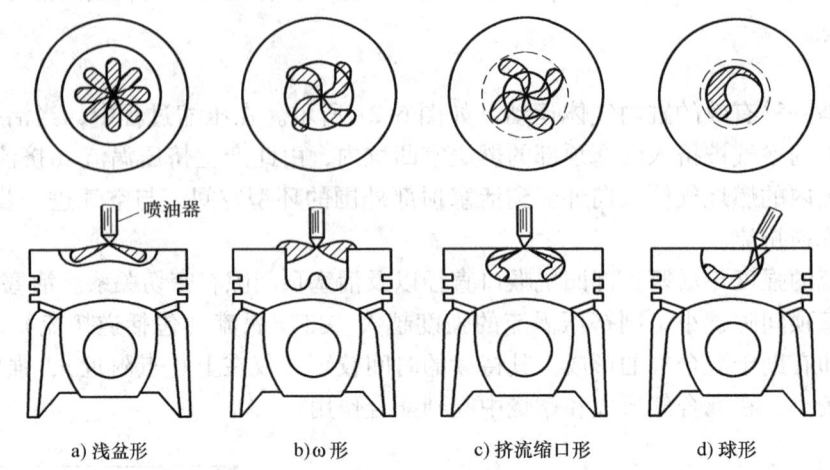

图 6-22 各种直喷式燃烧室形式

1. 浅盆形燃烧室

浅盆形燃烧室（图 6-22a）属于开式燃烧室，活塞顶中心呈略有凸起的浅 ω 形或平底的浅盆形，凹坑较浅，凹坑口径与活塞直径之比一般大于 0.7。

浅盆形燃烧室中的混合气形成主要依靠燃油的喷射，因此对雾化质量，也就是对喷射系统有很高的要求。开式燃烧室采用较多喷孔数目（常见的为 7~12 孔）的孔式喷油器和较高的喷射压力，最大喷射压力达到 100MPa 以上；而一般不组织涡流或只有很弱的涡流，在混合气形成中空气运动所起的作用相对很小。混合气在燃烧室的空间内形成，避免油束直接喷到燃烧室的壁面（油束贯穿率要求小于或约等于 1）。

对于浅盆形燃烧室，希望通过油束与燃烧室形状的配合，使燃油尽可能均匀地分布在整个燃烧室的空间中。所以，浅盆形燃烧室属于较均匀的空间混合方式，在着火落后期内形成较多的可燃混合气，因而最高燃烧压力和压力升高率高，工作粗暴，燃烧温度高，NO_x 和排气烟度较高，噪声、振动及机械负荷较大。它的空气利用率相对较低，一般均采用增压来保证较大的过量空气系数（为 1.5~2.2），以实现完善的燃烧。相反，正是由于不组织空气运动，散热损失和流动损失均小，加之雾化质量好，燃烧迅速，因而其最大优点是经济性好，容易起动。

开式燃烧室一般适用于缸径较大（≥140mm），转速较低（≤2000r/min）的柴油机，随缸径的不同，其结构形状有所不同。

2. ω 形燃烧室

ω 形燃烧室（图 6-22b）属于半开式燃烧室，尺寸参数如图 6-23 所示，在

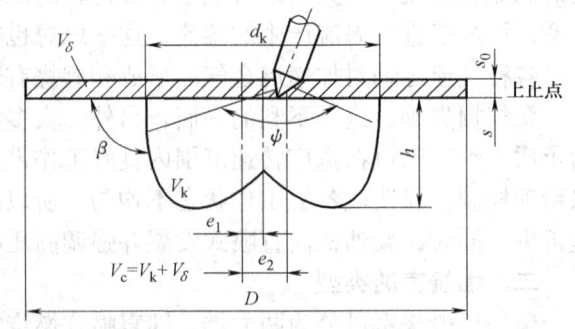

图 6-23 ω 燃烧室尺寸参数

活塞顶部设有较深的 ω 形凹坑，凹坑的中心凸起是为了帮助形成涡流以及排除气流运动很弱的中心区域的空气而设置的。一般 d_k/D 为 0.6 左右，$d_k/h = 1.5~3.5$。采用 4~6 孔均布

的多孔喷油器中央布置（4 气门时）或偏心布置（2 气门时），喷雾贯穿率一般为 1.05。空气运动以进气涡流为主，挤流为辅。进气涡流比介于最低的浅盘形燃烧室（<1.5）和最高的球形燃烧室（>3）之间，通过减小 d_k/D 和余隙高度 s_0，可使挤流强度增加。由于利用燃油喷射和空气运动两方面的作用形成混合气，因此比浅盘形更容易形成均匀的混合气，空气利用率提高，可在过量空气系数为 1.3~1.5 的条件下实现完全燃烧。

与浅盆形燃烧室的"油找气"方式相比，ω 形燃烧室采用"油和气相互运动"的混合气形成方式，以满足车用高速柴油机混合气形成和燃烧速度更高的要求。

由于空气运动的强度随着转速的提高而增大，而涡流强度过强或过弱会造成油束贯穿不足或过度，均会影响混合气形成和燃烧，故 ω 形燃烧室对转速的变化较为敏感，一般适用于缸径为 80~140mm，转速低于 4500r/min 的柴油机中。若应用于更小缸径的柴油机中，则在燃油喷射、气流运动与燃烧室形状间的配合上出现困难。同时，喷孔直径过小和喷油压力过高，也给制造和使用提出更高的要求。尽管如此，ω 形燃烧室的应用范围仍在向着小缸径方向发展。

3. 挤流缩口形燃烧室

挤流缩口形（图 6-22c）燃烧室也属于半开式燃烧室，混合气形成原理与 ω 形燃烧室基本相同，最大区别就是采用了缩口形的燃烧室凹坑，这就使得挤流和逆挤流运动更强烈，涡流和湍流能保持较长时间。同时，随着 d_k/D 的减小，挤流口式燃烧室的"半开式"燃烧特点逐渐明显。挤流口抑制了较浓的混合气过早地流出燃烧室凹坑，使初期燃烧在还原气氛中进行，压力升高率较低，因此 NO_x 排放和燃烧噪声均较 ω 形燃烧室低。但是，由于挤流口的节流作用，活塞的热负荷高，挤流口边缘容易烧损，喷孔易堵塞，加工也比一般 ω 形燃烧室复杂。

4. 非回转体形燃烧室

涡流和挤流都是尺度较大的气体运动，适当组织微涡流或湍流可以促进燃油与空气的微观混合。这类燃烧室中具有代表性的有日本五十铃公司推出的四角形燃烧室、日本小松公司的微涡流燃烧室 MTCC（micro turbulence combustion chamber）、英国 Perkins 公司的 Quardram 燃烧室以及上海内燃机研究所研制的花瓣形燃烧室（图 6-24）。

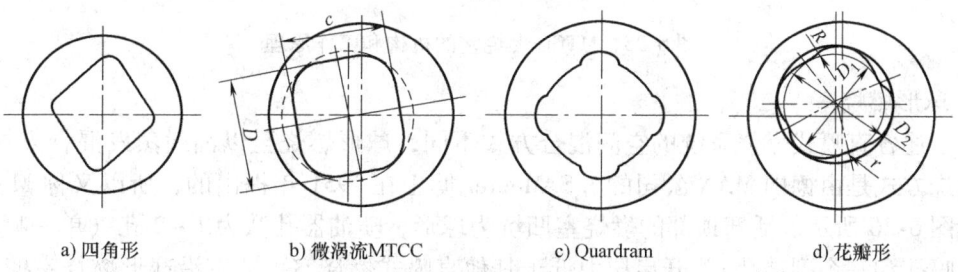

a) 四角形　　　b) 微涡流MTCC　　　c) Quardram　　　d) 花瓣形

图 6-24 非回转体形燃烧室

图 6-25 所示为 MTCC 燃烧室的工作原理，其上部为四角形，下部仍为回转体，在气缸内作涡流运动的气体一边旋转一边进入燃烧室凹坑，在缩口的四个角上以及四角形与回转形的交界处产生微涡流和湍流，将燃油喷向这些区域，可加快混合气的形成和燃烧速度。

非回转体燃烧室形状各异，但是其基本特点是相同的，即在半开式燃烧室的基础上，利用燃烧室形状的设计来产生微涡流，改善混合气形成和燃烧。除大尺度的涡流（如进气涡流和挤压涡流）以外，小尺度的涡流（又称微涡流或湍流）对混合气形成和燃烧的促进作用已得到公认。

微涡流主要是利用大尺度的涡流在燃烧室内不同位置造成的速度差以及流经一些特殊设计的边角、凹凸时产生的气流扰动所形成的。

一些特殊设计的边角、凹凸对空气涡流有衰减作用，而且这种衰减作用随着空气涡流的增强而增大，对提高柴油机的转速适应性、解决半开式燃烧室中存在的低速涡流太弱、高速涡流太强的问题是有利的，特别适合于车用柴油机在宽广的转速范围内工作的情况。

所以，非回转体燃烧室的优点：着火落后期较短，压力升高率相对较低，燃烧比较完善，HC、CO 排放量较小，对转速变化不太敏感，油耗曲线较平坦等。缺点是：NO_x 排放高，加工相对较复杂，一些突出部位的热负荷较高，影响工作的可靠性。

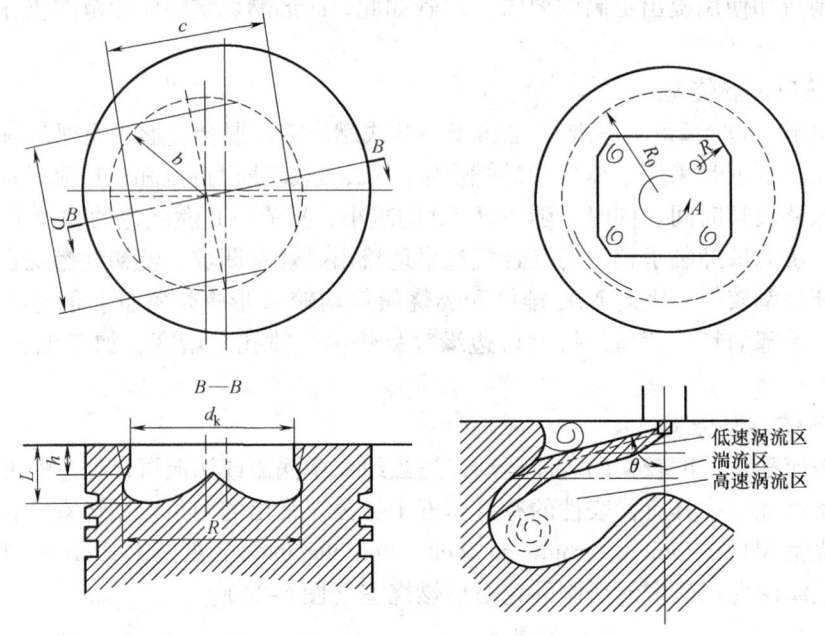

图 6-25　MTCC 燃烧室的机构和工作原理

5. 球形燃烧室

与上述各直喷式燃烧系统的空间混合方式不同，球形燃烧室以油膜蒸发混合方式为主，这种燃烧方式是由德国 MAN 公司的 J. S. Meurer 博士在 1951 年提出的，所以又称 M 燃烧过程。如图 6-26 所示，活塞顶部的燃烧室凹坑为球形，喷油器孔数为 1～2 孔（单一喷孔，或一个主喷孔和一个副喷孔），开启压力低于其他直喷式燃烧室，油束沿球形燃烧室壁面并顺气流喷射，燃油被喷涂在壁面上形成油膜。为保证形成很薄的、厚度均匀的油膜，需要很强的涡流（涡流比 >3）。在较低壁温的控制下（200～350℃），燃料在着火前以较低速度蒸发，在着火落后期内生成的混合气量较少，因而初期燃烧放热率和压力升高率低。随燃烧进行，缸内温度和火焰热辐射强度提高，使得油膜蒸发加速，燃烧也随之加速。这样，可以使预混合燃烧阶段的放热速率和压力升高率得到抑制。

在强烈的涡流运动和适宜的壁面温度控制下，燃料油膜将蒸发，被气流卷走，十分有序地进行混合燃烧，均匀混合可避免较大颗粒的燃油暴露在高温下产生裂解。同时，空气利用率好，正常燃烧的最小过量空气系数可降至 1.1。匹配良好的球形燃烧室可以作到工作柔和、轻声、低烟、低 NO_x，动力性能和燃油经济性能都较好，并能适用于从汽油到柴油的各种燃料。前面已述，尽管球形燃烧室目前已很少单独使用，但是油膜蒸发混合方式的思想却得以保留和应用。

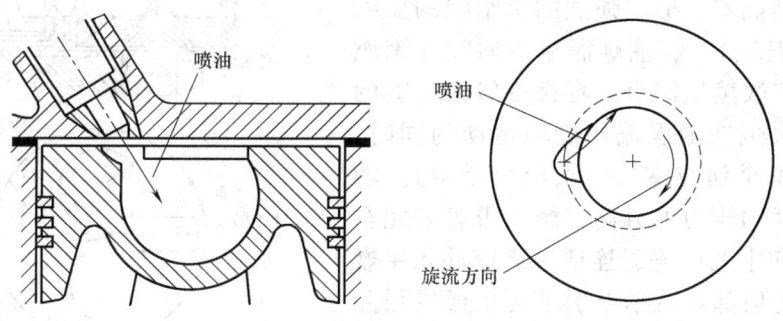

图 6-26　球形燃烧室工作原理

6. 直喷式燃烧室的特点

（1）由于燃烧迅速，故经济性好，有效燃油消耗率低。直喷式柴油机比分隔式柴油机有效燃油消耗率低 10%～20%。

（2）燃烧室结构简单，表面积与容积比小，因此散热损失小，也没有主、副室之间的节流损失，一方面可使冷起动性能较好，另一方面也使经济性能较好。

（3）对喷射系统的要求较高，尤其是开式燃烧室。

（4）半开式燃烧室对进气道有较高的要求。

（5）NO_x 的排放量较分隔式燃烧室柴油机高，特别在较高负荷的区域内，高一倍左右。

（6）对转速的变化较为敏感，特别是半开式燃烧室，较难同时兼顾高速和低速工况的性能，因而，适用转速较非直喷式燃烧室柴油机低。

（7）压力升高率大，燃烧噪声大，工作较粗暴。

（二）分隔式燃烧室

分隔式燃烧室又称"非直喷式燃烧室"，它的结构特点是除位于活塞顶部的主燃烧室外，还有位于缸盖内的副燃烧室，两者之间有通道相连。燃油不直接喷入主燃烧室内，而是喷入副燃烧室内。典型的非直喷式燃烧室有涡流室燃烧室和预燃室燃烧室。

1. 涡流室燃烧室

涡流室燃烧室的结构如图 6-27 所示。涡流室容积占整个燃烧室压缩容积的 50%～60%。涡流室的形状（图 6-28）有一些不同的类型，如近似球形的、上部为半球形下部为圆柱形的等。

涡流室与主燃烧室之间通道的截面积为活塞截面积的 1%～3.5%，通道方向与活塞顶成一定的倾斜角度，其截面形状有多种。此外，还有采用双倾斜通道的，即通道由靠主燃烧室一侧较小的倾斜角度的部分和涡流室一侧较大的倾斜角度的部分组成，以降低通道的流动损失和改善混合气形成。

活塞顶部的主燃烧室一般有导流槽或浅凹坑（图6-27）。在压缩过程中，空气从主燃烧室经通道流入涡流室，在涡流室内形成强烈的有组织的压缩涡流，压缩涡流在混合气形成中起主要作用。受活塞挤压的空气通过连通道的导流进入副燃烧室，形成强烈的有组织的压缩涡流（一次涡流）。燃油顺涡流方向喷入副燃烧室，迅速扩散蒸发混合。着火一般由喷雾的前端开始，火焰在随涡流作旋转运动的同时，很快扩散至整个涡流室（一次混合燃烧）。随涡流室内温度和压力的升高，燃气带着未完全燃烧的燃料和中间产物经连通道高速冲入主燃烧室，在活塞顶部导流槽导引下再次形成强烈的涡流（二次涡流），与主燃烧室内的空气进一步混合燃烧（二次混合燃烧），完成整个燃烧过程。

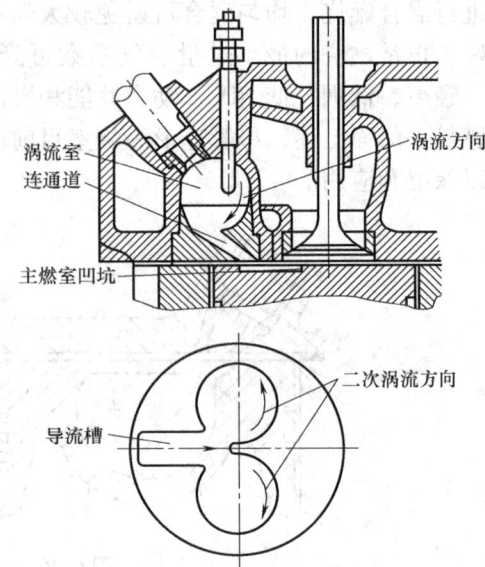

图 6-27 涡流室燃烧室

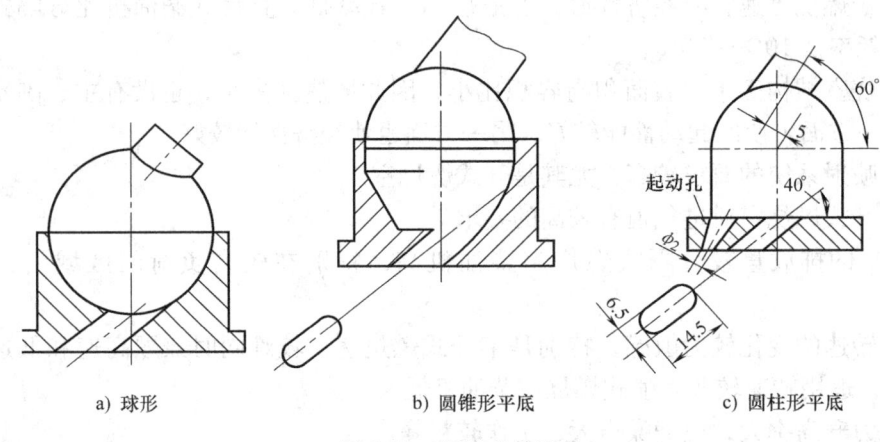

a) 球形　　b) 圆锥形平底　　c) 圆柱形平底

图 6-28 涡流室的形状

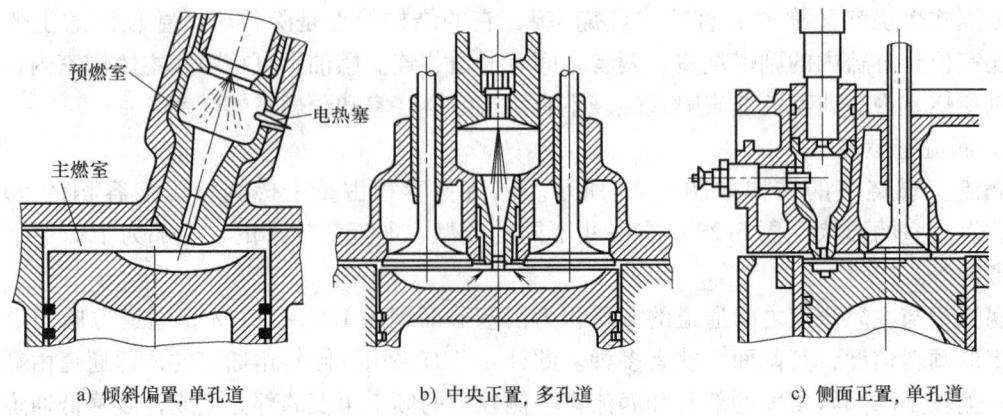

a) 倾斜偏置，单孔道　　b) 中央正置，多孔道　　c) 侧面正置，单孔道

图 6-29 预燃室燃烧室

2. 预燃室燃烧室

预燃室燃烧室的结构如图 6-29 所示。根据气门数的多少，预燃室可以偏置于气缸一侧（2 气门），也可以置于气缸中心线上或其附近（4 气门）。预燃室容积占整个燃烧室容积的 35%～45%，预燃室与主燃烧室之间通道的截面积为活塞截面积的 0.3%～0.6%。

预燃室燃烧室的工作原理与涡流室燃烧室相似，都是采用浓稀两段混合燃烧。在压缩过程中，气缸内部分空气流入预燃室内，由于连接通道截面积很小，且不与预燃室相切，所以在预燃室内形成强烈的无组织的湍流。湍流使一部分燃油雾化混合，当着火燃烧后，预燃室内的压力和温度迅速升高，利用这部分燃油的燃烧能量，将预燃室内已部分燃烧的浓混合气高速喷入主燃烧室内，并在主燃烧室内形成工质的运动，即燃烧涡流和湍流，促使其余部分的燃油在主燃烧室内迅速与空气混合并燃烧。

3. 非直喷式燃烧室柴油机的特点

（1）采用浓稀两段混合燃烧方式，前段过浓（还原）气氛，抑制了 NO_x 的生成和燃烧温度，而后段的稀燃（氧化）气氛和二次涡流又促进了炭烟的快速氧化，因而 NO_x 和微粒排放均低于直喷式燃烧室，但低负荷下的炭烟排放量较大。

（2）由于初期放热率低，因而压力升高率和最高燃烧压力均低于直喷式燃烧室，燃烧柔和，振动噪声小。

（3）对于涡流室，压缩涡流随发动机转速升高而增强，即转速越高，混合气形成和燃烧速度越高，因此涡流室燃烧室适合于高速柴油机，其转速可高达 5000r/min。

（4）缸内气流运动自始至终比较强烈，空气利用率好，可在过量空气系数 1.2 左右的条件下正常工作。

（5）对喷油系统要求不高，不需要进气涡流，进气道形状简单，因而加工制造成本低，使用故障少。

（6）一般对燃油不太敏感，有较强的适应性。

（7）燃烧室结构复杂，表面积与容积之比较大，加上强烈的空气运动的影响，使散热损失较大，通道节流作用引起的流动损失也较大。因此，分隔式燃烧室柴油机较直喷式燃烧室柴油机热效率低，经济性差。燃油消耗率比直喷式燃烧室高 10%～15%。预燃室燃烧室通道节流损失更大，因而燃油经济性更差一些。

（8）由于散热损失大和喷雾质量不高，冷起动性能不如直喷式燃烧室，一般都要安装电预热塞，用于在冷起动时提高燃烧室内的温度，保证顺利起动。

三、柴油机的燃烧室与调节参数的优化

柴油机各种类型的燃烧室有着各自的特点和适用场合。在燃烧室的选用中，主要应结合各类燃烧室的特点并考虑柴油机的缸径大小、转速范围、具体使用要求和特点以及制造维修水平等来进行。表 6-1 列出了典型燃烧室的结构和性能对比，表中数据一般是指小功率的非增压柴油机而言。对于同一类型的燃烧室，增压柴油机与非增压柴油机比较，一般过量空气系数较大，压缩比较低，最高爆发压力较大而燃烧噪声较小，有效燃油消耗率也会有不同程度的降低。

柴油机的发展历史形成了直接喷射式和非直接喷射式两种燃烧方式。过去，重型车用柴油机和其他大型柴油机大多采用直接喷射燃烧方式。因为这种燃烧方式的流动损失和散热损失比非直接喷射式小，燃油消耗率比后者低 10%～15%，而且在负荷和转速较低时相差较大。但直喷式柴油机对高转速适应性较差，对燃油喷射系统要求较高，对燃油要求较严，所以，对于要求转速高的轿车和轻型车柴油机、要求使用方便的小型农用柴油机，曾大量采用非直接喷射燃烧方式。

表 6-1 典型燃烧室的结构和性能对比

	对比项目	直喷式燃烧室			分隔式燃烧室	
		浅盆形（开式）	ω形	球形	涡流室	预燃室
燃烧系统特点	混合气形成方式	空间雾化	空间雾化	油膜蒸发	两段混合	两段混合
	压缩比	12~15	16~18	17~19	18~22	18~22
	空气运动	无涡流或弱进气涡流	较强进气涡流和挤流	强进气涡流	压缩涡流和燃烧涡流	压缩涡流和燃烧涡（滚）流
	全负荷过量空气系数	1.6~2.2	1.4~1.7	1.3~1.5	1.2~1.6	1.2~1.6
	热损失和流动损失	小	较小	较小	大	最大
	喷油器	6~12孔	4~6孔	1~2孔	轴针式	轴针式
	开启压力/MPa	20~40	18~25	17~19	10~12	8~13
	燃油雾化	要求高	要求较高	一般	要求较高	要求低
性能特点	p_{me}/MPa	0.6~0.8	0.6~0.8	0.6~0.8	0.7~0.9	0.6~0.8
	B_e/[(g/kW·h)]	190~210	218~245	218~245	231~272	245~292
	NO_x	高	较高	中等	低	低
	PM	较低	高	低	低	低
	HC	较低	高	高	低	低
	噪声	最高	较高	较低	低	低
	起动性	容易	较容易	难	难	最难
	适应转速/(r/min)	≤1500	≤4000	≤2500	≤5000	≤3500
	适应缸径/mm	≥200	≤150	90~130	≤100	≤100

近年来，由于柴油机直喷技术的进步，特别是多气门技术和高效增压系统的应用，喷油系统的电控化、高压化和高速化，使直喷柴油机的高速适应性大为改善。现代直喷式柴油机已经可以以 4000~5000r/min 的高转速运行，噪声、振动大幅度降低，完全能满足轻型车、轿车的需要。

第四节 使用因素对燃烧过程的影响

一、燃油的影响

车用柴油机多采用轻柴油。其化学组成（质量分数）是碳氢化合物，约含碳 87%，含氢 12.6%，含氧 0.4%。热值约为 42500kJ/kg。

1. 十六烷值

十六烷值是衡量柴油自燃性的指标，对燃烧过程有一定影响。十六烷值为 55 的燃油自燃性相对较好，即较易于着火自燃，使着火延迟期较短，因此在同样喷油规律的条件下比较，十六烷值为 45 的燃油的压力升高率和最大爆发压力都明显较低，从而使燃烧噪声和

NO_x 的排放量也都可降低。一般直喷式燃烧室比分隔式燃烧室对燃油的性质更为敏感。

2. 馏程

馏程是评价柴油蒸发性能的重要指标，柴油的馏程为 200~365℃。对于柴油，"50%馏出温度"关系到使用时能否形成良好的雾状液滴被点燃，此温度越低，发动机越容易起动，但柴油中轻质馏分含量过多，会使喷入气缸的柴油蒸发太快，易引起全部柴油迅速燃烧，造成压力剧增，使得柴油机工作粗暴。"90%馏出温度"和"95%馏出温度"越低，说明柴油中重质馏分含量低，这就使得柴油的燃烧更加充分，不仅可以提高柴油机的动力性，减少机械磨损。避免发动机产生过热现象，而且还可使油耗降低。因此，柴油的馏分过轻、过重都是不适宜的。

二、使用方面的因素

1. 喷油提前角的影响

喷油提前角直接影响燃烧性能，但是测量它比较困难，一般产品说明书上给出的都是供油提前角。供油提前角与喷油提前角之间相差喷油延迟角。供油提前角可用油溢法近似测出，即在柴油机处于停机状态，缓慢转动曲轴，凭目力观察出油管是否冒出燃油，来确定供油始点。由供油始点至上止点之间的曲轴转角即为供油提前角。

喷油提前角对柴油机燃烧过程影响很大。喷油提前角 θ_{fi}，对着火延迟角 θ_i、压力升高率 $\frac{\Delta p}{\Delta \theta}$ 及燃烧最高压力 p_{max} 的影响如图 6-30 所示。

喷油提前角偏大，使得燃油喷入气缸时空气的压力和温度较低，着火延迟期较长，压力升高率和最高燃烧压力增大，导致柴油机工作粗暴。喷油提前角过大，使得柴油机冷起动和怠速时空气温度更低，导致起动困难，怠速不良。喷油提前角过大，将会使压缩负功增大，功率下降，油耗增加。

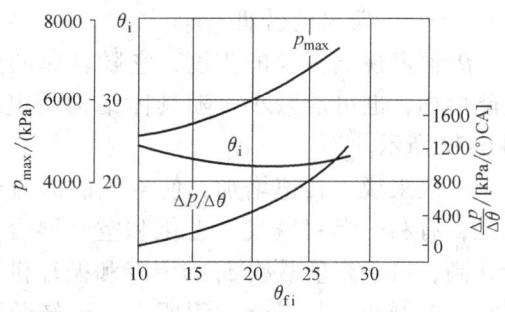

图 6-30 喷油提前角对燃烧过程参数的影响

喷油提前角过小，则燃油不能在上止点附近燃烧完毕，补燃量增加，虽然 $\frac{\Delta p}{\Delta \theta}$、$p_{max}$ 较低，但排气温度升高，废气带走的热量增加，散给冷却系统的热量也增加，热效率明显下降。

对于每一种运行情况，均有一个最佳喷油提前角，此时柴油机功率最大，燃油消耗率最小。正确选择柴油机的喷油提前角，要根据柴油机的型式、转速、燃油消耗率、排放及噪声等由试验确定。柴油机喷油提前角的大致范围是 15°~35°曲轴转角。

喷油提前角对柴油机各项性能的影响，其曲线走向通常并不一致，有利于提高经济性的提前角，往往对排放指标及噪声指标不一定是最佳。

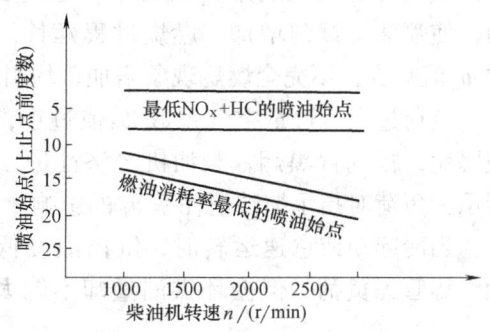

图 6-31 直喷式柴油机全负荷时动态喷油定时

图 6-31 是英国里卡多公司（Ricardo&COEngineers Ltd）所做的试验。该试验对缸径为 90～140mm 非增压直喷式柴油机在全负荷下，获得最佳经济性及最低排放指标时求得的平均动态喷油定时，它表明：

（1）获得最低燃油消耗率的动态喷油提前角，随转速升高而增加，而最低 NO_x、HC 排放物所求得的动态喷油提前角则基本上不随转速变化。

（2）经济性最好所需的提前角比 NO_x、HC 排放量最低所需的提前角要大，即喷油始点早，因此如果要使排气中 NO_x、HC 量下降必须减小喷油提前角而使经济性有所牺牲。

为此对各项指标都有严格要求的柴油机，在选择最佳喷油定时，就不能只考虑经济性或排放指标，而应以获得良好的综合指标为标准。

2. 转速的影响

转速升高时，由于散热损失和活塞环的漏气损失减小，使压缩终点的温度、压力增高；转速升高也会使喷油压力提高，改善燃油的雾化。这些都使以时间（s）计的着火延迟期 τ_i 缩短；如果以曲轴转角计，则着火延迟角为

$$\theta_i = 6n\tau_i$$

式中　n——转速，r/min；

　　　τ_i——着火延迟期，s。

θ_i 值需视 τ_i 减少的程度，它随转速的升高可能增加，也可能减小，随具体结构而定，如图 6-32 所示。

一般来说，转速增加，使空气的涡流运动加强，有利于燃料蒸发、雾化和空气混合。但转速高，由于充量系数 ϕ_c 的下降和循环供油量增加，ϕ_a 减小，且燃烧过程所占曲轴转角可能加大，因之热效率下降。转速过低也会由于空气涡流减弱，使热效率降低。

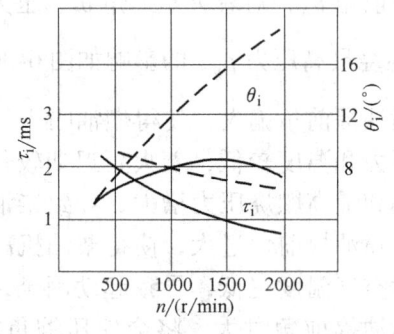

图 6-32　转速对着火落后期 τ_i 和 θ_i 的影响
虚线—直接喷射式燃烧室　实线—涡流室式燃烧室

3. 负荷的影响

当负荷增加时，循环供油量增加。由于转速不变，进入气缸的空气量基本不变，这使过量空气系数 ϕ_a 值减小，而气缸单位容积的混合气燃烧放出的热量增加，引起缸内温度上升，着火延迟时间缩短，工作柔和。图 6-33 所示为负荷对着火延迟角 θ_i 的影响。但是由于循环供油量增加，使喷油持续角增加，燃烧过程延长；并且过量空气系数 ϕ_a 值减少，不完全燃烧现象增加，均引起热效率降低。

负荷过大，过量空气系数 ϕ_a 值过小，因空气不足，燃烧恶化，排气冒黑烟，柴油机经济性进一步下降，图 6-34 所示为负荷对指示燃油消耗率 b_i 的影响。

当冷起动或怠速运转时，缸内温度低，润滑油粘度较大，尽管无负荷，但循环供油量却不能太小；而且因缸内温度低，着火延迟时间增长，致使平均压力升高率 $\dfrac{\Delta p}{\Delta \theta}$ 较大，

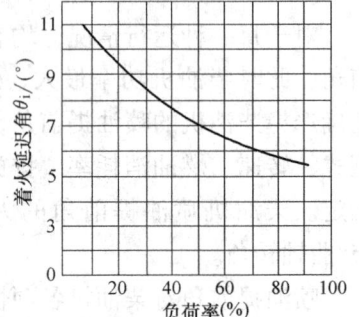

图 6-33　负荷对着火延迟角 θ_i 的影响

产生强烈振动声，即所谓"惰转噪声"。惰转噪声是在急速或低速小负荷运转条件下产生的特殊现象，随着负荷加大，柴油机热状态正常后，惰转噪声会自行消失。

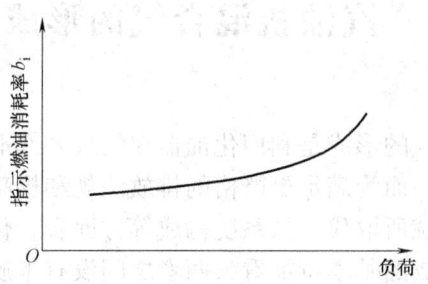

图 6-34 负荷对指示燃油消耗率 b_i 的影响

复习思考题

1. 以柱塞式喷油泵为例简述柴油机燃料喷射过程。
2. 简述供油规律和喷油规律的关系，并解释两者之间的区别与联系。
3. 什么是供油提前角和喷油提前角？解释两者的关系以及它们对柴油机性能的影响。
4. 什么是喷油嘴流通特性？说明喷油嘴流通截面对喷油过程和柴油机性能的影响。
5. 柴油机有哪些异常喷射现象和它们可能出现的工况？简述二次喷射产生的原因和危害及消除方法。
6. 喷雾特性与雾化质量的指标和参数有哪些？
7. 试述柴油机燃烧过程？说明压力升高率的大小对柴油机性能的影响。
8. 燃烧放热规律三要素是什么？什么是柴油机合理的燃烧放热规律？
9. 简述柴油机的混合气形成特点和方式。
10. 简述直喷式燃烧室柴油机的性能特点，并与分隔式燃烧室柴油机作对比。
11. 柴油机燃烧过程优化的基本原则是什么？
12. 什么是柴油机合理的喷油规律？

第七章 汽油机混合气的形成和燃烧

传统的汽油机中，混合气的形成是利用化油器在气缸外部形成可燃混合气，依靠控制节气门开度来调节混合气数量，而为满足更严格的排放法规和提高汽油机性能，目前在汽油机中化油器已经被汽油喷射系统所取代。从系统构成等方面看，化油器和汽油喷射存在一定的差别，但从汽油机混合气形成的基本特征看，两者之间没有本质上的差异。汽车喷射系统在混合气的调节与控制的准确性与快速性方面比传统化油器有很大改善与提高，同时燃油消耗率低，发动机升功率大，排气清洁，各工况之间过渡性好，因此，在现代高性能汽车上得到了普遍应用。随着汽油机技术的不断发展，汽油机的混合气形成方面也出现了有异于传统方式的分层燃烧以及非均质混合气燃烧等。

燃烧过程是将燃料的化学能转变为热能的过程。汽油机燃烧过程非常短，资料显示：若汽油机转速为 5000r/min，燃烧过程相应的曲轴转角为 45°，则换算的燃烧持续时间为 1.5ms。进入气缸的燃料燃烧完全的程度，直接影响到热量产生的多少和排出废气的成分，而燃烧时间或燃烧过程所对应的曲轴转角位置，直接涉及热量的利用和气缸压力的变化情况，所以燃烧过程将对发动机的动力性、经济性和排气污染有决定性影响，同时与噪声、振动、起动性能和使用寿命也有密切关系。

第一节 汽油机的燃烧过程

一、正常燃烧过程

汽油机的燃烧有正常燃烧与不正常燃烧之分。在正常燃烧过程中，火焰核心以一定速率连续传遍整个燃烧室，且传播速率、火焰前锋形状均没有剧烈的变化，称为正常燃烧。若燃烧不是由火花塞点燃或火焰传播速度不正常的称为不正常燃烧。

（一）正常燃烧过程

汽油机燃烧过程的研究方法很多，简单易行且经常使用的方法是测取燃烧过程的展开示功图，它反映了燃烧过程的综合效应。汽油机典型的示功图如图7-1所示。图中实线表示点火后气缸压力变化的情况，虚线表示不点火时的情况。为方便分析，人为地将汽油机的燃烧过程分成三个时期，即着火延迟期、明显燃烧期和后燃期。

1. 着火延迟期

着火延迟期是指从火花塞跳火到火焰核心形成的阶段（图7-1中1→2段）。在着火延迟期内，通过火花塞放电，将外部能量加给局部的混合气，使其温度升高到足以产生连续的火焰传播过程。火花塞放电时两极间电压可达 10~15kV，击穿电极间隙的混合气，造成电极间电流通过。电火花能量一般在 40~80MJ，局部温度可高达 3000K，使电极附近的混合气迅速点燃，形成火焰核心，火焰向周围传播，在此阶段，气缸压力线较压缩压力线无明显变化。

影响着火延迟期长短的因素有过量空气系数（ϕ_a = 0.8~0.9 时最短）、开始点火时气缸内温度和压力（取决于压缩比）、火花能量大小、残余废气量、气缸内混合气的运动等。着火延迟期的长短，每一循环都有变动，尽量缩短着火延迟时间，能保持稳定。

2. 明显燃烧期

明显燃烧期是指火焰核心形成到出现最高爆发压力为止的阶段（图7-1中2—3段）。在此阶段内，火焰前锋从火焰核心开始层层向未燃混合气传播，燃遍整个燃烧室。由于绝大部分（80%以上）混合气在这一阶段燃烧完毕，此时活塞又靠近上止点，所以气缸内的压力迅速升高，常用压力

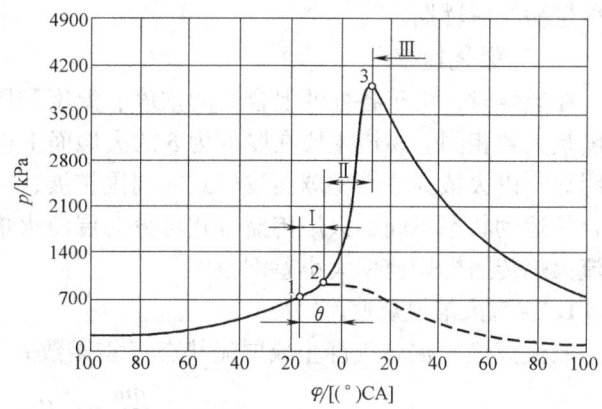

图7-1 汽油机的燃烧过程
Ⅰ—着火延迟期 Ⅱ—明显燃烧期 Ⅲ—后燃期
1—点火开始 2—形成火焰中心 3—最高压力点

升高率 [MPa/(°)CA] 表征明显燃烧期内气缸压力变化的急剧程度，即

$$\frac{\Delta p}{\Delta \varphi} = \frac{p_3 - p_2}{\varphi_3 - \varphi_2}$$

式中 p_3、p_2——明显燃烧期终点与起点的气体压力，MPa；

φ_3、φ_2——明显燃烧期终点与起点的曲轴转角，(°)CA。

明显燃烧期是汽油机燃烧的主要时期。明显燃烧期越短，越接近上止点，汽油机的动力性、经济性越好；但可能导致燃烧室内的压力上升速度较快，引起汽油机工作粗暴、噪声与振动较大等问题，所以应尽可能兼顾两方面的要求。

一般明显燃烧期占20°~30°曲轴转角，燃烧最高压力在上止点后12°~15°曲轴转角时出现，$\Delta p/\Delta \varphi$ = 0.175~0.250MPa/(°)CA 为宜。

由图7-1可知，点3为最高压力点，点3出现的时刻对发动机功率、燃油消耗率的影响很大，过早会使压缩功增加，热效率降低；过迟，燃烧产物的膨胀比减小，燃烧在较大容积内进行，散热损失增加，热效率也会下降。点3的位置可以通过调整点火提前角来调整。

增大压缩比和进气压力等均可加大燃烧速度，此外，混合气浓度、缸内的温度和压力等因素也会影响到明显燃烧期的长短。

3. 后燃期

后燃期是指从最高爆发压力出现到燃料基本上完全燃烧为止（图7-1中点3以后）。

在此阶段参加燃烧的燃料主要有明显燃烧期火焰前锋过后未来得及燃烧的燃料继续燃烧、吸附在气缸壁上未燃混合气层的继续燃烧、部分高温分解的产物（CO、H_2、O_2 等）。图7-1上的点3表示燃烧室绝大部分容积已被火焰充满，混合气燃烧速度开始下降，随着活塞向下止点加速运动，使气缸中压力也从点3开始下降，此外，汽油机燃烧产物中 CO_2 和 H_2O 的离解现象比较严重，在膨胀过程中温度下降后又部分复合而释放出热量，通常也作补燃看待。

由于燃烧已远离上止点，燃烧条件差，燃烧放热量得不到充分利用，排气温度高，因而

应尽量缩短后燃期。

（二）燃烧速率

在燃烧时，由于各处的混合气的浓度、温度和压力基本一致，因而火焰在各方面的扩展速度是大致相同。燃烧主要在厚度为 δ 的火焰面上进行，称为火焰前锋面。火焰前锋面的界面明显，以火核为中心呈球面波形式向周围扩展，习惯上称这种燃烧现象为火焰传播。根据混合气运动状态不同，火焰传播方式可分为层流火焰传播和湍流火焰传播。层流火焰传播和湍流火焰传播燃烧速率大小差别很大。

1. 层流火焰燃烧速率

层流火焰（混合气静止或层流状态（雷诺数 $Re<2300$），燃烧速率可以用下式表示：

$$\frac{\mathrm{d}m}{\mathrm{d}t}=v_{\mathrm{L}}F_{\mathrm{L}}\rho_{\mathrm{m}}$$

式中 m——混合气质量；

$\dfrac{\mathrm{d}m}{\mathrm{d}t}$——火焰燃烧速率；

F_{L}——火焰前锋表面积；

ρ_{m}——未燃混合气密度；

v_{L}——火焰传播速度。

火焰传播速度是指火焰前锋面在法线方向上相对于未燃混合气的移动速度。层流火焰传播的速度很低，一般 $v_{\mathrm{L}}<1\mathrm{m/s}$。$v_{\mathrm{L}}$ 主要受混合气的压力、温度、过量空气系数以及燃料特性等因素的影响，实际发动机燃烧时还需要考虑到残余废气量的影响。图 7-2 所示为层流火焰与火焰前锋面形状的关系。

层流火焰传播速度远远不能满足发动机燃烧的实际要求。因此，通过燃烧室中适度的湍流运动来提高火焰传播速度，在优化汽油机燃烧过程中是十分必要的。

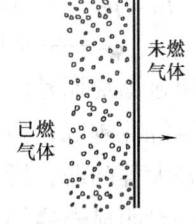

图 7-2 层流火焰与火焰前锋面形状的关系

2. 湍流火焰燃烧速率

湍流是指由流体质点组成的微元气体进行无规则的脉动运动现象。这些由气体质点所组成的小气团大小不一，流动的方向和速度也各不相同，但宏观流动的方向还是大体一致的。这种湍流运动使火焰前锋的表面出现皱折，强湍流运动则会使火焰前锋面严重扭曲，甚至分隔成许多燃烧中心，导致火焰前锋燃烧区的厚度 δ 增加，如图 7-3 所示。湍流运动使火焰前锋表面积明显增大，火焰传播速度也明显加快。

湍流火焰燃烧速率可用下式表示：

$$\frac{\mathrm{d}m}{\mathrm{d}t}=v_{\mathrm{T}}F_{\mathrm{T}}\rho_{\mathrm{m}}$$

式中 m——混合气质量；

F_{T}——火焰前锋表面积；

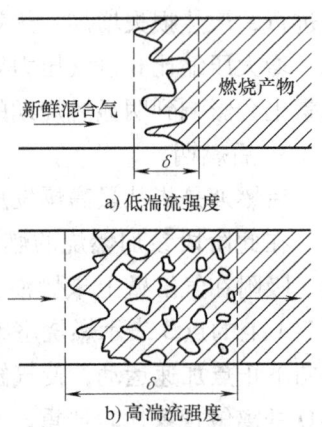

图 7-3 在不同湍流作用下的火焰前锋厚度 δ

ρ_m——未燃混合气密度；

v_T——火焰传播速度。

如上所述，雷诺数 $Re < 2300$ 为层流火焰，其传播速度为 v_L，其前锋面薄且圆滑（图 7-2）。当 $Re = 2300 \sim 6000$ 时为湍流火焰，火焰前锋面变厚并出现皱折（图 7-3a），这时火焰传播速度为 v_T，$v_T \propto \sqrt{Re}$。当 $Re > 6000$ 时为强湍流火焰，前锋面的皱折发展成明显的凹凸不平和扭曲（图 7-3b），其内部分裂出许多小的未燃混合气区域，这时 $v_T \propto Re$。

二、不规则燃烧

不规则燃烧是描述汽油机在稳定运转的情况下，存在的各循环间的燃烧变动和各气缸间的燃烧差异。

1. 各循环间的燃烧变动

各循环间的燃烧变动又称循环变动，这是汽油发动机燃烧过程的一大特征，是发动机以某一工况稳定运转时，相邻两个循环燃烧过程的进行情况不断变化，具体表现在压力曲线、火焰传播速度以及发动机功率输出等均不相同。图 7-4 所示为不同循环气缸压力变化的情况，可以看出变化较大，急速、低负荷时则变化更大。

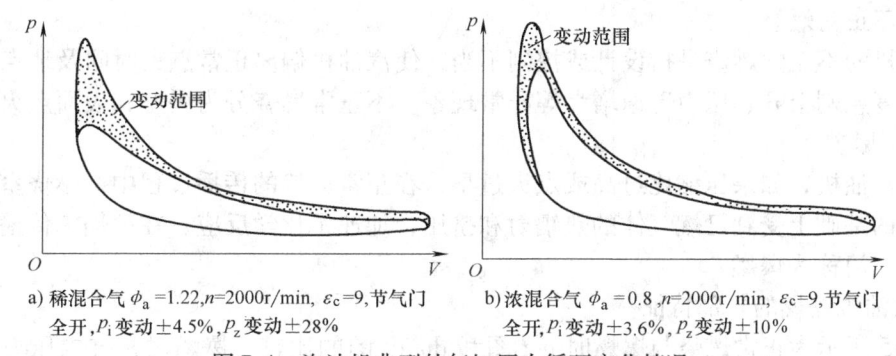

a) 稀混合气 $\phi_a = 1.22$，$n = 2000$r/min，$\varepsilon_c = 9$，节气门全开，P_i 变动 ±4.5%，P_z 变动 ±28%

b) 浓混合气 $\phi_a = 0.8$，$n = 2000$r/min，$\varepsilon_c = 9$，节气门全开，P_i 变动 ±3.6%，P_z 变动 ±10%

图 7-4 汽油机典型的气缸压力循环变化情况

由于存在循环变动，对于每一循环，点火提前角和空燃比等参数都不可能调整到最佳状态，因而使发动机耗油量增加，功率下降，整个汽油机性能得不到充分发挥。另外，由于燃烧过程很不稳定，也使得振动及噪声增大，零部件的寿命也会下降。当采用稀薄燃烧时，这种循环的变动会加剧。所以循环变动也是汽油机实施稀薄燃烧的难点所在。

导致汽油发动机燃烧循环变动的原因有很多，目前普遍认为，以下两个因素是最主要的。

（1）气缸内混合气成分的循环变动。由于发动机高速运转，混合气不可能充分混合，在燃烧开始时气缸内必然存在混合气组成上的不均匀，在火花塞附近混合气成分随时间不断变化，这会导致着火延迟期的长短和火焰核心初期生长过程随循环产生变动。

（2）气缸内气体运动状况的循环变动。在没有强烈进气涡流的情况下，压缩终点附近气缸内气流的湍流强度值相当于活塞平均速度。由于湍流强度也是循环变动的，因此在压缩终点火花塞附近和整个气缸内的气流也是循环变动的。火花塞点火后形成的火焰核心轨迹以及火焰的早期生长速度随气流的速度和方向而改变，同样其后的火焰向整个燃烧室发展的进程也受到气流变化的影响。

降低或改善燃烧循环变动的主要措施：

(1) 提高发动机转速，在气缸内形成更强烈的湍流。
(2) 多点点火有利于减少循环变动。
(3) 采用快速燃烧技术，提高火焰的传播速度。
(4) 组织进气涡流来增加燃烧速度，从而减小循环变动。
(5) 采用略浓混合气，提高火焰温度和传播速度。
(6) 加大点火能量，优化放电方式，采用大的火花塞间隙，有助于减小循环波动。

2. 各气缸间的燃烧差异

各气缸间的燃烧差异主要是由于各缸混合气分配不均导致，此外也与进气速度、进气量、压缩比、燃烧室形状、火花塞位置等因素有关。由于汽油机混合气是外部混合，在汽油机进气管内存有空气、燃料蒸气、不同浓度的混合气、雾化油滴及沉积在管壁上不同厚度的油膜，要想让它们均匀分配到各个气缸是很困难的。另外，由于进气系统设计不当、进气管动态效应以及各缸进气重叠干涉等原因，使得各气缸实际充气系数不均匀、过量空气系数不均匀及燃料成分不均匀，使正常汽油机的动力性下降，油耗增加，排放性能恶化，振动及噪声也会增加。

三、不正常燃烧

汽油机的不正常燃烧是指设计或控制不当，使汽油机偏离正常点火时间及地点，从而引发燃烧速度急剧上升、压力迅速增大等异常现象。不正常燃烧分为爆燃和表面点火两类。

（一）爆燃

对于汽油机，如果压缩比过高或点火过早，在正常火焰的传播过程中，燃烧室末端混合气在压缩的基础上受到已燃气体的热辐射和挤压，加速了化学反应，在火焰未传播到时就自燃的现象，简称为爆燃。

1. 汽油机爆燃的外部特征

图 7-5 所示为正常燃烧与爆燃时 $p\text{-}t$ 图和 $\mathrm{d}p/\mathrm{d}t$ 图的比较。爆燃时，缸内压力曲线出现高频大幅度波动（锯齿状），同时发动机会产生一种高频金属敲击声，又称敲缸。轻微敲缸时，发动机功率上升，严重敲缸时，发动机功率下降，油耗增加，工作不稳定，机身有较大振动，同时冷却系统过热，润滑油温度明显上升。

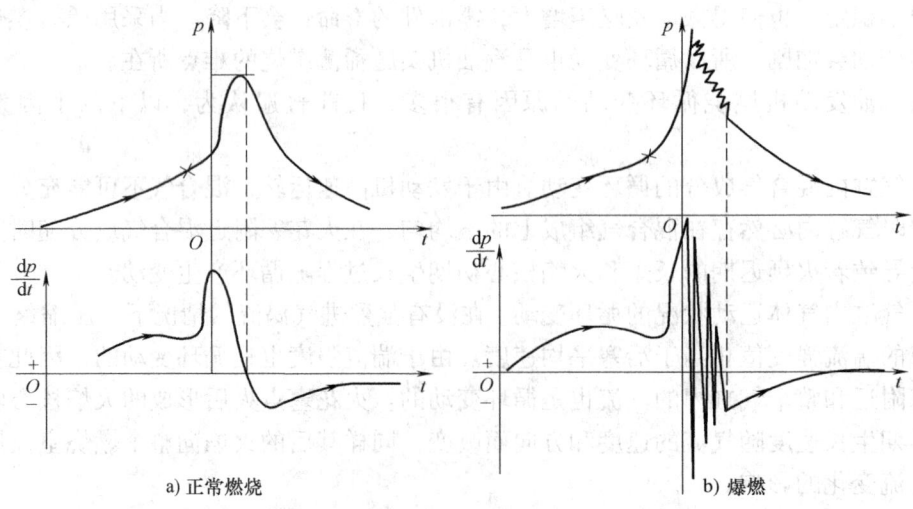

图 7-5　正常燃烧与爆燃时 $p\text{-}t$ 图和 $\mathrm{d}p/\mathrm{d}t$ 图的比较

2. 爆燃产生的原因

在正常火焰传播的过程中，处在最后燃烧位置上的那部分末端混合气在压缩的基础上，受到已燃气体的挤压和辐射的作用，加速了前期反应而发生自燃。这部分自燃混合气的燃烧速度极快，火焰速度可高达 1000m/s 以上，使局部压力和温度增高，并伴有压力冲击波。冲击波反复撞击气缸壁，发出敲击声，严重时破坏气缸壁表面的气膜和油膜，使传热增加，导致气缸盖和活塞顶部温度升高，冷却系统过热，功率下降，燃油消耗量增加，甚至造成气门、活塞、火花塞电极的烧损等，因此汽油机不允许在严重爆燃的情况下工作。

3. 影响爆燃的因素

根据末端混合气是否易于自燃来分析，影响爆燃的因素有以下几个方面：

1）燃料性质。使用高辛烷值的燃料，抗爆燃能力强。

2）末端混合气的温度和压力。末端混合气的温度和压力增高，爆燃倾向增大。最有效的措施是降低压缩比，这也是汽油机压缩比相对较低的根本原因，使汽油机性能受到一定的影响，特别是经济性方面。

3）点火提前角。点火提前角过大，使燃烧在压缩过程进行，使压力和温度升高迅速，对末端混合气的挤压和热辐射加强，易产生爆燃。

4）火焰前锋传播到末端混合气的时间。提高火焰传播速度，减小火焰传播距离，都会缩短火焰前锋传播到末端混合气的时间，从而减弱爆燃倾向。如燃烧室的结构尽可能地紧凑，火花塞尽量布置在燃烧室中央位置。气缸直径较大时，火焰传播距离增加，爆燃的倾向增大，所以一般汽油机的缸径都不大于 100mm。

从以上分析可知，发动机工作是否有爆燃现象，一方面取决于所用燃料，另一方面取决于发动机的运转条件和燃烧室的设计。

（二）表面点火

在汽油机中，凡是不靠电火花点火而由燃烧室内炽热表面（如排气门头部、火花塞绝缘体或积炭等）点燃混合气的现象称为表面点火。它的点火时间是不可控制的，多发生在压缩比较高的汽油机上。

凡是能促使燃烧室温度和压力升高以及促使积炭等炽热点形成的一切条件，都能促成表面点火。

早燃是指在火花塞点火之前，炽热表面点燃混合气的现象。由于它提前点火而且热点表面积比火花大，使燃烧速率加快，气缸压力、温度增高，发动机工作粗暴，并且由于压缩功增大，向气缸壁传热增加，致使功率下降，火花塞、活塞等零件过热。图 7-6 所示为汽油机早燃示功图情况。

表面点火和爆燃是两种完全不同的不正常燃烧现象，爆燃是在电火花点火以后末端混合气的自燃现象，而表面点火则是炽热物点燃混合气所致。表面点火时火焰传播速度比较正常，没有压力冲击波，金属敲击声比较沉闷。但两者之间也存在着某种相互促进的关系。强烈的爆燃必然增加向气缸壁的传热量，从而促进炽热点的形成，导致表面点火。早燃又使气

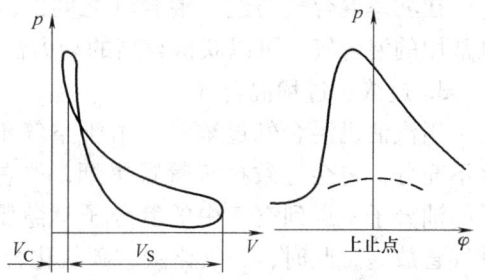

图 7-6 汽油机早燃示功图

缸压力升高率和最高燃烧压力增加，使未燃混合气受到较大的传热，从而促使爆燃发生。

后燃是指发生在电火花点火后的表面点火，对发动机性能影响不大，只在断电后，发动机继续运转（称为"续走"）时才发现。

（三）不正常燃烧的控制

改进燃烧室的形状设计可以提高发动机的抗爆性能。改善燃烧室的冷却，尤其是加强末端混合气所处位置的冷却，使用高辛烷值的燃料，加强气缸内流动等措施都能有效地控制爆燃。点火提前角推迟，也可以减少爆燃倾向，但会带来发动机燃油经济性变差与热负荷增大等影响。

选用沸点低的汽油或成焦性小的机油，加强燃烧室冷却和选用冷型火花塞都能有效地控制表面点火的发生。

第二节　影响燃烧过程的因素

一、混合气成分

混合气成分对燃烧过程及发动机的动力性、经济性有很大的影响。改变过量空气系数时，火焰传播速度的变化如图 7-7 所示。

1. 功率混合气

当 $\phi_a = 0.85 \sim 0.95$ 时，火焰传播速度最快，这种浓度的混合气将使发动机发出的功率最大，因此称为功率混合气。但因为在该混合气浓度时，着火延迟期最短，爆燃的倾向会加大。当汽油机使用这种浓混合气时，由于氧气含量不足，使燃料不能充分燃烧，此时的油耗和 CO 排放会增加。

2. 经济混合气

当 $\phi_a = 1.05 \sim 1.15$ 时，火焰传播速度仍较快，混合气中的氧气完全能够使燃料充分燃烧，此时发动机的热效率最高，有效油耗率最低，因此称为经济混合气。汽车行驶的大部分时间是汽油机处于中等负荷下工作，这时使用经济混合气可以提高其燃料经济性。

在功率混合气与经济混合气之间的混合气是汽油机常用的混合气，可以获得较高的动力性和经济性。

3. 过浓、过稀混合气

当汽油机混合气过浓时，由于空气不足，燃料燃烧不充分，将会导致排气管冒黑烟，严重时可能使未燃的油分子一遇到空气中的氧分子就急骤燃烧，造成排气管放炮，此时，一氧化碳、碳氢化合物排放增加，

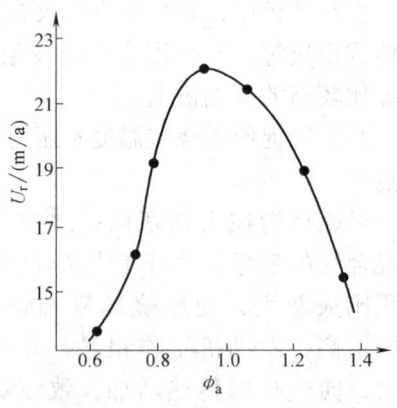

图 7-7　火焰传播速度的变化

氮氧化物排放较少。当 $\phi_a = 0.4 \sim 0.5$ 时，由于严重缺氧，火焰不能传播，混合气不能燃烧。因此 $\phi_a = 0.4 \sim 0.5$ 时的混合气成分称为火焰传播的上限；若混合气过稀，则由于火焰传播速度下降，容易使燃烧不稳定，补燃量增加，燃烧过程延续到排气行程终了，由于此时进气门已开启，高温废气可以点燃进气管内的新鲜混合气，造成进气管回火。当 $\phi_a = 1.3 \sim 1.4$ 时，由于燃料热值过低，混合气不能传播，造成缺火或停车现象。此混合气浓度为火焰传播

的下限。

由此可知，为保证汽油机稳定可靠地工作，有利的混合气成分一般在 $\phi_a = 0.85 \sim 1.15$ 范围内。

二、点火提前角

点火提前角是火花塞开始发出电火花时相对上止点间的曲轴转角。点火提前角的大小实际上决定了燃烧过程进行的早晚，它是影响汽油机燃烧过程最主要的因素之一，也是汽油机开始采用电控技术后首先考虑进行控制的参数。点火提前角其数值大小应视燃料性质、转速、负荷、过量空气系数等因素而定。

在汽油机上，当保持节气门开度、转速和过量空气系数一定时，汽油机的动力性和经济性指标随着点火提前角改变而变化的关系称为点火提前角调整特性，如图7-8所示。对应于发动机每一工况都存在一个"最佳"点火提前角，这时发动机功率最大，燃油消耗率最低。最佳点火提前角应使最高燃烧压力在压缩上止点后 $12° \sim 15°$（CA）时到达，这时实际示功图与理论示功图最为接近（时间损失最小）。点火提前角过大时，会有相当部分的混合气在压缩行程中燃烧，燃烧最高压力和压力升高率过大，活塞所消耗的压缩功增加，有效功率减小，油耗增加。还将促使燃烧室内末端混合气燃烧前的温度升高，爆燃倾向加大，加速零件的损坏。点火提前角过小时，由于燃烧不及时，致使爆发压力和温度下降，传热损失增多，排气温度升高，功率和热效率降低，但爆燃倾向减小。

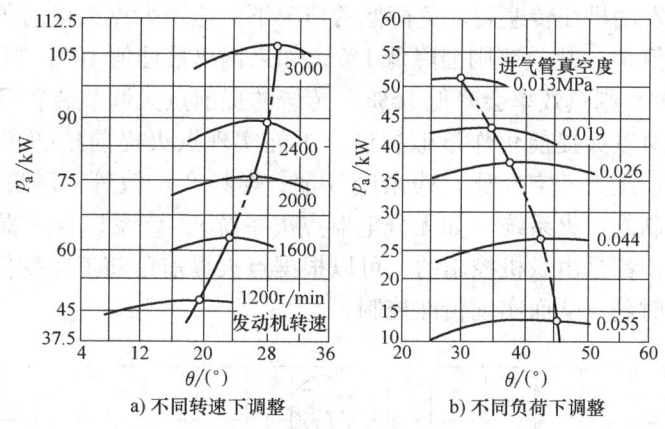

a) 不同转速下调整　　b) 不同负荷下调整

图 7-8　汽油机点火提前角调整特性

最佳点火提前角随着汽油机工况的不同而不同，一般调节趋势是：随转速的上升应加大点火提前角；随负荷的增大应减小点火提前角。

影响点火提前角的因素有很多，比如大气压力、温度、湿度、空燃比、缸体温度、残余废气系数、燃料辛烷值、废气再循环等。

三、发动机转速

在汽油机节气门开度一定的情况下，随着负荷的变化，转速也会发生变化。发动机转速增高时，混合气流经进气系统的流速会增大，活塞运动速度加快，压缩过程的挤气作用增强，使混合气的雾化和混合质量得到改善；燃烧速度加快，同时燃气与缸壁的接触时间缩短，传热损失减小，所以指示热效率增加。当转速增加到某一值后，由于燃烧所占曲轴转角增加，燃烧不及时，汽油机的指示热效率又下降（见第九章图9-3a）。

转速的增加使压缩过程所占时间缩短，散热量也相对减少，压缩终了气体的温度和压力均升高，结果着火延迟期缩短，但不如转速上升的比例大，致使着火延迟期所占的曲轴转角加大。因此，为保持最大功率，点火提前角需要加大（图7-8a）。实际上，发动机的点火装置中带有随转速升高自动增大点火提前角的离心式点火提前装置，当转速增加时，自动增大点火提前角或由电控的点火系统自动调节。

另外，转速升高时，火焰传播速度大体上与转速成正比增加，易产生爆燃的部位在自燃准备尚未完成时火焰前锋已经到达，爆燃倾向减少。

四、发动机负荷

当转速不变而负荷减小时，进入气缸内的新鲜混合气量减小，而残余废气量则基本上不变，这使残余废气所占的比例也相应增大，因为残余废气对燃烧反应起阻碍作用，使燃烧速度减慢。图7-9为不同点火提前角时的示功图。为保证燃烧过程在上止点附近完成，需要增大点火提前角，它通常靠真空提前点火装置来调节。

在小负荷时，爆燃的倾向较小，主要是小负荷时，进气量少，残余废气量相对较多，使燃烧的最高压力和温度降低，阻止自燃发生。

当负荷增加时，残余废气系数减小，着火延迟期缩短，火焰传播速度增加，指示热效率增加，当接近全负荷时，供给功率混合气 $\phi_a < 1$，燃烧不完全，指示热效率下降（见第九章图9-9）。

由上述可知，发动机在转速高、负荷低的情况下，应增大点火提前角，据统计，点火提前角如果偏离最佳值5°，热效率则会降低1%；如果偏离最佳值10°，则热效率会降低5%，如果偏离最佳值20°，则热效率会降低16%。传统的提前点火调节装置只能随着转速和负荷这两个参数的变化对点火提前角作近似控制，不能实现点火提前角随多参数变化的精准控制，如温度、湿度、压力、空燃比、残余废气量、燃料辛烷值等。随着电子技术的不断发展，出现了微机控制的点火系统（如无分电器点火系统），该系统点火提前角的设置和随工况变化的自动调整，都是由微机控制的，可以根据点火提前角随工况变化的规律确定每一个工况下最佳的点火时刻，从而实现精准控制。

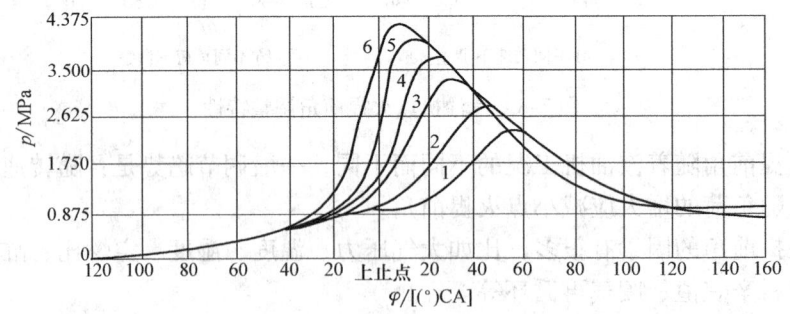

图7-9 点火提前角不同时的 p-φ 图
1～6—分别代表10°、20°、30°、40°、50°、60°点火提前角

发动机在低转速大负荷时容易发生爆燃。在确认发动机点火提前角合适时，建议采取以下方法：发动机在怠速运行状态下，突然将节气门开至最大位置，发动机自由加速，如果能听到轻微的爆燃声，则点火提前角调整合适。目前，已经出现了更加先进的微机控制的防爆

燃控制系统，该系统可以根据爆燃信号自动地调整点火提前角，使爆燃限制在很小的限度之内。同时，使用该系统还可以在换用不同牌号的汽油时省去调整点火系统、供油系统的麻烦。汽油机的压缩比可以适当地提高，同时热效率也会有所提高。试验证明，采用爆燃控制系统，除了可以提高汽油机的压缩比以外，还可以使燃油经济性提高6%以上。

五、冷却液温度

冷却液温度过高时，容易导致燃烧室壁及气缸壁过热，使表面点火和爆燃倾向增大，并且因为温度升高使进入气缸内的混合气密度减小，发动机的动力性、经济性都会下降。因此，在使用与维护中，应注意及时清除水垢，使冷却液畅通，注意利用百叶窗调整发动机冷却液温度，且要经常检查冷却液温度表、节温器等装置，使其正常工作。

冷却液温度过低时，传递给冷却液的热量会增多，从而导致发动机热效率降低、功率下降、油耗增加，机油粘度增大、流动性变差、润滑效果降低、摩擦损失及零件磨损会加剧，容易使燃烧中的酸根和水蒸气结合生成酸类物质，使气缸腐蚀磨损严重、燃烧不良且易形成积炭，不完全燃烧现象严重，排放污染物增多等。因此，使用中应注意控制好冷却液温度，冷却液温度不要过低。

综上所述，冷却液温度过高、过低都会影响混合气的燃烧和发动机的正常使用，一般应控制在80~90℃（进口车为90~100℃）范围内。

六、压缩比

提高压缩比，可以提高压缩行程终了工作介质的压力、温度，加快火焰传播的速度。选择适当的点火提前角，可以使燃烧在更小的容积下进行，使燃烧终了的压力、温度提高，且燃气膨胀充分，转变成做功的量增多，热效率也会提高，发动机功率、转矩增大，有效耗油率也会降低。但是，提高压缩比，还会增加未燃混合气自燃的倾向，容易产生爆燃。为此，要求改善燃烧室的设计，并提高汽油的辛烷值。随着燃烧室设计的改善和汽油辛烷值的提高，国内载货汽车压缩比为6.5~7.5，轿车为7.5~8.5，国外载货汽车压缩比为7~9，轿车为8~10，如果压缩比超过10，热效率提高程度将会减慢，零件的机械负荷过大，还会造成排放污染加重，因此，应注意选用合适的压缩比。

第三节 汽油机燃烧室

一、汽油机对燃烧室的要求

汽油机的燃烧室形状直接影响到火焰的传播及燃烧速度、发动机充量系数、爆燃及热损失，进而影响到燃烧质量。因此，对燃烧室的要求也是严格的，既要考虑其动力性、经济性，又要考虑到其工作的平稳性、排放污染性，同时还要考虑到其结构及制造等方面的因素。

一般汽油机燃烧室应注意以下几个方面。

1. 结构应紧凑

通常以燃烧室表面积与容积之比即面容比 F/V 来表示燃烧室的紧凑性。它与燃烧室的形状以及汽油机的主要结构参数有关，如侧置气门的燃烧室 F/V 较大，顶置气门的燃烧室 F/V 较小，即使都是顶置气门，但不同形状的燃烧室 F/V 值也是有差别的。一般来说，F/V 越大，火焰传播距离越长，越容易产生爆燃现象，HC 的排放量也越高（图 7-10），相对散热面积也会增大，热量损失增加。F/V减小，燃烧室结构紧凑，火焰传播距离相对减小，不易产生爆燃，可以提高压缩比，并且相对散热损失较小，热效率高，熄火面积变小，HC的排放量也会减少。

2. 具有高的充气效率

进气口、进气道的布置应尽量减小进气阻力，从而提高进气量。燃烧室的开关应充分考虑有较大的进气门直径，如楔形燃烧室可安排直径较大的进气门，混合气流经处应尽量光滑，少转弯。

3. 火花塞位置安排得当

火花塞的位置直接影响火焰传播距离的长短、火焰面积扩大率和燃烧率，从而影响抗爆燃性，也影响火焰面积扩展速率和燃烧速率。因此，在确定火花塞时应考虑以下几个因素。

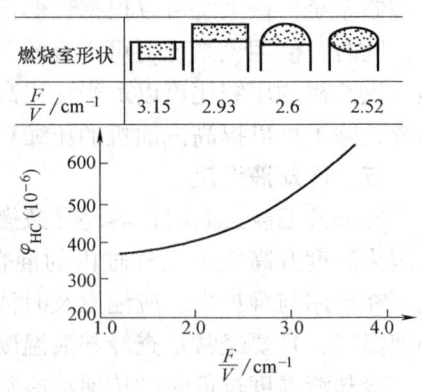

图7-10 几种燃烧室的F/V与HC排放量

（1）应减少末端气体受热量，如火花塞应布置在排气门附近。

（2）应使火焰传播距离尽量短，如火花塞应布置在燃烧室中央。

（3）减少各个循环之间的燃烧变化，确保暖机和低速时具有良好的稳定性，如火花塞布置在进、排气门之间，有利于用新鲜混合气去除火花塞周围的残余废气，使混合气易于点燃。但同时也要注意控制气流的强度，避免吹散火花。

（4）确保发动机平稳运转。火花塞的布置应能保证使火花塞传播的火焰面逐渐扩大。

4. 燃烧室形状分布合理

燃烧室的容积分布情况决定了混合气的分布情况，如能与火花塞位置相匹配，还决定着燃烧的放热规律、压力上升速度以及工作稳定性等。由不同形状的燃烧室试验结果可知（图7-11），当圆锥形燃烧室在其底部点火时，燃烧速度由快变慢，楔形燃烧室燃烧情况与此相似。当圆锥形燃烧室在其顶部点火时，燃烧速度由慢变快，浴盆形燃烧室燃烧情况与此相似。而圆柱形燃烧室的情况介于两者之间。近年来，发展了一种低污染、低油耗的燃烧室——火球形燃烧室，进气过程形成的气流在压缩过程中被压入排气门下面的小

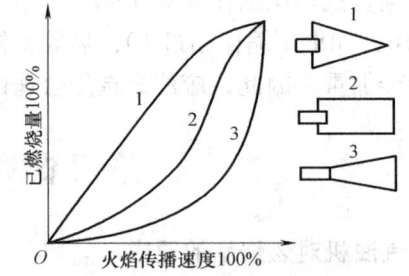

图7-11 燃烧室容积分布对燃烧过程的影响

直径室内，高速的气流在紧凑的燃烧室内又因为允许使用高的压缩比而不至引起表面点火或爆燃现象。

由以上可知，燃烧室的容积分布应与火花塞的位置统一考虑，而最有利的分布是使燃烧过程初期的压力升高率较小，中期放热量达到最大，后期的补燃较小，这样使发动机初期工作柔和，中期能获得较大的循环功，后期具有较高的热效率。

5. 要适当冷却末端混合气

适当冷却末端的混合气，可以降低终燃混合气温度，避免燃烧室局部热点，从而减轻爆

燃倾向。但冷却强度也不宜过大，否则又会增加 HC 的排放。

6. 要形成适当的气体流动

燃烧室内若形成适当强度的气体流动可以加快火焰的传播速度，从而提高燃烧速度；扩大混合气体的着火界限，可以燃烧更稀的可燃混合气，进而提高热效率，也会降低 HC 的排放量，降低循环间的燃烧变动率。但如果气流过强，向气缸壁传热损失会增加，还可能吹熄火焰核心而导致失火，反而使 HC 的排放量增加。

二、典型燃烧室及其性能对比

1. 浴盆形燃烧室

浴盆形燃烧室形状如图 7-12 所示。这种燃烧室在气缸盖内，其形状像一个椭圆形的浴盆，燃烧室偏于活塞顶部一侧，让另一侧成为挤气面积（气缸盖底平面与活塞顶面间挤压气流的那部分面积）。燃烧室的高度是相同的，宽度允许略超出气缸范围来加大气门直径。但从气流运动方面考虑，希望在气门头部外径与燃烧室壁面之间保持 6~8mm 的间隙，以避免壁面对气流的遮蔽作用。

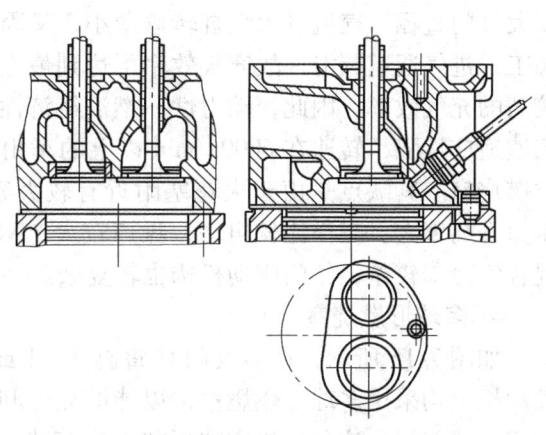

图 7-12　浴盆形燃烧室

浴盆形燃烧室的特点：燃烧室的面容比较大，火焰传播的距离较长，因此压缩比不高、燃烧速度较低，使整个燃烧时间拖长，压力升高率较低，HC 的排放量增加，经济性、动力性都不高。如果在原挤气面积的基础上增大一点，加快燃烧速度，缩短燃烧时间，则发动机的性能将有所改善。由于这种燃烧室的发动机具有工作柔和、NO_x 的排放量较少且制造工艺好，便于维修等优点，在我国 6100Q 汽油机、BJ212 汽油机的载货汽车和轻型车上应用较广泛。

2. 楔形燃烧室

如图 7-13 所示，楔形燃烧室布置在气缸盖上，结构比较紧凑，火焰传播的距离也较短；气门倾斜 6°~30°，使得气道转弯小，这种燃烧室气门直径比较大，所以充气性能较好；楔形燃烧室有一定的挤气面积，并且末端混合气冷却作用较强，压缩比可达 9.5~10.5；这种燃烧室有比较高的动力性和燃油经济性。

楔形燃烧室的火花塞布置在楔形高处，对着进、排气门之间，有利于新鲜混合气扫除火花塞周围的废气，低速、低负荷性能稳定。但由于混合气过分集中在火花塞处，使得前期的燃烧速度增大，压力升高率较高，工作较粗暴，NO_x 排出量较高。由于挤气面积内的熄火现象，废气中 HC 的含量亦较多，故需要控制挤气面积。

楔形燃烧室曾是车用汽油机采用比较广泛的一

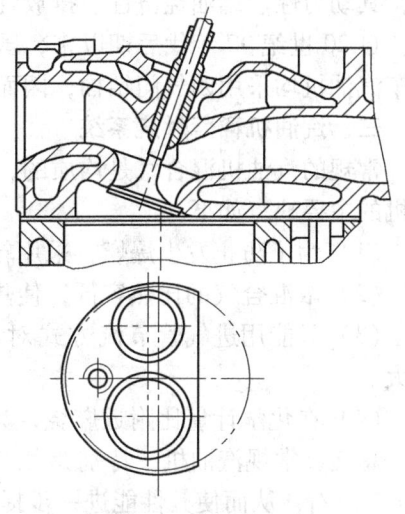

图 7-13　楔形燃烧室

种，我国 CA-72 型小客车汽油机及 486（3Y）、491（4Y）、489（CM2.0）型汽油机均采用此种燃烧室。由于楔形燃烧室进、排气门只能单行排列，采用多气门机构比较困难，因此近年来高性能轿车汽油机上已较少应用。

3. 半球形燃烧室

半球形燃烧室是目前高速汽油机广为采用的燃烧室形式之一。其结构如图 7-14 所示，燃烧室成半球形，因此结构紧凑，且由于火花塞均布置在中间，故其面容比和火焰传播距离也是各种燃烧室中最小的一种，不易爆燃，热效率高。进、排气门倾斜布置，便于加大气门直径，气流进入气缸转弯最小，又因为燃烧室可全部机械加工，进气通道圆滑，故充气效率可达到最大值，高速时仍能保持较高的充气效率，因此，动力性、燃油经济性好，HC 的排放量少；高速适应性强，转速在 6000r/min 以上的车用汽油机几乎都采用此类燃烧室。其缺点是由于火花塞附近有较大容积，使燃烧速率大，压力升高率大，工作比较粗暴，噪声较大，NO_x 排放量较多，末端混合气冷却较差，气门驱动机构也较复杂。

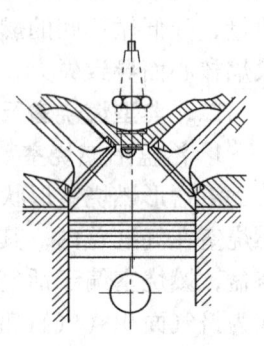

图 7-14 半球形燃烧室

4. 多球形燃烧室

如图 7-15 所示，在多气门（每缸 3、4 或 5 个气门）发动机上均采用多球形燃烧室，以能够充分利用燃烧室表面积布置气门。这种燃烧室的形状如帐篷状，最便于多气门布置，这就使火花塞可以布置在燃烧室的中间位置，又称屋脊形燃烧室。

虽然与半球形燃烧室形状相似，但半球形燃烧室为双气门（一进一排），火花塞仍需要偏置，因而两者的性能相差很大。由于多气门是倾斜布置，进、排气口的截面积最大，充气系数高，一般不组织挤流，但可以充分利用双进气道形成所需的进气涡流。在常用的各种汽油机燃烧室中，其动力性、燃油经济性、排放性以及高速适应性都最好。自 20 世纪 90 年代后期以来，国际上先进的轿车和轻型车汽油机均采用四气门结构，因而多球形燃烧室是目前最常用的燃烧室。

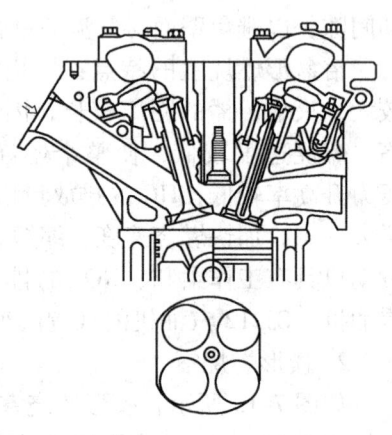

图 7-15 多球形燃烧室

三、汽油机稀薄燃烧系统

常规的汽油机混合气是均质的，一般在空燃比 $\alpha = 12.6 \sim 17$ 的范围内工作。这种常规汽油机的主要缺点如下：

（1）为了防止发生爆燃，采用较低压缩比，这会导致热效率降低。

（2）浓混合气的比热容低，使热效率降低。

（3）只能用进气管节流方式对混合气充量进行调节，所谓量调节，这使得泵气损失较大。

（4）在化学计量比附近燃烧，其有害排放特别是 NO_x 排放较高。

总之，常规汽油机，特别是用三元催化转化器的汽油机，过量空气系数必须控制在 $\phi_a = 1$ 左右，从而使其性能进一步提高。目前稀薄燃烧汽油机的概念范围很广，只要空燃比

$\alpha > 17$ 并且能够保证动力性能，就可以称其为稀薄燃烧汽油机。通常稀薄燃烧汽油机可以分为两类：一类是缸内直喷式稀薄燃烧汽油机，可在空燃比 $25 \leqslant \alpha \leqslant 50$ 的范围内稳定工作；而另一类是非直喷式稀薄燃烧汽油机，包括均质稀燃和分层稀燃式两种汽油机，一般只能在空燃比 $\alpha < 25$ 的范围内工作。与常规的汽油机相比，稀薄燃烧汽油机同时兼顾了燃油经济性和低排放特性。

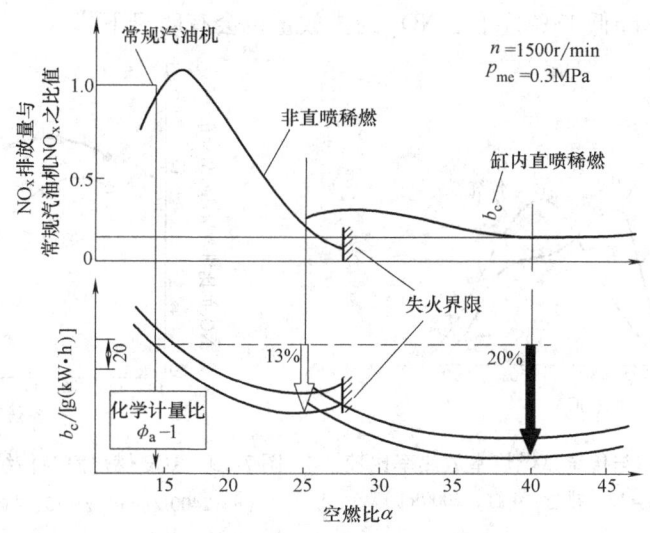

图 7-16 不同燃烧方式的性能对比

图 7-16 所示为常规、非直喷稀燃和直喷稀燃三种燃烧方式的汽油机燃油经济性和 NO_x 排放特性的对比。

（一）均质稀混合气的燃烧室

1. TCP 燃烧室

如图 7-17 所示，燃烧室中有一个预燃室，其容积 V_p 与主燃烧室容积 V_m 之比不大于 20%，火花塞位于通道中。在压缩过程中，可燃混合气进入预燃室，产生适当的涡流，并对火花塞的间隙进行扫气，促进着火。当火焰核心进入预燃室时，引起迅速燃烧，结果形成火焰束喷入主燃烧室，使主燃烧室内气体产生强烈的湍流，促进了主燃烧室的燃烧。其燃烧特性如图 7-18 和图 7-19 所示。

2. 双火花塞燃烧室

如图 7-20 所示，燃烧室中，在距半球形燃烧室中心两边等距离处各布置一个火花塞，使得火焰传播距离仅为缸径的一半，因而点火提前角可减小，这样就可以提高点火时可燃混合气的温度和压力，使着火性能得到改善，燃烧持续时间将缩短，进而提高了发动机的动力性能和经济性能。

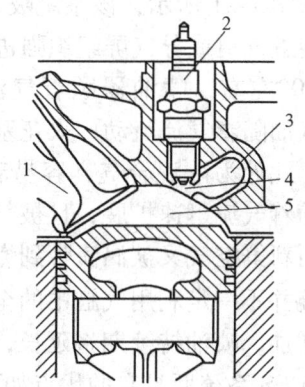

图 7-17 TCP 燃烧室
1—进气口 2—火花塞 3—湍流发生器 V_p
4—孔道 5—主燃烧室 V_m

（二）分层燃烧燃烧室

均质预混合燃烧通过采用改进燃烧室、高能点火和高湍流等技术，可以使汽油机的稳定燃烧界限超过空燃比 $\alpha=17$，即实现均质稀燃。但随着空燃比的继续增大，这种均质的混合气便逐渐难以点燃，且燃烧速度也会明显降低，造成燃烧不稳定和 HC 排放回升的现象，以至于发动机无法正常工作。为了提高稀燃的界限，可以采用分层充气燃烧技术，即在火花塞附近形成具有良好着火条件的较浓的可燃混合气，而在周边区域则是较稀的混合气或空气。如图 7-16 所示，分层燃烧的汽油机可稳定工作在空燃比 $\alpha=20\sim25$ 的范围内。并且分层充气可以使燃油消耗率降低 13% 左右，NO_x 的排放量也会有明显下降。

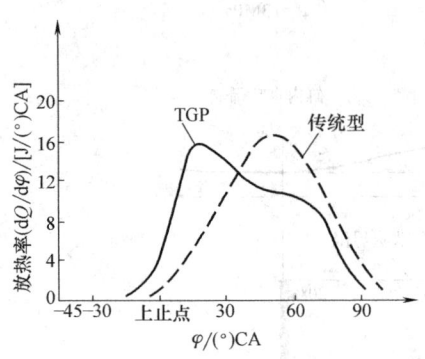

图 7-18　TCP 燃烧室与传统型燃烧室放热率比较
（$n=2000$r/min，$\alpha=15$，排量：4 缸，2000mL）

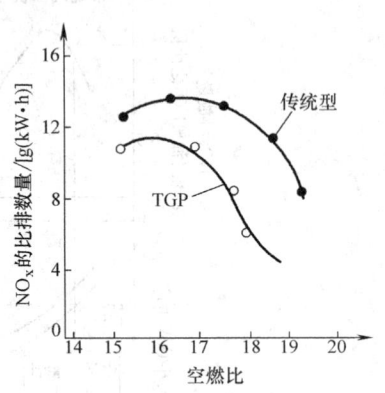

图 7-19　TCP 燃烧室与传统燃烧室 NO_x 的比较
（$n=2400$r/min，$\alpha=15$，排量：4 缸，2000mL）

分层技术通常是通过不同的气流运动和供油方法来实现的，从 20 世纪 70 年代开始，人们就已经在化油器式汽油机上进行了分层稀薄燃烧的尝试。

1. 美国德士古分层燃烧系统（TCCS 系统）

如图 7-21 所示，该系统吸入气缸的是新鲜空气，由螺旋进气道或导气屏组织强进气涡流。在压缩上止点前 30° 左右，喷油器顺着气流方向将汽油喷入气缸，汽油随着气流流动，火花塞位于喷油器下方的边缘处，此处为浓混合气，容易着火。着火后，火焰、燃气随着气流迅速扩展，且被气流带离火花塞、喷油器，而新鲜空气又被涡流带到燃油的喷射区。这种燃

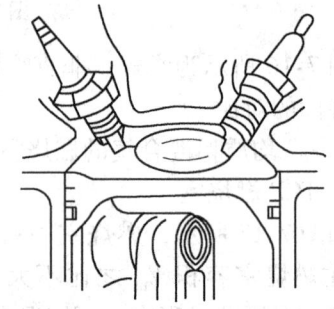

图 7-20　双火花塞燃烧室示意图
（$n=2400$r/min，$\alpha=15$，排量：4 缸，2000mL）

烧系统并不一定利用气缸中的全部空气，在小负荷时，燃烧产物的扩展区域并不大，随着负荷的增加，喷油持续期将延长，燃烧产物区域也将随之扩展。

TCCS 系统所具有的优点如下：

（1）压缩比提高到 12，功率也可采用变质调节，因此在部分负荷时有较好的燃油经济性。

（2）对燃料的辛烷值不敏感，可以燃烧汽油、柴油和煤油，具有优异的多种燃料性能。

TCCS 系统具有的缺点如下：

（1）NO_x 的排放量增加。

（2）若分层不好，高负荷时会出现冒黑烟现象，低负荷时因过量空气系数过大，导致燃烧不好，HC 的含量增加。

$\alpha > 17$ 并且能够保证动力性能，就可以称其为稀薄燃烧汽油机。通常稀薄燃烧汽油机可以分为两类：一类是缸内直喷式稀薄燃烧汽油机，可在空燃比 $25 \leqslant \alpha \leqslant 50$ 的范围内稳定工作；而另一类是非直喷式稀薄燃烧汽油机，包括均质稀燃和分层稀燃式两种汽油机，一般只能在空燃比 $\alpha < 25$ 的范围内工作。与常规的汽油机相比，稀薄燃烧汽油机同时兼顾了燃油经济性和低排放特性。

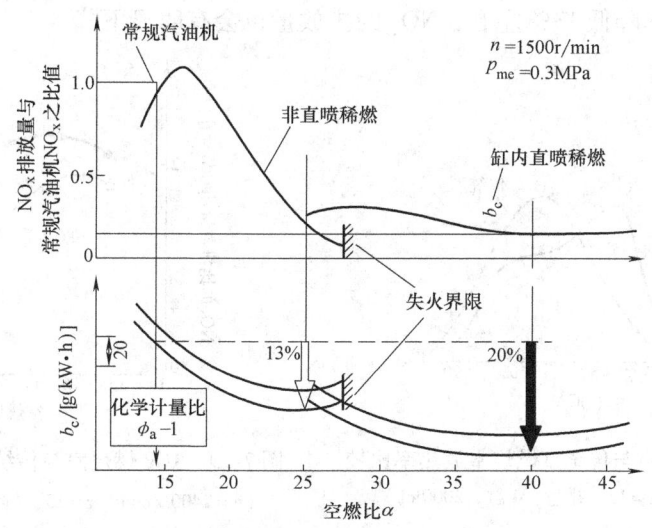

图 7-16 不同燃烧方式的性能对比

图 7-16 所示为常规、非直喷稀燃和直喷稀燃三种燃烧方式的汽油机燃油经济性和 NO_x 排放特性的对比。

（一）均质稀混合气的燃烧室

1. TCP 燃烧室

如图 7-17 所示，燃烧室中有一个预燃室，其容积 V_p 与主燃烧室容积 V_m 之比不大于 20%，火花塞位于通道中。在压缩过程中，可燃混合气进入预燃室，产生适当的涡流，并对火花塞的间隙进行扫气，促进着火。当火焰核心进入预燃室时，引起迅速燃烧，结果形成火焰束喷入主燃烧室，使主燃烧室内气体产生强烈的湍流，促进了主燃烧室的燃烧。其燃烧特性如图 7-18 和图 7-19 所示。

2. 双火花塞燃烧室

如图 7-20 所示，燃烧室中，在距半球形燃烧室中心两边等距离处各布置一个火花塞，使得火焰传播距离仅为缸径的一半，因而点火提前角可减小，这样就可以提高点火时可燃混合气的温度和压力，使着火性能得到

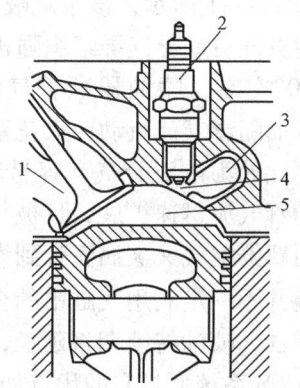

图 7-17 TCP 燃烧室
1—进气口 2—火花塞 3—湍流发生器 V_p
4—孔道 5—主燃烧室 V_m

改善，燃烧持续时间将缩短，进而提高了发动机的动力性能和经济性能。

（二）分层燃烧燃烧室

均质预混合燃烧通过采用改进燃烧室、高能点火和高湍流等技术，可以使汽油机的稳定

燃烧界限超过空燃比 $\alpha = 17$，即实现均质稀燃。但随着空燃比的继续增大，这种均质的混合气便逐渐难以点燃，且燃烧速度也会明显降低，造成燃烧不稳定和 HC 排放回升的现象，以至于发动机无法正常工作。为了提高稀燃的界限，可以采用分层充气燃烧技术，即在火花塞附近形成具有良好着火条件的较浓的可燃混合气，而在周边区域则是较稀的混合气或空气。如图 7-16 所示，分层燃烧的汽油机可稳定工作在空燃比 $\alpha = 20 \sim 25$ 的范围内。并且分层充气可以使燃油消耗率降低 13% 左右，NO_x 的排放量也会有明显下降。

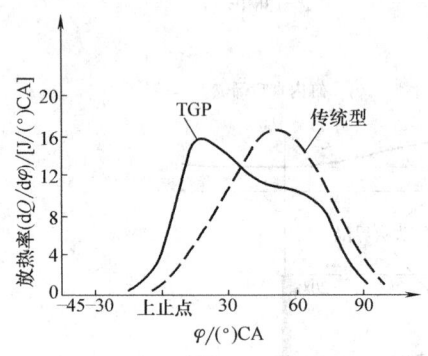

图 7-18 TCP 燃烧室与传统型燃烧室放热率比较
（$n = 2000 \text{r/min}$，$\alpha = 15$，排量：4 缸，2000mL）

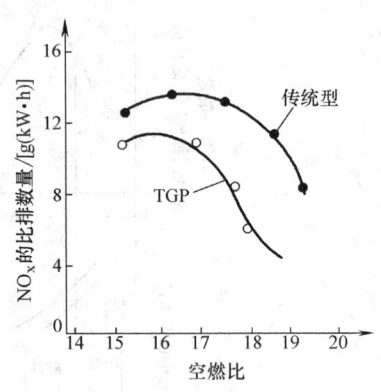

图 7-19 TCP 燃烧室与传统燃烧室 NO_x 的比较
（$n = 2400 \text{r/min}$，$\alpha = 15$，排量：4 缸，2000mL）

分层技术通常是通过不同的气流运动和供油方法来实现的，从 20 世纪 70 年代开始，人们就已经在化油器式汽油机上进行了分层稀薄燃烧的尝试。

1. 美国德士古分层燃烧系统（TCCS 系统）

如图 7-21 所示，该系统吸入气缸的是新鲜空气，由螺旋进气道或导气屏组织强进气涡流。在压缩上止点前 30° 左右，喷油器顺着气流方向将汽油喷入气缸，汽油随着气流流动，火花塞位于喷油器下方的边缘处，此处为浓混合气，容易着火。着火后，火焰、燃气随着气流迅速扩展，且被气流带离火花塞、喷油器，而新鲜空气又被涡流带到燃油的喷射区。这种燃烧系统并不一定利用气缸中的全部空气，在小负荷时，燃烧产物的扩展区域并不大，随着负荷的增加，喷油持续期将延长，燃烧产物区域也将随之扩展。

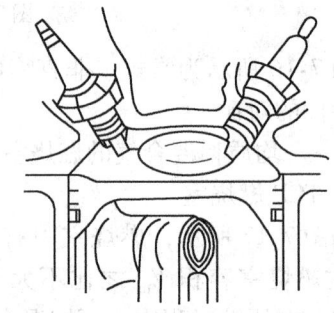

图 7-20 双火花塞燃烧室示意图
（$n = 2400 \text{r/min}$，$\alpha = 15$，排量：4 缸，2000mL）

TCCS 系统所具有的优点如下：

（1）压缩比提高到 12，功率也可采用变质调节，因此在部分负荷时有较好的燃油经济性。

（2）对燃料的辛烷值不敏感，可以燃烧汽油、柴油和煤油，具有优异的多种燃料性能。

TCCS 系统具有的缺点如下：

（1）NO_x 的排放量增加。

（2）若分层不好，高负荷时会出现冒黑烟现象，低负荷时因过量空气系数过大，导致燃烧不好，HC 的含量增加。

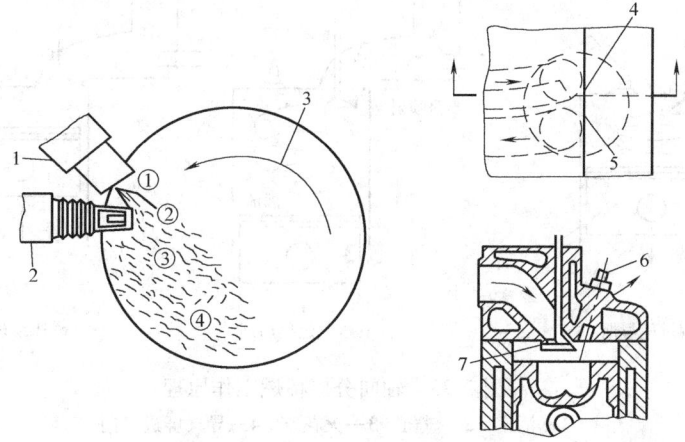

图 7-21 德士古 TCCS 燃烧室
1、4、6—喷油器 2、5—火花塞 3—空气流动方向 7—挡板阀

（3）对加速、减速等过渡工况及周围环境变化的适应性较差。

（4）技术要求高，推广有一定的难度。

2．CVCC 燃烧系统（Compound Vortex Con-trolled Combustion，CVCC）

CVCC 燃烧系统是由日本本田公司提出的，如图 7-22 所示。它实际上是一种分区燃烧方式，燃烧室分成主燃烧室和副燃烧室两部分。工作时，向主燃烧室供给较稀混合气（$\alpha = 20 \sim 21.5$），向副燃烧室供给少量浓混合气（$\alpha = 12.5 \sim 13.5$），在压缩过程中，通过火焰通道适当混合，在副燃烧室及火焰通道附近形成易于着火的中间混合气层。火花塞首先点燃副燃烧室中的混合气，由副燃烧室喷出的火焰点燃主燃烧室的稀混合气。

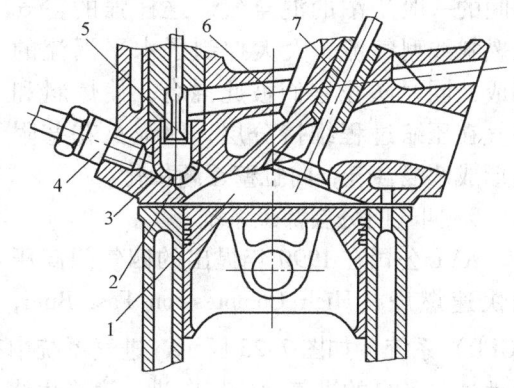

图 7-22 CVCC 燃烧系统
1—主燃烧室 2—火焰通道 3—副燃烧室 4—火花塞
5—辅助进气门 6—副进气道 7—主进气门

CVCC 燃烧系统主燃烧室不组织涡流，加上主、副燃烧室之间的火焰孔面积较大，不可能引起强烈的燃烧湍流，因此燃烧速度缓慢，最高燃烧温度仅为 1200℃ 左右，过后燃烧严重，CVCC 燃烧系统的 NO_x 排放量仅为一般汽油机的 1/3；同时由于富氧和燃烧较慢的原因，排气温度高且处于氧化性气氛，加之又装有热反应器，使排气中的 HC 和 CO 进一步氧化。因此，排放性好是 CVCC 系统的主要优点。

3．轴向分层稀燃系统

如图 7-23 所示。进气过程早期只有空气进入气缸，进气组织较强的涡流；当进气门开启接近最大升程时，通过安装在进气道上的喷油器将燃料对准进气门喷入缸内；燃料在涡流的作用下，沿气缸轴向发生上浓下稀分层。压缩过程维持这种轴向分层，在火花塞附近存在较浓的混合气，而其余部分混合气较稀。

4．滚流（纵涡）分层稀燃系统

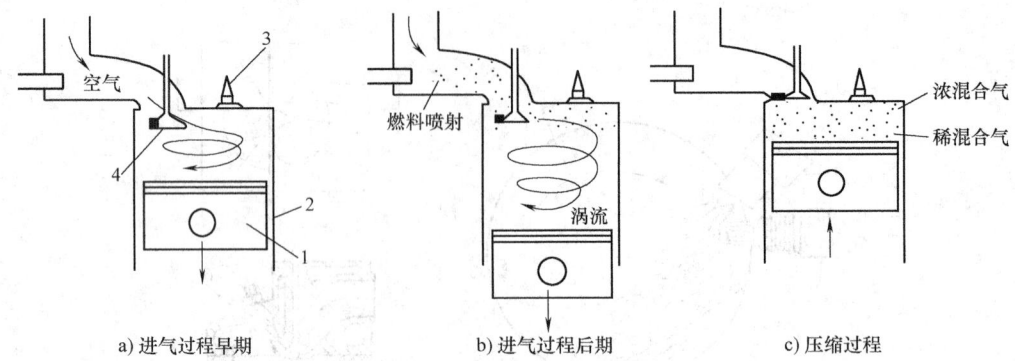

a) 进气过程早期　　　　b) 进气过程后期　　　　c) 压缩过程

图 7-23　轴向分层稀燃工作原理
1—活塞　2—气缸　3—火花塞　4—导气屏进气门

图 7-24 所示为日本三菱公司在 1991 年开发成功的 MVV (Mit-subishi VeItical Vortex) 燃烧系统。在进气道中设置两块薄的垂直隔板，使进气在气缸内形成三股独立的滚流，外层的两股涡流仅由空气组成，中间的一般是浓的混合气，这样强的空气和燃料线型气流，大大抑制了水平涡流的形成，同时防止它们彼此混合，使燃料和空气在压缩过程维持分层，保证火花塞附近形成浓混合气，向缸壁逐渐稀化。

5. 四气门分层稀燃系统

AVL 公司在 1990 年提出的四气门高压缩快速燃烧 (High Compression Fast Bum, HCFB) 系统，如图 7-25 所示，进气系统中有一个切向进气道 1 和一个中性进气道 2 分别独立地通往各自的进气门。切向进气道产生绕气缸中心线旋转的进气涡流；同时，中性进气道末端与气缸中心线的夹角较小而产生向下的气流，该气流与活塞运动相配合，产生一种其旋转轴线平行于曲轴中心线的滚流。安置在中性进气道中的涡流控制阀 3 控制着两个进气道中的流量比，进而决定缸内充量运动的涡流比。涡流控制阀下游的进气道上开有一个"窗口"，双油束喷油器 4 通过这个"窗口"将两支油束分别喷入两个进气道。两支油束的燃油流量相等、持续时间相同。当涡流控制阀 3 不是完全开启时，中性进气道的混合气较浓，切向进气道的混合气较稀，造成分层充气。如果配以恰当的燃烧室形状，便能使上述充气的分层保持到点火时刻。涡流控制阀的开度由 ECU 根据发动机负荷和转速确定。

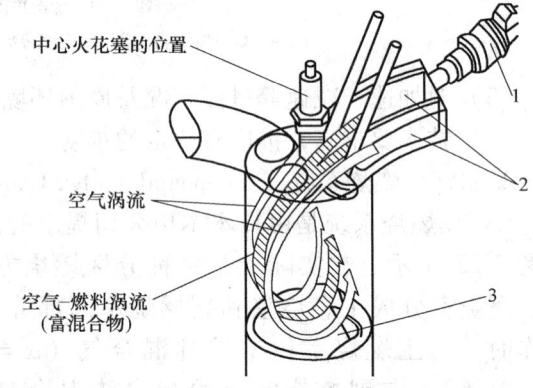

图 7-24　三菱纵涡流旋转系统
1—燃料喷射器　2—进气口隔板　3—翻滚控制活塞

(三) 缸内直喷式稀薄燃烧方式

与常规汽油机相比，分层充气燃烧已经大大提高了空燃比。但是因为分层充气燃烧时浓混合气区域难以维持很长时间，所以随着空燃比的进一步提高，单靠分层充气燃烧已不能保证稳定着火。缸内直喷式非均质混合燃烧方式较好地解决了这个问题，类似柴油机的缸内直喷，汽油机的缸内直接喷射 (Gasoline Direct Injection，GDI) 是指直接往气缸内喷射汽油。

这样在空燃比很稀时,可在接近点火时刻才开始喷油,即压缩过程后期喷油,使火花塞周围的浓混合气来不及变稀就已经被点燃。缸内直喷式汽油机一般可在空燃比$25 \leqslant \alpha \leqslant 50$的范围内稳定工作,使得燃油消耗率得到进一步降低。

1. 福特缸内直喷燃烧系统(PROCO)

福特缸内直喷燃烧系统如图7-26所示,喷油器直接把汽油喷入燃烧室,利用涡流和滚流进行燃油-空气的混合,因燃油在缸内蒸发会吸收一部分空气的热量,使温度降低,充量系数提高。这种燃烧系统由于是直接喷射,使缸内充量得到冷却,可以使用较大的压缩比,发动机压缩比可达到11.5,燃油消耗率会进一步降低,可大幅度减少冷起动时的HC排放,稳定工作的最大空燃比可达25。

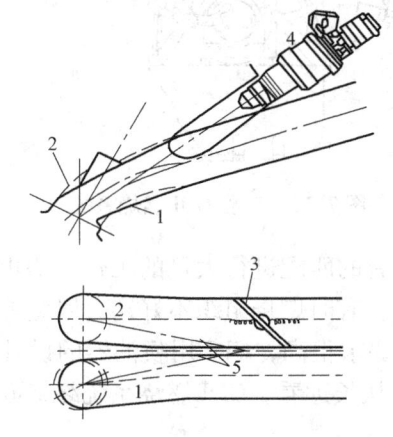

图7-25 AVL四气门高压缩快速燃烧系统
1—切向进气道 2—中性进气道 3—涡流控制阀
4—双油束喷油器 5—双油束

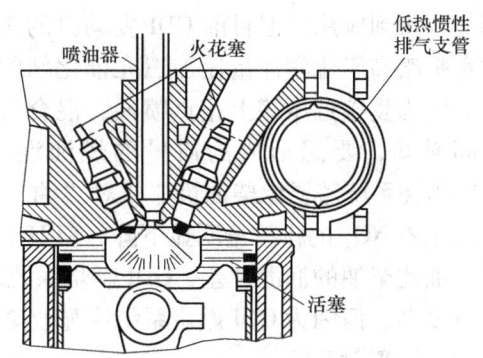

图7-26 福特缸内直喷燃烧系统

2. 丰田D-4缸内直喷稀燃发动机

图7-27所示为丰田公司开发的D-4缸内直喷式稀燃发动机燃烧系统示意图,通过安装在进气道上的电子涡流控制阀,形成不同斜向角度的进气涡流。燃烧室为半球形,活塞顶部设有唇型深皿凹坑,与进气涡流旋向以及高精度的喷油时间和喷油方向控制相配合,在火花塞周围形成较浓的易点燃混合气区域。该系统采用高压(8~13MPa)旋流喷油器,可以实现燃油喷射高度微粒化(喷雾粒度小于5μm),有效抑制了扩散燃烧所产生的黑烟。为了控制分层燃烧时产生的NO_x,采用了电控EGR系统。

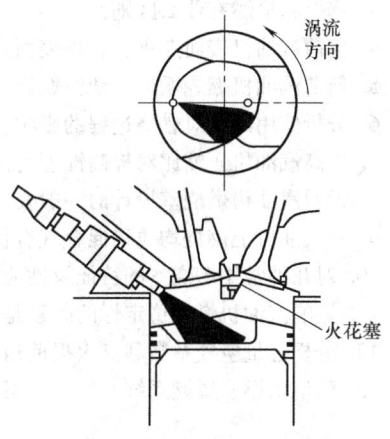

图7-27 丰田D-4缸内直喷燃烧系统示意图

3. 三菱4G系列缸内直喷式稀薄燃烧

图7-28所示是三菱GDI燃烧系统示意图。三菱GDI燃烧系统的特点主要是,利用立式进气道在气缸中产生逆向翻滚气流,利用一个高压(喷射压力在5MPa左右)的旋流式电磁喷油器,使得喷出的燃油有较好的贯穿度和合适的雾化效果,以实现

小负荷时的分层燃烧，还可以精确控制火花点火时火花塞附近的空燃比，来提高发动机点火的可靠性，该系统能实现两段燃烧（是指在进行正常燃烧的怠速运转时，不仅在压缩行程后期喷油，还在膨胀行程的后期补充喷油的燃烧技术），在全工况范围内，可以实现均质、分层、二段混合燃烧等特点。

然而，GDI 的广泛应用，还存在着一些技术问题。比如 GDI 发动机不能采用已十分成熟的传统三元催化剂，而稀燃催化剂的开发难度较大，生产成本也较高。尽管已有若干种稀燃催化剂得到应用，但目前 GDI 发动机的实际排放水平略高于化学计量比加三元催化剂的发动机。因为越接近压缩上止点喷油，混合气形成时间越短，要想形成高质量的燃油混合气，

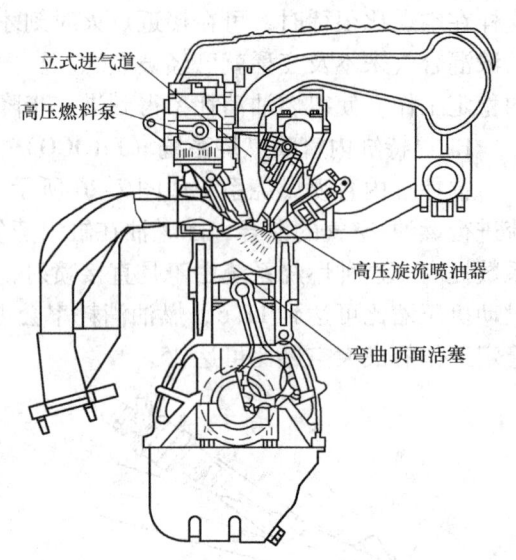

图 7-28 三菱 GDI 燃烧系统

GDI 燃烧系统需要像柴油机那样对"油-气-燃烧室"三者的匹配进行大量的工作。GDI 燃烧系统虽然 NO_x 的排放量明显下降，但 HC 的排放量增加，有时燃烧组织不好还会冒黑烟；由于汽油比柴油的润滑性差，GDI 燃烧系统对喷油系统的要求很高，GDI 用喷油器的设计制造十分复杂。但因为 GDI 燃烧系统明显改善燃油消耗率，从长远看，GDI 燃烧系统终将取代传统的燃油喷射系统。

复习思考题

1. 说明汽油机燃烧过程各阶段的主要特点，其对发动机性能的影响如何？
2. 爆燃燃烧产生的原因是什么？它会带来什么不良后果？
3. 爆燃和早燃有什么区别？
4. 何谓汽油机表面点火，防止表面点火的主要措施有哪些？
5. 何谓汽油机燃烧循环变动？燃烧循环变动对汽油机性能有何影响？如何减少燃烧循环变动？
6. 分析使用因素对燃烧过程的影响。
7. 提高汽油机压缩比对提高性能有何意义？如何保证在汽油机上使用较高的压缩比？
8. 说明汽油机燃烧室设计的一般要求。
9. 在汽油机上燃烧均质稀混合气有什么优点，它所面临的主要困难是什么？目前解决的途径有哪些？
10. 对几种常用燃烧室的特征及性能进行对比。
11. 影响汽油机燃烧稳定性的因素是什么？怎样才能稳定？
12. 分析过量空气系数和点火提前角对燃烧过程的影响。
13. 何谓稀燃、层燃系统？稀燃、层燃对汽油机有何益处？

第八章 发动机电控技术

第一节 柴油机电控喷射系统

随着对柴油机节能、排放与噪声方面日益严格的要求，除了提高喷油压力以外，还必须在喷油量与喷油正时的控制以及喷油规律方面进行优化，以保证柴油机及其燃料供给与调节系统之间在发动机各种工况下，实现合理与精确的匹配。现代柴油机通常对其燃料供给与调节系统实行电子控制（Electronic Diesel Control，EDC）以满足其需要。

与机械控制方式相比，柴油机电控燃油喷射系统具有以下优点。

（1）控制更为全面和精确，更易实现性能优化，使燃油消耗率和有害物的排放量大幅度下降。

（2）能够对预喷射、多次喷射、喷油率和喷油压力进行精确控制。

（3）除了能进行常规稳态性能调控外，还可以进行各种过渡过程的优化控制、故障自动监测与处理、操作过程自动化以及自适应控制等，最终可以发展成为整机的电子管理系统，从而使整机性能与可靠性得到大幅度的提高。

一、柴油机电控燃油喷射系统的类型

在传统燃油喷射系统的基础上，最先发展起来的柴油机电控燃油喷射系统是位置控制系统，即第一代柴油机电控燃油喷射系统；随后开发出时间控制系统，即第二代柴油机电控燃油喷射系统；21世纪柴油机电控燃油喷射系统的主流是共轨式电控高压喷射系统，即第三代柴油机电控燃油喷射系统。目前，这三代技术在柴油机中均有应用。

1. 位置控制系统

在位置控制的柴油机电控燃油喷射系统中，喷油泵、喷油器与机械控制的喷射系统相同，只是将机械式调速器和液压式喷油提前器分别用线位移或角位移的电磁式供油控制阀和电磁式供油定时控制阀来代替，这两个电磁控制阀按照 ECU 的指令，通过改变供油量调节套筒的位置和喷油提前器活塞的位置实现对喷油量和喷油正时的控制，从而满足了高压喷射中高速大负荷和低速及怠速工况对喷油过程的不同要求。

典型的位置控制直列柱塞泵电控系统，有日本电装（Denso）公司的 ECD-V1 系统、日本杰克赛尔（Zexel）公司的 COV-EC 和 COPEC 系统、德国博世（Bosch）公司的 EDC 和 EDR 系统、美国底特律（Caterpillar）公司的 PCEC 系统等。

2. 时间控制系统

时间控制系统保留了原有的喷油泵、高压油管和喷油器系统，用高速强力电磁阀直接控制高压燃油喷射。喷油量的多少是由喷油压力的大小与喷油器针阀的开启时间长短来决定的，而喷油正时（供油始点与持续期）由控制电磁阀的开启时刻确定。传统的机械式喷油泵中的齿条、滑套、柱塞上的斜槽和喷油正时的提前器全部取消，对喷油量和喷油正时的控制自由度更大。

典型的时间控制系统，有日本电装公司的 ECD-V4 系统电控分配泵、日本杰克赛尔公司的 Model-1 系统电控分配泵、德国博世公司的 EUP13 系统电控单体泵、美国底特律公司的 DDEC 系统电控泵喷嘴等。

3. 共轨式电控高压喷射系统

共轨式电控高压喷射系统改变了传统的柱塞泵脉动供油原理，采用新型的高压燃油系统，通过油锤响应、液力增压、共轨蓄压或高压共轨的方式形成高压。采用压力时间式燃油计量原理，用电磁阀控制喷射过程，喷油量和喷油正时控制更加灵活。

日本电装公司、德国博世公司、英国卢卡斯公司都研制出了共轨式电控高压喷射系统，并得到具体应用。德国戴姆勒-奔驰公司利用博世技术，在世界范围内推出了采用新型高压共轨燃油喷射系统的四气门直喷式柴油机，并用于 A、C 级轿车。

以上三种柴油机电控燃油喷射系统，均由信号输入装置（传感器、控制开关）、电控单元（ECU）、执行器等三部分组成，其框图如图 8-1 所示。

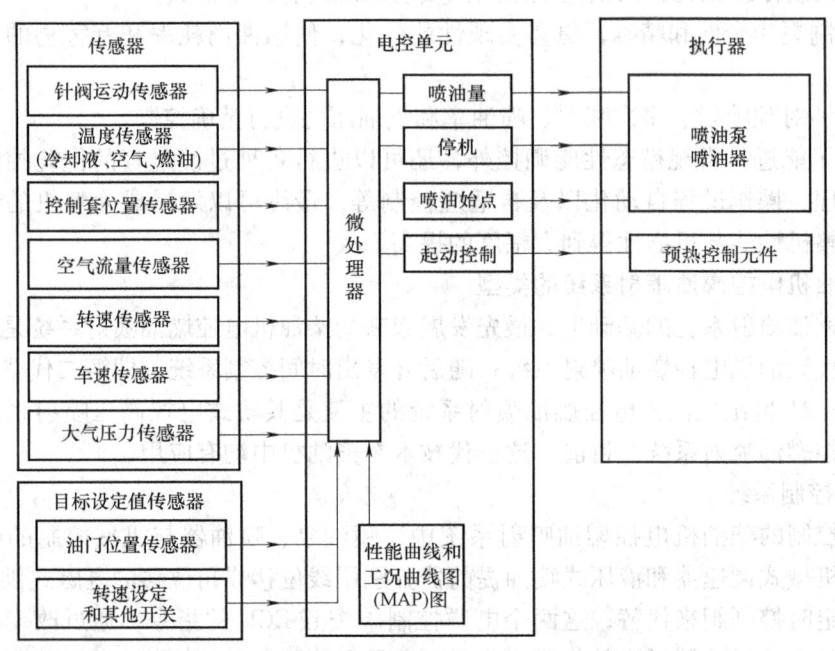

图 8-1　柴油机燃油供给与调节系统电子控制框图

图 8-1 左边所示为信号输入装置即传感器与工况设定部分，传感器的功用是检测柴油机及车辆运行时的各种信息，如进气与环境压力，冷却液、机油与燃油温度，进气流量，喷油泵油量调节机构（直列泵中的齿杆或 VE 分配泵中的溢流环套）的位移，曲轴转角信号与柴油机转速，车辆的行驶速度，喷油器针阀的升程等。目标设定则应包括柴油机转速与负荷（加速踏板或变速杆的位置）等。反映上述各种信息的信号多数是模拟信号，有的是数字信号或脉冲信号，在送入 ECU 以后，必须经过滤波、整形及放大处理，模拟信号还要经过 A/D 转换，全部转变成计算机能够接受且量程合适的数字信号。

图 8-1 中部所示的电控单元（ECU）是柴油机电控的核心部分。它的硬件部分包括微处理器（Microprocessor）、各种存储器（RAM、ROM、EPROM、Flash-EPROM、EEP-

ROM)、输入输出接口（I/O）以及上述各部分之间传递信息的数据总线、地址总线和控制总线及产生时间节拍脉冲的计时器等。ECU 软件的核心内容是柴油机的各种性能调节曲线、图表和控制算法，其作用是接受和处理传感器的所有信息，按软件程序进行运算，然后发出各种控制脉冲指令给执行器或直接显示控制参数，其中，喷油正时和喷油量脉冲是 ECU 发出的最重要的控制指令。为了实现对柴油机喷射过程控制的优化，储存在 ECU 中的曲线和图表包括一些在产品开发过程中通过大量试验总结出的综合各方面要求的目标值，如喷油正时与喷油量随转速与负荷变化的三维曲面图，这种图形一般称为脉谱（MAP）图。

图 8-2 所示为一台柴油机喷油正时的脉谱图，它表示了喷油始点随柴油机转速与负荷变化的目标控制值。当 ECU 接受到从针阀升程传感器送来的实时喷油始点信号时，就能对实际值与目标值两者之间进行比较与计算，并发出控制指令，以保证两者之间差别为最小，从而实现理想的喷油正时。至于喷油量的控制，原理也是一样。但它除了转速与负荷以外，还与柴油机一系列其他因素（如进气流量，冷却液、机油与燃油的温度，增压压力与环境大气压力等）有关。在转速调节方面，若采用以转速为反馈信号的闭环控制，则不难实现调速率

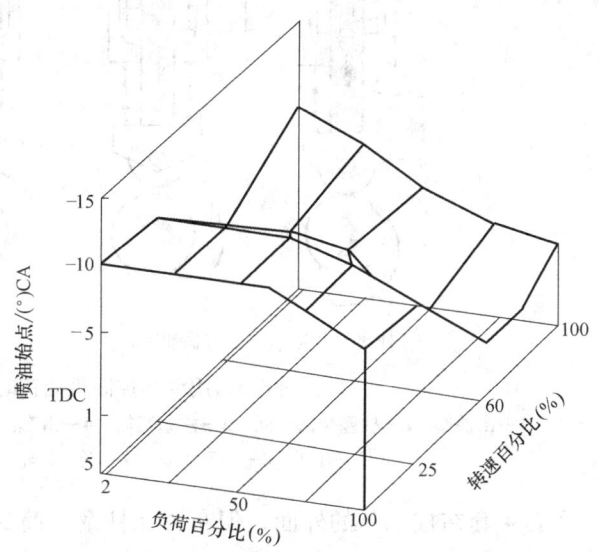

图 8-2 柴油机喷油正时的脉谱（MAP）图

为零的恒速调速过程，而这一点在机械式调速器中是不可能做到的。

此外，如整车的各种装置（如传动系统、制动系统等）均分别有各自的 ECU，则电控燃料供给系统的 ECU 还具有相互数据传输、交换以及根据其他系统信息修正本系统执行指令等功能。进一步可发展为整机或整车的所有控制任务统由一个中央 ECU 来实现，这就构成了整机或整车的统一电子控制与管理系统。

图 8-1 右部所示为执行器部分，其功能为接受 ECU 传来的指令，并完成所需调控的各项任务。执行器的种类很多，并视调节方式不同而异，如在位置式控制系统中，有使喷油泵齿杆达到油量控制目标位置的电磁控制线圈，使喷油泵达到预定供油提前角的控制阀，在时间式控制系统中，有控制喷油器针阀启闭的电磁阀或压电伸缩机构等。

二、典型的柴油机电控燃油喷射系统

（一）直列式喷油泵的电子控制

直列式喷油泵的电子控制属于电控早期的产品，主要用在载货汽车的柴油机上，以改善节能与排放性能，比较典型的是博世公司的电控滑套式直列泵，通过控制直列泵中的滑套可以改变供油始点，利用电子调速器可以对供油始点和供油量进行调节。

直列式喷油泵的油量调节机构实质上就是一个典型的电子调速器，其主要执行机构就是一个带锥形铁心的电磁铁，它直接与油量调节齿杆连接，并接受 ECU 发来的控制信号，根

据柴油机的运转工况和环境条件,控制喷油泵各缸的循环供油量以保持转速的稳定。供油正时(即供油提前角的控制)则通过滑套式控制机构进行,其工作原理如图 8-3 所示。

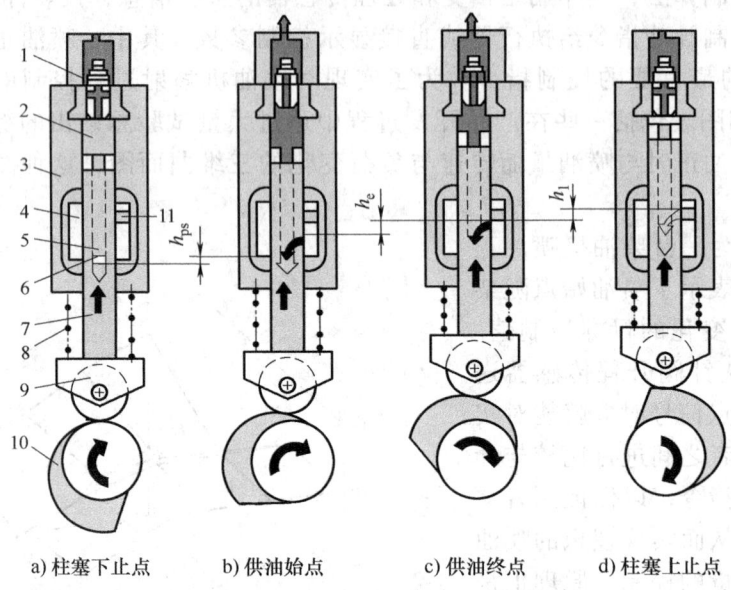

a) 柱塞下止点　　b) 供油始点　　c) 供油终点　　d) 柱塞上止点

图 8-3　用滑套控制供油正时的工作原理图
1—出油阀　2—柱塞顶部空间　3—柱塞套筒　4—滑套　5—控制斜槽　6—油孔(控制供油始点)
7—柱塞　8—柱塞弹簧　9—挺柱滚轮　10—凸轮　11—溢流孔

滑套 4 套在柱塞 7 的外面,但布置在柱塞套筒 3 的进油腔内,供油开始前,当柱塞处于下止点时(图 8-3a),柱塞顶部空间 2 通过柱塞上的控制斜槽 5 和油孔 6 与进油腔相通,随着柱塞的上升,当滑套下部边缘将柱塞上的油孔 6 全部盖住以后,柱塞顶部压力升高,供油开始(图 8-3b),这时的柱塞升程 h_{ps} 即为预行程,柱塞继续上升,至柱塞上控制斜槽与滑套上的溢流孔相通以后(图 8-3c),柱塞顶部空间卸压,供油结束,柱塞在其间上升的距离为有效行程 h_e,柱塞继续上升,走完剩余行程 h_1 以后即达到上止点(图 8-3d),再沿凸轮下降段回到下止点完成一次供油过程。若通过电子控制,使滑套上下移动,便改变了滑套与柱塞上油孔和斜槽的相对位置,从而改变了柱塞的预行程与供油始点。滑套上移,预行程增加,供油推迟;反之,预行程减小,供油提前。

(二)分配泵的电子控制

分配泵的电子控制也开始得比较早,而且应用得较为广泛,主要用于轿车和轻型车辆的高速柴油机上。早期的电控分配泵在油量控制方面也采用类似于直列泵的位置控制方式,其结构简图与工作原理如图 8-4 所示。

油量调节电磁铁在 ECU 指令下控制分配泵的油量调节套 5 沿柱塞的轴向移动,以调节供油量,供油正时控制电磁阀为脉冲电磁阀(Clocked Solenoid Valve)。它作为旁通阀接在分配泵液压供油提前器 1 的旁通油路中,可以在 ECU 的指令下反复开闭,通过其开关比(即开启与关闭时间的比例)的变化来控制作用在供油提前器柱塞上的压力,以改变供油正时。

目前,分配泵的电控在油量控制方面已逐渐采用时间控制方式,即取消了油量调节套及其操纵机构,直接采用高速强力电磁阀来控制喷油(油量的多少取决于喷油压力与电磁阀

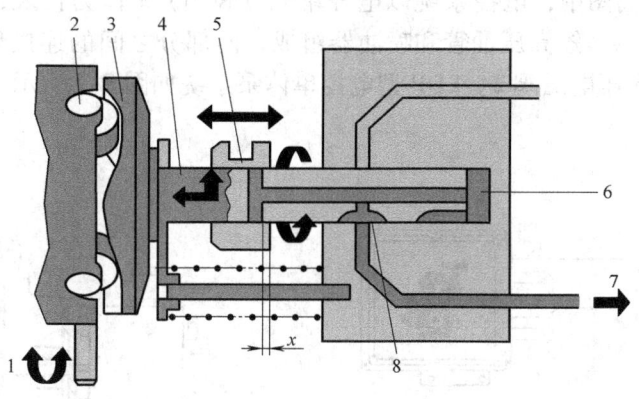

图 8-4 轴向柱塞分配泵（VE 泵）的工作原理图
1—供油提前器 2—滚轮 3—端面凸轮 4—轴向柱塞 5—油量调节套
6—高压腔 7—通往喷油器的燃油 8—分配油道 x—有效行程

开启时间的长短），不仅使控制更为精确，也进一步简化了油泵结构。图 8-5 所示为径向柱塞分配泵。

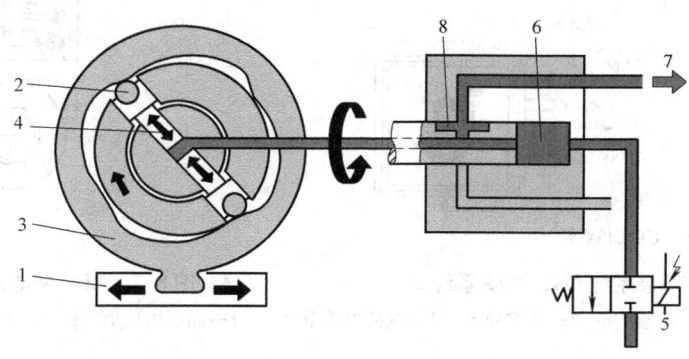

图 8-5 径向柱塞分配泵（VR 泵）的工作原理图
1—供油提前器 2—滚轮 3—内凸轮环 4—径向柱塞 5—电磁阀
6—高压腔 7—通往喷油器的燃油 8—分配油道

（三）单体泵和泵-喷嘴的电子控制

电控单体泵系统（UPS）和电控泵-喷嘴系统（UIS）均为适应柴油机高压喷射而发展起来的新型燃料供给系统，其中 UPS 的电控单体泵（EUP）由于机械结构刚性较好并采用了较短的高压油管，其喷射压力可达 140～160MPa（用于船舶和机车等柴油机的大型单体泵，其压力更高），主要用在载货汽车的柴油机上；UIS 由于采用了泵-嘴合一的电控泵-喷嘴（EUI），完全省去了高压油管，因而成为目前喷射压力最高的燃料供给系统，其喷射压力可达 200～220MPa，不仅可用在各种载货汽车，也广泛应用在轿车柴油机上。

图 8-6 所示为电控单体泵系统和泵-喷嘴系统的简图。

1. 电控单体泵系统

和其他电控燃料供给系统一样，电控单体泵系统也包括电子控制和机械液力系统两大部分，在图8-6a所示的简图中，电控系统以电控单元（ECU）3作为代表，机械液力系统则由电控单体泵（EUP）4、短高压油管和喷油器组成，两部分之间的连接环节就是安装在单体泵上的执行器——高压电磁阀2。EUP型电控单体泵系统如图8-7所示。

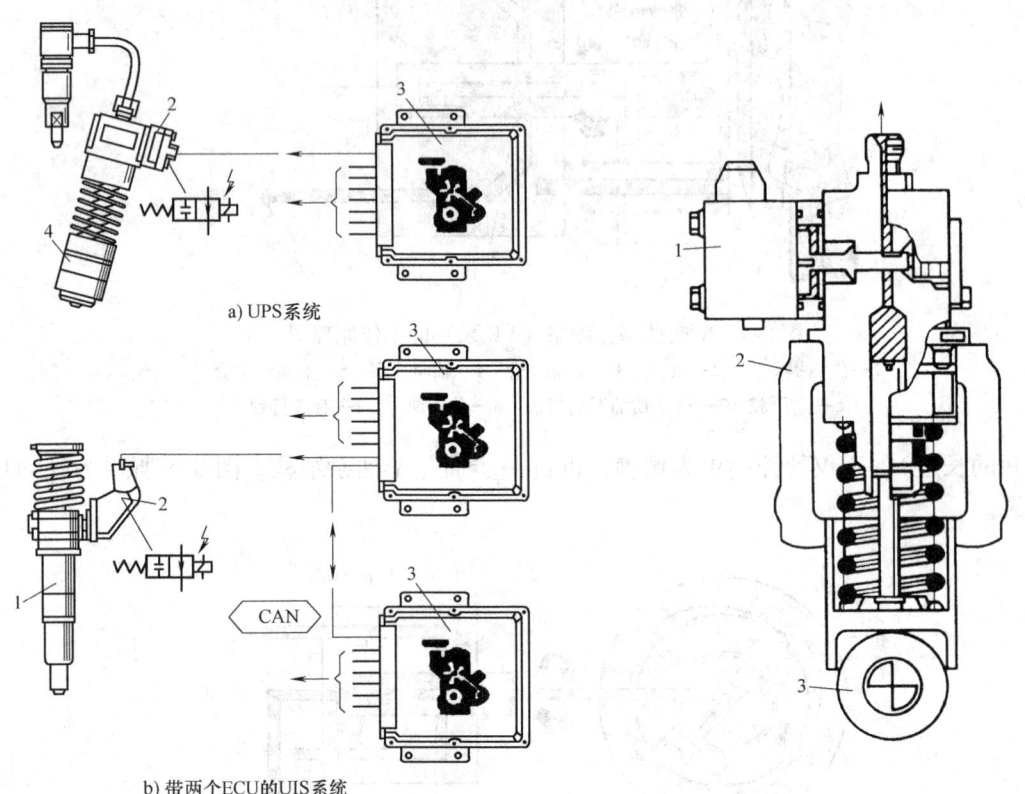

图8-6　电控单体泵系统和泵-喷嘴系统图
1—电控泵-喷嘴　2—高压电磁阀　3—电控单元　4—电控单体泵

图8-7　EUP型电控单体泵系统
1—高压电磁阀　2—发动机　3—滚柱式挺柱

由图8-7可见，电控单体泵上的高压电磁阀装在油泵的出口处，将高压油路分成两段，高压电磁阀以下的单体泵部分只担任进油（柱塞下行）和加压供油（柱塞上行）的任务，由于取消了传统直列泵中那些调节油量的齿杆、滑套和调速器等零件，简化了结构，加强了泵体的强度和刚度，提高了喷油泵的工作能力。供油量（喷油量）与供油正时则由高压电磁阀根据ECU的指令来控制。高压电磁阀实质上是一个三通阀，在电控单体泵系统中，供（喷）油量和供油正时均由高压腔电磁阀控制，它们取决于高压电磁阀关闭和开启旁通油路的时刻（供油始点）以及高压电磁阀工作持续时间的长短（供油量），因此高压电磁阀实质上也就起着一个对高压油路进行管制的开关作用，但它在平时总处于保持旁通油路常开的状态，以保证在电路出现故障时，不至于出现柴油机"飞车"的危险（这个原则对所有电控系统均适用，即在断电情况下，油泵即应停止供油）。

与传统的直列式喷油泵相比，电控单体泵除了供油压力较高、高压油管较短等优点外，还可以进行分缸调节，例如，ECU可以根据曲轴瞬时转速提供的反馈信号，判别各缸喷油量和爆发压力是否均匀，进而对单个油泵的喷油量分别进行调节（闭环控制），以保证各缸产生的转矩一致性，使柴油机运转平稳，也可以在部分负荷下，对部分气缸停止喷油，以达到节能的效果。这类调节功能当然也能在以后的电控泵-喷嘴和共轨系统中实现。

2. 电控泵-喷嘴系统

在电控泵-喷嘴系统（图 8-6b）中，电控系统仍以电控单元 3 作为代表，而喷油泵、喷油器（嘴）和高压电磁阀 2 则集成为一个整体，构成电控泵-喷嘴（EUI）1，它配置在每个气缸盖上，由顶置凸轮直接或通过摇臂驱动。图 8-8 为 DDEC 型电控泵-喷嘴系统图。

其油泵柱塞经凸轮和摇臂驱动向下运动时，压缩从进油孔进入柱塞顶部高压腔的燃油，这时若对高压电磁阀通电，其电磁阀针阀将关闭回油孔，柱塞腔压力升高，高压燃油经针阀体内的油道流向喷油器压力室，使喷油器针阀开启喷油；反之，若高压电磁阀断电，电磁阀针阀在弹簧作用下开启旁通油路，使高压油路中油压下降，喷油器针阀关闭，喷油结束。和电控单体泵一样，泵-喷嘴喷油始点和喷油量也取决于高压电磁阀关闭和开启旁通油路的时刻及其间持续时间的长短，它们均由 ECU 根据各种传感器的信息和内存的脉谱图进行处理后发出的指令来

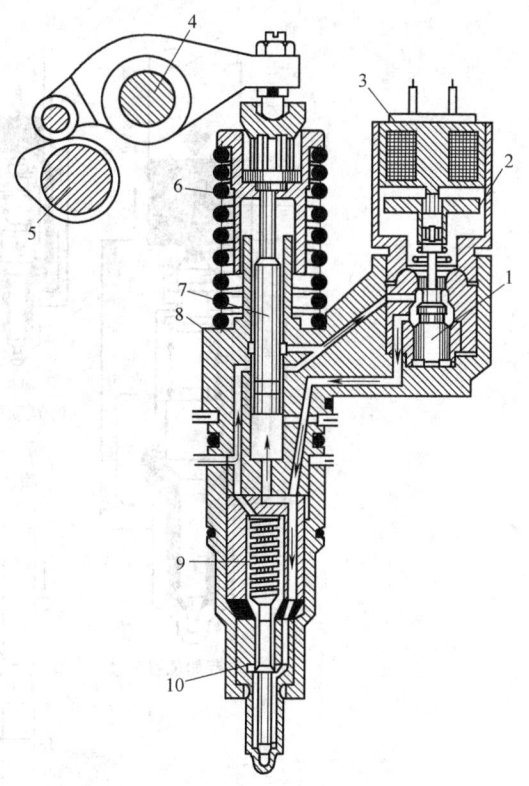

图 8-8 DDEC 型电控泵-喷嘴系统
1—控制阀 2—挡板 3—高压电磁阀 4—摇臂轴
5—凸轮轴 6—柱塞弹簧 7—柱塞 8—泵喷油
器体 9—喷油器弹簧 10—喷油器针阀

控制。所不同的是这里不再是控制喷油泵的供油始点，而是直接控制喷油始点，故不仅可以对喷油规律进行更为精确的控制，而且还能实现预喷射的要求。

电控泵-喷嘴产生预喷射的工作原理如图 8-9 所示。

其中图 8-9a 所示为起始位置，喷油器针阀 7 和蓄压室阀 3 在针阀弹簧 5 作用下处于关闭状态，喷油器不喷油；图 8-9b 所示为预喷射开始，这时随着柱塞 1 向下运动，喷油压力增加，针阀开启产生预喷射，但蓄压室阀仍保持关闭；图 8-9c 所示为预喷射结束，这时随着喷油泵柱塞继续推进，油压继续升高并打开蓄压室阀使蓄压室 4 与高压油腔接通，从而使针阀在蓄压室压力和弹簧压力共同作用下，迅速关闭，预喷射结束；图 8-9d 所示为主喷射阶段，这时随着喷油压力的继续升高，蓄压室阀向下落座，隔断了蓄压室与高压油腔的通路，使针阀得以重新开启，实现主喷射过程。在电控过程中，主喷射油量和喷油始点由 ECU 控制，而预喷射的微小油量和提前时刻则需在设计中通过选择蓄压室阀的开启压力和行程来确定。图 8-9 中同时表示了整个喷射过程中喷油压力、蓄压室阀升程和针阀升程的变化过程。

图 8-10 所示为采用喷油器预喷射对柴油机放热率和噪声水平的影响。

（四）共轨系统的电子控制

柴油机共轨（Common Rail, CR）系统的特点是将产生高压燃油和进行喷油调节的功能

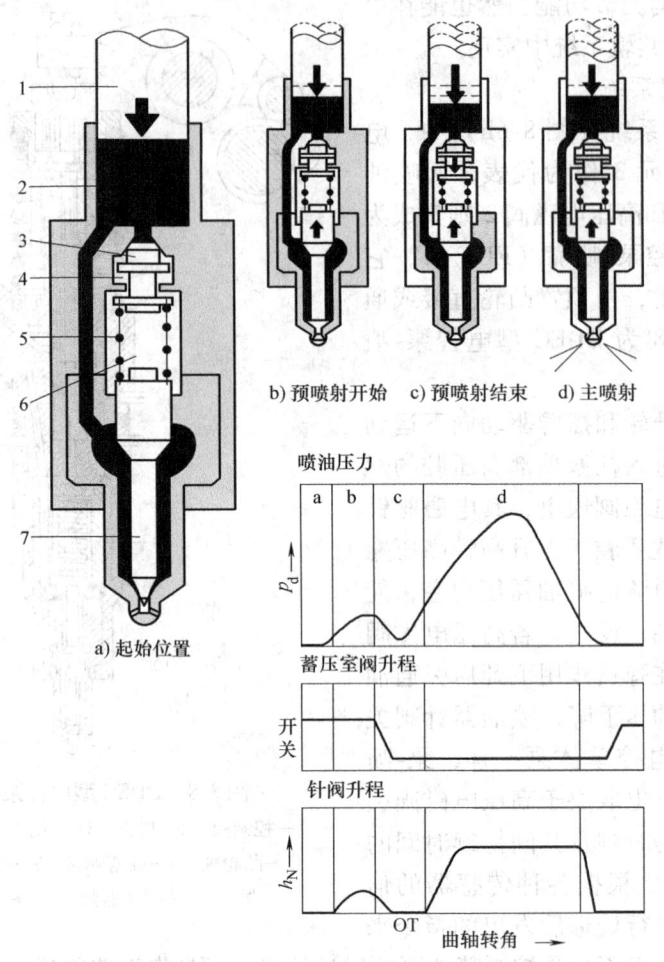

图 8-9 电控泵-喷嘴的工作原理
1—柱塞 2—柱塞头部高压腔 3—蓄压室阀 4—蓄压室 5—针阀弹簧
6—弹簧腔 7—针阀

分开,即工作时,不仅能对喷油量和喷油正时进行控制,而且也可以对喷油压力进行调节,喷油压力可以不受转速和负荷的影响并在各种工况下保持最佳值,从而使系统的控制柔性和精度更高。

目前,随着对柴油机节能与排放要求日益严格,采用传统喷油泵(直列泵和分配泵)的柴油机在改用高压喷射系统时,共轨系统对于原机在缸盖和机体部分的改动较小(相对于 UIS 和 UPS 而言),因此受到柴油机厂商的青睐,它不仅用于各种车用柴油机,还开始用于船舶、机车等大功率柴油机上,成为最有发展前途的高压燃料供给系统。

在图 8-11 所示的电控高压共轨系统中,高压油泵 1 将燃油加压后送往高压油轨 7,高压油轨与各缸喷油器 6 之间以高压油管(短油管)相连,ECU4 根据各种传感器(温度、压力、进气流量、曲轴和凸轮轴转角位置与转速等)提供的有关柴油机运转工况的信息以及驾驶人的操作意向(加速踏板位置),经过逻辑分析、判断和计算,给出了控制喷油过程的相关指令,其中喷油压力或高压油轨中燃油压力的控制指令,由高压泵或高

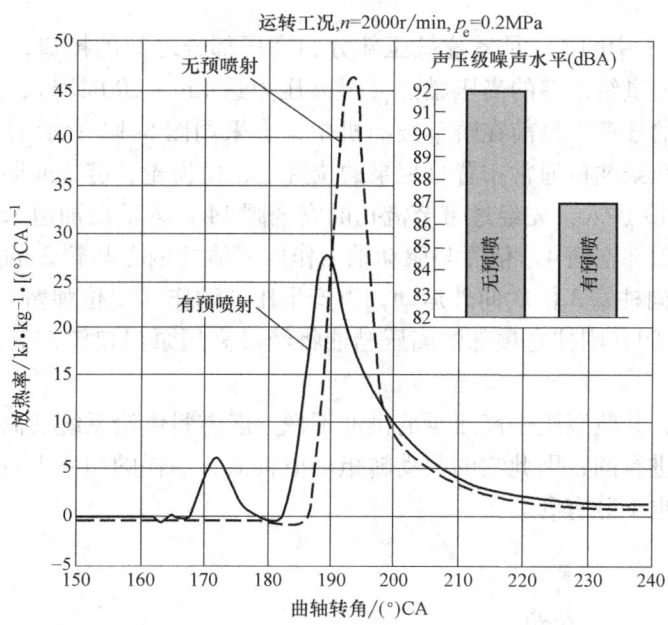

图 8-10 喷油器预喷射对柴油机放热率和噪声水平的影响

压油轨上的压力调压阀执行，喷油量和喷油正时的指令，则由喷油器中的高压电磁阀执行。由此可见，在电控高压共轨系统中，除了传感器和电控单元外，系统中高压部分的关键部件为高压泵（高压供油）、高压油轨（高压储油）和喷油器（高压喷油）。以下分别对它们作一简要介绍。

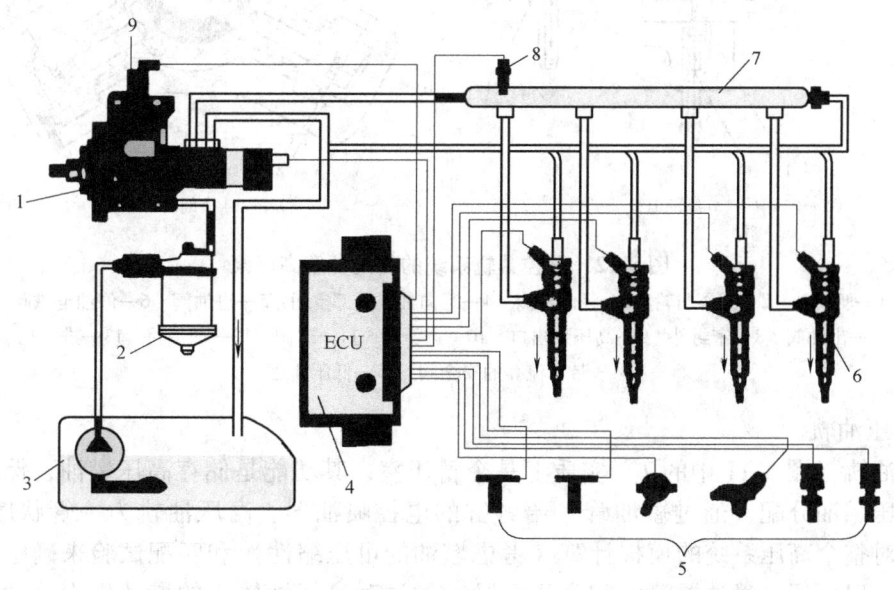

图 8-11 装在一台四缸柴油机上的电控高压共轨系统
1—高压油泵　2—燃油滤清器　3—油箱　4—ECU　5—传感器
6—喷油器　7—高压油轨　8—压力传感器　9—溢流阀

1. 高压泵

高压泵（图 8-11 中的 1）是系统低压部分和高压部分之间的接口，它的任务是在柴油机工作时向高压油轨供给足够的高压燃油（最高压力达 150～200MPa），其上的调压阀还担负着调节燃油压力的任务。目前在轿车柴油机中，多采用图 8-12 所示的带有三个径向压油的柱塞泵，它安装在柴油机通常布置分配泵的位置上，由齿轮、链条或同步带传动，工作时低压燃油经进油孔 13 进入，先经过带节流孔的安全阀 14 进入低压油道 15，再通过进油阀 5 流入油泵径向柱塞顶部空间 4，依靠与驱动轴 1 作成一体的偏心凸轮 2 的旋转，推动三个周向呈 120°均布的径向柱塞 3 依次向外运动，以产生压油动作（复位弹簧），这时若调压阀 10 将旁通回油路 12 关闭，则柱塞顶部的高压燃油将经过高压泵出口流向高压油轨，完成高压供油任务。

应当指出的是，共轨系统中高压泵的供油不像一般燃料供给系统的高压泵那样与喷油过程同步，而是连续进行的，因此它的驱动转矩峰值较低，消耗的功率也较小，因此对改善柴油机的燃油经济性也十分有利。

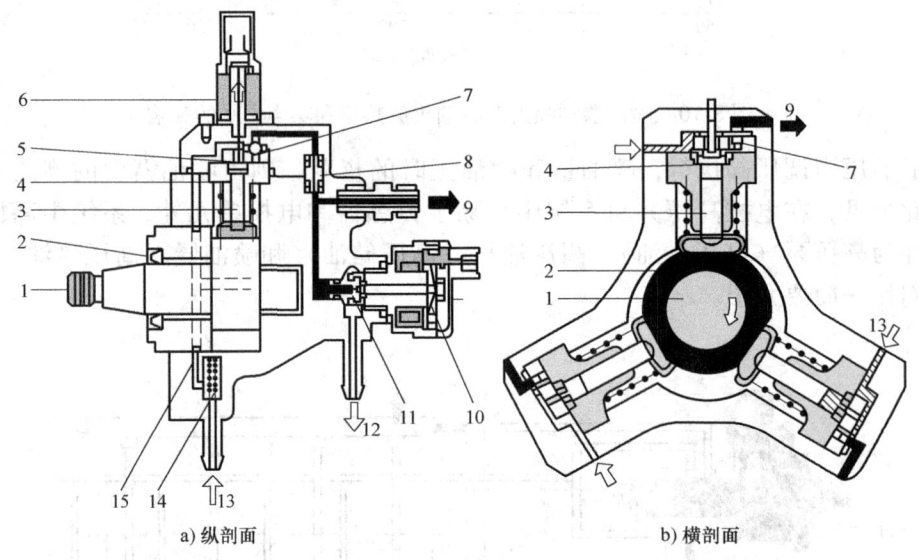

a) 纵剖面　　b) 横剖面

图 8-12　电控共轨系统的径向柱塞高压泵
1—驱动轴　2—偏心凸轮　3—径向柱塞　4—径向柱塞顶部空间　5—进油阀　6—停油电磁阀
7—出油阀　8—密封件　9—高压泵出口　10—调压阀　11—球阀　12—回油路　13—进油孔
14—带节流孔的安全阀　15—低压油道

2. 高压油轨

高压油轨（图 8-11 中的 7）实质上是个蓄压室，其功能是储存高压燃油，保持油压稳定并将高压燃油分配（通过短油管）给各缸的电控喷油器。高压油轨为一管状厚壁容器，必须通过对整个高压系统的模拟计算（考虑燃油的可压缩性）和匹配试验来确定其尺寸和腔内容积，以保证在喷油器喷油和高压泵脉动供油时高压油轨内的燃油压力波动尽可能小（高压油轨内腔的容积要足够大），同时也要保证起动时，高压油轨内的油压能迅速建立（高压油轨内腔容积要足够小），由此得出最佳折中方案。

3. 喷油器

在电控高压共轨系统中,电控喷油器是整个系统中最为关键的部件之一,它的结构与工作原理如图8-13所示,其内部零件按功能可以分为下部的喷嘴,中部的油压控制柱塞9和上部的电磁阀3等几部分。整个电控喷油器外形与安装尺寸与传统喷油器基本相同,故由传统燃料供给系统转为共轨系统时,无需对气缸盖作较大改动。

图8-13a所示为待喷状态,这时电磁阀3在ECU的指令下断路,其衔铁头部的球阀5在弹簧的作用下关闭回油节流阀6,从高压油轨经接头进入喷油器体的高压燃油分成两条路径,一路经高压油道10流往针阀11的盛油槽,另一路经进油节流孔7流入控制柱塞9的上腔8,由于控制柱塞的顶面积大于针阀的承压面积,因此上下压力虽然相等,但控制柱塞向下压紧力要大于针阀的升起力,再加上针阀弹簧的作用,使针阀11保持关闭,喷油器处于待喷(即停止喷油)的状态。

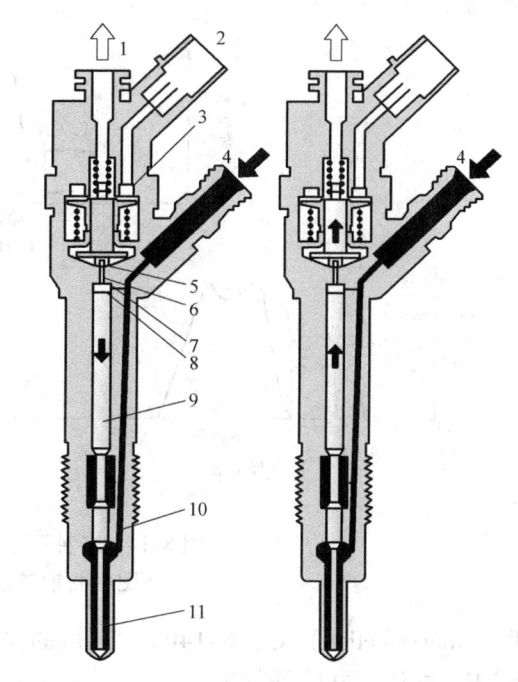

a) 喷油器针阀关闭(待喷状态)　　b) 喷油器针阀开启(喷油状态)

图8-13　电控喷油器

1—回油道　2—电缆接口　3—电磁阀　4—高压进油(来自高压油轨)　5—球阀　6—回油节流阀　7—进油节流孔　8—上腔　9—控制柱塞　10—高压油道　11—针阀

图8-13b所示为喷油状态,这时电磁阀通电,其衔铁在电磁力的作用下被吸至上方,球阀将回油节流阀打开,柱塞上腔内的高压油则经此节流阀和回油道1流回油箱。因为回流节流阀孔径大于进油节流孔径,故球阀打开后,进油节流孔前,即油道内的压力仍大体保持共轨压力的水平,而柱塞上腔内的压力则迅速下降(下降速度取决于进、回油节流孔流量之差),由于作用在控制柱塞顶面的油压降低,减小了对针阀的压紧力,当它与针阀弹簧的合力小于喷油器的开启力(即高压油对针阀承压面的作用力)时,针阀开启,实现高压喷油。此后,若电磁阀断电,失去对衔铁的吸力,球阀将在电磁阀弹簧的作用下关闭,电控喷油器又回到待喷状态。由此可知,整个喷油过程包括喷油始点、喷油终点和喷油持续期均由ECU通过喷油器中的电磁阀来控制,喷油压力则由装在高压泵或高压油轨上的调压阀控制,喷油量则取决于喷油压力(喷油器小压力室与气缸内的压力差)、喷油持续期和喷孔的流通特性,而电控单元(ECU)根据内存的计算程序和试验数据,立即加以确定,这样,只要根据各种传感器的反馈信息以及内存的脉谱图,即可按柴油机工况的要求,对电控高压共轨系统的喷油量、喷油正时和喷油压力作出及时、有效和优化的控制,而且只要高压电磁阀频响特性足够好的话,也不难实现预喷射或多次喷射。

在新开发的轿车用小型高速柴油机中,在每循环主喷射之前(6°~18°CA),先喷入1.5~2.5mm^3/循环、误差不超过0.5mm^3的微小油量,能够缩短滞燃期与提高缸内的局部湍流,从而能有效降低噪声与NO_x的排放,这一措施称为预喷射(Pre-Injection)或先导喷射(Pilot Injection)(图8-14a、b)。预喷射可以一次也可以两次,还可以进行微量

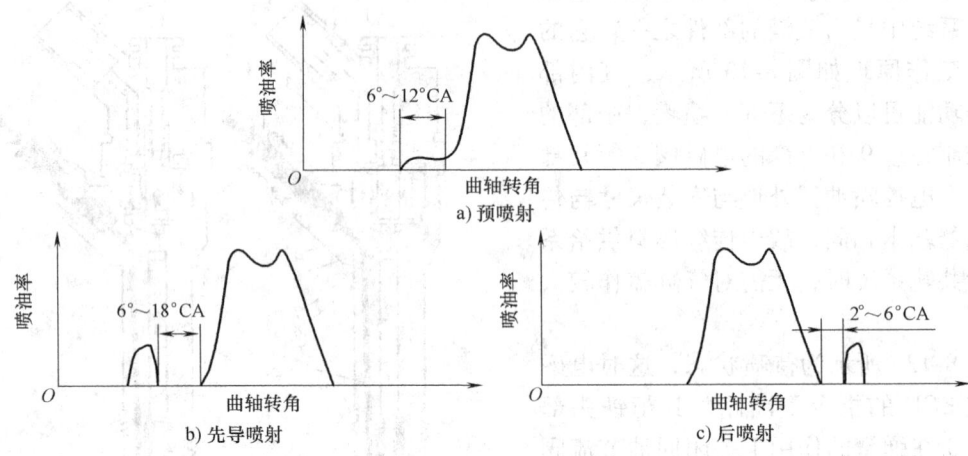

图 8-14 各种可控多次喷射的示意图
（图中曲轴转角值仅供参考）

后喷（AfterInjection）（图 8-14c），其目的是加速后期燃烧，同时提高排气温度，以减少 CO 和 HC 排放，并降低烟度。

在上述各种电控燃料供给系统中，以电控泵-喷嘴与电控共轨系统最有发展前途，两者均能实现高压喷射（前者达 200~220MPa，后者也已达 150~200MPa），且均采用高压电磁阀实现时间式控制方案，控制比较灵活、精确，因而已经用在国外新型直喷式轿车柴油机上。众所周知，这种小缸径的高速柴油机对于燃料供给系统的要求最为苛刻，例如：喷油压力要求高达 150~200MPa，喷油持续期短至 1~2ms，全负荷时的循环喷油量只有 40~50mm³，预喷射或先导喷射的油量又需控制在 1~2mm³ 范围内等。为了更好地满足这些要求，克服高压电磁阀零件质量和惯性对其频响特性进一步提高的限制，要求开发响应速度更快，对于针阀升程、循环喷油量和喷油正时控制得更为灵活的燃料供给系统。例如，目前已开发出用压电晶体来取代电磁阀的喷油器，它利用压电晶体在通电后能够迅速产生变形的原理，直接或通过液压伺服机构使喷嘴开启，从而大大提高了电控喷油器对电信号的响应速度（150μs 或更少），加快了针阀启闭（针阀开启速度达 1.3m/s），使电控喷油器的结构更为紧凑并减轻了它的质量，从而使电控燃料供给系统能对喷油过程实现更为及时、精确与灵活的控制。图 8-15 所示为一种带液压伺服机构的压电式电控喷油器结构简图。

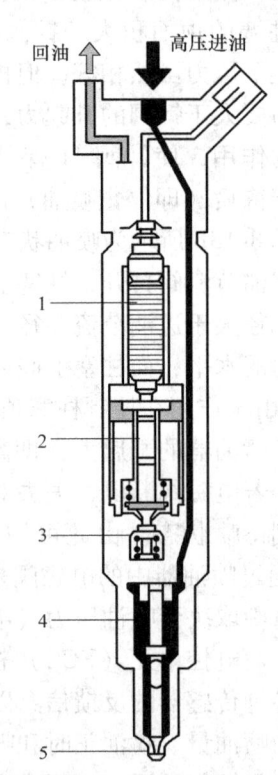

图 8-15 带液压伺服机构的
压电式电控喷油器结构简图
1—压电晶体（执行器）
2—液力传送器 3—控制阀
4—喷嘴 5—喷孔

第二节 汽油机电控喷射系统

汽油机电控喷射系统主要任务是根据发动机不同工况的要求，控制混合气空燃比的大小和混合气数量多少，并连续不断地供入发动机各气缸中，从而保证发动机在最佳的燃油经济性、动力性和最低的尾气排放状态下运行。

一、汽油机电控喷射系统的分类及特点

（一）电喷系统的分类

1. 按系统控制模式分类

（1）开环控制。根据试验确定的发动机各种运行工况所需的最佳供油量的数据，事先存入 ECU 中，发动机在实际运行过程中，ECU 根据各个传感器的输入信号，判断发动机所处的运行工况，根据对应工况下的最佳供油量，并发出控制信号驱动喷油器动作，由此控制混合气的空燃比，使发动机处于最佳运行状态。

开环控制简单易行，但其控制精度直接依赖于所设定的基准数据的精度和喷油器调整标定的精度。因此，它对发动机及控制系统的各个组成部分的精度要求高，系统本身抗干扰能力较差，而且当使用工况超出预定范围时，就不能实现最佳控制。

（2）闭环控制。闭环控制系统又称反馈控制系统，其控制系统在排气管上加装了氧传感器，ECU 根据排气中氧含量的多少，换算成混合气的空燃比值，并把它与设定的目标空燃比值进行比较，然后输出信号控制喷油器动作，使空燃比保持在设定的目标值附近。因此，闭环控制可达到较高的空燃比控制精度，并能消除因产品差异和磨损等引起的性能变化对空燃比的影响，工作稳定性好，抗干扰能力强。

此外，采用闭环控制的燃油喷射系统后，可保证发动机在理论空燃比（14.9）附近很窄的范围内运行，使三元催化转换装置对排气的净化处理达到最佳效果，如图 8-16 所示。

由于发动机在某些特殊运行工况（如起动、暖机、加速、怠速、满负荷等）时，需要控制系统提供较浓的混合气来保证发动机的各种性能，所以在现代汽车发动机电子控制系统中，通常采用开环与闭环相结合的控制方式。

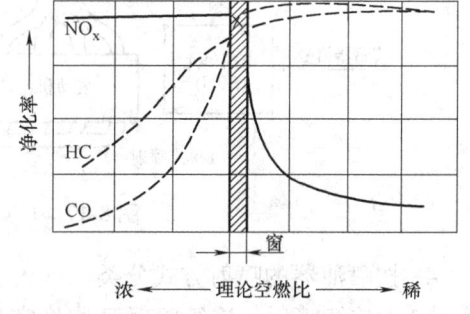

图 8-16 三元催化转换装置的净化率特性

2. 按系统控制方式分类

（1）机械式燃油喷射系统（K 系统）。机械式燃油喷射是利用机械装置实现燃油的连续喷射。可分为单点喷射和多点喷射，其喷油量是通过空气流量器直接测量发动机的进气量进行控制的。此系统中设有冷起动喷油器、暖车调节器、空气阀及全负荷加浓器等装置，以便根据不同工况对基本喷油量进行修正。德国博世公司 1967 年开发的 K-Jectronic 系统即属于机械式汽油喷射系统，简称 K 系统。

（2）机电混合式燃油喷射系统（KE 系统）。它是在 K 系统基础上改进后的产品。其特点是在 K 系统中增加了一个 ECU。ECU 可根据冷却液温度、节气门位置等传感器的输入信号来控制电液式压差调节器的动作，以此实现对不同工况下的空燃比进行修正的目的。德国

博世公司1982年开发的KE-KE-Jectronic系统即属于该类型，简称KE系统。

(3) 电子控制式燃油喷射系统（E系统）。该系统喷油量的数量通过ECU直接控制喷油器来完成。其英文全名为Electronic Fuel Injection，简称为EFI。

该系统中ECU根据各种传感器输入的信号来检测发动机运行状态（包括进气量、转速、负荷、温度、排气中的氧含量等）的变化确定所需的燃油喷射量，并通过控制喷油器的开启时间来控制喷入气缸内的每循环喷油量，进而达到对气缸内可燃混合气的空燃比进行精确配制的目的。

燃油电控喷射系统在发动机各种工况下均能精确计量所需的燃油喷射量，且稳定性好，能实现发动机的优化设计和优化控制。因此，它在汽油机燃油喷射系统中被广泛应用。

3. 按喷油器数目分类

(1) 单点喷射（Single-Point-Injection，SPI）。在进气管的节气门上方或稳压箱内安装一个中央喷射装置，用一个或两个喷油器集中向进气总管喷射燃油。在发动机进气行程时，这些燃油与空气一起被吸入气缸内形成可燃混合气。因此，这种喷射系统可称为节气门体喷射系统（TBI）或中央喷射系统（CFI）。

(2) 多点喷射（Multi-Point-Injection，MPI）。在发动机每个气缸进气门前的进气歧管上安装一个喷油器，由于发动机各气缸在进气歧管内喷油，所以各缸的混合气混合均匀，而且在设计进气管时可以充分利用进气惯性的脉动效应，以实现高功率化设计。

单点喷射与多点喷射的区别如图8-17所示。

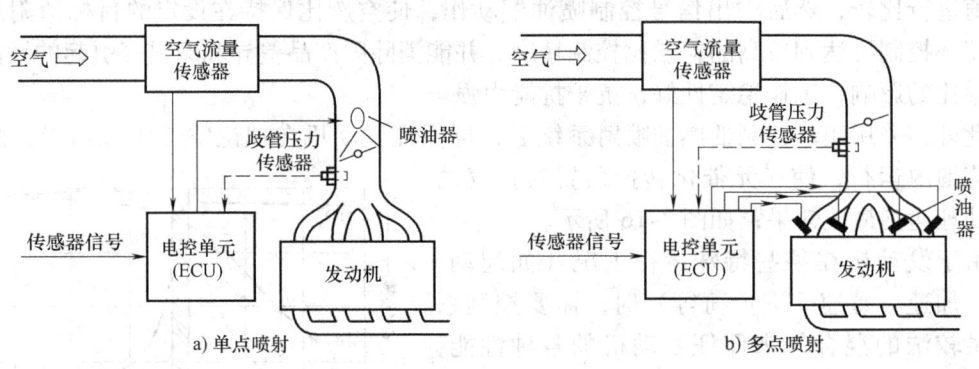

图8-17 单点喷射系统与多点喷射系统

4. 按喷油器的喷射方式分类

(1) 连续喷射。连续喷射又称稳定喷射。在连续喷射系统中，汽油被连续不断地喷入进气歧管内，并在进气管内蒸发后形成可燃混合气，再被吸入气缸内。由于连续喷射系统不必考虑发动机的工作时序，故控制系统结构较为简单。博世公司的K系统和KE系统均采用了连续喷射方式。

(2) 间歇喷射。间歇喷射又称脉冲喷射或同步喷射。其特点是喷油频率与发动机转速同步，且喷油量只取决于喷油器的开启时间（喷油脉冲宽度）。因此，ECU可根据各种传感器所获得的发动机运行参数动态变化的情况，精确计量发动机所需喷油量，再通过控制喷油脉冲宽度来控制发动机各种工况下的可燃混合气的空燃比。由于间歇喷射方式的控制精度较高，故被现代发动机集中控制系统广泛采用。

如图 8-18 所示，间歇喷射又可细分为同时喷射、分组喷射和顺序喷射三种形式。

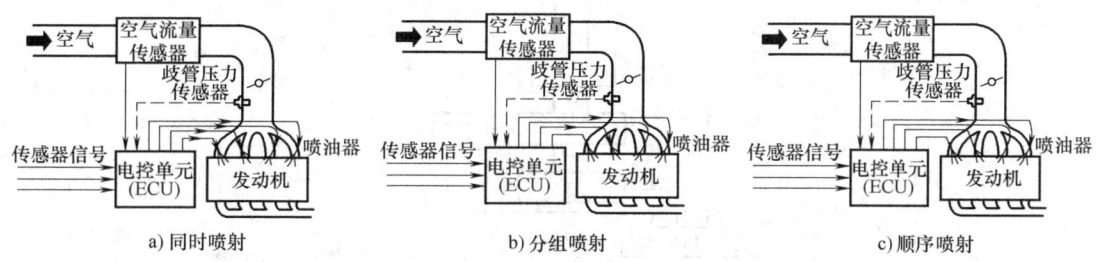

图 8-18　间歇喷射方式的分类

1）同时喷射是指发动机在运行期间，各缸喷油器同时开启、同时关闭。通常将一次燃烧所需要的汽油量按发动机每工作循环分两次进行喷射。

2）分组喷射是将喷油器按发动机每工作循环分成若干组交替进行喷射。

3）顺序喷射则是指喷油器按发动机各缸的工作顺序依次进行喷射。

相比而言，由于顺序喷射方式可在最佳喷油定时向各缸喷射所需的喷油量，故有利于改善发动机的燃油经济性。但要求系统能对待喷油的气缸进行识别，同时要求喷油器驱动电路与气缸的数目相同，故电路较复杂，多在高档轿车发动机控制系统中采用。

5. 按喷油器的喷射部位分类

在发动机电子控制系统中，按喷油器的喷射部位进行分类，又可分为缸内直喷和缸外喷射两种形式。

(1) 缸内直喷是指喷油器将汽油直接喷射到气缸燃烧室内，因此需要较高的喷油压力（3~12MPa）。由于喷油压力较高，故对供油系统的要求较高，成本也相应较高。同时，由于要求喷出的汽油能分布到整个燃烧室，故缸内喷油器的布置及气流组织方向比较复杂。由于采用缸内直喷技术的发动机具有较好的经济和动力性能，故这种方式应用将越来越广泛。

(2) 缸外喷射是指在进气歧管内喷射或进气门前喷射。在该方式中，喷油器被安装于进气歧管内或进气门附近，故汽油在进气过程中被喷射后与空气混合形成可燃混合气再进入气缸内。理论上，喷射时刻设计在各缸排气行程上止点前 70°左右为佳。喷射方式可以是连续喷射或间歇喷射。

相比而言，由于缸外喷射方式汽油的喷油压力（0.1~0.5MPa）不高，且结构简单，成本较低，故目前应用较为广泛。

6. 按空气量的检测方式分类

根据空气进气量的检测方式，可分为直接检测方式和间接检测方式两种。直接检测方式称为质量-流量（Mass-Flow）方式，间接检测方式又可分为速度-密度（Speed-Density）方式和节气门-速度（Throttle-Speed）方式。

(1) 质量-流量方式。通过空气流量计直接测量发动机每个循环的进气量。

(2) 速度-密度方式。通过测量进气管绝对压力和发动机转速间接测量发动机每个循环的进气量。

(3) 节气门-速度方式。通过测量节气门开度和发动机转速间接测量发动机每个循环的进气量。

图 8-19 所示为三种空气量的检测方式比较图。

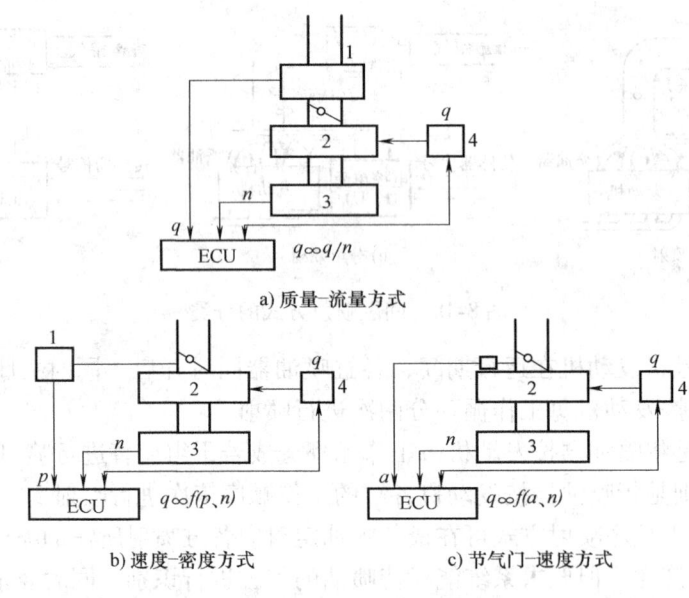

图 8-19 三种空气量的检测方式比较
1—空气流量计　2—进气管　3—发动机　4—喷油阀

由于质量-流量控制方式（L 型）是通过空气流量计（Air Flow Meter）直接测量发动机的进气量，再根据进气量和转速来确定发动机每工作循环的供油量，因此比用进气管绝对压力间接测量发动机进气量的方法精度高、稳定性好。

目前，在汽油发动机上通常采用质量-流量方式和速度-密度方式来测量进气量。

（二）电喷供油方式的优点

1. 混合气分配均匀性好

在多点喷射（MPI）系统中，由于每一个气缸有一个喷油器，且喷油量是根据发动机转速和负荷的变化进行精确地控制，故能使燃油均匀分配给各气缸，以此提高发动机的燃烧质量和稳定性。

2. 混合气空燃比控制精度高

在 EFI 系统中，无论发动机转速与负荷如何变化都能连续地、精确地供应混合气。因为燃油喷射系统可直接或间接地测量发动机的进气量，进而精确计量出发动机燃烧所需的供油量，并同时根据发动机负荷、温度等参数进行适时修正，以此精确控制发动机各种工况下的空燃比，实现发动机的最优控制，有效提高其动力性、经济性和排气净化程度。

3. 加速响应好

在 EFI 系统的多点喷射系统中，喷油器装在进气门附近，汽油以 200～300kPa 的压力经喷孔喷出，形成雾状，极易与空气混合，使送至气缸的混合气浓度及时地随节气门开度变化而立即变化，消除了汽车变工况时燃油供给的迟滞现象。

4. 良好的起动性能和减速断油

（1）低温补偿。由于汽油是在一定压力下喷出，故即使是在低温时，冷起动喷油器在发动机起动时也会喷出极佳的雾状汽油，基本不影响混合气的形成质量，因而可提高起动能力；与此同时，在进气系统中空气阀能供给足够的空气，使发动机具有良好的起步能力。

（2）减速时停止供油。减速时，节气门关闭，发动机还是以高速运转，进入气缸的空气量减少，进气歧管的真空度增大。在化油器系统中，此时会使粘附于进气歧管壁面的汽油由于进气歧管内真空度急骤升高而蒸发后进入气缸，使混合气变浓，燃烧不完全，HC 含量增加。采用 EFI 系统后，可及时停止供油。

5. 充量系数提高

在 EFI 系统中，进气管无需喉管进行节流，故进气歧管可按流体力学最佳理论进行设计，从而具有较大的设计自由度，可大大减少流通阻力，提高汽油的雾化质量，提高发动机的充量系数。同时，由于燃油喷射系统可以采用较大的气门重叠角，有利于废气排出，同样亦可提高发动机的充量系数，以此提高发动机的动力性。特别是采用进气谐振控制系统后，可根据发动机转速来选择进气管的有效长度，利用进气谐振增压效应，进一步提高发动机的充量系数，进而提高发动机的动力性。

6. 环保性佳、经济性好

由于空燃比可以用改变喷油器开启时间的长短进行控制，因而能较好地满足各种工况的要求，减少废气中 CO 和 HC 的含量，有效提高发动机排气净化的程度，同时对燃油经济性的改善很有利。EFI 系统在反馈控制的基础上，若增加学习控制功能，且与三元催化转换装置配合使用，可最大限度地减少 CO、HC 及 NO_x 等有害气体排出，有效提高发动机的排气净化率。采用 EFI 系统后，发动机可以在比较稀的混合气条件下运行，不仅能减少废气中有害排放物的排放量，还有利于节省能源。此外，利用发动机的断油技术，可以消除发动机急减速时所产生的污染，有利于提高发动机燃油经济性。

总之，汽车发动机燃油系统采用电控技术后其发动机的功率提高 5%～10%，燃油消耗率降低 5%～15%，废气排放量减少 20% 左右。同时，由于转矩特性明显改善，使汽车的瞬时响应快，加速性能大大提高，起动更容易，暖机更迅速，大大提高了汽车的加速性和对道路的适应性。

二、汽油机电控喷射系统

汽车上广泛应用的电控汽油喷射系统主要是单点喷射系统（SPI）和多点喷射系统（MPI），下面分别介绍这两种系统的结构和工作原理。

（一）电控单点汽油喷射系统

电控单点喷射系统是一种低压中央喷射系统，即在原来传统汽油发动机安装化油器的部位安装一个或两个电磁喷油器进行集中喷射。电控单点喷射系统通常采用质量-流量方式或速度-密度方式来测量发动机的进气量。目前，这种具有兼顾减少排放、提高性能、简化结构、降低成本诸多优越性的电控单点汽油喷射系统，在低排量的普通轿车和货车上得到了广泛的应用。

1. 电控单点汽油喷射系统的结构特点

不同公司生产的电控单点汽油喷射系统其结构基本相同，即在节气门体上安装一个或两个喷油器，进行集中喷油。

以德国博世公司生产的单点电控汽油喷射系统为例，它是一种低造价的汽油喷射系统，专为闭环控制而设计。喷油压力为 0.1MPa，应用节气门开度和发动机转速进行控制，它有下述特点：

(1) 节气门布置与化油器一样，大都采用化油器式进气管。

(2) 喷油器安装在节气门体上部，每个喷油器最多给四个气缸供油。八缸及六缸发动机用两个喷油器，每个喷油器给具有相同点火间隔的气缸供油。

(3) 在发动机各缸的每个进气行程喷一次油。

(4) 部分负荷时，喷油器喷出的锥面油雾直接喷入节气门的缝隙。

在各生产厂家成批生产的电控单点喷射系统中，开始都采用 0.25MPa 左右的喷油压力来克服气阻问题，后来都采用低到 0.07MPa 的喷油压力以降低汽油泵的造价。

高压泵需要精密的部件，而低压泵是滚子型的，由低价的塑料件构成。低压系统中，热起动和热油供给问题，靠强烈冲洗来解决，而不靠高压来解决。

单点电控喷射系统对汽车加速时混合气的加浓，在大多数场合下根据节气门直接驱动的电位器信号进行。在德国博世公司的电控单点喷射系统中，应用精密电位器加速度传感器，将发动机转速及节气门开度作为基本信号，进行自适应控制，省去了进气管压力传感器。

2. SPI 系统构成及其组成部件

图 8-20 所示为 SPI 系统简图，它为低压电控单点汽油喷射系统，喷油压力为 0.1MPa，装在油箱中的电动汽油泵将经过滤清器过滤的燃油输送到中央喷射单元。

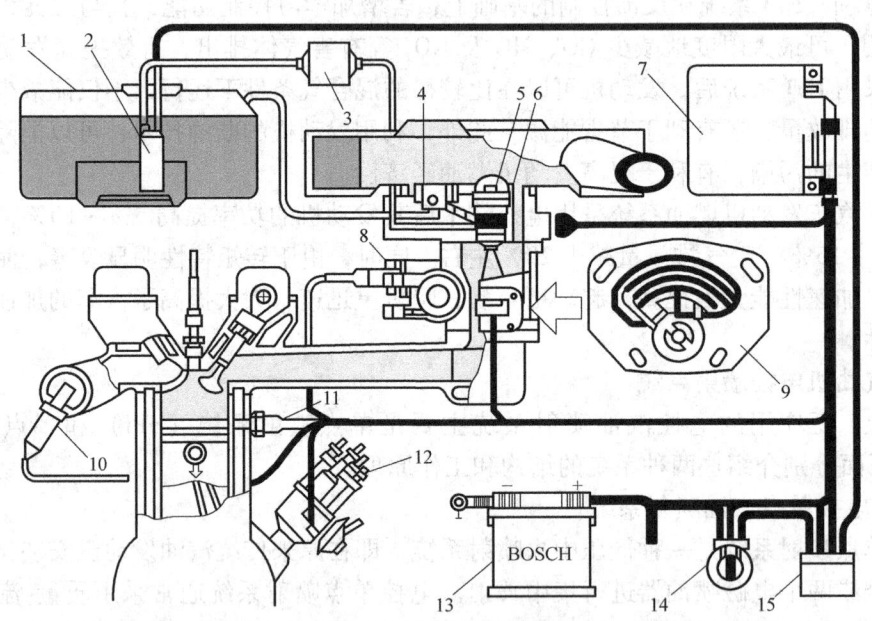

图 8-20 单点汽油喷射系统

1—油箱 2—电动汽油泵 3—滤清器 4—压力调节器 5—喷油器 6—进气温度传感器
7—控制单元（ECU） 8—节气门执行机构 9—节气门位置传感器 10—氧传感器
11—发动机温度传感器 12—分电器 13—蓄电池 14—点火开关 15—继电器

调压器又称压力调节器，作用是保持系统油压一定。

ECU 根据节气门位置传感器和发动机转速传感器输入的信号，输出控制发动机的喷油量以及点火正时。根据进气温度传感器和冷却液温度传感器输入的信号，输出控制发动机的怠速转速。

喷油器在节气门上部，是系统最重要的部件之一。它将燃油直接喷到节气门与其壳体间的环形缝隙中。

上述节气门位置传感器、压力调节器、进气温度传感器、节气门执行机构和喷油器,都集成在中央喷射单元中。

电控单点喷射系统一般采用氧传感器进行闭环控制,配合三元催化转换器的应用,进行低排放控制。在有些系统中,氧传感器还用于识别系统的偏差。当该偏差较大时,电控单元中的自适应算法可将发动机基本脉谱进行重新标定,这样在系统整个使用期间可对系统进行准确的标定。

(1) 电动汽油泵。电控单点喷射系统通常采用内置式的低压电动汽油泵,结构如图 8-21 所示。为补偿燃油在油管中流动和滤清器产生的压力降,当其流量达 100L/h 时,泵的标定压力是 0.11MPa。

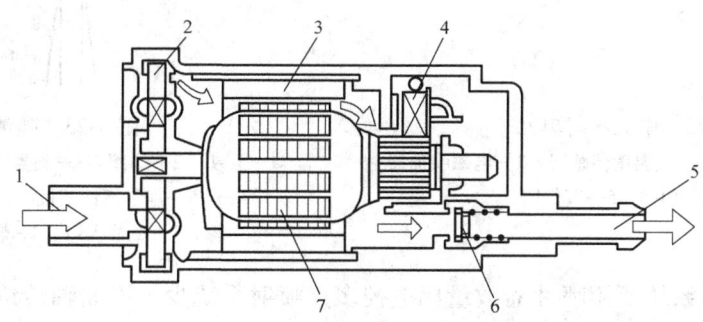

图 8-21 电动汽油泵结构
1—进油口 2—转子 3—磁铁 4—电刷 5—出油口 6—单向阀 7—电枢

燃油经过电动汽油泵加压,经单向阀流出出油口。泵不工作时,单向阀关闭,从而保持系统油压,以便于再次起动。

为简化设计、降低造价,泵壳、转子等由优质塑料制成,且将其安装于油箱中,壳体与盖之间的连接不需要进行严格的密封。当蓄电池电压较低,电动汽油泵不能正常工作达到系统油压时,ECU 中设有修正算法,以保证燃油计量准确。

发动机工作时,电动汽油泵将燃油从油箱中吸出,通过滤清器过滤杂质和水分后送入节气门体中。为使供油系统在各种工况下有一恒定的供油压力,电动汽油泵所供给的实际油量比发动机工作时所需的油量要大,压力调节器用来使供油压力保持恒定,多余的燃油通过压力调节器返回油箱,由此完成了燃油的一个工作循环回路。

(2) 中央喷射单元。节气门体是电控单点喷射系统中的主要部件之一,安装在进气管的上部,供给发动机雾化了的汽油。中央喷射单元包括两部分:油路部分和节气门体部分。油路部分包括电磁喷油器、压力调节器和进气温度传感器;节气门体部分包括带杠杆的节气门、节气门位置传感器和节气门执行机构,另外,还包括进气真空度、曲轴箱通风和其他气路接头。中央喷射单元结构如图 8-22 所示。

1) 喷油器在 SPI 系统中是最重要的部件,它担负着各种工况下精确计量燃油的任务,其结构如图 8-23 所示。

喷油器装在发动机进气道之中。为使燃油雾化,它通过六个径向布置的计量孔产生旋转的呈锥面形式的喷雾,燃油通过计量孔以后,撞击在混合室的壁面上,通过这种碰撞和旋转,实现了燃油的雾化。

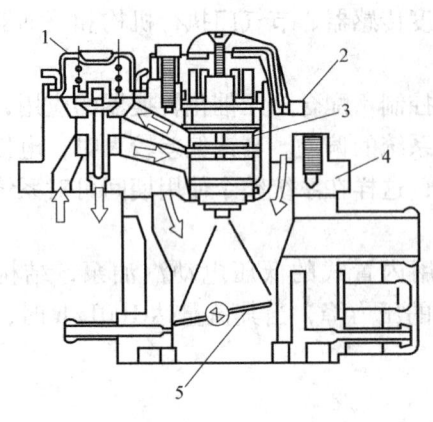 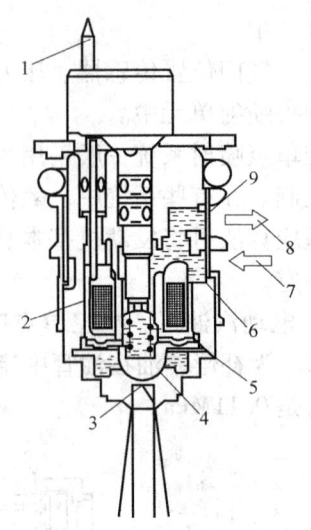

图 8-22 中央喷射单元　　　　　　　　　图 8-23 喷油器
1—压力调节器　2—空气温度传感器　3—电磁喷油器　　　1—接头　2—线圈　3—斜置的喷孔　4—球形阀
4—节气门体　5—节气门　　　　　　　　　　　　　　　5—扁平衔铁基板　6、9—通道
　　　　　　　　　　　　　　　　　　　　　　　　　　7—燃油入口　8—燃油出口

电控单点喷射系统所用喷油器数量比电控多点喷射系统少，以曲轴转角表示的喷油时间相对减少，因此电控单点喷射系统中喷油器的流速要比多点喷射系统大，最小供油时间较小。这就对电控单点喷射系统的喷油器提出了特殊的要求，要求它在供油开始与结束时动作要迅速，同时要求它的流量特性在低流量时线性度要好。

另外，在低压的供油系统中容易出现气阻问题，它也会影响燃油计量精度。为防止低工作压力时喷油器量孔处产生燃油蒸气，系统设计时采用了燃油连续地流经喷油器球阀等办法有效地防止了气阻的产生。系统具有极好的热起动和热油处理能力。

2) 压力调节器安装在节气门体的上部，其功用是使供油系统的供油压力保持恒定，以使所计量的燃油只由喷油器的脉冲宽度决定。压力调节器用一个作用有弹簧弹力的橡胶片来挡住其回油孔，油泵开始工作时，燃油流入喷油器喷到压力调节器，油压作用在膜片和弹簧上，因油压的作用，膜片在开启和关闭位置不断变化以使供油系统供油压力保持一定。

3) 节气门执行机构在发动机暖机状态及怠速时，需给发动机额外供一定量的空气，附加空气量根据空气供给系统的类型进行提供，直动式由打开节气门来提供，旁通式由旁通气路提供。直动式的空气供给系统，其暖机状态和怠速时的空气量，由 ECU 根据节气门位置传感器输入的信号输出控制节气门的开度进行控制；旁通式空气供给系统，其暖机状态和怠速时的空气量，由 ECU 根据冷却液温度传感器输入的信号输出控制旁通空气阀的开度进行控制。执行机构集成在节气门体之中。直动式的空气供给系统为直流电动机执行机构，而旁通式的空气供给系统为步进电动机执行机构，无论哪种类型的执行机构都可以对转速进行精确的控制。

4) 节气门位置传感器为一个旋转式的电位器，它给控制系统提供一个节气门开度的信号，节气门开度和发动机转速相结合可被用来进行发动机进气量的计量。

(3) 电控单元（ECU）。电控单点喷射系统的 ECU 同其他电子控制燃油喷射系统相似，也采用微机系统。它根据各传感器的输入信号确定发动机的运行工况,再由发动机运行工况参数经过查表计算出发动机在这种工况下喷油量的大小,然后输出控制中央喷射装置将燃油喷入进气总管内。

具体说来,ECU 的输入信号有节气门开度信号、发动机转速信号、冷却液温度信号、进气温度信号、氧传感器信号、蓄电池电压信号、怠速信号、空调开关信号以及空档开关信号等;输出信号有喷油工作信号、油泵工作信号、氧传感器监控信号、自诊断信号、燃油蒸气控制信号以及节气门执行机构信号等。其所实现的功能有基本控制功能、空燃比 MAP、动态减速断油、发动机速度限制、空燃比闭环控制、自适应空燃比控制、诊断、故障返回、热起动控制以及自适应怠速控制。单点汽油喷射系统比多点系统需要的功能更多,这是由进气管中混合气的传递特点决定的。进气管中汽油存在三种状态,在特定的运行状态下,必须考虑这一因素。

3. SPI 系统的汽油喷射控制

在电控单点喷射系统中,由于喷油压力一定,所以喷油器喷出的燃油量与喷油器开启的时间成正比,因此可通过控制喷油器的开启时间来控制系统的供油量。发动机电控系统以节气门开度和发动机转速作为主要输入信号,由此来确定基本供油量。基本供油量经过冷却液温度等修正参数进行修正以后由控制单元控制喷油器进行喷油。在发动机进气门开启时,喷油器在节气门上部将燃油直接喷入节气门体和节气门之间形成的环形缝隙之中,喷入的燃油在发动机进气行程经进气管进入相应的气缸中,从而给发动机各缸提供其工作时所需的燃油。

为得到良好的驾驶性能和低排放性能,需要较复杂的加速加浓和减速减浓功能。这些功能称为过渡燃油补偿,它与汽车加速踏板位置、发动机温度、节气门位置、节气门开度变化速率以及发动机的转速有关。节气门开度变化率的正负号决定是加速加浓还是减速减浓。

脉谱中包括多个节气门开度和发动机转速,对应各节气门开度和转速点混合气空燃比为 14.7 时的值。它们是暖机后稳定运行时系统的基本供油量值,基准线之间的点用临近四基准点进行插值来确定。由发动机脉谱求得的供油脉宽,用暖机加浓、起动加浓、过渡燃油补偿等不同参数进行修正。

对应上述各脉谱点,附加了自适应的脉谱,用于进行自适应修正,它可以补偿发动机和燃油计量元件的误差及变化。

节气门关闭和大节气门开度运行条件的测量,对减速停油和全负荷加浓控制是很重要的。这种状态由节气门位置传感器作为最大和最小电压信号进行测量。发动机运行时,一直对该信号进行测量,用自适应算法修正其变化。

(二) 电控多点汽油喷射系统 (MPI)

电控多点汽油喷射系统通常通过对燃油喷射时间的控制来控制喷油量的多少,从而改变混合气浓度。为了实现空燃比的高精度控制,就必须对进入气缸的空气量进行精确的计量。

目前,在汽车上应用的电控多点汽油喷射系统根据进气量检测方式的不同可以分为 D 型 MPI 和 L 型 MPI 两种类型。

D 型 MPI:这种方法是通过检测进气歧管的真空度来测量发动机吸入空气量。"D" 是德文 "压力" 的第一个字母。由于空气在进气管内的压力波动,该方法的测量精度稍差。目前通常采用歧管压力传感器。

L型MPI：这种方法是用空气流量计直接测量发动机吸入的空气量。"L"是德文"空气"的第一个字母。其测量的准确程度高于D型，故可更精确地控制空燃比。

D型、L型MPI系统均采用多点间歇脉冲喷射方式，配用该两种系统的发动机不仅降低了有害气体排放，而且提高了燃油经济性，改善了发动机的性能，但发动机成本较高。下面以L型MPI系统为例进行详细说明。

1. MPI系统的结构及工作原理

不同汽车制造厂家生产的电控多点汽油喷射系统功能及结构都基本相同。典型的L型电控汽油喷射系统的结构如图8-24所示，由空气供给系统、燃油供给系统以及电子控制系统三大部分组成。

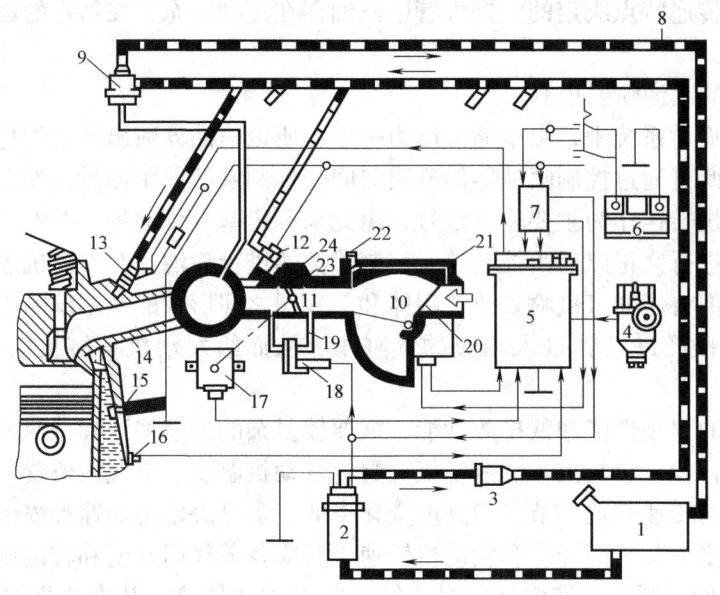

图8-24　L型电控汽油喷射系统

1—油箱　2—油泵　3—滤清器　4—分电器　5—ECU　6—蓄电池　7—继电器　8—回油管　9—油压调节器　10—翼片式空气流量器传感器　11—节气门　12—冷起动喷油器　13—喷油器　14—进气管　15—热时间开关　16—冷却液温度传感器　17—节气门位置传感器　18—辅助空气阀　19—辅助空气管　20—进气温度传感器　21、23—旁通气道　22、24—调节螺钉

（1）空气供给系统。其作用是测量和控制汽油燃烧时所需要的空气量，一般由空气滤清器、空气流量计、急速控制阀、节气门体以及急速调节螺钉等组成。经空气滤清器过滤后的空气，通过空气流量计进行测量，再经节气门体流到稳压室后进入进气总管，然后自行分配至进气歧管且与喷油器喷出的燃油混合后，被吸入气缸内进行燃烧。

汽车行驶时，发动机进气量的多少由节气门来控制，而节气门则通过加速踏板控制。发动机急速时，节气门关闭，空气由节气门旁通气路通过，旁通气路的流通面积可通过急速调节螺钉进行人工调节或由ECU控制急速控制阀调节，当旁通气路通路面积减小时，流过的空气减少，喷油量减少，急速转速将降低。目前，大多数发动机电控系统广泛采用由ECU控制的急速控制阀来控制发动机的急速转速及负荷。

在冷却液温度较低时，为了加快发动机的暖机过程，ECU控制的急速控制阀可提供较多的空气量。此时，发动机的转速较高，又可称为快急速或高急速。随着发动机冷却液温度逐渐升高,怠速控制阀可使旁通的空气量逐渐减小,至发动机转速逐渐恢复正常为止。

此外,发动机 MPI 系统通过自动控制发动机的怠速转速,来及时调整发动机的输出功率,以满足怠速时空调器及其他辅助装置和电路负载的需要。

(2) 汽油供给系统。汽油供给系统用来向发动机提供燃烧过程所需的燃油。它主要由油箱、电动汽油泵、油压脉动阻尼器、汽油滤清器、冷起动阀、汽油分配管、喷油器以及压力调节器等组成。

油压脉动阻尼器用来减小油压脉动,保持油压稳定。汽油滤清器用来滤除汽油中的杂质和水分。汽油分配管用来固定喷油器和压力调节器。压力调节器用来调节汽油供给系统中汽油的压力。

发动机工作时,汽油从油箱中被电动汽油泵吸出,经油压脉动阻尼器减轻油压脉动,保持油压稳定,然后通过汽油滤清器,滤除杂质水分,再经过汽油分配管流至各喷油器。其中一部分经过计量后的燃油被喷油器根据 ECU 发出的指令喷入各进气歧管或稳压室中与流入发动机内的空气进行混合形成可燃混合气,剩余的燃油则经过调压器及回流管返回油箱。冷起动阀在发动机冷起动时工作。若起动时发动机的冷却液温度低于规定值,冷起动阀打开,汽油经冷起动阀进入进气管,额外向发动机供应一部分燃油,以供应较浓混合气,利于发动机冷起动。

(3) 电子控制系统。电子控制系统的功能是根据发动机运转状况和车辆运行状况确定汽油的最佳喷射量,以此控制发动机的最佳空燃比。该系统由传感器、电控单元和执行器三个部分组成。在发动机电控系统中,进气歧管压力传感器(D 型)或空气流量传感器(L 型)是主要传感器,用于测量发动机进气量的多少。ECU 根据这一数据对燃油喷射量作精确的调节。在电控汽油喷射系统中,由于汽油喷射压力保持一定,且喷油器的有效流通面积一定,因此要改变喷油量,就必须改变喷油器的开启时间。传感器测量发动机燃油量计算所需的所有参数。ECU 处理来自各传感器的输入信号,ECU 经过精确计算以后,决定喷油器的开启时间,从而控制喷油量。显然,喷油器、电动汽油泵是控制系统的主要执行器。此外,根据发动机的设计要求,电控系统还具有控制发动机的点火正时、怠速转速、配气正时、废气再循环率、进气增压、故障自诊断等功能。

2. MPI 系统各部件的结构及功用

(1) 空气供给系统

1) 空气流量计。空气流量计用来测量发动机进气量,将吸入发动机的空气量转换成电信号送至 ECU,是用来确定基本喷油量的主要依据之一。按其结构类型可以分为以下几种:

① 翼板式空气流量计为体积流量型,20 世纪 70 年代较为流行。

② 卡门旋涡式空气流量计为体积流量型,多见于三菱和丰田汽车。

③ 热线式空气流量计为质量流量型,20 世纪 80 年代初开发研制,现今广泛应用。

④ 热膜式空气流量计为质量流量型,美国通用汽车公司研制,大多应用在通用和日本五十铃公司生产的汽车上。

翼板式空气流量计由壳体及翼板两部分组成,如图 8-25 所示。

空气经过空气滤清器和空气流量计进入发动机,首先需推动翼板才能进入。翼板可以转动改变其旋转角度,无空气流动时,在复位弹簧的作用下复位。与翼板做成一体的另一面是缓冲板,在缓冲室中转动,用以减少脉动,使加减速平稳。发动机怠速运行时,进气量很少；部分空气经旁通进气孔进入发动机，旁通进气孔的大小可以用调节螺钉调节，从而调节旁通空气量的多少。

在主空气通道中装有进气温度传感器，用以测量进气温度，以对供油量进行相应的调节。在壳体中，装有电阻式电位器，发动机工作中，翼板角度发生变化，电阻随之发生变化，由此可以测定翼板旋转角度的大小。

空气通过空气流量计进入发动机时，推动翼板转动。流量越大，旋转角度越大，电控单元测量此旋转角度的大小，从而测定发动机进气量的多少。

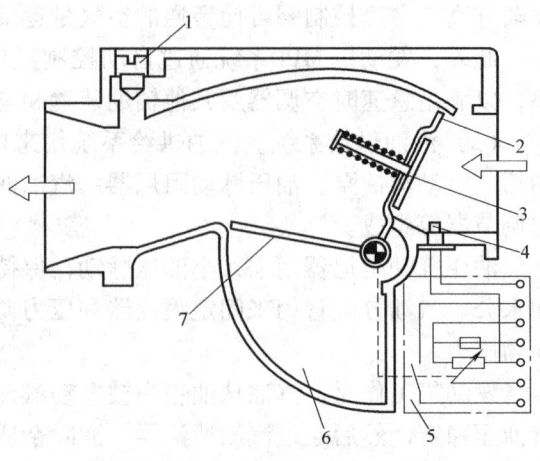

图8-25 翼板式空气流量计
1—调节螺钉 2—摆板 3—单向阀 4—空气温度传感器
5—电位器 6—缓冲室 7—缓冲板

2）进气歧管绝对压力传感器。进气歧管绝对压力传感器是最重要的传感器之一，可用来测量发动机的进气量，简称进气绝对压力传感器。与空气流量计不同的是采用间接测量方式来测量空气的进气量，即依据发动机的负荷变化测出进气歧管内绝对压力的相应值，进而测算发动机的进气量。

进气绝对压力传感器种类较多，就其信号产生的原理可分为半导体压敏电阻式、电容式、膜盒传动的可变电感式和表面弹性波式等。其中，电容式和半导体压敏电阻式进气绝对压力传感器在当今发动机电子控制系统（D型MPI）中应用较为广泛。

3）节气门体。节气门体用于控制发动机进气量，以改变发动机的运行工况。

节气门体由节气门、怠速空气通道、怠速调节螺钉和节气门开关等组成。

踩下加速踏板，节气门开启，进入发动机的空气增多，翼板转动角度增大，发动机喷油量随之增多。

4）节气门位置传感器。节气门位置传感器通常装在节气门体上，可同时把节气门开度、怠速、大负荷等信号转换成电压信号送至ECU中，以便ECU可根据发动机的各种典型工况对其喷油量及点火提前角进行最优控制。节气门位置传感器有线性输出和开关量输出等两种形式。开关量输出型节气门位置传感器在节气门中设有怠速触点及全负荷触点，又称节气门开关。当节气门关闭及节气门全开全负荷工作时，即怠速触点闭合及全负荷触点闭合时，该传感器给ECU输入相应的开关信号，用于进行怠速及全负荷供油控制。

（2）汽油供给系统。在汽油供给系统中，电动汽油泵将燃料由油箱输送到喷油器，喷油器的油压由调压器保持一定，其中一部分燃油经喷油器喷出进入气缸，多余的燃油经回油管返回油箱。装于电动汽油泵和喷油器之间的燃油滤清器用于滤清燃油。

1）电动汽油泵。电动汽油泵用于向喷油器及冷起动阀供应具有一定压力的燃油。根据电动汽油泵安装位置，电动汽油泵可分为内置式和外置式两种类型。相比而言，内置式电动汽油泵由于被安装在油箱内，所以不易发生气阻和漏油现象，对泵的自吸性能要求较低，且噪声小，故目前大多数MPI系统广泛采用内置式电动汽油泵。

电动汽油泵主要是由油泵、永磁电动机、安全阀、单向阀和外壳等组成，其结构如图8-26所示。

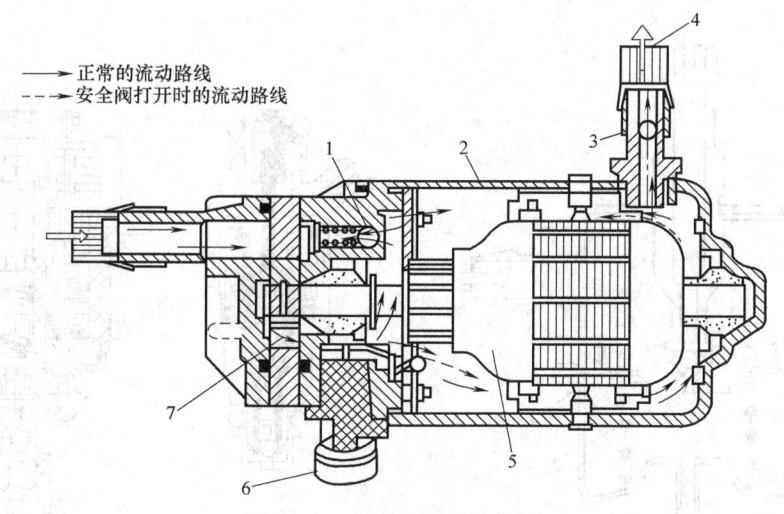

图 8-26 电动汽油泵构成图
1—安全阀 2—外壳 3—单向阀 4—出油口 5—永磁电动机 6—电插接器 7—泵体

电动机通电时即可带动泵体转动，将燃油从吸油口吸入，流经电动汽油泵内部，再从出油口压出，给汽油系统供油。同时，由于汽油流经电动汽油泵的内部，因此又可对永磁电动机的电枢部分进行冷却，故这种电动汽油泵又称湿式电动汽油泵。

其中，单向阀的作用主要用于防止燃油倒流，并可保持管路残余压力，以此防止由于温度较高时油路产生气阻现象，从而影响发动机热起动性能。

若电动汽油泵输出压力超过 400kPa，安全阀会自动打开，高压燃油可流回至油泵的进油室，并在油泵和电动机内循环，以此避免由于油路堵塞而引起管路油压过高造成管路破裂或电动汽油泵损坏等现象。

油泵是电动汽油泵的主体，根据结构不同，可分为滚柱泵、齿轮泵和涡轮泵等类型。

2）燃油滤清器。燃油滤清器用于滤除燃油中的杂质和水分，是一圆筒形纸质滤清器。

3）压力调节器。其作用是根据进气歧管绝对压力的变化来调节系统油压（燃油总管油压），使喷油器的喷油绝对压力（即汽油供给系统压力）和进气管压力两者之间的压力差保持恒定，使得喷油器的燃油喷射量唯一地取决于喷油器的开启时间，从而使发动机在各种转速和负荷工况下都能精确地控制喷油量。压力调节器构造如图 8-27 所示。

压力调节器内部由一膜片分为上下两部分，一部分为空气室，另一部分为燃油室，弹簧压在膜片上，膜片上有一阀门，燃油室内设有进油口和回油口。当进气真空度较低时，膜片所受的吸力减小，在弹簧的作用下，阀门开启很小，回流的油量少，当进气压力增大时，进气真空度减小，油管压力提高。当发动机节气门关闭时，进气管的真空度较大，膜片所受吸力增大，回油孔阀门开度增大，回流的油较多，油管中的油压降低一些。随发动机运行工况的不同，进气管真空度发生变化，油路中的油压也随之变化。变化结果是，油管中的油压与进气管中的真空压力差总保持一定值。

4）喷油器。电磁喷油器是燃油喷射控制系统的一个关键部件，安装在进气管上靠近进气道处，受 ECU 的控制。它根据 ECU 发出的喷油脉冲信号，将精确计量的燃油喷成雾状。喷油器由滤网、电磁线圈、弹簧、喷嘴和针阀组成，结构如图 8-28 所示。

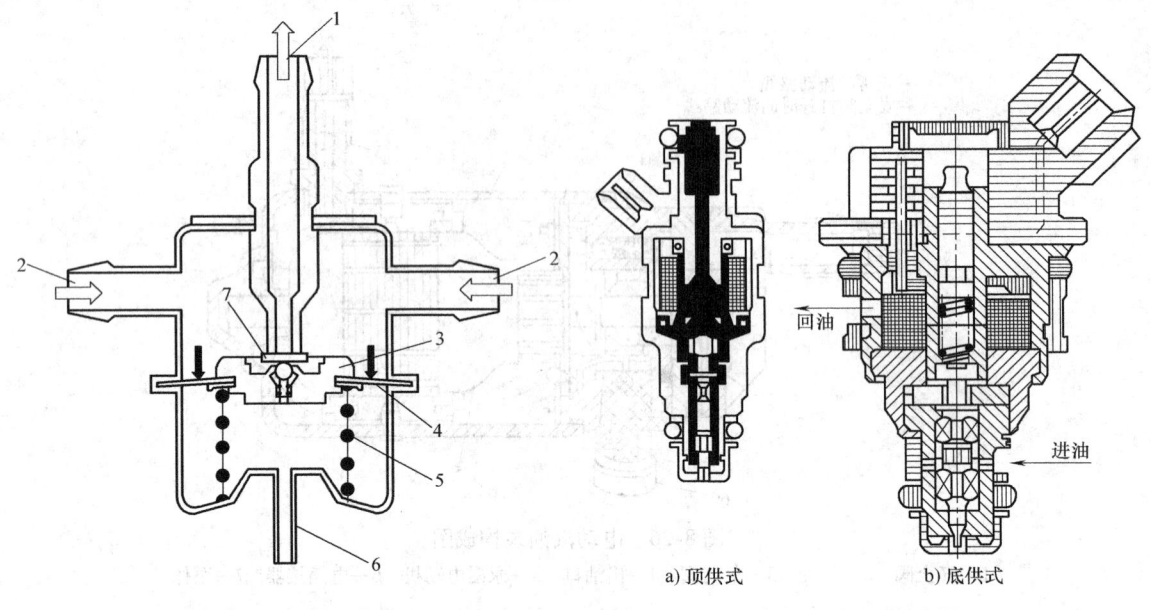

图 8-27　压力调节器
1—燃油入口　2—燃油出口　3—阀支撑　4—膜片
5—弹簧　6—进气管接口　7—阀门

图 8-28　喷油器

喷油器是一种加工精度非常高的精密元件,要求其动态流量范围大,雾化性能好,抗堵塞能力强。为此,世界各国的汽车公司先后开发了各种不同结构形式的喷油器,以满足这些性能要求。

根据其结构特点电磁喷油器有几种分类形式。根据喷油器的燃料送入方式,可分为顶供式喷油器(图 8-28a)和底供式喷油器(图 8-28b);根据喷油器驱动电路的形式,可分为低阻喷油器和高阻喷油器;根据喷油器的喷口特点,可分为轴针式、球阀式和片阀式喷油器。当 ECU 送来的信号进入喷油器时,喷油器电磁线圈通电,产生电磁吸力,针阀随铁心一起升起,针阀离开阀座,喷油器打开,压力油喷出,将燃油喷射成雾状,进入进气管。喷油器的开启时间由 ECU 根据发动机的运行工况决定。

喷油器每次的喷油量为

$$\Delta Q = \mu A \sqrt{2g\rho(P_f - P_o)} \Delta t$$

式中　ΔQ——喷油器的喷油量;
　　　μ——喷油器的流量系数;
　　　A——喷孔截面积;
　　　g——重力加速度;
　　　ρ——燃油密度;
　　　P_f——供油压力;
　　　P_o——进气压力;
　　　Δt——喷油器开启时间。

根据上式分析,喷油器的喷油量主要决定于三个因素,即喷油器喷油孔截面积 A 的大小、喷油压差 $(P_f - P_o)$ 和喷油的开启时间 Δt。对一定的喷油器而言,其截面积 A 是一定的，喷油压差（$P_f - P_o$）由压力调节器保持一定。因此喷油量的多少仅决定于喷油器的开启时间。

5）冷起动阀。有的电控汽油喷射系统中，设有冷起动阀及温度时间开关。在低温起动时，额外喷射一部分燃油，以便于发动机起动。

冷起动阀的结构如图 8-29 所示，也是一种电磁阀，安装在发动机进气总管处。冷起动阀由阀座、铁心、电磁线圈、喷嘴等组成。冷却液温度低于某一温度时，温度时间开关闭合，电流流经电磁线圈，冷起动阀打开，开始喷油，额外向发动机喷一部分燃油，供应浓混合气，以便于发动机冷起动。当冷却液温度高于某一温度时，冷起动阀不起作用。

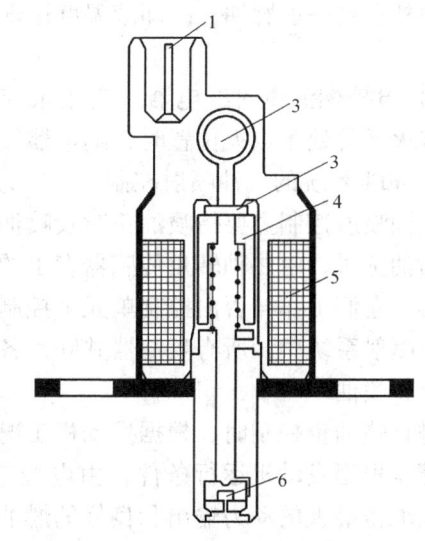

图 8-29　冷起动阀的结构
1—插头　2—进油口　3—垫圈　4—线圈衔铁
5—线圈　6—旋流式喷嘴

6）温度时间开关。它与冷起动阀串联使用，可感知冷却液温度，由此控制冷起动阀打开或关闭。它由双金属片、电热丝和触点开关组成，装在壳体里。双金属片受温度和加热线圈加热电流的影响而弯曲，从而使热敏时控开关的铂触点接通或断开。冷却液温度低于某一温度起动时，触点闭合。冷却液温度高于某一温度时，双金属片触点断开。同时也受电热丝通电时间（即发动机起动时间）的影响。点火开关长时间处在起动位置或反复起动发动机时，电热丝通电加热双金属片，使之弯曲，铂触点断开，停止供油，以防供油过多造成发动机火花塞"浸泡"，而使再起动困难。

（3）电子控制系统。电子控制系统接收来自空气流量传感器、点火线圈以及其他各种传感器的信号，通过分析运算确定所需喷油量的多少，然后控制喷油器工作，确保发动机各种工况下供给发动机最合适的喷油量。发动机运转时，以发动机转速信号和空气流量信号作为基本信号，计算发动机所需的基本喷油量。为了使电控系统供给的混合气成分能够适应发动机各种工况变化的要求，电子控制系统还通过冷却液温度传感器、进气温度传感器、起动信号以及节气门位置等辅助信号来校正与补偿喷油量。

电控单元内部为印制电路板，与外部信号的传递使用整体插头，拆装检修方便。印制电路板主要是微型计算机。

发动机起动或运转时，表征发动机运行工况和运行条件的各种信号输入控制单元，控制单元通过综合分析计算以后，可计算出各种工况和各种条件下发动机所需的最佳供油量。通过控制喷油器电磁线圈通电时间的长短，即可以控制喷油量的多少。

L 型电控汽油喷射系统中，除汽油供给系统和空气供给系统中介绍的传感器及执行器以外，还有以下一些组成元件。

1）冷却液温度传感器。它用来测量冷却液的温度，以便在发动机温度较低时，向发动机多供一些油，如冷起动工况和暖机运行时。冷却液温度传感器为一个热敏电阻，安装在发动机出水口附近。冷却液温度较低时，热敏电阻的电阻值较大，电控单元接收到此信号以后，额外多供一些燃油；冷却液温度逐渐升高时，电阻值随之减小，电控单元将减少附加供油量。

2）电控燃油喷射继电器。它用来控制各电路的电源，主要有主继电器和燃油泵继电器。点火开关处于点火位置时，继电器线圈通电，使各电路的电源导通。

3. MPI系统的汽油喷射控制

汽油喷射控制主要指喷油正时及喷油量控制。

喷油正时，由曲轴转角传感器发出的脉冲信号决定。电控汽油喷射系统中，每缸装一个喷油器，它们工作与否由控制单元来控制。喷油器可采取同时喷射、分组喷射或顺序喷射。在同时喷射系统中，所有喷油器并联，各喷油器收到电控单元的信号以后，一起喷油，然后一起停止喷油。

进行喷油量控制时，根据发动机工况的不同，对供油量进行修正。绝大多数发动机电控系统都是根据发动机运行条件，由电控单元查取合适的空燃比和点火时刻对发动机进行控制，以取得最大的动力输出和良好的燃油经济性，并同时满足最低的排放性能。降低排放最理想的空燃比是14.9，因为此时利用三元催化转换器的转换效率最高。

通常可以将发动机的运行工况分为冷起动、暖机、加速、减速以及急速等工况。

（1）冷起动工况。发动机冷起动时，应向发动机各缸供应较浓的混合气，以利于起动。此时，混合气的浓度主要取决于发动机的冷却液温度，冷却液温度可以表征发动机的实际温度。冷却液温度越低混合气越浓。

在一些发动机上，冷起动工况时的加浓可以用冷起动阀进行；而有的发动机则用加宽供油脉宽的办法进行加浓。

（2）暖机工况。发动机冷起动后即进入暖机，此时要根据冷却液温度确定燃油加浓，供应合适的加浓混合气，该加浓持续到发动机冷却液温度达到预定值为止。

（3）加速工况。在电控汽油喷射系统中，踩下加速踏板，电控单元就会接收到节气门位置变化信号，说明需要加浓，即发出指令增加供油脉宽。此时主要考虑动力输出，而不是燃油经济性。在L型汽油喷射系统中，节气门突然开大时，大量空气迅速地流过空气流量计，翼板短时间内在其全开的位置上摆动，翼板的上冲量将导致较多的燃料供给，以得到加浓和良好的加速过渡性能。

（4）全负荷加浓。发动机全负荷运行时，要发出较大的转矩，应供给较浓的功率混合气。此时对发动机进行开环控制。

（5）减速运行工况。发动机减速时，减少发动机供油量。

（6）急速控制。L型汽油喷射系统中，空气流量计中有一个可调的旁通空气通道，设有急速调节螺钉，可以调整旁通气路流通截面积的大小，以此调整急速混合气成分。暖机期间，急速控制阀也对急速的稳定起作用。

在发动机的整个燃油喷射过程中，其控制根据有无反馈分为开环控制和闭环控制。由于氧传感器只有在温度足够高时，才能向电控单元提供有用的反馈信号，因此在发动机起动以后，氧传感器还没有得到充分加热以前，电子控制系统将忽略氧传感器信号，进行开环控制，按程序存储器中所存数据工作。当氧传感器可以向电控单元提供有效的发动机排气氧含量信号以后，且发动机温度高于某一设定温度时，才进行发动机闭环控制。此时，电控单元测量氧传感器、冷却液温度和节气门开度等信号，确定合适的供油量，以取得最大的动力输出、最低的燃油消耗率和最好的排放性能。对发动机进行开环控制还是进行闭环控制，除了上述一般规律外，还可以根据控制策略进行自动切换。

复习思考题

1. 介绍柴油机电控燃油喷射系统的优点。
2. 叙述柴油机电控燃油喷射系统的类型及特点。
3. 介绍共轨式电控高压系统的优点。
4. 介绍电控汽油喷射系统的优点。
5. 介绍电控汽油喷射系统的组成。
6. 叙述喷油正时的控制原理。
7. 叙述汽油机起动后喷油量控制原理。

第九章　发动机特性

发动机特性指的是在一定条件下，发动机性能指标与特性参数随各种可变因素的变化规律。其中，发动机的运行特性是发动机的性能指标随工况参数的变化规律；发动机的调整特性是发动机性能指标随调整参数变化而变化的关系。

第一节　发动机工况和性能指标分析式

一、发动机工况

发动机实际运行的工作状况简称工况。发动机工况可以用一组表征其某种性能的参数来描述，包括有效功率 P_e、转矩 T_{tq}、有效燃油消耗率 b_e、转速 n、过量空气系数 ϕ_a、每小时燃料消耗量 B、循环供油量 Δb、排气温度 t_r 等，其中最主要的参数是转速 n 和有效功率 P_e（或转矩 T_{tq}）。所以，发动机运行工况就决定于它所发出的功率（或转矩）和曲轴的转速。在前面章节中已经导出 P_e、T_{tq}、n 三者之间的关系，即

$$P_e = T_{tq} \cdot n / 9550 \tag{9-1}$$

式中　P_e——有效功率，kW；

　　　T_{tq}——发动机输出转矩，N·m；

　　　n——发动机工作转速，r/min。

式中的三个参数中，只有两个是独立变量，也可以说，当任意两个参数固定后，第三个参数就可以求出。所以通常用 P_e 与 n 或 T_{tq} 与 n 两组参数来表征发动机稳定运行工况。

发动机与不同的工作机械配合工作时，发动机所发出的功率与转速应该和它所带动的工作机械需求的功率与转速相适应，这就使不同用途的发动机工况变化的规律有所不同。尽管发动机的运行工况是多种多样的，但一台发动机在 P_e-n 工况图上的工作区域是有限的，如图 9-1 所示。

图中的上边界线表示发动机的油量控制机构处于最大供油位置时，在不同转速下所发出的最大功率限制线；左侧边界线表示发动机最低稳定工作转速（n_{min}）限制线，低于此转速时，由于曲轴飞轮等运动部件储存能量较小，导致转速波动大，发动机无法稳定工作；右侧边界线为最高转速（n_{max}）限制线，它受到转速过高所导致的惯性力增大、机械摩擦损失加剧、充量系数下降、工作过程恶化等

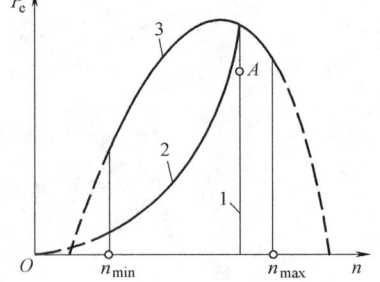

图 9-1　发动机的各种工况
1—恒转速工况　2—流体阻力工况
3—面工况

各种不利因素的限制；横坐标轴构成下边界，表示为发动机在不同转速下的空转。因此，发动机可能的工作区域就是上述边界线加上横坐标轴所围成的区域。

根据使用条件不同，发动机的工况大致可分为以下三类：

(1) 恒转速工况。其特点是发动机功率变化,但曲轴转速几乎保持不变。例如发动机带动发电机、压气机和水泵等机械工作时,发动机的转速通过调速器控制基本不变,功率则随工作机械的使用负荷不同,可在相当大的范围内变化,这种恒转速(固定式)工况如图9-1 中的曲线 1 所示。

(2) 流体阻力(螺旋桨)工况。其特点是发动机功率与转速之间呈一定的函数关系,常见为接近三次幂函数关系,数学关系式如下:

$$P_e \approx Kn^3$$

式中　K——比例常数。

如带动螺旋桨工作的船用主机即属此类,由于发动机直接驱动螺旋桨,它所发出的功率必须与螺旋桨吸收的功率相等,即船用主机功率随转速变化的规律是按照螺旋桨特性曲线变化的,而螺旋桨吸收的功率与螺旋桨转速的三次方成正比,因此发动机功率按照转速的三次方关系变化,这种流体阻力(螺旋桨)工况如图9-1 中曲线 2 所示。

(3) 面工况。其特点是发动机功率与转速在很大范围内各自独立地变化,两者之间没有特定的关系。汽车等陆路运输车辆上所使用的发动机便属这种工况。运行情况:转速取决于行车速度,转速变化范围很大;转矩取决于行驶阻力,而行驶阻力除了与车辆的载质量、行驶速度有关外,还与路面情况有关,功率变化范围也很大。所以工况变化范围宽广,这种面工况可用图 9-1 中的整个工作区域表示。

随着运转工况的不同,发动机所发出的功率 P_e、转矩 T_{tq} 和有效燃油消耗率 b_e 等性能指标也将相应变化。因此,评价一台发动机的性能好坏,既要看它在标定工况下的性能指标,还要看它在各种不同工况下的性能指标,这对于工况在很大范围内变化的汽车上使用的发动机尤为重要。

发动机性能指标随运转工况及调整情况而变化的关系称为发动机特性。发动机的性能指标随工况变化的规律,通常用曲线的形式表示出来,称为发动机的特性曲线。根据各种特性曲线,可以研究评价和选用发动机。

需要说明的是,上述有关发动机特性的讨论均是针对发动机的稳态工况而进行的。因为只有在发动机工况稳定时功率、转矩和转速才有确定的关系,才能满足关系式(9-1);而当发动机处于非稳态工况时,也就是当发动机处于两个稳态工况之间的过渡状态时,至少有一个基本参数值呈变化状态,此时上述关系式不再成立。显然,非稳态工况要比稳态工况复杂得多,而且在发动机总的工况中所占的比重也相当大(据统计,车用发动机的非稳态状态占其总工况的 80%以上)。但是,由于瞬态工况是建立在稳态工况的基础上,同时也由于篇幅所限,本章仅讨论发动机的稳态工况。

二、发动机的功率标定

发动机的功率标定,是指制造企业根据发动机的用途、寿命、可靠性、维修与使用条件等要求,人为地规定该产品在标准大气条件下输出的有效功率以及对应的转速,即标定功率与标定转速。世界各国对标定方法的规定有所不同,按照中国国家标准《往复式发动机　性能　第 1 部分:标准基准状况,功率、燃料消耗和机油消耗的标定及试验方法》(GB/T 6072.1—2000)规定,我国发动机的功率分为下列四级:

(1) 15min 功率。在标准环境条件下,允许发动机连续运转 15min 的最大有效功率。例如,可用于汽车、摩托车、摩托艇等发动机的功率标定。

（2）1h功率。在标准环境条件下，允许发动机连续运转1h的最大有效功率。例如可用于拖拉机、工程机械、船舶等发动机的功率标定。

（3）12h功率。在标准环境条件下，允许发动机连续运转12h的最大有效功率。例如，可用于拖拉机、农业排灌、电站等发动机的功率标定。

（4）持续功率。在标准环境条件下，允许发动机长期连续运转的最大有效功率。例如，可用于需长期连续运转的农业排灌、电站、船舶、铁路牵引机车等发动机的功率标定。

对于同一种发动机，用于不同场合可以有不同的标定功率值。如15min功率和1h功率的特点是运行时间短。在发动机实际使用时，满负荷运行时间比较短，其他大部分时间是在低于标定功率下工作。因此，可以把它的标定功率定得高一些，以充分发挥发动机的工作能力。此种功率也被称为间歇功率。12h功率和持续功率的特点是使用时间长和可靠性要求高，因此，把功率和转速都相应定得低一些。

外界大气状况对发动机的性能指标会产生一定的影响。如发动机在高原地区工作，由于空气稀薄，会造成功率下降；夏季高温，空气密度小，湿空气的含氧量低于干燥空气，因而热带地区的高温湿空气使发动机功率显著下降。

我国使用的标准大气状况：陆用发动机为大气压力100kPa（750mmHg），环境温度298K（25℃）。船用发动机为大气压力100kPa（750mmHg），环境温度318K（45℃），相对湿度60%，中冷器海水进口温度305K（32℃）。外界大气状况改变时，发动机的功率和油耗率应予以修正，我国采用国际标准化组织（ISO）的修正方法。

三、发动机特性参数间的关系

发动机的特性参数之间的内在关系，是分析发动机特性的主要基础，也是解释发动机特性曲线的依据。在前面章节已经对有关参数做了介绍，现在统一给出发动机特性参数分析式。

（1）有效功率为

$$P_e = K_1 \frac{\phi_c}{\phi_a} \eta_{it} \eta_m n \tag{9-2}$$

（2）有效转矩为

$$T_{tq} = K_2 \frac{\phi_c}{\phi_a} \eta_{it} \eta_m \tag{9-3}$$

（3）有效燃油消耗率为

$$b_e = \frac{K_3}{\eta_{it} \eta_m} \tag{9-4}$$

（4）发动机每小时耗油量（燃油消耗量）为

$$B = b_e P_e = K_4 \frac{\phi_c}{\phi_a} n \tag{9-5}$$

式中　K_1、K_2、K_3和K_4——常数；

　　　ϕ_c——发动机的充量系数；

　　　ϕ_a——过量空气系数；

　　　n——发动机的转速；

　　　η_{it}——发动机的指示热效率；

　　　η_m——发动机的机械效率。

第二节 发动机速度特性

发动机速度特性,是指发动机在油量调节机构(油量调节齿条、拉杆或节气门开度)保持不变的情况下,主要性能指标(转矩 T_{tq}、油耗 b_e、功率 P_e、排气温度 t_r、烟度等)随发动机转速的变化规律。当汽车沿阻力变化的道路行驶时,若节气门位置不变,转速会因路况的改变而发生变化,这时发动机是沿速度特性工作。

当油量控制机构在最大位置时,测得的特性为全负荷速度特性(简称外特性),由于外特性反映了发动机所能达到的最高性能,确定了最大功率、最大转矩以及对应的转速,因而十分重要,所有的发动机出厂时都必须提供该特性。当油量控制机构固定在标定功率以下的任意位置时,所测得的速度特性称为部分负荷速度特性,简称部分速度特性。所以对于每一台发动机,外特性曲线存在一组,而部分负荷速度特性曲线随供油量的不同而可以有任意组。

发动机的速度特性曲线是在发动机试验台架上测取的。测取前,需将发动机的冷却液温度、机油温度保持在规定值,并将发动机的油量调节机构固定在某一位置。调节测功器负荷来改变发动机转速,测出各稳定工况的有效转矩、耗油量以及烟度、噪声、排气温度等参数值,计算出有效功率、有效燃油消耗率等参数值,整理并绘制成曲线。

一、汽油机速度特性

汽油机节气门开度保持不变,其有效功率 P_e、有效转矩 T_{tq}、有效燃油消耗率 b_e、每小时耗油量 B 等性能指标随转速变化而变化的关系称为汽油机速度特性。

汽油机在全、中和小负荷时的速度特性曲线如图9-2所示。根据式(9-2)可知,汽油机的速度特性取决与 ϕ_c、ϕ_a、η_{it}、η_m 随转速变化的规律,汽油机在全、中和小三种负荷时各参数随转速变化的规律如图9-3所示,分析如下。

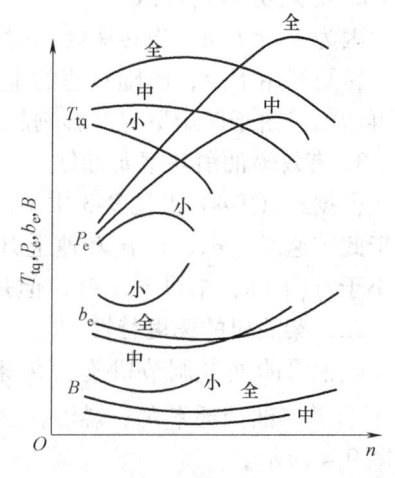

图9-2 汽油机在全、中、小三种负荷时速度特性曲线

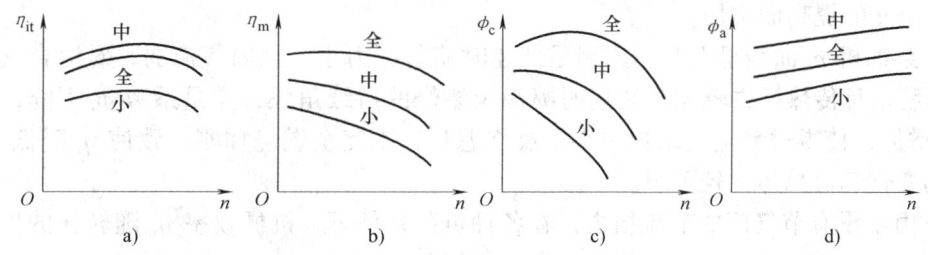

图9-3 汽油机在全、中、小三种负荷时各参数随转速变化的规律

1. 有效转矩 T_{tq} 曲线

汽油机采用量调节,在节气门开度一定时,ϕ_a 值基本不随转速而变化,故转矩的变化

与吸入气缸的混合气数量有密切的关系。

(1) 指示热效率 η_{it}。当汽油机在某一转速时，η_{it} 有最高值。当转速低时，燃烧室的空气涡流减弱，火焰传播速度减慢，可燃混合气燃烧速度低，气缸的漏气损失和散热损失增加，指示热效率 η_{it} 低；转速过高时，以曲轴转角计燃烧延续时间长，热量利用率低，指示热效率 η_{it} 也降低。但其变化较为平坦，因此对有效转矩的影响较小。

(2) 机械效率 η_m。随转速的上升 η_m 下降。当转速提高时，因摩擦损失、附件消耗、泵气损失等增大而使机械效率降低。

(3) 充量系数 ϕ_c。低速时，由于进气倒流，ϕ_c 较小，随转速增加，惯性充气增加，ϕ_c 增加达到 ϕ_c 最大值。转速增大时，气流速度增加，进气阻力增加，气流的惯性不能充分利用，所以充量系数下降。

(4) 过量空气系数 ϕ_a。随转速的上升 ϕ_a 略有增加，但总体平缓变化不大。

综合来看，转速由低逐渐升高，指示热效率、充量系数均上升，虽然机械效率略有下降，但有效转矩总趋势是上升的，到某一点取得最大值。随着转速继续上升，由于指示热效率、机械效率和充量系数均下降，致使有效转矩迅速下降，变化较陡。

2. 有效功率 P_e 曲线

因为 $P_e \propto T_{tq} n$，当转速提高时，开始转矩增加，所以 P_e 迅速上升；转矩达到最大值以后，转矩开始下降；P_e 随转速的上升变得较平缓，当 $T_{tq} n$ 达最大值时，P_e 达到最大值，转速再增加，由于转矩下降的影响超过转速增加的影响，P_e 开始下降。

3. 有效燃油消耗率 b_e 曲线

根据式 (9-4) 及图 9-3 中 η_{it}、η_m 的变化趋势可知，b_e 在中间某一转速时最低。当转速高于此转速时，η_{it}、η_m 随转速上升同时下降，所以 b_e 增加。当转速低于此转速时，因 η_{it} 上升小于 η_m 下降，结果 b_e 上升，但是其曲线变化不大，较为平坦。

二、柴油机的速度特性

喷油泵的油量调节机构（齿条或拉杆）位置固定，柴油机的有效功率 P_e、有效转矩 T_{tq}、有效燃油消耗率 b_e、燃油耗油量 B 等性能指标随转速变化的关系称为柴油机速度特性，如图 9-4 所示。

根据式 (9-2) 可知，柴油机的速度特性取决于每循环供油量 Δb、η_{it} 和 η_m 随转速变化的规律，柴油机在全、中、小三种负荷时上述参数随转速变化的规律如图 9-5 所示。

(1) 油量控制机构位置不变时，由于进、回油孔节流以及燃油泄漏的影响，柴油机 Δb 曲线随转速 n 的提高而增加。

(2) 柴油机 η_{it} 曲线呈上凸。原因是低速时喷射压力小，缸内气流弱，对混合气的形成和燃烧不利，且传热损失较大；高速时喷油及燃烧的持续角大，充量系数 ϕ_c 下降，循环供油量 Δb 增加，使得过量空气系数减小，燃烧恶化，不完全燃烧加剧，致使 η_{it} 降低。但是，η_{it} 曲线的变化趋势总体比较平坦。

(3) 由于没有节气门的节流损失，在各种负荷条件下，机械效率 η_m 随转速的提高而降低的趋势不变。

1. 有效转矩 T_{tq} 曲线

根据式 (9-3) 可知，柴油机转矩 T_{tq} 的大小取决于每循环供油量 Δb、η_{it} 和 η_m。综合上述三个参数，有效转矩 T_{tq} 曲线的变化规律如图 9-5 所示，转速由低向高变化时，由于循环供油量和指示效率增加，超过机械效率的下降，T_{tq}开始略有上升的趋势；T_{tq}超过最高点后，随着转速的提高，指示效率和机械效率同时下降，超过了循环供油量增加的影响，使T_{tq}下降，但曲线变化平坦。

2. 有效功率P_e曲线

因为$P_e \propto T_{tq}n$，而T_{tq}变化平坦，所以P_e曲线形状主要取决于转速的变化。当转速提高时，转矩T_{tq}增加，有效功率P_e迅速上升，直到转矩T_{tq}达到最大值以后，P_e上升变得较平缓。

3. 有效燃油消耗率b_e曲线

如图9-4所示，随转速升高η_{it}曲线呈中间高两端低，而η_m曲线逐渐降低，根据式（9-3）可知，曲线是在中间某一转速最低，以该转速为参考点，转速增加，指示效率和机械效率都降低，所以有效燃油消耗率上升，而转速降低，由于指示效率降低超过机械效率升高的影响，有效燃油消耗率也上升。但整条曲线变化不是很大，如图9-5所示。

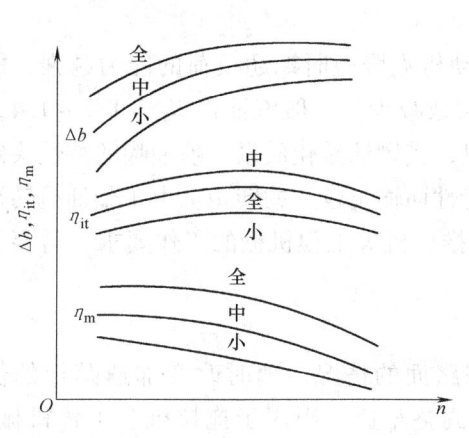

图9-4 柴油机在全、中、小三种负荷时各参数的变化规律

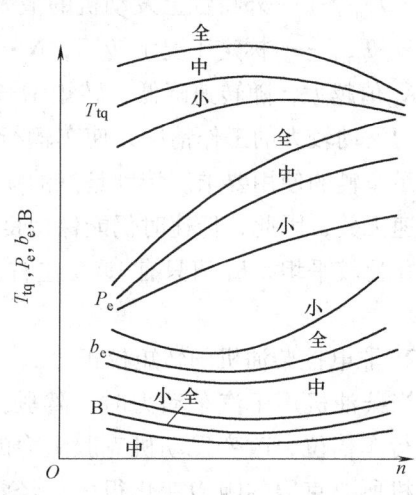

图9-5 柴油机在全、中、小三种负荷时速度特性曲线

三、柴油机与汽油机的速度特性对比分析

柴油机与汽油机的速度特性相比，两者明显的差别如下：

（1）柴油机在各种负荷的速度特性下的转矩曲线都比较平坦；汽油机的速度特性的转矩曲线的曲率半径较小，节气门开度越小，转矩和功率峰值向低速移动，且随转速增加，不同节气门下的间距变大。

（2）汽油机的有效功率外特性线的最大值点，一般在标定功率点；柴油机可以达到的最大值点的转速很高，而标定点要比其低得多。

（3）柴油机的燃油消耗率曲线在各种负荷的速度特性下都比较平坦，仅在两端略有翘起，最经济区的转速范围很宽；汽油机其油耗曲线的翘曲度随节气门开度减小而急剧增大，相应最经济区的转速范围越来越窄。

四、发动机转矩特性

（一）转矩特性

转矩特性是指发动机的转矩随转速而变化的特性，反映了发动机工作时对外界阻力变化的适应能力。发动机负荷往往有突增变化，即短时间超过标定负荷工作。这就要求发动机在标定转矩以上有一定的转矩储备，具有克服短时间超负荷的能力。因此，为了充分表明发动机克服短期阻力的性能，除了给出标定功率及其相应转速外，还要考虑发动机的转矩特性，给出最大转矩值及相应的转速。

为了表明发动机对外界阻力变化的适应能力，引入转矩适应性系数 K_D 及转速适应性系数 K_n 来表示。

1. 转矩适应性系数

转矩适应性系数是指外特性上的最大转矩与标定工况（发动机铭牌上标出的功率及相应转速）下的转矩之比，用 K_D 值表示，即

$$K_D = \frac{T_{tqmax}}{T_{tqeb}} \tag{9-6}$$

式中　T_{tqmax}——外特性上发动机的最大转矩，$N \cdot m$；

　　　T_{tqeb}——标定工况下转矩，$N \cdot m$。

K_D 值越大，随转速降低，转矩增长越快，发动机克服短时期超负荷的能力越强，能适应阻力波动较大的工作情况，使车辆行驶中换档次数减少。一般汽油机 $K_D = 1.2 \sim 1.4$，可以满足车辆的使用要求。特别是汽油喷射式发动机，其燃油雾化质量由喷油嘴的特性决定而与转速无关，因此，低速时仍能保持良好的雾化特性而输出较大的转矩。由于柴油机转矩曲线变化比较平坦，K_D 值只有 1.05 左右，难以满足推土机等工程机械的工作要求，需要予以校正。

2. 非电控柴油机的转矩校正

当柴油机用于汽车动力时，驾驶人可以按照路面的情况，随时改变加速踏板的位置或者行车档位，改变发动机克服阻力的能力，以调整车速。当用于拖拉机及工程机械时，发动机所要克服的阻力变化很大，经常会遇到过载的情况。由于柴油机的适应性系数小，加上这类机械行走速度低，动能储备小，以致在遇到阻力突然增大时，转速下降很快，往往驾驶人来不及换档，发动机就可能熄火；因此，要求有较大的转矩储备，以克服短期过载。

不同用途的发动机，对转矩特性的要求是不同的。为改善柴油机的转矩特性，目前在柴油机的燃料供给系统中采用两种油量校正法：一是液力校正法，即通过改变喷油系统的液力参数，如通过出油阀偶件等来直接改变 Δb-n 曲线变化的趋势；二是机械校正法，即利用专门的校正装置，使得加速踏板位置不变时，油量调节杆位置随转速下降而自动增大油量，达到加油校正的目的。以上两种方法的原理和结构在汽车构造课程中都有详细论述。

不同转速下负荷特性曲线上冒烟界限点的连线称为不同转速的炭烟极限（炭烟特性），其变化趋势与充量系数随着转速的变化规律相似。喷油泵的循环供油量随着转速下降而降低的特性满足不了使用要求，需要对喷油泵的循环供油量加以校正，使它的变化规律与炭烟特性相近，并且使在不同转速下循环供油量略低于炭烟极限的供油量，如图 9-6 所示。

（二）转速适应性系数

除了转矩储备以外，最大转矩时对应转速的大小也影响发动机克服阻力增加的潜力。标定转速 n_b 与最大转矩时转速 n_2 之比称为转速适应性系数，用 K_n 值表示，即

$$K_n = \frac{n_b}{n_2} \tag{9-7}$$

式中 n_2——最大转矩时转速，r/min；

n_b——标定转速，r/min。

图 9-7 所示为 A、B 两台发动机装在汽车上使用的情况，其标定转矩、最大转矩及转矩适应性系数值相同，但转速适应性系数 K_n 值不同。当外界阻力 R 由 R_1 曲线增加到 R_2 曲线时，发动机的转速由于外界阻力的增加而下降，这时发动机 B 可在转速 n_B 下工作，发动机 A 则在转速 n_A 下稳定工作。但当外界阻力再增加到 R_3 曲线时，装有发动机 B 的汽车就必须换档，否则将熄火，而发动机 A 还可稳定在 n_A' 下工作。转速从 n_1 下降到 n_A'，还可更多地利用车辆内部运动零件的动能来克服短期超载。因此，装有发动机 A 的汽车克服阻力增加的潜力比装有发动机 B 的汽车大。

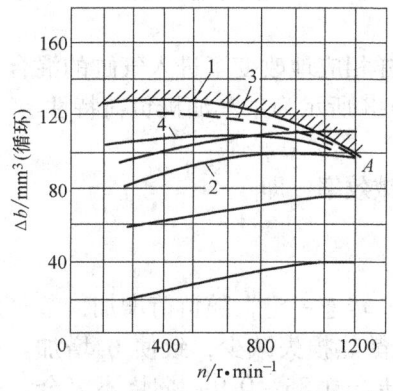

图 9-6 油量校正装置对循环供油量的影响
1—冒烟 2—未校正的标定功率供油量曲线
3—用弹簧校正器的供油量曲线 4—带阀式校正器的供油量曲线

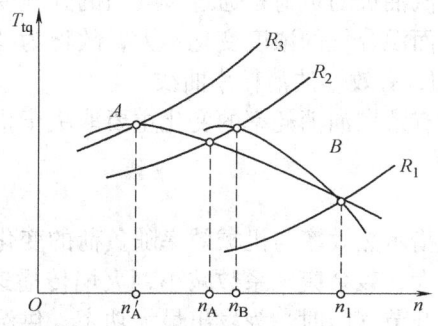

图 9-7 转速适应性系数的影响

不同用途的发动机对转矩特性的要求是不同的，应根据其使用特点选择合适的转矩特性。如载货汽车对最高车速一般要求较低，经常使用的功率较高，后备功率较小，且要求具有在不良路面上行驶的能力，因此，应选用转矩储备系数较大和最大转矩时转速较低的转矩特性；对市内公共汽车，其加速性能对提高平均车速有很大影响，也应选用转矩储备系数较大的转矩特性；对中、高级小客车，由于它对最高车速的要求较高，需要增大高转速时的转矩以提高它的超车能力，而且这种发动机的功率一般较大，后备功率较多，低速时已有良好的加速性能，因此，宜选用最大转矩 $T_{tq_{max}}$ 出现在较高转速下的转矩特性。

此外，对发动机外特性曲线的要求又与汽车的传动系统有关。当采用齿轮传动时，变速器的档数与传动比应与外特性曲线适当配合。当采用液力变矩器时，起步后发动机能较快进入高转速下工作，所以，希望发动机最大转矩 $T_{tq_{max}}$ 相对应的转速 n_2 要高一些。

第三节 发动机负荷特性

负荷特性是指发动机转速一定时，其性能指标（主要是经济性指标 B、b_e）随负荷（如

P_e 或 T_{tq}）变化的规律，表示负荷特性的曲线称为发动机负荷特性曲线。

发动机负荷是一个基本工况参数。负荷特性反映了发动机在维持转速不变而负荷改变工况下的实际工作性能；负荷的大小也代表了发动机工作时热力强度的大小。由于负荷特性可以直观地显示发动机在不同负荷下运转的经济性以及排气温度等参数，且比较容易测定，因而在发动机的调试过程中，经常用来作为性能比较的依据。

发动机的负荷特性曲线是在发动机试验台架上测取的。测取前，将发动机的冷却液温度、机油温度保持在最佳值；调节测功器负荷并改变循环供油量（或节气门开度），使发动机的转速稳定在某一常数。测量各稳定工况下的燃油消耗量 B 以及烟度、噪声、排气温度等参数值，计算出有效功率 P_e、有效燃油消耗率 b_e 等参数值，整理并描绘成曲线。

一、汽油机负荷特性

当汽油机的转速保持不变，而逐渐改变节气门开度，同时调节测功器负荷，以保持转速不变，此时，燃油消耗量 B、有效燃油消耗率 b_e 随负荷 P_e（或 T_{tq}、p_{me}）变化而变化的关系称为汽油机负荷特性。

汽油机的负荷是通过节气门的开度变化来调节，这样相应地改变了进入气缸的混合气数量，而混合气的浓度变化不大，故称为"量调节"。图 9-8 所示为某汽油机负荷特性。

1. 有效燃油消耗率曲线

有效燃油消耗率的变化主要取决于指示热效率与机械效率，即

$$b_e = \frac{K_3}{\eta_{it}\eta_m}$$

指示热效率与机械效率随负荷的变化如图 9-9 所示。转速一定，随负荷增加，节气门开度加大，残余废气系数减小，火焰传播速度增加，同时散热损失减少，致使 η_{it} 增加。当接近全开节气门时，为发出最大功率，供给功率混合气（$\phi_a = 0.85 \sim 0.9$）燃烧不完全，η_{it} 有所下降。随节气门开大，功率增加，机械损失功率变化不大，所以 η_m 随负荷的增加而增加。

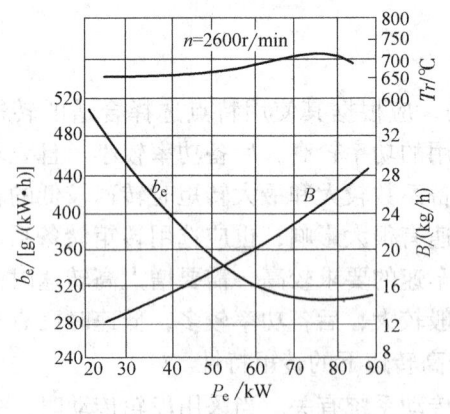

图 9-8 某汽油机负荷特性

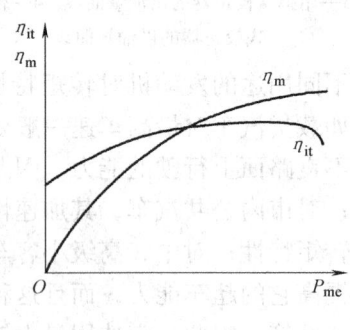

图 9-9 汽油机 η_{it}、η_m 随负荷的变化关系

当发动机空转（$P_e = 0$）时，指示功率完全用于克服机械损失，即 $P_i = P_m$，则 $\eta_m = 0$，所以有效燃油消耗率为无穷大。随负荷（节气门开度）增加，由于 η_{it}、η_m 同时上升，使有效燃油消耗率 b_e 曲线迅速下降。当 η_{it}、η_m 乘积达到最大时出现最低有效燃油消耗率 b_{emin}。当接近全开节气门时，由于 η_{it} 的下降超过 η_m 增加的影响，$b_e = \dfrac{K_3}{\eta_{it}\eta_m}$ 曲线又开始上升。

2. 每小时耗油量曲线

汽油机转速一定时，每小时耗油量 B 主要取决于节气门开度和混合气成分。由于汽油机的"量调节"方式，节气门开度的变化影响到混合气量的变化，而混合气成分除急速与全负荷时较浓外，在其他工况下变化不大。因此，每小时耗油量几乎随节气门开度呈线性变化。当节气门开大至加浓装置参加工作后，B 上升得更快一些。

二、柴油机负荷特性

柴油机转速一定，柴油机的经济性能指标（每小时耗油量 B、有效燃油消耗率 b_e）随负荷而变化的关系称柴油机的负荷特性。

转速一定时，进入气缸的空气量不变，改变负荷相应改变的是每循环供油量 Δb，使混合气浓度变化。因此，柴油机是通过改变混合气的过量空气系数（浓度）来调节负荷，称为"质调节"，6135Q 柴油机负荷特性如图 9-10 所示。

（1）有效燃油消耗率曲线。根据式 $b_e = \dfrac{K_3}{\eta_{it}\eta_m}$，柴油机有效燃油消耗率曲线随负荷的变化，主要取决于 η_{it}、η_m，如图 9-11 所示。随负荷增加，因每循环供油量增加，过量空气系数值减小，燃烧不完全程度增大，同时喷油和燃烧持续期增加，燃烧及时性下降，所以使 η_{it} 随负荷增加而下降。η_m 随负荷增加而上升（原因同汽油机类似）。

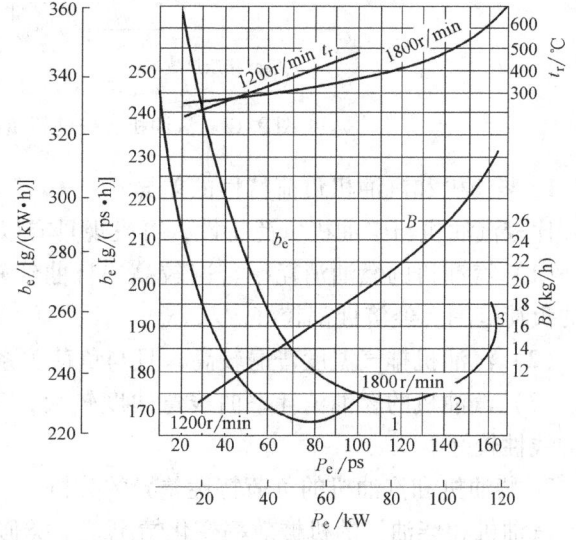

图 9-10 某型号柴油机负荷特性

综合 η_{it}、η_m 的影响，如图 9-10 所示，当发动机空转时，$P_e = 0$ 时，$\eta_m = 0$，因而耗油率趋于无穷大；随负荷增加，由于 η_m 迅速增加，且远大于 η_{it} 的减少，使 b_e 下降。当每循环供油量增加到 1 点（图 9-10）位置时，η_{it}、η_m 乘积为最大值，b_e 达到最小。此后再增加负荷，由于 η_{it} 下降较 η_m 上升的多，使 b_e 又有所增加。当每循环供油量增加到与 2 点相应位置时，排气开始冒烟，称为柴油机的"冒烟界限"。当每循环供油量继续增加至 3 点时，发动机在严重冒烟下发出最大功率。此后，如每循环供油量再增加，因燃烧过程极度恶化，P_e 反而下降。

（2）每小时耗油量曲线。转速一定时，柴油机的每小时耗油量 B 主要决定于循环供油量 Δb。随负荷增加，每循环供油量 Δb 成正比增加。当负荷增加到 2 点相应位置后，由于燃烧恶化，B 上升得更快一些，如图 9-10 所示。

当供油量超过冒烟界限时，由于燃烧不完全而排气冒烟，这不仅使燃油消耗率 b_e 增高，而且污染环境，发动机易产生故障。

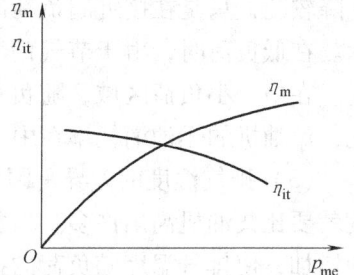

图 9-11 柴油机 η_{it}、η_m 随负荷的变化关系

三、柴油机和汽油机的负荷特性对比分析

为了分析，将标定功率和转速接近的汽油机和柴油机负荷特性曲线进行对比，如图9-12所示。

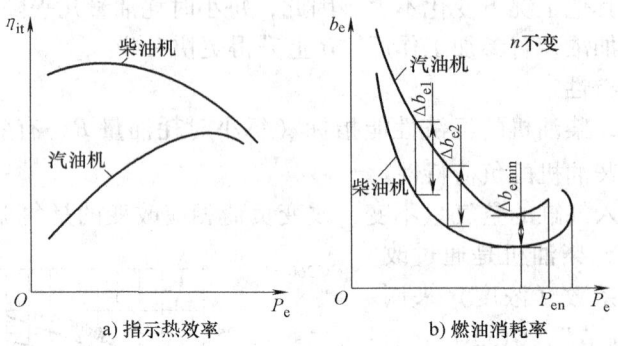

图9-12 汽油机、柴油机负荷特性曲线的对比

1. 柴油机和汽油机负荷特性的差异

比较汽油机与柴油机负荷特性，可发现具有以下特征：

（1）汽油机的燃油消耗率普遍较高，且曲线较陡，而柴油机的曲线较平缓，说明在较宽的负荷范围，经济性都较好。

（2）汽油机排气温度普遍较高，且与负荷关系较小。

（3）汽油机的燃油消耗率曲线弯曲度较大，而柴油机的燃油消耗率曲线在中、小负荷段的线性较好。

2. 柴油机和汽油机的负荷特性差异的分析

汽油机和柴油机的机械效率变化情况基本类似，造成燃油消耗率差异的主要原因在于指示热效率的差异。

（1）由于柴油机的压缩比比汽油机高出较多，其平均过量空气系数也比汽油机大，所以柴油机的指示热效率比汽油机要高，致使汽油机的燃油消耗率数值高于柴油机，如图9-12b所示。

（2）从指示热效率曲线的变化趋势上来看，柴油机指示热效率随负荷的增大而降低，与机械效率曲线变化趋势相反，所以有效燃油消耗率曲线比较平坦。而汽油机指示热效率在总体趋势上随负荷的增大而增加，与机械效率曲线变化趋势相同，所以有效燃油消耗率曲线下降较陡，只是在接近满负荷时采取加浓混合气导致指示热效率明显下降，如图9-12a所示。在低负荷时，由于节气门开度小，残余废气系数较大，燃烧速率降低，需采用浓混合气。在中、小负荷区域，随负荷的增大，虽然指示热效率有所增大，但仍比柴油机低，因此，汽油机的燃油消耗率在中、小负荷区远高于柴油机。

（3）排气温度的差异是因为汽油机的压缩比比柴油机低，相应的膨胀比也低，排气温度就要比柴油机高出许多。当负荷增大时，尽管由于混合气总量的增加引起加入气缸总热量的增加，使排气温度随负荷的提高而上升，但由于在大部分区域内过量空气系数保持不变，故排气温度上升幅度不大。在柴油机中，随着负荷的提高，过量空气系数随之降低，排气温度显著上升。

第四节 柴油机的调速特性

制取调速特性的目的是了解当负荷变化时，在调速器的作用下，发动机主要性能指标的变化规律及其特征值，并可检查和评价调速器和校正器的工作质量。

一、发动机稳定工作原理

目前压燃式柴油机上均装有调速器，其最基本功能是限制发动机在高速工况下不致因超速而产生"飞车"，同时也保证在低速与怠速时的稳定运行，并限制在其他工况下的转速波动。

汽油机是利用节气门开度的大小改变进入发动机的可燃混合气数量，从而改变其运行工况。如图9-13a所示，汽油机对应各个节气门开度的转矩T_{tq}随转速n的变化曲线多呈下降趋势，这就决定它具有良好的调节能力。因为在任何节气门位置，向下倾斜的转矩速度特性（图中实线）与向上倾斜的阻力矩线（图中点画线）的交点都是能稳定运行，即使外界负荷有变化，转速变化也不大。此外在节气门全开的外特性曲线上，当负荷降低为最低时（完全卸载），汽油机的最高空转转速也不会过分增高。因此，在汽油机上除特殊需要外，一般不需要加装专门的调速器。

柴油机的情况与汽油机有很大不同，柴油机转矩速度特性曲线是在油量调节拉杆位置不变时获得的。转矩曲线变化趋势受循环供油量Δb速度特性所控制，如图9-13b所示，曲线变化较平缓（图中实线），在低速和小油量位置甚至呈上升趋势。这将出现以下两方面问题：

（1）当油量调节拉杆固定在中、大油量位置时，柴油机虽然能稳定在某一工况运行，但因曲线平坦，较小的负荷变化就会导致转速大幅度的变化；尤其在油量调节拉杆处于最大油量位置，因阻力矩突然减小时，则柴油机会因超速而产生"飞车"，且飞离转速很高，如图9-13b所示，在T_{tq1}外特性曲线上工作时，若阻力矩突然由T_{R1}减为T_{R2}而驾驶人未能及时松开加速踏板，柴油机工况将由A变到A'，出现较大转速增量Δn，导致超速过多而"飞车"。

（2）油量调节拉杆固定在小油量位置时，柴油机将无法稳定运行，如图9-13b下方转矩特性曲线T_{tq3}与阻力矩线T_{R3}平衡工况点为B，若负荷少许变化而使转速由n_0略升为n_1后，阻力矩又回复到正常值，由于n_1所对应的转矩大于阻力矩，转速还会上升，结果回不到原n_0工况点。反之，若转速略降为n_2后阻力矩恢复正常。则因n_2所对应的转矩小于阻力矩而使转速不断下降，直到熄火。

二、车用柴油机的调速特性

调速特性表达方式有两种，一种以有效功率P_e或平均有效压力p_{me}为横坐标，相当于负荷特性的形式。另一种表达形式是以转速n为横坐标，相当于速度特性的形式，如图9-14所示。

1. 调速特性试验

对于车用机械式全程调速器，柴油机的调速特性和外特性通常在一次试验中完成，其试验步骤如下。

柴油机运转正常后，通过调整调速器手柄位置和测功器负荷，把柴油机调整并固定到标

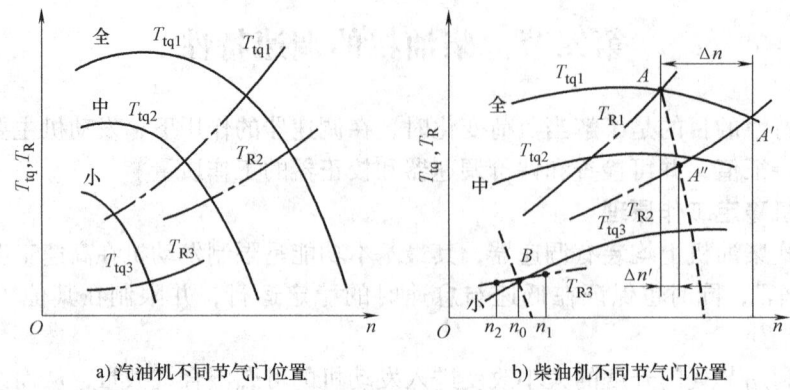

图 9-13 汽油机与柴油机的自调节性能对比
实线—发动机转矩 点画线—阻力矩 虚线—调速特性曲线

定工况。然后卸去全部负荷,待发动机达到最高稳定空车转速之后,按标定功率的 50%、80%、90% 及 100% 依次增加负荷,测取每种工况时的各项指标;然后,再增加测功器负荷,将发动机转速依次降到标定转速的 95%、90%、80%、70%、60%、50%,测取每种工况时的各项指标。

试验时,应注意测出调速器开始起作用的转速和最大转矩以及相应转速,如图 9-14b 竖线 1、2、3、4 相当于调速手柄在不同位置时的调速特性,在某一位置柴油机沿调速特性曲线工作,负荷可以由 0 变化到全负荷特性曲线上。

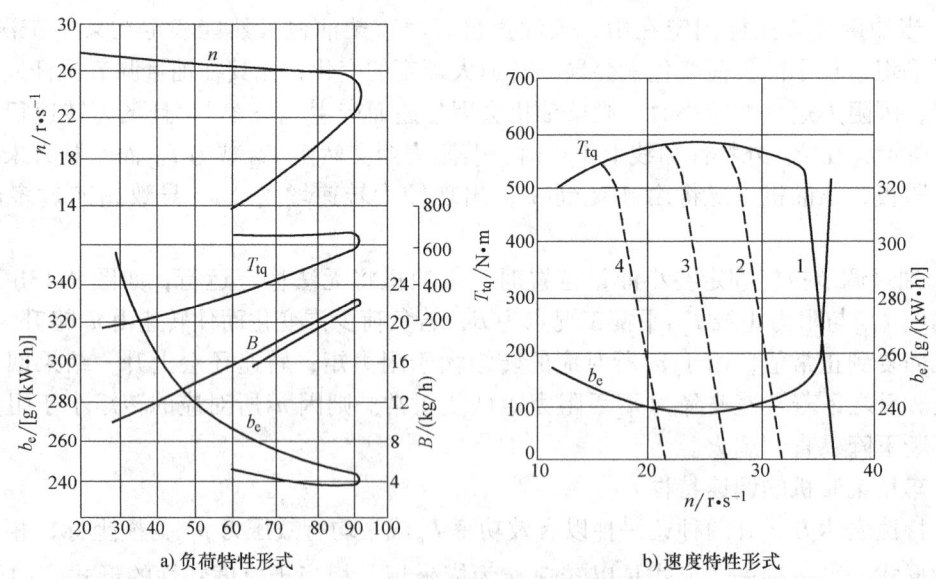

图 9-14 柴油机的调速特性

2. 调速特性特点

调速特性曲线由调速器起作用的调速段和调速器不起作用的外特性段组成,柴油机在调速段工作时,即使外界阻力矩变化大,转速波动也很小。

工程机械、拖拉机用柴油机一般均装有全程式调速器。一般汽车柴油机都装有两级调速器，防止高速时飞车和低速时熄火，中间转速由驾驶人直接控制。因为汽车运行比较单纯，行驶阻力变化缓慢幅度较小，而且由于车身的振动及车速的不断变化，加速踏板事实上也不可能稳定在一个确定位置，所以由驾驶人根据需要随时调节加速踏板位置，直接操纵油量调节机构可以保持汽车相当稳定地行驶，同时对踩踏与放松踏板动作的反应也较灵敏，不需装置全程式调速器。如图9-15所示，装置两级调速器的柴油机工作在速度特性上。

三、调速器的工作指标

调速器工作性能的好坏，通常用调速率和不灵敏度来评定。

调速率可通过突变试验测得，即让柴油机在标定工况下运转。然后突然卸去全部负荷，测得突变负荷前后的转速，如图9-16所示。

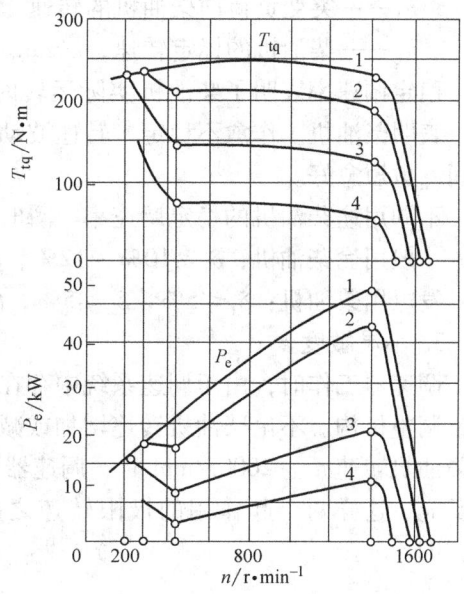

图9-15 两级调速器的调速特性

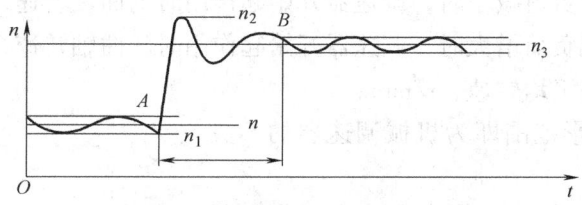

图9-16 负荷突卸时转速瞬态过程

根据不同测定条件，调速率分为稳定调速率和瞬时调速率两种。稳定调速率是评价调速器静力平衡性能的指标，而瞬时调速率是评价过程好坏的指标。

1. 稳定调速率 δ_1

稳定调速率 δ_1 计算公式为

$$\delta_1 = \frac{n_3 - n_1}{n_b} \tag{9-8}$$

式中　n_1——突变负荷前柴油机的转速，r/min；
　　　n_3——突变负荷后柴油机的转速，r/min；
　　　n_b——柴油机的标定转速，r/min。

2. 瞬时调速率 δ_2

瞬时调速率是评定调速器过渡过程的指标。柴油机在负荷突然发生变化时，转速也随之突变，并经过波动后又重新稳定，这个过程称为过渡过程。瞬时调速率是表示过渡过程中转速波动的瞬时增长百分比，即

$$\delta_2 = \frac{n_2 - n_1}{n_b} \tag{9-9}$$

式中　n_2——突变负荷时柴油机的最大（或最小）瞬时转速，r/min；

n_1——突变负荷前柴油机的转速，r/min；
n_b——柴油机的标定转速，r/min。

稳定调速率表明了柴油机实际运转时的转速波动相对于全负荷转速的变化范围。δ_1愈大，表明柴油机工作愈不稳定，转速波动大。柴油机转速从 n_1 逐渐稳定到 n_3 所需要的过渡时间 t_n 愈短愈好。

不同用途柴油机的稳定调速率、瞬时调速率及过渡时间如下。

一般用途柴油机：$\delta_1 \leq 10\% \sim 12\%$，$\delta_2 \leq 8\% \sim 10\%$，$t_n \leq 5 \sim 10s$。

发电用柴油机：$\delta_1 \leq 5\%$，$\delta_2 \leq 5\%$，$t_n \leq 3 \sim 5s$。

3. 不灵敏度 ε

调速器工作时，由于调速系统中存在摩擦，所以调速器工作时需要有一定的力才能移动油量调整机构。不论柴油机转速增加或减少，调速器都不会立即得到反应以改变供油量。例如柴油机转速 n 为 2000r/min 时，调速器可能对转速 $n = 1970 \sim 2030$r/min 范围内的变动都不起反应，这样两个起作用的极限转速之差对柴油机平均转速之比就称为调速器的不灵敏度，即

$$\varepsilon = \frac{n_2' - n_1'}{n} \tag{9-10}$$

式中 n_2'——当柴油机负荷减小时，调速器开始起作用时的曲轴转速，r/min；
n_1'——当柴油机负荷增大时，调速器开始起作用时的曲轴转速，r/min；
n——柴油机的平均转速，r/min。

图 9-17 所示的阴影范围即为机械调速器的不灵敏度区域。

不灵敏度过大时，会引起柴油机转速不稳（习惯上称为"游车"），在极端情况下甚至会导致调速器失去作用，使柴油机有产生"飞车"的危险。同时在低速时，由于调速器飞锤的推动力小，喷油泵齿杆（或拉杆）移动时的摩擦力增大，其结果使调速器不灵敏度显著增加。

一般规定 ε 在标定转速时不超过 1%，最低转速时不超过 5%。

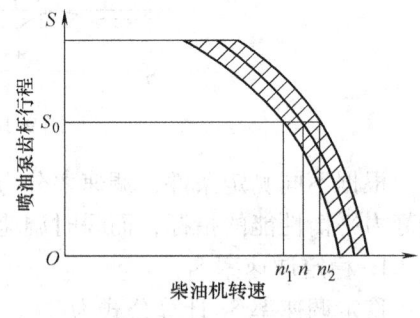

图 9-17 机械调速器的不灵敏区

第五节 发动机万有特性

一、万有特性

车用发动机的运行工况是极其复杂的，其转速与负荷都在很大的范围内变动，要分析发动机在各种工况下的性能，仅用 1~2 条速度特性和负荷特性曲线是远远不够的，需要用一系列的速度特性和负荷特性曲线才能全面地评价发动机的性能状况，这样既不方便也不直观。为了能在一张图上较全面地表示发动机工况面上的性能，经常应用多参数特性，即万有特性。它是建立在负荷特性（或速度特性）基础上的特性。通过万有特性能全面地表示发动机性能参数的变化规律。

根据发动机类型的不同，万有特性有两种绘制方法，即负荷特性法和速度特性法。对于柴油机，一般是依据不同转速下的负荷特性，用作图法求出；对于汽油机，则根据不同节气门位置的速度特性，用作图法求得。

由于计算机测试技术以及计算技术的应用，也可采用数值计算方法对大量的试验数据进行回归及等值线的插值运算，从而直接得到万有特性。

图 9-18 所示为汽油机万有特性。图 9-19 所示为柴油机万有特性。

二、万有特性（负荷特性法）的制取

万有特性的制取一般是根据各种转速下的负荷特性曲线，用作图法（图 9-20）制取。

1. 等燃油消耗率曲线

（1）将不同转速的负荷特性转换为以平均有效压力 p_{me} 或转矩 T_{tq} 为横坐标、有效燃油消耗率 b_e 为纵坐标，用同一比例尺画出负荷特性曲线族，如图 9-20 左图所示。

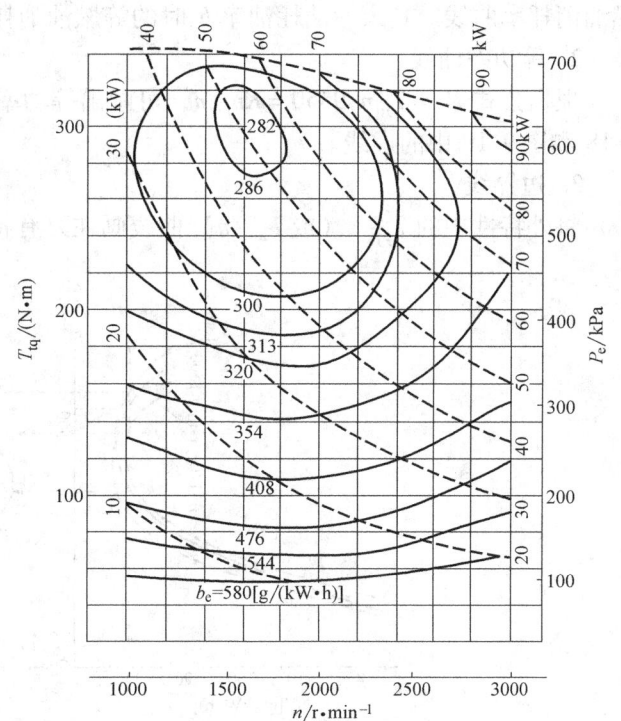

图 9-18 汽油机万有特性

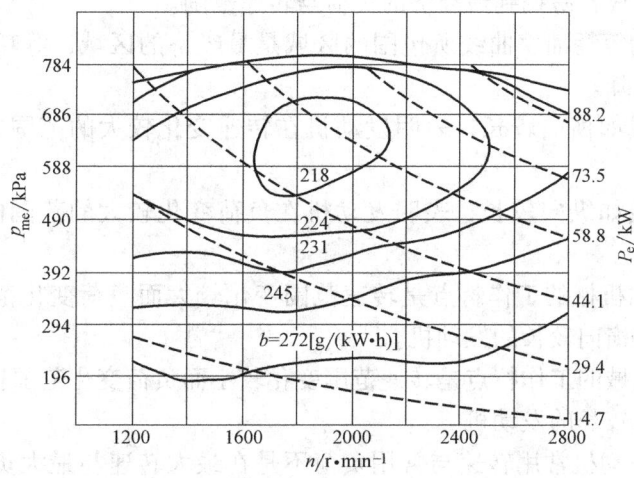

图 9-19 柴油机万有特性

（2）依据发动机工作转速范围，标出万有特性横坐标的标尺，纵坐标的标尺应于负荷特性图的标尺相同，如图 9-20 右图所示。

（3）从负荷特性曲线的某一燃油消耗处［如图 9-20 中 b_e=230g/(kW·h) 处］引一垂直线，与各种转速的 b_e 曲线有两个（或一个）交点。再从交点处引水平线，与从万有特性横坐标相应转速处引出的垂线相交，将交点连成圆滑的曲线，即得到一定燃油消耗率时的等燃油消耗率曲线。其余燃油耗油率 b_e 时的等燃油消耗率曲线作法相同。

2. 等功率曲线

根据公式 $P_e = T_{tq}n/9550 = Kp_{me}n$，可画出等功率曲线。等功率曲线是一组双曲线，如图 9-18 和图 9-19 中的虚线。

3. 边界线

将外特性中的 T_{tq}-n（或 p_{me}-n）曲线画在万有特性图上，构成边界线。

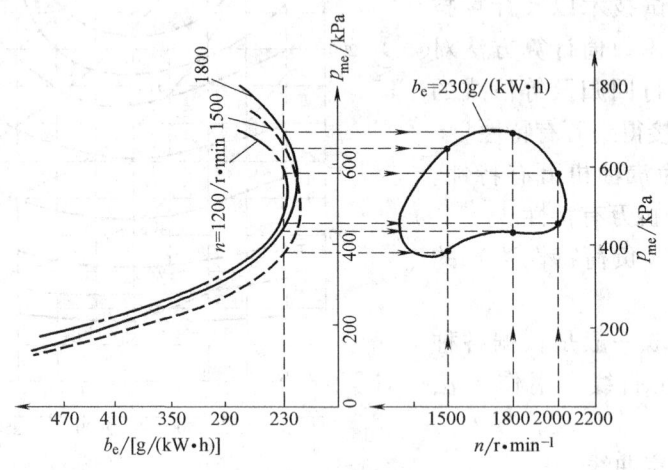

图 9-20　万有特性的制取

三、万有特性的特点

1. 曲线分析

在万有特性图上很容易找到最经济的负荷与转速范围。

（1）中心部位的等耗油率曲线所包围的区域是最经济的区域，等耗油率曲线由内层向外，其经济性逐步下降。

（2）耗油率曲线如横向较长，表明发动机在转速变化较大的范围内耗油率变化较小，经济性表现较好。

（3）耗油率曲线如纵向较长，表明发动机在负荷变化较大的范围内耗油率变化较小，经济性表现较好。

（4）汽车等运输机械的工作特点是转速范围变化较大而负荷变化范围较小，故应选用万有特性最经济区在横向较长的发动机。

拖拉机和工程机械的工作特点是转速范围变化较小而负荷变化范围较大，故应选用万有特性最经济区在纵向较长的发动机。

（5）由于车用发动机常用转速与常用负荷不是在最大转速与最大负荷处，因此希望最经济区域在万有特性的中间偏上位置，使常用转速与负荷位于最经济的区域内。

2. 汽油机与柴油机万有特性的比较

（1）汽油机万有特性的特征。与柴油机万有特性相比有如下特征：最低油耗偏高，经济区偏小；等燃油消耗率线在低速区向大负荷收敛，说明汽油机低速低负荷工作时燃油消耗率较高；等功率曲线随转速升高而斜穿等燃油消耗率线，故当功率一定时，转速愈高愈费油；汽油机（转速一定时）的 $\Delta b_e/\Delta T_{tq}$ 或 $\Delta b_e/\Delta p_{me}$ 比柴油机大，说明变工况工作时平均油耗偏高。

（2）柴油机万有特性的特征。与汽油机相比其最低燃油消耗率较低，经济区较宽；等耗油率线在高低速均不收敛，变化比较平坦；等功率线向高速延伸时，耗油率变化不大。

提高负荷率是提高发动机燃料经济性最有效的措施。因此，车用发动机与底盘的合理配套就显得相当重要。在配套时，要依据发动机不同用途，兼顾负荷率和后备功率两方面的要求，图9-21表示发动机后备功率的情况。曲线1表示汽车行驶时所需的功率，曲线2表示发动机外特性功率曲线。图中除A点外，发动机功率均大于汽车所需功率。两功率之差（图中阴影部分）称为后备功率。A点没有后备功率，这时对应的车速为最高车速，实际工作中很少用到。后备功率愈大，汽车的加速性能愈好，超车能力愈强，爬坡能力也愈好。但后备功率大，经常使用的负荷就低，经济性差。两者存在着动力性和经济性的矛盾，因此，选用时要依据具体用途适当选择。例如，对于小型乘用车，为了

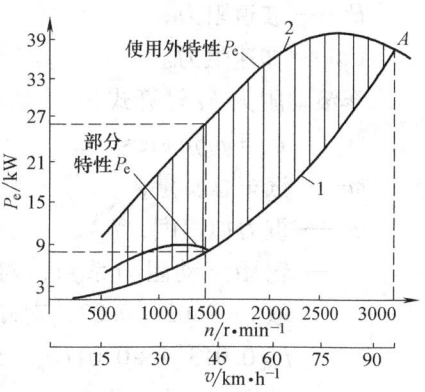

图9-21 后备功率

追求动力性能和高速超车能力，可以选用较大的发动机，使后备功率较大；对于载货汽车，负荷率较高，为了获得较好的燃料经济性，因此后备功率较小；拖拉机经常在不断变化的阻力下工作，且有短期超负荷情况，宜选转矩储备系数较大的柴油机，但考虑使用经济性，后备功率宜较小。

如果发动机万有特性不能满足要求，则应重新选择发动机，或对发动机进行适当调整。如改变配气相位来改变充气效率特性，或选择对转速不敏感的燃烧系统来影响万有特性最经济区在横座标方向的位置。减小发动机的机械损失，提高低速低负荷时的冷却液温度和机油温度，都可以降低部分负荷时的燃油消耗率，并在纵座标方向扩展最经济区。

第六节 车用发动机的匹配

一、动力性的匹配

车用发动机的转矩 T_{tq}（N·m）在汽车驱动轮上产生的驱动力 F_t（N）为

$$F_t = \frac{T_{tq} i_k i_0 \eta_t}{r} \tag{9-11}$$

式中 i_k——汽车变速器的传动比；

i_0——主传动（减速）器的传动比；

η_t——传动系统的效率，（机械式变速器 $\eta_t = 0.70 \sim 0.85$）；

r——驱动轮的工作半径，m。

汽车行驶速度 u_a(km/h) 与发动机转速 n(r/min) 的关系为

$$u_a = 0.377 r n i_k i_0 \tag{9-12}$$

可根据发动机外特性转矩曲线 $T_{tq}(n)$ 得出变速器不同档位汽车的驱动特性曲线族，如图9-22所示。

汽车的行驶阻力 F_r，可按下式计算：

$$F_r = F_f + F_w + F_i + F_j \quad (9\text{-}13)$$

式中 F_f——汽车滚动阻力；

F_w——汽车空气阻力；

F_i——坡道阻力；

F_j——加速阻力。

汽车滚动阻力 F_f 计算式为

$$F_f = mgf\cos\alpha \approx mgf$$

式中 m——汽车总质量；

g——重力加速度；

f——轮胎滚动阻力系数，对货车可取 $f = 0.02 \sim 0.03$，对轿车可取 $f = 0.013[1 + 0.01(v_a - 50)]$；

α——坡道角，当 α 不大时，$\cos\alpha \approx 1$。

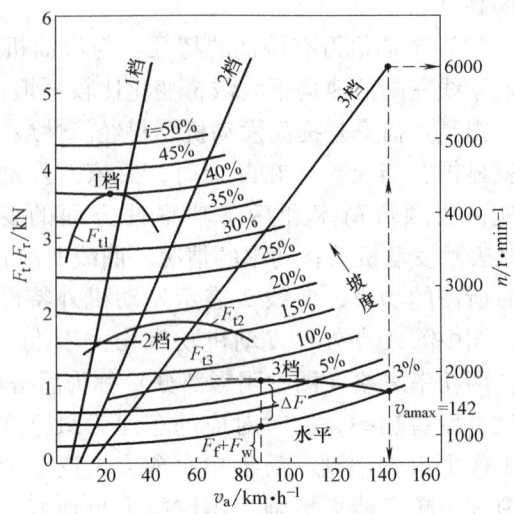

图 9-22 汽车驱动力-行驶阻力平衡图

汽车空气阻力 F_w，它与汽车迎风投影面积 A（m^2）和汽车对空气相对速度的动压 $\rho_a v_a^2/2$ 成正比，即

$$F_w = \frac{1}{2} C_D A \rho_a v_r^2$$

式中 C_D——汽车的空气阻力系数（轿车取 $0.4 \sim 0.6$，客车取 $0.6 \sim 0.7$，货车取 $0.8 \sim 1.0$）；

A——货车为前轮距×总高，轿车为 $0.78 \times$ 总宽 $\times$ 总高；

ρ_a——空气密度，在常温下可取 $\rho_a = 1.226\text{kg/m}^3$；

v_r——在无风时即为汽车行驶速度。

坡道阻力 F_i 计算式为

$$F_i = mg\sin\alpha \approx mgi$$

当坡道角 $\alpha < 15°$，$\sin\alpha \approx \tan\alpha \approx i$，$i$ 为道路的坡度。

加速阻力 F_j 计算公式为

$$F_j = \delta m \frac{dv_a}{dt}$$

其中，δ 为汽车旋转质量换算为平移质量的换算系数，$\delta = 1 + \delta_1 i_k^2 + \delta_2$，$\delta_1 = 0.04 \sim 0.06$；$\delta_2 = 0.03 \sim 0.05$；根据驱动力 F_t 与行驶阻力 F_r 的平衡可得汽车的行驶方程。

$$\frac{T_{tq} i_k i_0 \eta_t}{r} = mgf + \frac{1}{2} C_D A \rho_a v_r^2 + mgi + \delta m \frac{dv_a}{dt} \quad (9\text{-}14)$$

根据以上公式推导数据，可画出汽车行驶性能曲线图。图 9-22 所示为一辆用排量为 1L 的汽油机的轿车的行驶性能曲线。横坐标 v_a 为汽车的行驶速度，纵坐标为驱动力 F_t 和行驶阻力 F_r，以及发动机转速 n。图中的三族曲线分别是随变速器档位变化的驱动力线、随道路坡度变化的行驶阻力线以及不同档位下发动机的转速与车速关系线。

从曲线上可以看出，最高档驱动力曲线与水平路面行驶阻力曲线的交点，即表示汽车所

能达到的最高速度 v_{amax}（图 9-22 所示 142km/h 左右）；而与最低档驱动力曲线上最大驱动力点 F_{t1max} 相切的行驶阻力曲线所对应的道路坡度，就是汽车的最大爬坡极限（图 9-22 中的 40%）。还可看出，该汽车发动机的最高使用转速将达到 6000r/min 左右。

在给定的行驶速度和变速器档位下，最大驱动力与行驶阻力之差，就是后备驱动力 ΔF，可用于加速，且可根据 $\Delta F = F_j$，按式（9-14）算出汽车的加速度。

利用力平衡式（9-14）和类似图 9-22 所示的汽车行驶性能曲线图可以选择发动机的外特性，并可分析不同匹配情况下的汽车行驶性能。

二、汽车燃油经济性的匹配

提高汽车的燃油经济性，应该从提高发动机的燃油经济性、降低整车运行阻力和完善发动机和汽车传动系统的匹配三方面着手。从发动机工作原理角度，主要是改善发动机经济性能和合理的匹配。

汽车燃油经济性指标之一是稳定工况百公里行驶油耗 q_{100}（L/100km），有如下计算公式：

$$q_{100} = 100B/\rho_f \cdot v_a = \frac{P_e \cdot b_e}{10\rho_f v_a} \tag{9-15}$$

式中　B——每小时耗油量，$B = P_e b_e$；
　　　ρ_f——燃料密度，kg/L；
　　　P_e——有效功率；kW；
　　　b_e——有效燃油消耗率，g/kW·h。

将 P_e、b_e 及 v_a 的相关公式代入，整理后得

$$q_{100} = 0.00884\frac{i \cdot V_s}{\rho_f \tau \cdot r}i_k \cdot i_0 \cdot p_{me} \cdot b_e = K \cdot i_0 \cdot i_k \cdot p_{me} \cdot b_e \tag{9-16}$$

式中　K——综合常系数；
　　　i_k——变速器的传动比；
　　　i_0——主减速器的传动比；
　　　p_{me}——平均有效压力；
　　　b_e——有效燃油消耗率。

从上式可知：在汽车有关结构参数和所用燃料确定条件下，对于汽车的任何工况，理论上可以通过合理选择 i_k、i_0、p_{me} 和 b_e 的值，而使 q_{100} 获得最佳值。这一工作可在发动机的万有特性图上根据有效燃油消耗率曲线进行分析，如图 9-23 所示。

（1）汽车工作时的任一工况（由车速和驱动力决定）都要消耗确定的驱动功率，即要求发动机输出一个确定的功率。如果实现无级传动，就可以选择发动机该等功率上得最低燃油消耗率 b_{emin} 点来配套，这样就可达到最经济的要求。此时，由该点得 n 和汽车

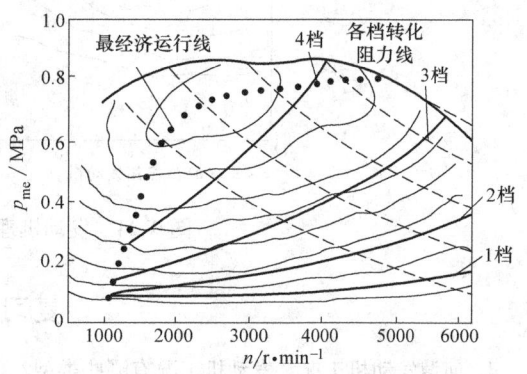

图 9-23　发动机与传动系统的经济性匹配

要求的 v_a 来确定的 i_k、i_0 的值，因为该点 p_{me} 和 b_e 已知，则可由式（9-15）求得最经济的 q_{100} 值。

发动机的等功率线就是图 9-23 上虚线所示的双曲线族。各线的 b_{emin} 点就是该等功率线与等燃料消耗率线的切点。这些切点的连线就是实现无级传动时发动机的最经济运行线（图 9-23 中黑点线）。由此可见，实现无级传动，无论是使整车的动力性还是经济性都能达到最优。

（2）对于大多数有级传动的车辆，合理匹配的关键是排档数与各档传动比、主减速器传动比的选择与分配。

汽车大多数时间以最高档行驶，因此该档传动比应更多地从经济性要求出发来选择。如果常用路面最高档的阻力线（图 9-23 中 4 档阻力线），能更接近无级传动的最经济运行线（图上黑点线），则更符合燃油经济性的要求。

汽车排档数的多少对燃油经济性也有很大影响。从理论上看，排档数越多，越接近无级传动，也就越能获得良好性能。在这一点上，动力性与经济性并不矛盾。但实际上问题并不是这样简单。档数多了，换档要多花时间，变速器成本也高，总的经济性未必就好。目前，汽车变速器档位有逐渐增加的趋势，轿车变速器已有 5 档，重型货车甚至达 10 档以上。

（3）如何使发动机的万有特性曲线更好地满足整车燃油经济性的要求，是合理匹配的另外一个重要方面。

一般情况下，应该根据不同车辆行驶的特点，尽量使燃油消耗率 b_e 万有特性族内层的最经济圈能包容发动机最经常运行的区域。对于车用发动机，最经济圈应该位于最高档阻力线中速略偏低的部位，并使等 b_e 线圈横向拉长一些，如图 9-24a 所示。对于拖拉机及工程机械用发动机，其经常使用的转速在标定点附近且负荷较大，故经济圈宜匹配到高转速、较高负荷区域，并使等 b_e 线圈沿纵向拉长一些，如图 9-24b 所示。

实际使用中很难满足上述要求，如果差距太大，可重新选择发动机或对发动机参数重新匹配以改善万有特性。

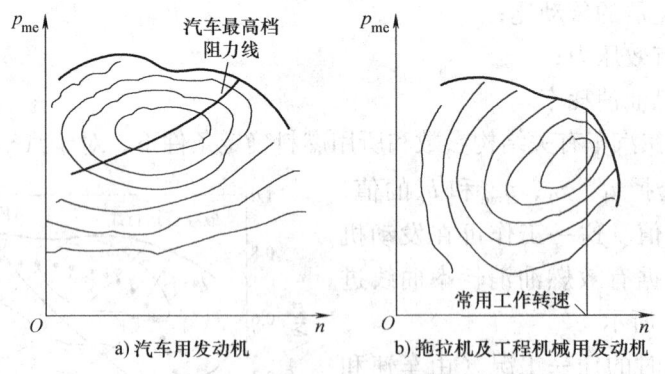

图 9-24　发动机理想的万有特性示意图

复习思考题

1. 何谓发动机工况？发动机工况有哪些类型？
2. 简述发动机标定功率的表示方法。

3. 何谓发动机速度特性？对比分析汽油机和柴油机速度特性的特点。
4. 画出汽油机和柴油机速度特性，解释其变化趋势。
5. 汽油机、柴油机外特性上的特征点有哪些？两者有何不同？说明两者外特性、部分特性各自的特征。
6. 转矩储备系数、转速适应性系数大小对发动机性能有何影响？
7. 何谓发动机负荷特性？研究发动机负荷特性有何意义？试分析汽油机和柴油机负荷特性的特点。
8. 画出汽油机、柴油机负荷特性，并解释曲线变化趋势。
9. 衡量发动机克服短期超载能力的指标有哪些？
10. 何谓发动机万有特性？万有特性曲线形状、位置对发动机性能有何影响？

第十章 发动机的排放与噪声

第一节 发动机排放污染及防治

随着汽车保有量的急剧增加，车用发动机排放与噪声对环境的污染日渐突出。环境保护与节约能源成为当今车用动力技术发展的两个主要热点。

一、排放物分类及危害

发动机排放污染物主要有一氧化碳（CO）、碳氢化合物（HC）、氮氧化物（NO_x）和微粒等，这些污染物对人体健康造成了很大的危害。此外，发动机排放的二氧化碳气体由于造成温室效应，对大气环境也会产生严重影响。

1. 一氧化碳（CO）

CO 主要是缺氧环境下不完全燃烧的产物，是一种无臭、无色、有窒息性的毒性气体，它与血红素蛋白（Hb）的结合能力比氧约大 300 倍。人体吸入微量，将破坏造血功能，引起头晕、恶心、头痛等中毒症状；吸入体积分数为 0.3% 的 CO 气体，可在 30min 内致人死亡。

2. 碳氢化合物（HC）

HC 包括未燃和未完全燃烧的燃油、机油及其裂解产物和部分氧化产物，如醛、酮、酸、芳香烃、烯烃、烷烃等。HC 中的大部分成分对人体健康不产生直接影响，但其中的某些醛类和芳香烃对人体有严重危害。醛类为刺激性物质，对呼吸道、眼睛、血液有毒害。芳香烃对神经系统和血液有害，多环芳香烃（PAH）及其衍生物有强致癌作用。此外，HC 可在阳光作用下与 NO_x 进行光化学反应，形成毒性较大的光化学烟雾。

3. 氮氧化物（NO_x）

NO_x 主要是指 NO 和 NO_2，产生在与燃料燃烧反应相伴的高温与富氧环境中。NO 是无色无味气体，毒性不大，只有轻度刺激性，高浓度时会造成中枢神经有轻度障碍，但 NO 易被氧化成 NO_2。NO_2 是一种褐色有刺激性气味的有毒气体，空气中含 $10 \sim 20 \times 10^{-6}$ 可刺激口腔和鼻道粘膜；$50 \sim 300 \times 10^{-6}$ 则头痛出汗、损伤肺组织；在大于 500×10^{-6} 时，几分钟就可使人出现肺气肿而死亡。NO_2 是地面附近大气中形成光化学烟雾的主要因素，也是酸雨的来源之一。

4. 微粒

排气中的微粒是指经空气稀释后的排气，在低于 52℃ 的温度下，在涂有聚四氟乙烯的玻璃纤维滤纸上沉寂的除水以外的物质，如柴油机的炭烟粒子，汽油机的硫酸盐和铅等。微粒对人体健康的危害和微粒的大小及其组成有关。微粒越小，悬浮在空气中的时间越长，进入人体肺部后停滞在肺部及支气管中的比例越大，危害也就越大。由于柴油机的微粒直径大多小于 $0.3\mu m$，而且数量比汽油机高出 $30 \sim 60$ 倍，成分更为复杂，成为柴油机与汽油机竞争中一个最主要的弱点。

二、排放物产生机理

1. 一氧化碳（CO）

CO 是碳氢燃料不完全燃烧的产物，主要受空燃比（α）的影响。碳氢燃料完全燃烧的程度受反应速度、氧（O_2）含量及温度等影响。

（1）混合气不均匀。在 α>14.9 的稀混合气下燃烧时，理论上不应有 CO 产生，但实际燃烧过程中，由于混合气不均匀，使局部区域的 α<14.9，造成局部燃烧不完全产生 CO。

（2）不完全燃烧。在 α<14.9 的浓混合气下燃烧时，因缺氧使燃料中的 C 不能完全氧化成 CO_2，会生成中间产物 CO。

（3）CO_2 高温裂解。当发动机气缸内的温度超过 2000℃ 时，CO_2 会产生高温裂解反应，生成 CO。温度越高，裂解反应越剧烈，CO 生成量越多。

（4）排气中 HC 不完全氧化　在排气过程中，未燃碳氢化合物的不完全氧化也会生成少量的 CO。

2. 碳氢化合物（HC）

车用发动机 HC 的来源有三个渠道，尾气排放、燃油供给系统及曲轴箱通风。发动机有害成分排放源及其所占比率如图 10-1 所示。在此只介绍发动机燃烧系统中 HC 的生成机理。

（1）缝隙效应。在压缩和燃烧过程中，气缸压力升高，把一部分未燃混合气压入与燃烧室相通的狭缝（活塞头部与缸壁之间，缸盖、缸垫和缸体之间，进、排气门和气门座之间，火花塞螺纹处和火花塞中心电极周围等处），如图 10-2 所示。由于燃烧时火焰不能进入狭缝，因此不能完全燃烧，在膨胀和排气

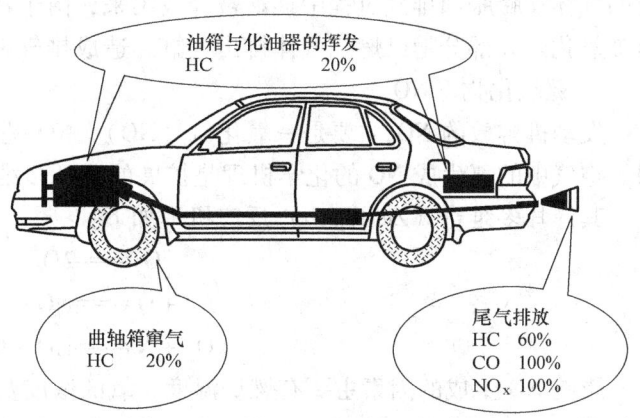

图 10-1　发动机有害成分排放源及其所占比率

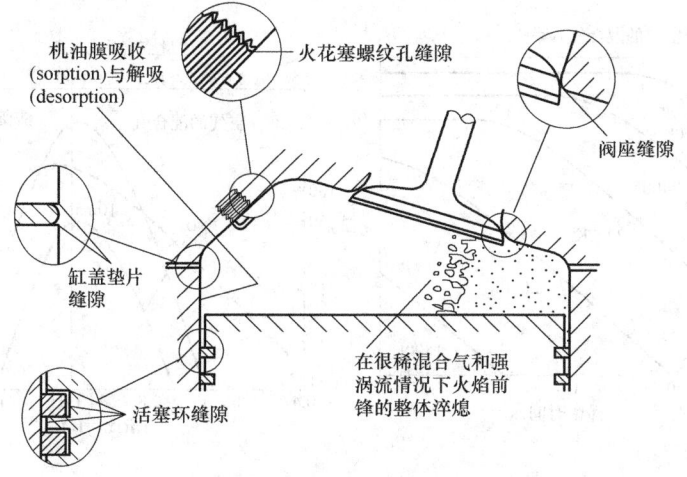

图 10-2　燃烧室内缝隙的组成

过程中,气缸压力降低后,狭缝中未燃的 HC 进入排气,这种现象称为缝隙效应,是生成 HC 的主要来源。

(2)淬冷效应。燃烧过程中火焰传播到气缸壁面时,温度较低的壁面对火焰迅速冷却,此时如果火焰前锋面的温度降低到混合气自燃点以下时,链式反应中断,火焰熄灭,在燃烧室壁面留下一层 0.1~0.3mm 厚的未燃或未完全燃烧的混合气,产生大量的 HC。

(3)不完全燃烧。发动机在怠速或高负荷工况下运行时,混合气空燃比很低,且怠速时残余废气系数较大;当发动机处于加速或减速的过渡工况时,混合气会暂时的过浓或过稀,油气混合极不均匀。这些情况下均会造成混合气不完全燃烧而使 HC 排放量增加。

(4)失火。发动机工作过程中失火现象的发生,是造成大量 HC 排放的主要原因。汽油机混合气形成过程中局部地方出现混合气过浓或过稀现象(超过着火界限),点火系统出现故障或点火时刻不当均可导致汽油机发生失火现象。为降低汽油机的 HC 排放,应保证其可靠点火。

(5)油膜和沉积物的吸附效应。在进气和压缩过程中,气缸壁面上的压缩油膜、沉积在燃烧室壁面及活塞顶部和进排气门上的多孔性积炭等,会吸附燃料蒸气和未燃混合气,吸附的气体在膨胀和排气过程中逐渐被释放出来,由于释放的时刻较晚,这部分油气只有少部分被氧化。大部分随已燃烧气体排出气缸,造成排气中 HC 含量的增加。

3. 氮氧化物(NO_x)

发动机排放的 NO_x 主要是一氧化氮(NO),NO 是空气中的 N_2 和 O_2 在高温下化合的结果。空气中的氮生成 NO 的化学机理是扩展的泽耳多维奇(Zeldovich)反应机理。

其泽耳多维奇(Zeldovich)反应机理如下:

$$O_2 = 2O$$
$$N_2 + O = NO + N$$
$$O_2 + N = NO + O$$

影响 NO 生成的因素主要有燃烧温度、氧的浓度及整个燃烧反应时间。在足够的氧含量条件下,燃烧温度越高,反应时间越长,NO 的生成量就越多,如图 10-3 所示。因此,控制 NO 的基本原则如下:

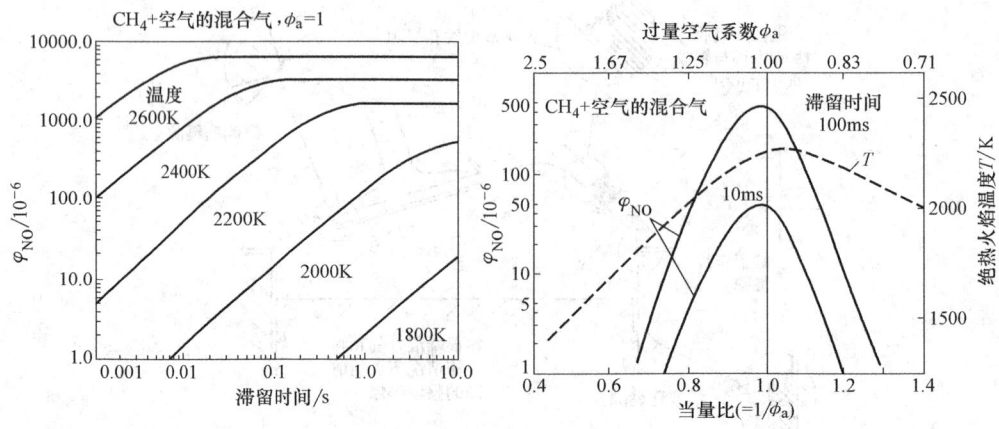

图 10-3 影响 NO 生成的因素

(1) 降低燃烧温度。
(2) 降低混合气中氧的浓度。
(3) 缩短高温燃烧反应滞留时间。

4. 微粒

如果使用含硫量很低的无铅汽油，可以认为汽油机基本上不产生微粒排放，故发动机微粒的排放主要是指柴油机。柴油机排放产生的微粒可分为可溶性有机成分（SOF）和不可溶成分两种，主要由燃烧生成的含碳粒子（炭烟）及其表面上吸附的多种有机物（SOF）组成。在高温环境下由于热分解而形成的低级碳氢化合物中，没有与空气再接触的部分最终变成微粒。微粒的生成过程如图10-4所示，可分为成核、表面增长和凝聚、氧化三个过程。

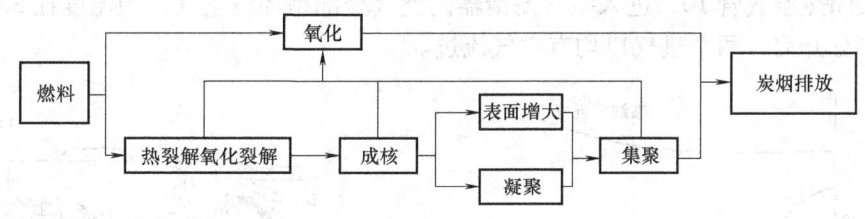

图10-4 微粒的生成过程

三、发动机排放污染物净化技术

发动机排放污染物净化技术可分为三类：以改进发动机燃烧过程为核心的机内净化技术；在排气系统中采用化学或物理的方法对已生成的有害排放物进行净化的排放后处理技术；控制曲轴箱和燃油系统有害排放物的控制技术。后两类也通称为机外净化技术。

（一）汽油机排放物净化技术

1. 机内净化技术

（1）改善可燃混合气的燃烧

1) 废气再循环（Exhaust Gas Recirculation，EGR）。EGR是将5%~20%的废气重新引入进气管，与新鲜混合气一起进入燃烧室，使最高燃烧温度降低，从而减少NO_x的生成量的一种技术措施，如图10-5所示。

由于废气的比热值大，使气缸内气体的比热值增加，同时使进入气缸混合气中单位燃料对应的氧浓度也减少，降低了燃烧速度，燃烧温度随之下降，从而有效地控制NO_x的生成。

但是，废气再循环也会使发动机的输出功率降低，使发动机在怠速、低速等工况下运转不稳定。为此，需要由电控单元根据发动机的工况选择恰当的EGR率，进而有效控制NO_x的生成，如图10-6所示。EGR率过大时，燃烧速度太慢，燃烧变得不稳定，失火率增加，使油耗恶化和转矩下降，动力性和经济性变坏，HC也会增

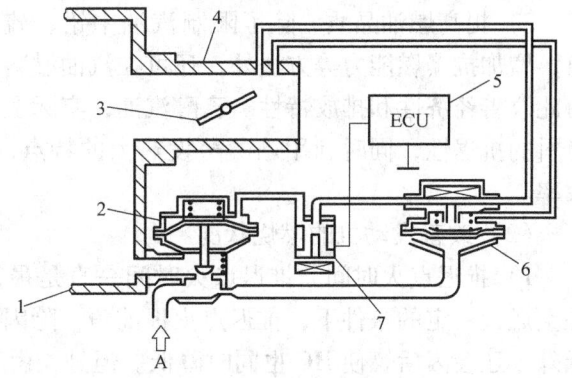

图10-5 电控废气再循环系统
1—进气室 2—废气再循环阀 3—节气门 4—节气门体
5—电控单元 6—废气真空调节阀 7—电控真空
开关阀 A—废气

加；EGR率过小，NO_x排放达不到法规要求，易产生爆燃和发动机过热等现象。

2）恒温进气装置。一些汽油机装有恒温进气装置，可以在发动机冷起动之后，供给发动机热空气，从而既减少了CO和HC的排放，又改善了发动机低温运转性能。恒温进气装置可以控制进气温度保持在35～40℃。它是在普通空气滤清器上增设一套空气加热与控制系统（图10-7），两个进气口，一个接热空气管10，另一个接冷空气进气导流管1，由控制阀3控制两个进气管的开闭。

当发动机冷起动时，汽车前罩下的环境温度低于35℃，进气温度传感器4通过控制机构使控制阀3关闭进气导流管1，打开热空气管10。冷空气从排气歧管8上部的热炉6加热，经热空气管10和空气滤清器5进入发动机。当温度超过53℃时，温度控制机构使控制阀3完全关闭热空气管10，进入空气滤清器的空气全部是环境空气。当温度在35～40℃时，控制阀3部分开启，两个进气口均有空气流过。

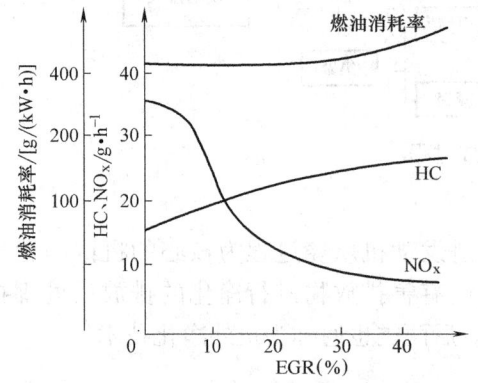

图10-6 EGR率对发动机排放和油耗的影响

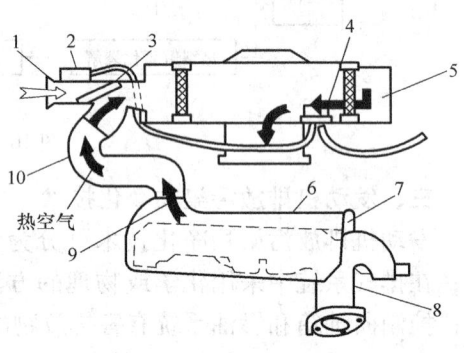

图10-7 带恒温进气装置的空气滤清器
1—进气导流管 2—真空控制膜盒 3—控制阀
4—进气温度传感器 5—空气滤清器 6—热炉
7—冷空气入口 8—排气歧管 9—热空气出口 10—热空气管

3）提高燃油品质。除了限制汽油中铅、硫、磷等各种有害物的含量，提高燃油辛烷值，增加抗爆燃能力等方法外，还可在汽油燃料中加入少量助燃剂，促进燃料的完全燃烧，由此改善经济性和排放特性。乙醇汽油，实际上是在汽油中添加少量的乙醇，由此可以改善燃料的抗爆性，同时利用乙醇蒸发热大的特点，降低混合气的进气温度，有利于提高充气效率。

（2）改善发动机的燃烧状况

1）推迟点火时间。推迟点火时间一直是最简单易行也是最普遍应用的排放控制技术。在空燃比一定的条件下，推迟点火提前角，除因燃烧温度下降使NO_x的生成速度和生成量降低外，还会因后燃使HC也同时降低。但是，由于燃烧等容度降低，传热损失增多，所以热效率变差，燃油消耗率明显增加，如图10-8所示。

2）优化进气系统。采用多气门技术，用涡轮增压代替自然吸气，不仅可以增加气缸充量密度，减小泵气损失和机械损失，改善动力性和经济性，而且也可降低CO_2和污染物的排放量，其中HC的降低较为明显。

配气相位（特别是气门重叠时间）对 NO_x、HC 排放量的影响很大。试验表明：气门重叠时间长时，因排气彻底、进气充足、气缸内温度低，NO_x 的排放量将减少，而 HC 的增加量并不多；当气门重叠时间短时，HC 将减少，而 NO_x 却增加较多。理想的配气机构，应根据发动机转速和负荷的变化，采用可变进气系统。包括可变气门控制技术、可变进气管长度、可变配气相位、可变进气涡流等技术，改善混合气的形成，由此使发动机不同工况下达到各参数最佳的工作状态。

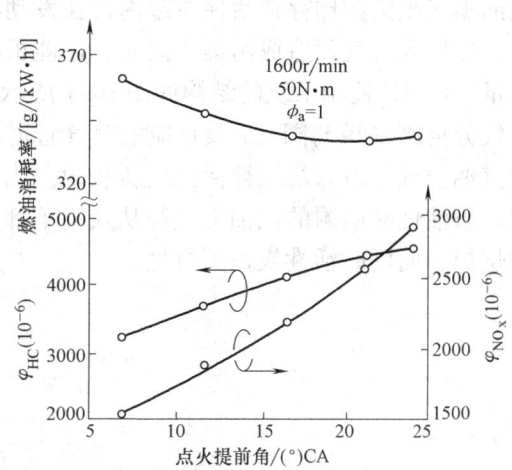

图10-8 点火提前角对发动机排放和油耗的影响

3）改善燃烧系统。由于燃烧室内缝隙、紧靠缸壁的边界层和形状复杂而且表面积大的燃烧室是形成未燃 HC 的主要来源，减小燃烧室的表面积和容积之比（面容比）可减少 HC 的排放量。浴盆形、楔形、半球形燃烧室的面容比顺序减小。改变燃烧室设计、加强气体的空气运动、优化火花塞配置及分层稀薄燃烧，都可对发动机排放产生影响。

4）改善冷机状况。发动机冷起动时，由于温度低，空燃比小，CO 和 HC 排放很高。应尽量缩短起动时间，为此要提高点火能量，增大起动机的功率。暖机期间应使可燃混合气、冷却液和机油温度尽快升高。例如，采用恒温进气装置和机油冷却自动控温装置、提高怠速转速、采用温控硅油风扇离合器或温控电动风扇等。

5）优化活塞组设计。活塞、活塞环与气缸壁之间形成的间隙，对汽油机的 HC 排放有很大影响，因此要在工作可靠的前提下尽量缩小活塞头部与气缸的间隙，尽量缩小顶环到活塞顶的距离。为此，要寻找热膨胀更小的活塞材料（例如碳纤维复合材料）和耐热性更好的活塞环材料及合理的结构。

6）提高压缩比。增大压缩比是提高发动机热效率的决定因素，一般都是在汽油辛烷值允许的前提下尽可能采用较高的压缩比，以获得较好的功率和油耗指标。较高的压缩比带来与较紧凑的燃烧室类似的优点。但高压缩比使燃烧室内温度增加，使 NO_x 反应速度增加，NO_x 排放量增大。传统的汽油机，根据最易发生爆燃的工况（如最大转矩工况）选择压缩比；而现代的汽油机，则选择更高一些的压缩比，在大部分工况下能正常燃烧，在发生爆燃的时候，通过安装在机体上的爆燃传感器接受信号，用电控单元适当推迟点火消除爆燃。

7）精确控制空燃比。混合气形成的空燃比特性是决定点燃式发动机性能和排放的关键因素。小负荷时，根据燃烧稳定性要求提供浓混合气；在常用的中等负荷时，根据燃料经济性要求提供略稀混合气；在大负荷时，根据动力性的要求提供浓混合气。随着排放法规的逐步严格，需要使用三元催化转换器来降低汽油机的排放，而这种转换器只有当空燃比的值在 14.9 左右时才能有效地同时转化 CO、HC 和 NO_x 三种污染物。要很好地控制空燃比最好的方法就是采用带氧传感器闭环控制的电子控制燃油喷射系统（EFI）。

2. 机外净化技术

（1）燃油蒸发（EVAP）排放控制系统。EVAP 排放控制系统的功能是将燃油箱蒸发的汽油蒸气收集和储存在活性炭罐内，在发动机工作时再将其送入气缸燃烧，从而防止汽油蒸气直接排入大气而造成污染。同时，还能根据发动机工况，控制导入气缸参加燃烧的汽油蒸气量。EVAP控制系统的结构如图10-9所示，由蒸气回收罐（活性炭罐）9、控制电磁阀4、蒸气分离阀（单向阀）7及相应的蒸气管道和真空软管等组成。由燃油系统和油箱蒸发出来的汽油蒸气，流入炭罐被活性炭所吸附。当发动机工作时，在进气管真空度作用下控制阀开启，被活性炭吸附的汽油蒸气与从炭罐下部进入的空气一起被吸入进气管，最后进入气缸被燃烧掉，而同时活性炭得到再生。

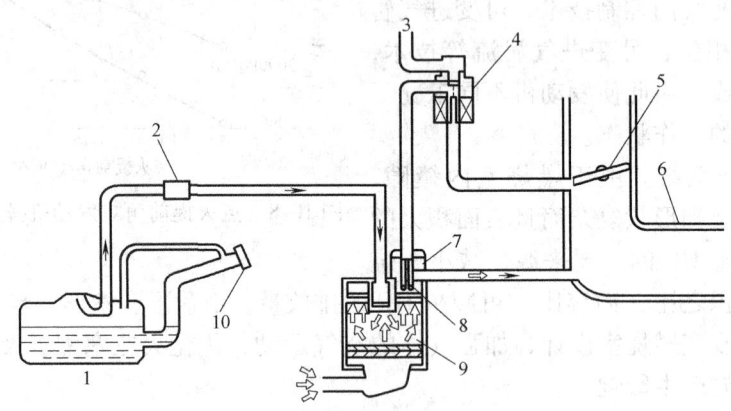

图10-9　燃油蒸发排放控制系统结构图
1—油箱　2—单向阀　3—接缓冲器　4—控制电磁阀　5—节气门　6—进气歧管
7—蒸气分离阀　8—定量排放孔　9—活性炭罐　10—油箱盖附真空泄放阀

（2）曲轴箱强制通风系统（Positive Crankcase Ventilation System，PCV）。曲轴箱窜气是指在压缩过程和燃烧过程中由活塞与气缸之间的间隙窜入曲轴箱的油气混合气和已燃气体，并与曲轴箱内的机油蒸气混合后，由通风口排入大气的污染气体。

曲轴箱强制通风系统（PCV）的作用是防止曲轴箱内有害气体排放到大气中。曲轴箱强制通风系统的结构和工作原理如图10-10所示，主要由曲轴箱强制通风阀（PCV阀）、通风软管、出气管、机油过滤器和加热电阻等组成。图10-10中箭头所指方向为曲轴箱强制通风系统中的气体流动方向。

一般轿车的曲轴箱强制通风阀位于气门盖罩上，此系统通过空气滤清器把新鲜空气供给曲轴箱。在曲轴箱内，新鲜空气和窜入气缸的混合气先混合，混合后的气体通过缸盖上的出气孔、PCV阀和通风软

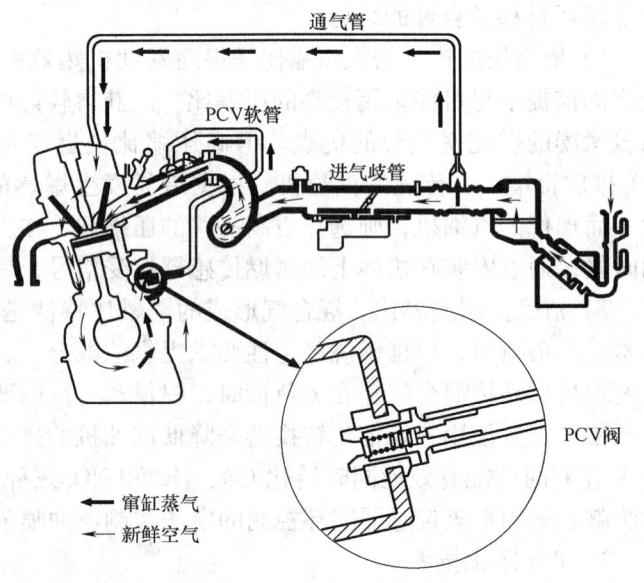

图10-10　曲轴箱强制通风系统的结构和工作原理

管进入进气歧管。发动机工作时,进气管处的吸力将曲轴箱内的混合气吸入进气管,与新鲜混合气一起进入气缸燃烧。PCV 阀如图 10-11 所示,它是真空控制单向计量阀,在真空度大的时候(图 10-11a,怠速状态下),PCV 阀的开度小;在真空度小的时候(图 10-11b,加速状态下),PCV 阀的开度大。

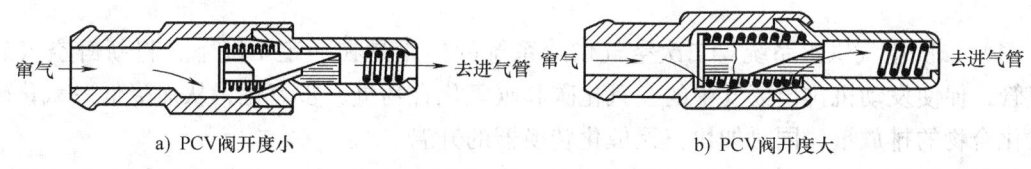

a) PCV 阀开度小　　　　　　　b) PCV 阀开度大

图 10-11　PCV 阀

(3) 三元催化转换器(Three Way Catalytic Converter,TWC)。催化转换器是利用催化剂的作用,使排气中的有害成分 CO、HC 和 NO_x 尽量进行化学反应转化为对人体无害的 CO_2、H_2O 和 N_2 的一种排气净化装置,也称为催化转换净化器。

催化转换器如图 10-12 所示。用耐高温耐腐蚀的不锈钢制成,安装在消声器之前。壳体内的催化剂是直径为 2~4mm 的氧化铝(Al_2O_3)颗粒,在其多孔性的表面上涂有铂。催化剂表面积很大,每克表面积可达 150~300m^2。催化转换器的结构应保证废气通过时和催化剂颗粒均匀接触。

三元催化转换器可同时减少 CO、HC 和 NO_x 的排放,它以排气中的 CO 和 HC 作为还原剂,把 NO_x 还原为氮(N_2)和氧(O_2),而 CO 和 HC 在还原反应中被氧化为 CO_2 和 H_2O。使用三元催化转换器时,必须把可燃混合气空燃比控制在理论值(约 14.7)附近,才能同时高效净化 CO、HC 和 NO_x,如图 10-13 所示。

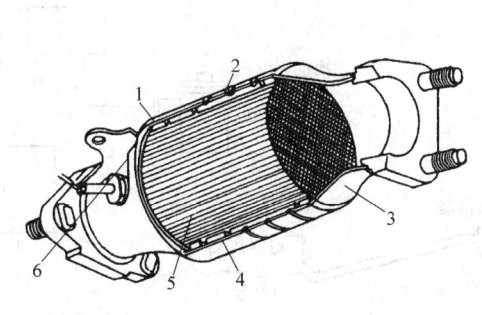

图 10-12　催化转换器
1—支承环　2—波纹网眼环　3—支承环　4—密封垫
5—整体式催化反应器载体　6—温度传感器

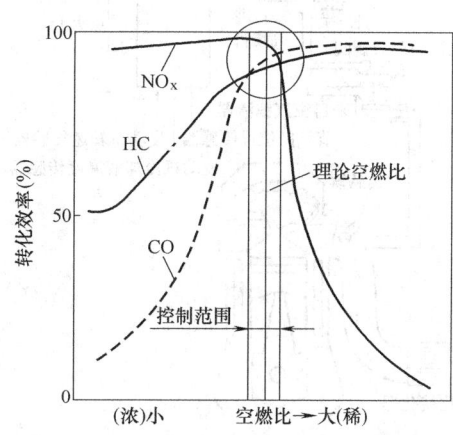

图 10-13　空燃比与 TWC 转化效率关系

三元催化转换器在使用过程中应注意以下事项:

1)装用催化转换器的发动机只能使用无铅汽油。如果使用加铅汽油,铅覆盖在催化剂表面将使催化剂失效。

2)仅当温度超过 250~350℃时,催化转换器才起催化反应。温度较低时,转换器的转化效率急剧下降。因此，催化转换器都安装在温度较高的排气管后面。

3）催化剂与载体的容积必须与发动机排量相匹配，具有足够的强度和抗热冲击性，才能保证对 CO、HC 和 NO_x 的净化率较高。

4）催化转换器必须配有温度控制装置或旁通管道，避免载体过热烧毁、堵塞排气管道。

（4）二次空气供给系统。二次空气供给系统的作用是在一定工况下，将新鲜空气送入排气管，促使发动机排出废气中的一氧化碳和碳氢化合物进一步氧化，从而降低一氧化碳和碳氢化合物的排放量，同时加快三元催化转换器的升温。

韩国现代轿车二次空气供给系统的组成如图 10-14 所示。二次空气控制阀由舌簧阀和膜片阀组成，来自空气滤清器的二次空气进入排气管的通道受膜片阀控制，膜片阀的开闭用进气歧管的真空度驱动，其真空通道由 ECU 通过二次空气电磁阀控制。装在二次空气控制阀中的舌簧阀是一个单向阀，主要用来防止排气管中的废气倒流。

如图 10-15 所示，点火开关接通后，蓄电池即向二次空气电磁阀供电，ECU 控制二次空气电磁阀的搭铁回路。二次空气电磁阀不通电时，关闭通向膜片阀真空室的真空通道，膜片阀弹簧推动膜片下移，关闭二次空气供给通道，不允许向排气管内提供二次空气。ECU 给二次空气电磁阀通电时，电磁阀开启膜片阀真空室的真空通道，进气管真空度将膜片阀吸起，排气管内的脉动真空即可吸开舌簧阀，使二次空气进入排气管。有些发动机的二次空气供给系统，利用空气泵将新鲜空气强制送入排气管。

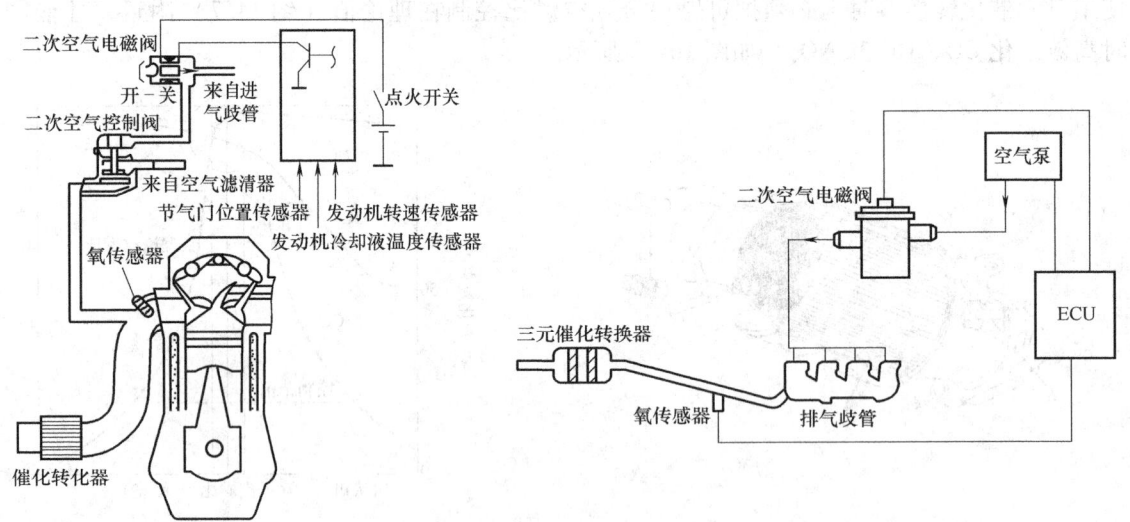

图 10-14 二次空气供给系统的组成　　图 10-15 二次空气供给系统控制回路

在下列情况下 ECU 不给二次空气电磁阀通电：

1）电控燃油喷射系统进入闭环控制。
2）冷却液温度超过规定范围。
3）发动机转速和负荷超过规定值。
4）ECU 发现有故障。

（二）柴油机排放物净化技术

柴油机的排放控制技术也可分为机内净化技术和机外净化技术两种。机内净化技术主要以放热规律的控制为目的，但是对发动机等通过在空气中燃烧进行能量转换的动力装置而言，通过机内措施实现燃烧排放物中有害排放物的零排放几乎是不可能的。为了进一步降低排放，使之更接近零排放，以达到清洁环境的目的，结合机内净化技术都采用机外净化技术。所以，目前针对不断严格的排放法规，在车用柴油机上所采取的主要排放控制措施（图10-16）如下：

(1) 可变增压、中冷技术。
(2) 燃烧室结构及喷注优化匹配技术。
(3) 电控多阶段高压喷射技术。
(4) EGR及其中冷技术。
(5) 后处理技术。

1．机内净化技术
(1) 优化进气系统

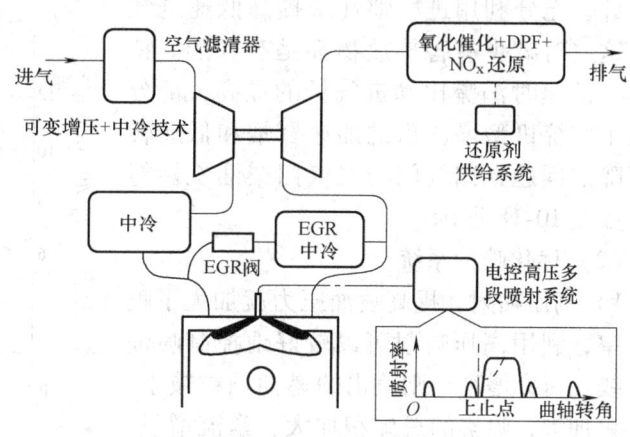

图10-16　柴油机排放控制措施

1）进气组织。间接喷射式柴油机主要靠主、副燃烧室中的强烈涡流或紊流来实现混合气的雾化、混合。传统的中、小型直喷式柴油机通过气缸盖中的螺旋进气道或切向进气道，或多或少都组织有绕气缸轴线旋转的进气旋流。除了横向旋流外，缸内还存在各种有组织或无组织的紊流、挤压涡流、纵向滚流等，如图10-17所示。强涡流会降低循环进气量，从而降低动力性，增大烟度。故现在都倾向于加大喷油压力，适当降低涡流比来组织燃烧。大、中型柴油机则向无涡流或弱涡流的方向发展。对小缸径的高速柴油机，由于燃烧室太小，为了减小撞壁的燃油量，强化壁面油膜燃烧，应组织一定强度的缸内旋流或紊流。

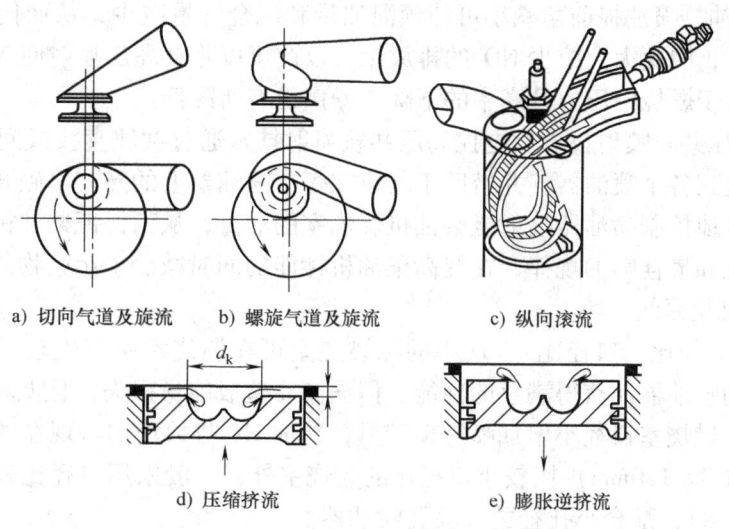

a) 切向气道及旋流　　b) 螺旋气道及旋流　　c) 纵向滚流

d) 压缩挤流　　e) 膨胀逆挤流

图10-17　缸内气流

2)多气门。柴油机采用多气门技术可加大循环充气量,改善动力性能、经济性能和排放性能。柴油机采用四气门后可增大进气门总通过最小截面,增加循环进气量,提高柴油机功率和转速;可实现喷油器正中布置,保证各喷注的形态和混合条件相同,使得喷注分布和混合气形成更加合理;在低速时可通过关闭一个进气道来提高缸内旋流速度,并经过特殊设计,充分利用进气惯性来提高低速进气量。这些对减少有害排放物都是有利的。特别是在低速时涡流比和进气量的提高,部分解决了传统机型增压后的加速冒烟和低速转矩下降的问题,四气门与二气门柴油机性能对比如图 10-18 所示。

(2)优化喷油系统

1)高压喷射。提高喷油压力就加大了喷油速率,利用高压喷射可以较好地控制喷油率曲线。压力增高,则喷出的燃油颗粒减小,贯穿距加大,喷雾的总体积加大,紊流增强,促进了燃油与空气的混合,降低了浓混合气成分的比例,减小了微粒的生成。同时喷油率增大必然缩短喷油时间,使燃烧加速,燃

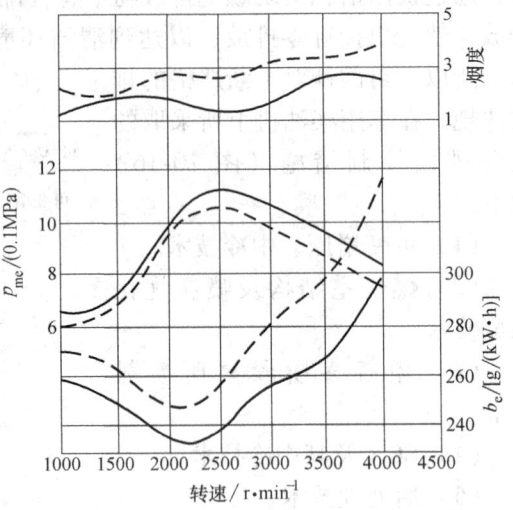

图 10-18 四气门与二气门柴油机性能对比
——四气门 ---二气门

烧放热更集中于上止点附近,从而降低了燃油消耗率。但是,燃烧加速,温度上升,NO_x 的排放量会增大。

2)增加喷孔数目,减小喷孔直径。喷孔数目增加和喷孔直径减小将使燃油喷注在燃烧室内的分布更加均匀,加速燃油与空气的混合,降低微粒的排放。

3)减小压力室容积。压力室容积只要稍有减小,就会大幅降低 HC 的排放量,因而应尽量减小压力室容积或采用无压力室式喷油器。

4)推迟喷油。喷油提前角减小可使预混油量和混合气量减少,从而使速燃期压力、温度上升程度降低,因此大大减少 NO_x 的排放量。以此可以弥补高压喷射使 NO_x 排放量增大的缺点。同时,由于燃烧中压力升高率的下降,噪声也有所降低。

5)电控高压共轨喷射技术。电控高压共轨喷射技术通过共轨直接或间接地形成恒定的高压燃油,分送到各个喷油器,并借助于集成在每个喷油器上的高速电磁开关阀的开启与闭合,定时、定量地控制喷油器喷射至柴油机燃烧室的油量,从而保证柴油机达到最佳的空燃比、良好的雾化和最佳喷油规律,在提高柴油机性能的同时减少了污染物的排放。

(3)改进燃烧系统

1)燃烧室口径比。口径比 d_k/D 小的深燃烧室可在燃烧室中产生较强的涡流,因而可采用孔数较少的喷油器而获得满意的性能。但涡流要造成能量损失,且低转速时往往显得涡流不足。同时,燃烧室口径小增加喷雾碰壁量,造成 HC 排放增加。现在的趋势是除了缸径很小的柴油机($D \leq 120mm$)用较小口径比的燃烧室外,一般采用口径比较大的浅平燃烧室($d_k/D = 0.6 \sim 0.8$),配合小孔径的多喷孔喷油器。

2)燃烧室容积比。燃烧室容积比是燃烧室容积与气缸余隙容积(或压缩室容积)之

比。应力求提高此容积比，以提高柴油机的冒烟界限，降低柴油机的炭烟和微粒排放。为此，要避免采用短行程柴油机。

3) 燃烧室形状。缩口燃烧室已经取代应用最广的直边不缩口 ω 形燃烧室。缩口燃烧室加强了燃烧室口部的气体湍流，促进扩散混合和燃烧；燃烧室底部中央的凸起适当加大，以进一步提高空气的利用率。不缩口 ω 形燃烧室与缩口燃烧室的排放特性对比如图 10-19 所示。这是因为底部中央气流运动较弱，燃料喷注不能到达，空气不易被利用。用带圆角的方形或五瓣梅花形（分别配 4 孔和 5 孔喷油器）代替圆形燃烧室，加强燃烧室中的微观湍流，加速燃烧，减少炭烟生成。

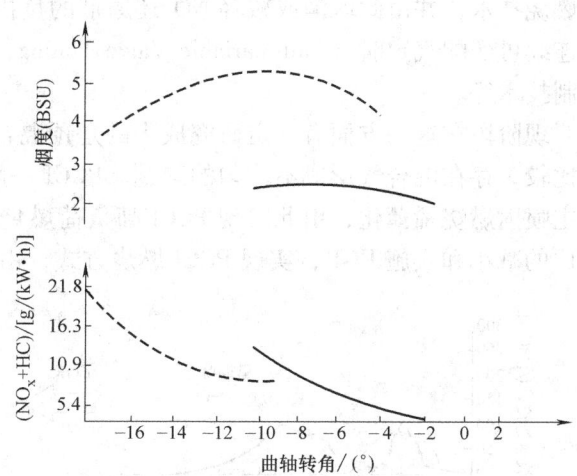

图 10-19　不缩口与缩口 ω 形燃烧室排放特性对比
———不缩口 ω 形　———缩口 ω 形

(4) 采用新的燃烧方式

1) 低温燃烧技术。典型的低温燃烧技术有 MK（Modulated Kinetics，MK）燃烧方式。这种燃烧方式的特点是低温燃烧和预混合燃烧方式组合，以此达到同时降低 NO_x 和微粒（PM）排放量的目的。实现 MK 燃烧方式的基本原理是，通过 EGR 降低氧含量，同时降低燃烧温度，由此降低 NO_x 排放量。为了同时降低微粒排放量，采用高压喷射，以缩短喷射时间，同时结合实施其 EGR 及提前喷射，延长着火落后期，实现预混合燃烧，达到同时降低微粒排放量的目的。

图 10-20 所示为 MK 燃烧方式对排放的影响。当无 EGR 时 NO_x 排放量比较高，为了降低 NO_x 排放量，实施 EGR 率为 30% 的废气再循环。虽然 NO_x 排放量降低了，但微粒排放量明显增加，而且喷射持续期间与着火延迟期的差值较大（大于零），表明扩散燃烧阶段较多。通过提高喷射压力，降低微粒排放量，同时实施 EGR，则实现预混合燃烧，进一步降低 NO_x 和微粒的排放量。

2) HCCI 技术。均质压燃 HCCI（Homogeneous Charge Compression Ignition，HCCI）燃烧方式，是为了同时解决节能（提高热效率）和降低 NO_x、炭烟等排放问题而提出的新概念。其实质是开发避免 NO_x 和微粒生成的温度区和空燃比领域的高热效率稀薄的低

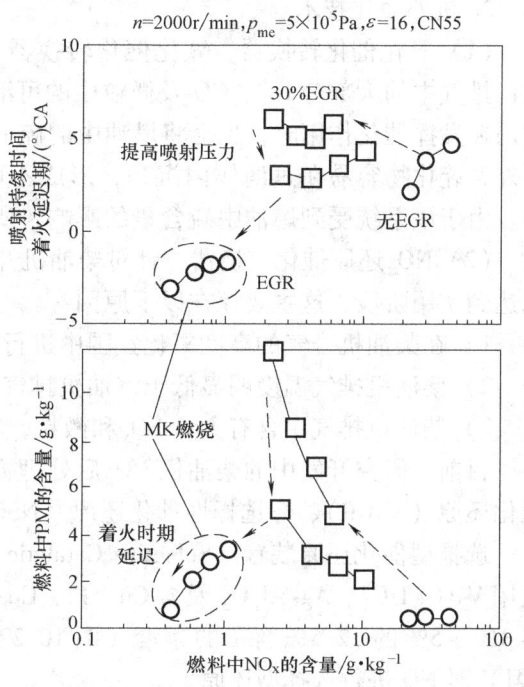

图 10-20　MK 燃烧方式对排放的影响

温燃烧技术，并由此取消或减轻 NO_x 还原剂的负担。实现 HCCI 燃烧所必要的主要技术措施有连续可变配气定时（Full Variable Valve Timing，FVVT）技术、EGR 控制技术、喷油定时控制技术等。

现阶段在这一方面有一定研究成果的是预混合压燃（PCCI）方式。这种方式与 HCCI 方式比较，存在混合气形成不均匀的问题。PCCI 一般通过两段或多段喷射，形成预混合气后，使主喷射燃烧稀薄化，由此实现 PCCI 高负荷燃烧。图 10-21 所示为采用两段喷射，结合压缩比的减小和实施 EGR，实现 PCCI 燃烧方式，由此控制放热规律的具体效果。

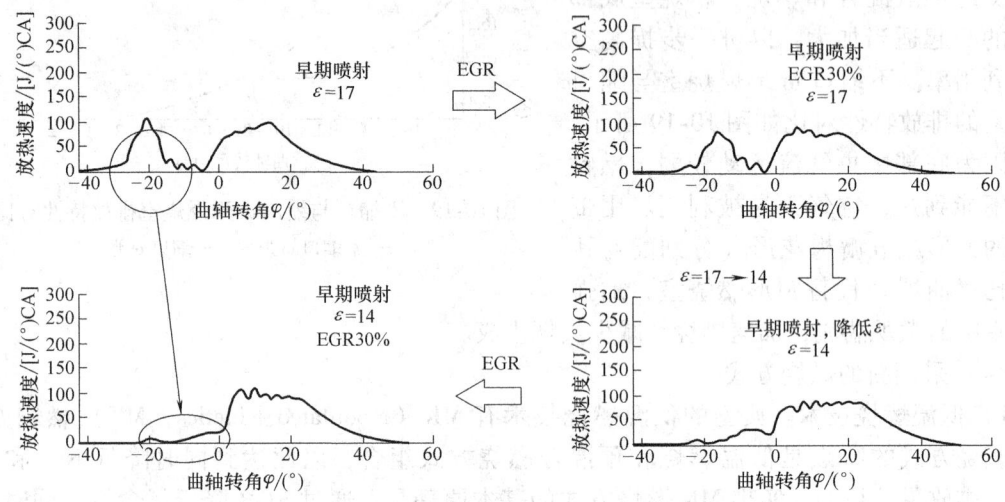

图 10-21 PCCI 对放热规律的影响

2. 机外净化技术

（1）氧化催化转换器。氧化催化转换器（Diesel Oxidation Catalyst，DOC）可以氧化柴油机排气中的大部分 HC、CO 及微粒中的可溶有机成分 SOF，但它不能氧化固体炭颗粒。催化剂在发挥催化作用时，也会将燃油中的硫氧化并生成硫化物，这会使催化剂老化、中毒。另外，硫化物容易在过滤体内沉积，形成不可燃烧物，并导致过滤效率降低，排气阻力增加。由于该系统受到燃油中硫含量的影响，所以它的应用受到一定的限制。

（2）NO_x 还原催化转换器。针对柴油机开发还原催化剂是一项难度很大的研究工作，尚未达到实用阶段，这主要存在以下原因：

1）在柴油机排气的高度氧化氛围中进行 NO_x 还原反应，对催化剂性能要求极高；

2）柴油机排气温度明显低于汽油机排气温度。

3）柴油机排气中含有大量 SO_x 和微粒，容易导致催化剂中毒。

目前，研究开发中的柴油机 NO_x 后处理方法主要有选择性催化还原（SCR）、选择性非催化还原（SNCR）、非选择性催化还原（NSCR）和吸附还原催化等。

选择型催化还原装置（Selective Catalytic Reduction，SCR）以氨为还原剂，其催化剂一般用 V_2O_5-TiO_2、Ag-Al_2O_3 及含 Cu、Pt、Co 或 Fe 的人造沸石等。在催化装置前供给相对燃料 3%~5% 的 32.5% 含量的尿素（图 10-22），用排气热进行加水分解反应所产生的 NH_3（氨）对 NO 进行选择型还原。

上述反应所需要的工作温度范围为 250~500℃。当工作温度过低时，上述 NO 的还原反

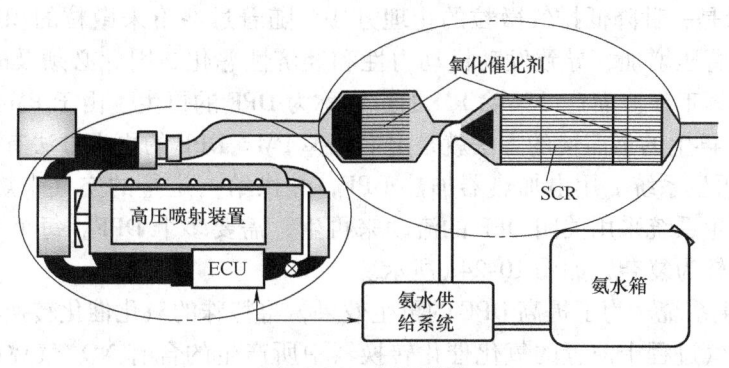

图 10-22　SCR 系统

应不能有效进行；如果温度过高，会造成催化剂过热损伤，而且还会使还原剂 NH_3 直接氧化损耗并生成新的 NO_x。

（3）微粒捕集器（DPF）。微粒捕集器也称柴油机微粒过滤器（Diesel Particulate Filter，DPF），这是目前国际上最接近商品化的柴油机微粒后处理技术。一个好的微粒过滤器除了要有高的过滤效率外，还应具有低的流通阻力；所用材料应耐高温并有较长的使用寿命；同时还应尽可能减小 DPF 的体积。

作为 DPF 的过滤材料可以是陶瓷蜂窝载体（如堇青石，$Mg_2Al_4Si_5O_{18}$）、陶瓷纤维编织物（如 $Al_2O_3\text{-}B_2O_3\text{-}SiO_2$）和金属纤维编织物（如 Cr-Ni 不锈钢），其结构如图 10-23 所示。另外，用金属蜂窝载体的也有很多实例。甚至还有用空气滤清器那样的纸滤芯作微粒过滤材料的。其中，图 10-23a 所示的壁流式陶瓷载体微粒捕集器对微粒的过滤效率可达 60% ~ 90%，可溶性有机成分 SOF（主要是高沸点 HC）也能部分被捕集，实用化的可能性最大。

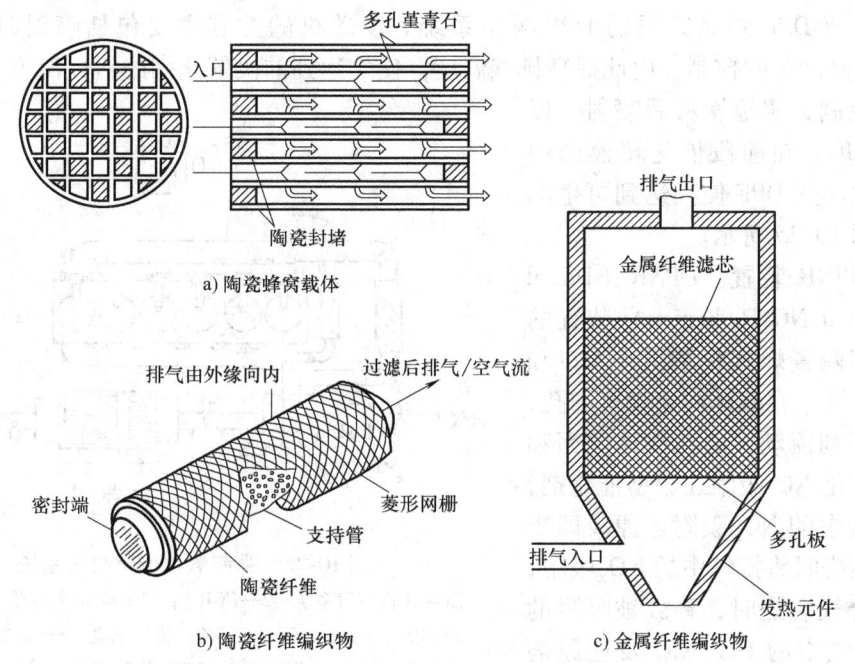

图 10-23　柴油机微粒捕集器的过滤材料

一般 DPF 只是一种降低排气微粒的物理方法。随着过滤下来微粒的积存,过滤孔逐渐被堵塞,使排气背压增加,导致发动机动力性和经济性恶化,因此必须及时除去 DPF 中的微粒,以便能继续工作。而这一清除 PM 的过程称为 DPF 的再生。由于 PM 中绝大部分为可燃物,所以 DPF 再生的最简便的方法就是定期烧掉 PM。DPF 的再生方法有以下几种:

1)电加热再生系统。用电加热器加热 DPF,并供给一定量的空气来烧掉 PM,使 DPF 再生。电加热再生系统采用关闭 DPF 的流动来再生,需要多个 DPF。每个 DPF 再生所需的能量较少,结构较为复杂,如图 10-24a 所示。

2)连续再生系统。为了提高 DPF 的再生效果,将特殊的氧化催化转换器安装在 DPF 的前段,这样在排气过程中前置的氧化催化转换器中所产生的含有 NO_2 气体的废气直接进入 DPF,在排气流动过程中直接进行再生。在 DPF 中有固化氧化剂,以提高低温活性,如图 10-24b 所示。

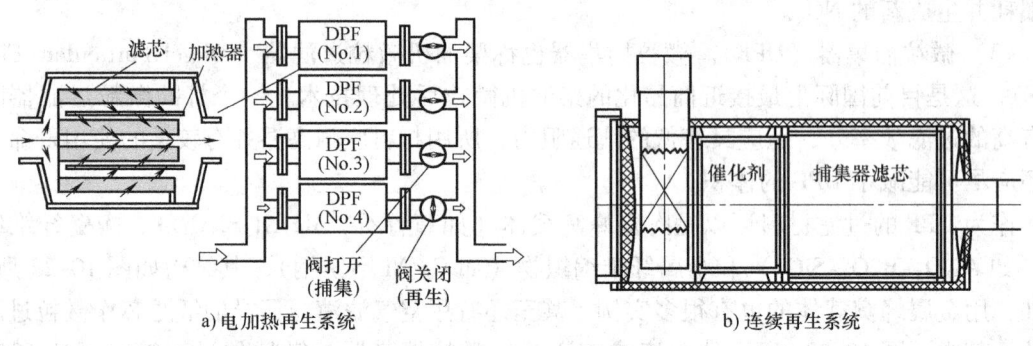

图 10-24 DPF 再生系统

3)强制氧化催化再生系统。强制氧化催化再生系统是一种通过发动机控制和氧化催化器的结合,使 DPF 强制升温的 DPF 再生系统。发动机的控制主要包括喷射时间、EGR、VGT、排气制动等的控制,由此提高排气温度,使之达到前段催化剂的活性温度。也可以结合发动机控制,实施燃料后喷射,以排出未燃 HC,在前段催化转换器中燃烧,由此加热 DPF 使其达到再生的目的,如图 10-25 所示。

(4)DPNR 装置。DPNR(Diesel Particulate and NO_x Reduction)装置的特点是采用陶瓷蜂窝状结构,入口和出口交叉堵塞。在载体内壁设有细孔,保证微粒顺利流动。而在载体壁面和细孔内部固化 NO_x 吸附还原型催化剂,以便将排气中的 NO_x 吸附还原。即当稀混合气燃烧时将排气中的 NO_x 吸附,而在浓混合气燃烧时,释放被吸附的 NO_x,在排气中的 HC、CO 及还原剂(Pt)的作用下使之还原为 N_2,DPNR

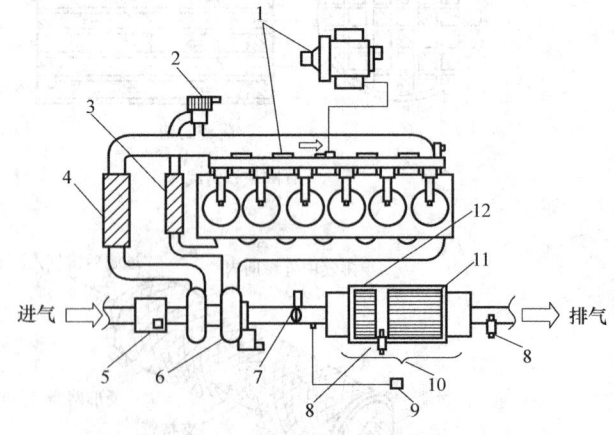

图 10-25 强制氧化催化再生系统
1—高压共轨喷射系统 2—EGR 阀 3—EGR 中冷器 4—中冷器
5—进气流量计 6—VGT 7—排气制动 8—温度传感器
9—压力传感器 10—DPR 清洗器 11—滤清器
12—氧化催化器

的结构如图 10-26 所示。DPNR 装置对微粒的氧化机理是在空燃比的浓稀交变的运转过程中，通过吸附和释放 NO_x 时的氧化还原反应，在催化剂表面上生成活性氧，由此促进微粒的氧化，实现低温领域对微粒的氧化。

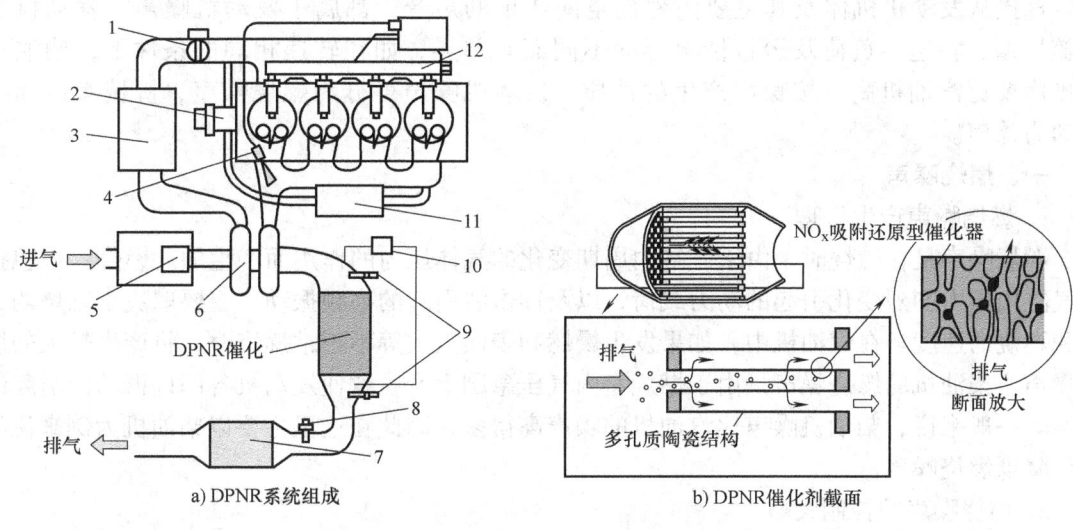

图 10-26　DPNR 结构
1—节气门　2—EGR 阀　3—中冷器　4—排气燃料添加器　5—进气流量计　6—增压器
7—氧化催化器　8—空燃比传感器　9—排气温度传感器　10—压差传感器
11—EGR 中冷器　12—高压共轨系统

（5）四元催化转换器。如果将柴油机氧化催化转换器、NO_x 还原催化转换器和微粒捕集器合三为一，使微粒和 NO_x 互为氧化剂和还原剂，则有可能同时除去 NO_x、PM（微粒）、CO 和 HC，如图 10-27 所示。这种四元催化转换器将是最理想的柴油机排气净化方法，围绕这一目标的大量基础性研究也正在进行。

（6）低温等离子体技术。利用低温等离子体 NTP（Non-Thermal Plasma，NTP）降低柴油机有害排放物包括两个方面：

1）物理作用：作为静电除尘器（ESP）来捕集柴油机微粒。

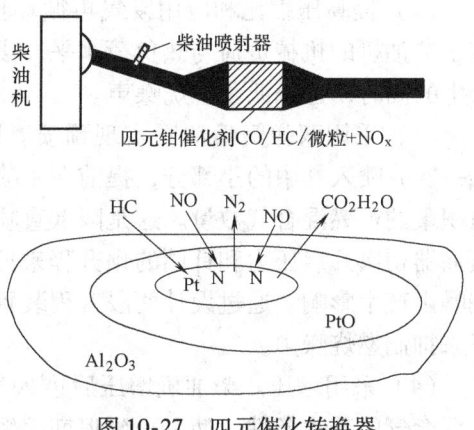

图 10-27　四元催化转换器

2）化学作用：利用低温等离子体中的活性成分，与柴油机排气中的微粒、NO_x 和 HC 反应，减少污染物的排放。

第二节　发动机噪声污染及防治

噪声是工业社会带来的副产品，它与大气污染和水污染一起被认为是当今世界三大公害。与其他两个公害相比，噪声的影响面最广，感觉最直接，人们反映也最多。汽车作为一种主要的交通工具日益普及和增长，因而汽车噪声所造成的环境污染也日益严重。汽车噪声中由于发动机产生的噪声占很大一部分，因此研究发动机噪声产生的机理及噪声控制的措施在汽车噪声控制中显得尤为重要。

直接从发动机机体及其主要附件向空间传出的声音，都属于发动机噪声。发动机噪声随机型、转速、负荷及运行情况等的不同而有差异，如在转速相同的条件下，柴油机的噪声要比汽油机高。按噪声产生的性质，发动机噪声可分为燃烧噪声、机械噪声和空气动力噪声。

一、燃烧噪声

1. 燃烧噪声产生机理

燃烧噪声是在燃烧时，由于气缸内周期变化的气体压力的作用而产生的。燃烧噪声包括由气缸内压力剧烈变化引起的动力载荷，以及冲击波引起的高频振动，主要取决于燃烧的方式和燃烧的速度。在汽油机中，如果发生爆燃和表面点火等不正常燃烧时，将产生较大的燃烧噪声。柴油机的燃烧噪声是由于燃烧室内气压急剧上升，致使发动机各部件振动而引起的噪声。一般来说，柴油机噪声比汽油机的噪声高得多，因此在这里主要以柴油机为例来说明如何降低燃烧噪声。

2. 燃烧噪声的控制策略

在汽车发动机中，燃烧噪声在总噪声中占有很大比例，研究如何降低其燃烧噪声具有特别重要的意义。降低燃烧噪声的措施主要如下：

（1）采用隔热活塞以提高燃烧室壁温度，缩短滞燃期，降低空间雾化燃烧系统的直喷式柴油机的燃烧噪声。

（2）提高压缩比和应用废气再循环技术也可降低柴油机的燃烧噪声。但压缩比主要决定了柴油机的机械负荷与热负荷水平。废气再循环技术通过降低气缸最高压力，在抑制 NO_x 产生的同时，也降低了燃烧噪声。

（3）采用双弹簧喷油阀实现预喷。即将原本打算一个循环一次喷完的燃油分两次喷。第一次先喷入其中的小部分，提前在主喷之前就开始进行着火的预反应，这样可减少滞燃期内积聚的可燃混合气数量。这是降低直喷式柴油机燃烧噪声的最有效措施。通过降低双弹簧喷油器初次开启压力和针阀的预升程来抑制空气和燃料混合气的形成，以此对怠速工况的燃烧噪声产生影响。通过设计两段升程装置，采用引燃喷射装置在较大的转速范围及加速情况下来抑制燃烧噪声。

（4）采用增压。柴油机增压后进入气缸的空气充量密度、温度和压力增加，从而改善了混合气的着火条件，使着火延迟期缩短。虽然增压柴油机最大爆发压力有所增加，但其压力增长率 $dp/d\phi$ 和压力升高比 λ 却变小，使柴油机运转平稳，噪声降低。此外，一般来说，涡轮增压柴油机最大额定功率的转速要比同样气缸尺寸的非增压柴油机低，有利于降低燃烧噪声。增压空气中间冷却后，空气温度降低，充量系数得以提高，但同时也削弱了增压对降低燃烧噪声的作用。

（5）燃烧室的选择和设计。对于分开式燃烧室，精确的喷油通道、扩大通道面积、控制喷射方向和预燃室进气涡流半径的优化，均能抑制预混合燃烧，促进扩散燃烧，从而降低由低负荷到高负荷较宽范围的燃烧噪声、燃油消耗和炭烟排放。

对于直喷式燃烧室，可以通过合理设计，使其在保证足够的涡流下具有高紊流动能，强化燃料与空气之间的扩散，以此来改善燃烧过程，实现柴油机低油耗、低噪声和低排放。

活塞顶燃烧室结构对燃烧噪声有很大影响。孔口较小、深度较深者，燃烧噪声就小得多，排放也明显较好。再加上缩口形，减噪效果就更趋好转。因此，设计时在变动许可范围内，最好选用缩口并尽可能加深些的 ω 形燃烧室。

(6) 减小供油提前角。供油提前角小，喷油时间延迟，气缸内温度和压力在燃油喷入时较高，燃油一经喷入即雾化，瞬间达到着火点，缩短了滞燃期。最先喷入的燃油爆发燃烧，而后续喷入火焰中的燃油因氧气不足而不会立即燃烧，这样，由于初期燃烧的燃油量少，压力升高率低，可使燃烧噪声减小。大多数柴油机的燃烧噪声随供油提前角的减小而有所降低。

(7) 共轨喷油系统是一种很有前途的直喷式轿车柴油机电子控制高压燃油喷射系统，它能减少滞燃期内喷入的燃油量，特别有利于降低燃烧噪声。

(8) 选用十六烷值高的燃料，着火延迟期较短，从而影响在着火延迟期内形成的可燃混合气数量，使压力升高率降低和减小燃烧噪声。

二、机械噪声

机械噪声是由于运动件之间，以及运动件与固定件之间周期性变化的机械运动而产生的，它与激发力的大小、运动件的结构等因素有关。主要有活塞敲击噪声、配气机构噪声和传动齿轮噪声等。

1. 活塞敲击噪声

发动机运转时，活塞在上、下止点附近受侧向力作用产生一个由一侧向另一侧的横向移动，从而形成活塞对缸壁的强烈敲击，产生了活塞敲击噪声。产生敲击的主要原因是活塞与气缸套之间存在间隙，以及作用在活塞上的气体压力。

降低活塞敲击噪声的措施主要如下：

(1) 采取活塞销孔偏置，使活塞销孔向气缸壁的主推力面偏移 $1 \sim 2$ mm。

(2) 采用在活塞裙部开横向隔热槽，活塞销座镶调节钢件，裙部镶钢筒，采用椭圆锥体裙等方式来减小活塞与气缸壁的间隙。

(3) 增加缸套的刚度，不仅可以降低活塞的敲击声，也可以降低因活塞与缸壁摩擦而产生的噪声。为了增加缸套的刚度，可采用增加缸套厚度或带加强筋的方法。

(4) 改进活塞和气缸壁之间的润滑状况，增加活塞敲击缸壁时的阻尼，如在裙部外表面增加润滑油的积存等方法可以降低活塞敲击噪声。

(5) 加长活塞裙部和减少活塞环数量。

2. 配气机构噪声

发动机大都采用凸轮、气门配气机构，机构中包括凸轮轴、挺柱、推杆、摇臂、气门等零件。配气机构中零件多、刚度差，在运动中易于激起振动和噪声。配气机构噪声包括：气门与气门座的冲击，气门间隙引起的机械冲击，挺柱和凸轮工作面之间的摩擦振动，高速时气门不规则运动引起的噪声等。配气机构噪声与气门机构的型式、气门间隙、气门落座速度、材料、凸轮型线、凸轮和挺柱的润滑状况、发动机的转速等因素有关。

降低配气机构噪声的措施主要如下：

(1) 采用新型函数凸轮轮廓线及对缓冲过渡曲线合理设计，使气门升起和落座时的速度控制在较低值，可有效抑制气门的跳动。

（2）减少气门间隙可减少摇臂与气门之间的撞击，但不能使气门间隙太小。采用液力挺柱可以从根本上消除气门间隙，降低噪声。近年来还出现了气门液压驱动系统，其噪声更低。

（3）缩短推杆长度是减轻系统质量、提高刚度的有效措施，顶置式凸轮轴取消了推杆，对减少噪声特别有利。

（4）良好的润滑能减少摩擦，降低摩擦噪声。

3. 传动齿轮噪声

传动齿轮噪声是在齿轮啮合过程中，齿与齿之间的撞击和摩擦产生的。在发动机上，齿轮承载着交变的动负荷，这种动负荷会使轴产生变形，并通过轴在轴承上引起动负荷，轴承的动负荷又传给发动机壳体和齿轮室壳体，使壳体激发出噪声。此外，曲轴的扭转振动也会破坏齿轮的正常啮合而激发出噪声。传动齿轮噪声与齿轮的结构形式、设计参数、制造精度、齿轮材料配对、齿轮室结构及运转状态等有关。

降低传动齿轮噪声的措施主要如下：

（1）控制齿轮齿形（如斜齿），提高齿轮加工精度，减小齿轮啮合间隙，即降低齿轮啮合时相互撞击的能量，从而降低齿轮啮合传动噪声。

（2）采用新材料，如用高阻尼的工程塑料齿轮或夹布胶木齿轮代替原钢制齿轮后，整机噪声降低效果明显。

（3）合理布置齿轮传动系统位置，如将正时齿轮布置在飞轮端，可有效减少曲轴系统扭振对齿轮振动的影响。

（4）采用正时齿形同步带传动代替正时齿轮转动，可明显降低噪声。

三、空气动力噪声

由于气体扰动及气体和其他物体相互作用而产生的噪声称为空气动力噪声，发动机中的空气动力噪声包括风扇噪声、进气噪声和排气噪声等。

1. 风扇噪声

风扇噪声由旋转噪声和涡流噪声组成，是发动机中不可忽视的噪声源，尤其风冷发动机更为突出，在高速全负荷时甚至和进、排气噪声不相上下。旋转噪声是由旋转叶片周期性地打击空气质点，引起空气的压力脉动所产生的。涡流噪声是由于风扇旋转时使周围的空气产生涡流，这些涡流又因粘滞力的作用分裂成一系列独立的小涡流，这些涡流和涡流的分裂会使空气发生扰动，形成压力波动，从而激发出的噪声，涡流噪声一般是宽频带噪声。

发动机的风扇噪声在低速运转时涡流噪声占优势，高速时旋转噪声占优势，风扇的转速越高，直径越大，风扇的扇风量就越大，其噪声也越高；风扇的效率越低，消耗功率越大，风扇噪声越大。

风扇噪声的控制策略主要如下：

（1）适当控制风扇转速。风扇噪声随转速的增长远比其他噪声大。在冷却要求已定的条件下，为降低转速，可在结构尺寸允许的范围内，适当加大风扇直径或者增加叶片数目；充分运用流体力学理论设计高效率的风扇，就可能在保证冷却风量和风压的前提下降低转速。

（2）采用叶片不均匀分布的风扇。当叶片不均匀布置后，一般可降低风扇中那些突出的线状频谱成分,使噪声频谱较为平滑。

(3) 用塑料风扇代替钢板风扇。塑料风扇能达到降低噪声和减少风扇消耗功率的效果,但目前成本还稍高于钢板风扇。国外中小功率发动机已普遍采用塑料风扇。还可采用一种安装角可以变化的"柔性风扇",这种风扇叶片用很薄的钢板或塑料制造,当风扇转速提高后,由于空气动力的作用,叶片扭转变平(安装角变小),于是风扇消耗功率和噪声都减小;转速降低时,由于空气动力作用小,叶片的扭转变小,保证了足够的风量。

(4) 在车用发动机上采用风扇自动离合器。试验表明,在汽车行驶中,需要风扇工作的时间一般不到10%。因此,装用风扇离合器不仅可使发动机经常处在适宜温度下工作和减少功率消耗,同时还能达到降噪的效果。

(5) 风扇和散热器系统的合理设计。发动机和风扇的距离、风扇与散热器的距离、风扇和风扇护罩的位置及护罩的形状、空气通过散热器的阻力等都会对冷却风量的充分利用产生影响。合理布置和设计都有可能达到降低风扇转速的目的。

2. 进气噪声

发动机工作时,高速气流经空气滤清器、进气管、气门进入气缸,在此气流流动过程中会产生一种强烈的空气动力噪声,有时比发动机本身噪声高出 5dB(A)左右,成为仅次于排气噪声的主要噪声源。该噪声随着发动机转速的提高而增强,与负荷的变化无关,其成分主要包括周期性压力脉动噪声、涡流噪声、气缸的玄姆霍兹共振噪声和进气管的气柱共振噪声等。

进气噪声的控制策略主要如下:

(1) 合理的设计和选用空气滤清器。合理设计进气管道和气缸盖进气通道,减少进气系统内压力脉动的强度和气门通道处的涡流强度。

(2) 引进消声措施。

3. 排气噪声

排气噪声主要在排气开始时,废气以脉冲形式从排气门缝隙排出,并迅速从排气口冲入大气,形成能量很高、频率很复杂的噪声,包括基频及其高次谐波的成分。该噪声是汽车及发动机中能量最大最主要的噪声源,它的噪声往往比发动机整机噪声高 10~15dB(A)。除基频噪声及其高次谐波噪声外,排气噪声还包括排气总管和排气歧管中存在的气柱共振噪声、气门杆背部的涡流噪声、排气系统管道内壁面的紊流噪声等,此外,排气噪声还包括废气喷射和冲击噪声等。

排气噪声的控制策略主要如下:

(1) 从排气系统的设计方面入手,如合理设计排气管的长度与形状,以避免气流产生共振和减少涡流。

(2) 废气涡轮增压器的应用可降低排气噪声,但最有效的方法还是采用高消声技术,使用低功率损耗和宽消声频率范围的排气消声器。

复习思考题

1. 发动机排放污染物有哪些?对人体健康有何影响?
2. 简述发动机排放污染物中碳氢化合物、一氧化碳、氮氧化物及微粒的生成机理。

3. 汽油机排放污染物机内净化技术有哪些？
4. 汽油机排放污染物机外净化技术有哪些？
5. 柴油机排放污染物机内净化技术有哪些？
6. 柴油机排放污染物机外净化技术有哪些？
7. 简述发动机燃烧噪声的产生机理及控制措施。
8. 简述发动机机械噪声的种类及控制措施。
9. 简述发动机空气动力噪声的种类及控制措施。

常用符号表

物理量	代号	单位	物理量	代号	单位
每小时发动机的耗油量	B	kg/h	有效燃油消耗率	b_e	g/(kW·h)
指示燃油消耗率	b_i	g/(kW·h)	活塞平均速度	C_m	m/s
气缸直径	D	mm	燃烧室凹坑口直径	d_k	mm
示功图面积	F_i		转矩适应性系数	K_D	
转速适应性系数	K_n		混合气的空气量比例系数	K_a	
燃烧低热值	H_u	kJ/kg	气缸数	i	
燃烧1kg燃油实际供给空气量	L	kg	燃烧1kg燃油理论供给空气量	L_o	kg
比质量	m_e	kg/kW	发动机转速	n	r/min
压缩多变指数	n_1		膨胀多变指数	n_2	
有效功率	P_e	kW	机械损失功率	P_m	kW
指示功率	P_i	kW	升功率	P_L	kg/L
泵气损失功率	P_P	kW	压力	p	kPa
环境压力	P_a	kPa	压缩终点压力	p_{co}	kPa
膨胀终点压力	p_{ex}	kPa	进气终点压力	p_{de}	kPa
排气终了压力	p_r	kPa	最高燃烧压力	p_{max}	kPa
平均有效压力	p_{me}	kPa	平均指示压力	p_{mi}	kPa
平均机械损失压力	p_{mm}	kPa	循环平均压力	p_t	kPa
热量	Q	kJ	循环单缸燃烧发热量	Q_1	kJ
循环单缸燃烧散热量	Q_2	kJ	活塞行程	S	mm
环境温度	T_a, t_a	K	压缩终点温度	T_{co}, t_{co}	K
进气终点温度	T_a	K	膨胀终点温度	T_{ex}, t_{ex}	K
最高燃烧温度	T_{max}, t_{max}	K	排气温度	T_r, t_r	K
热力学温度	T	K	有效转矩	T_{tq}	N·m
气缸总容积	V_a	L	气缸压缩容积	V_c	L
气缸工作容积	V_S	L	湍流火焰传播速度	v_T	m/s
层流火焰传播速度	v_L	m/s	循环功	W	kJ
循环指示功	W_i	kJ	实际机械损失功	W_m	kJ
循环有效功	W_e	kJ	空燃比	α	
压缩比	ε_c		循环热效率	η_t	
有效热效率	η_{et}		指示热效率	η_{it}	
机械效率	η_m		燃烧效率	η_r	
喷油提前角	θ_{fj}	(°)	点火提前角	θ_{ig}	(°)

(续)

物理量	代号	单位	物理量	代号	单位
供油提前角	θ_H	(°)	绝热指数	κ	
压力升高比	λ_p		增压度	φ_k	
增压比	π_k		着火落后期	τ_i	ms
行程数	τ		充量系数	ϕ_c	
过量空气系数	ϕ_a		涡流比	Ω	
曲轴转角	φ	(°)	残余废气系数	γ	
预胀比	ρ_0				

参 考 文 献

[1] 周龙保. 内燃机学 [M]. 3 版. 北京：机械工业出版社，2011.
[2] 吴建华. 汽车发动机原理 [M]. 北京：机械工业出版社，2010.
[3] 王健昕，帅石金. 汽车发动机原理 [M]. 北京：清华大学出版社，2011.
[4] 冯健璋. 汽车发动机原理与汽车理论 [M]. 3 版. 北京：机械工业出版社，2010.
[5] 韩同群. 汽车发动机原理 [M]. 北京：北京大学出版社，2007.
[6] 许绮川，鲁植雄. 汽车拖拉机学 [M]. 北京：中国农业出版社，2007.
[7] 徐兆坤. 汽车发动机原理 [M]. 北京：清华大学出版社，2010.
[8] 刘宝兴. 工程热力学 [M]. 北京：机械工业出版社，2007.
[9] 林学东. 发动机原理 [M]. 北京：机械工业出版社，2008.
[10] 夏国勇. 汽车发动机电控系统原理与维修 [M]. 北京：机械工业出版社，2011.
[11] 董敬，庄志，常思勤. 汽车拖拉机发动机 [M]. 3 版. 北京：机械工业出版社，2005.
[12] 邱宗敏，邢世凯. 汽车发动机构造与维修 [M]. 大连：大连理工大学出版社，2009.
[13] 邢世凯. 汽车概论 [M]. 大连：大连理工大学出版社，2011.
[14] 蔡兴旺. 汽车构造与原理 [M]. 北京：机械工业出版社，2010.
[15] 张西振. 汽车发动机电控技术 [M]. 北京：机械工业出版社，2009.
[16] 刘峥，王建昕. 汽车发动机原理教程 [M]. 北京：清华大学出版社，2001.
[17] 陈家瑞. 汽车构造：上册 [M]. 3 版. 北京：人民交通出版社，1986.
[18] 关文达. 汽车构造 [M]. 3 版. 北京：机械工业出版社，2011.
[19] 杨玉如. 发动机与汽车理论 [M]. 北京：人民交通出版社，1994.
[20] 蒋德明. 内燃机原理 [M]. 北京：机械工业出版社，1988.
[21] 华南农业大学. 拖拉机汽车学：第三册 [M]. 2 版. 北京：中国农业出版社，1988.
[22] 周一鸣. 汽车拖拉机学发动机原理 [M]. 北京：中国农业大学出版社，1998.
[23] 高连兴，吴明. 拖拉机与汽车：上册 [M]. 北京：中国农业出版社，2000.
[24] 鲁植雄. 汽车拖拉机学 [M]. 北京：中国农业出版社，2000.
[25] 张蕾. 汽车电子控制技术 [M]. 北京：清华大学出版社，2009.
[26] 付百学. 汽车电子控制技术 [M]. 北京：机械工业出版社，2011.
[27] 张志沛. 汽车发动机原理 [M]. 2 版. 北京：人民交通出版社，2007.
[28] 于秋红. 热工基础 [M]. 北京：北京大学出版社，2009.
[29] 杨万福. 发动机原理与汽车性能 [M]. 北京：高等教育出版社，2008.
[30] 戴汝泉. 汽车运行材料 [M]. 北京：机械工业出版社，2005.

读者沟通卡

一、申请课件

本书附赠教学课件供任课教师采用,可在机械工业出版社教育服务网(www.cmpedu.com)注册后免费下载;也可扫描二维码关注"机工汽车"微信订阅号获取课件。

机工汽车

免费下载　教学课件、学习视频、海量学习资料
➢ 扫描二维码,关注"机工汽车"
➢ 点击"粉丝互动"→"视频课件"

二、机工汽车教师群

任课教师可加入"机工汽车教师群",与教材主编、编辑直接沟通交流。"机工汽车教师群"提供最新教材信息、教材特色介绍、专业教材推荐、样书申请、出版合作等服务。
QQ群号码:7348129,本群实施实名制,请以"院校名称+姓名"的方式申请加入。

三、微信购书

车界瞭望

　　关注汽车分社微信订阅号"车界瞭望",可直达机工社旗下网络购书平台"汽车书院",第一时间购买新书,获取车界前沿资讯

四、意见反馈和编写合作

联系人:赵海青　齐福江　母云红
电　话:010-88379353、88379160、88379439
电子信箱:13744491@qq.com、502135950@qq.com、2455675943@qq.com
地　址:北京市西城区百万庄大街22号汽车分社
邮　编:100037